(IM)POSSÍVEIS BRASÍLIAS

Os projetos apresentados no concurso do plano
piloto da nova capital federal

(IM)POSSÍVEIS BRASÍLIAS

Os projetos apresentados no concurso do plano piloto da nova capital federal

Aline Moraes Costa Braga

alameda

Publishers: Joana Monteleone/ Haroldo Ceravolo Sereza/ Roberto Cosso
Edição: Joana Monteleone
Editor assistente: Vitor Rodrigo Donofrio Arruda
Revisão: Ana Paula Marchi Martini
Projeto gráfico, capa e diagramação: Patrícia Jatobá U. de Oliveira

CIP-BRASIL. CATALOGAÇÃO-NA-FONTE
SINDICATO NACIONAL DOS EDITORES DE LIVROS, RJ

B7921

Braga, Aline Moraes Costa
(IM)POSSÍVEIS BRASÍLIAS: OS PROJETOS APRESENTADOS NO CONCURSO
DO PLANO PILOTO DA NOVA CAPITAL FEDERAL
Aline Moraes Costa Braga. – São Paulo: Alameda, 2011.
402p.: il.

Inclui bibliografia
ISBN 978-85-7939-071-5

1. Brasília (DF) – História. 2. Brasília (DF) História – Obras ilustradas. I. Título.

11-0318.   CDD: 981.74
                 CDU: 94(817.4)

                                            023986

Alameda Casa Editorial
Rua Conselheiro Ramalho, 694 – Bela Vista
CEP 01325-000 – São Paulo – SP
Tel. (11) 3012-2400
www.alamedaeditorial.com.br

A cidade é linda dimais! Porque, além de sê bonita, a gente sabe que lá de cima ela é feito um avião. É bonita! Eu nunca andei de avião. Tenho uma vontade terrive de ver Brasília lá de riba pra sentir como é que ela é. Um sonho de vê o desenzinho do avião lá de cima. Uma vontade medonha de vê ele desenhado na cidade. Eu subi na caixa-d'água que tem lá em cima do sexto andar do prédio da 114 [Asa Sul]. Pelejei pra ver mais coisa lá de cima, mas só vi ali aquela beirada do Eixo e mais nada. Aí pensei: "O jeito é ficar só nisso mesmo". Mas também não me faz muita falta, não. Graças a Deus, tá tudo é muito bão.

José Alves de Oliveira – Candango

Se eu dissesse que Brasília é bonita, veriam imediatamente que gostei da cidade. Mas se digo que Brasília é a imagem de minha insônia, veem nisso uma acusação; mas minha insônia sou eu, é vivida, é o meu espanto. Os dois arquitetos não pensaram em construir beleza, seria fácil: eles ergueram o espanto deles e deixaram o espanto inexplicado. A criação não é uma compreensão, é um novo mistério.

Clarice Lispector

Para Ruy, Nina e Beatriz.

Sumário

APRESENTAÇÃO

É um grande prazer apresentar a publicação do mestrado de Aline Moraes Costa Brava, uma das mais brilhantes pesquisas realizadas em nosso Programa de Pós-graduação na área de História da Arte da Unicamp, e que certamente se tornará uma excelente referência sobre a década de ouro da Arquitetura e do Urbanismo brasileiros no século XX.

O concurso para a nova capital federal em 1956 é o tema central dessa pesquisa, e as "Brasílias impossíveis" são os 25 projetos que não alcançaram a vitória conquistada por Lúcio Costa, autor efetivo da Brasília que todos conhecemos em seus cinquenta anos de existência. Mas não temos aqui uma simples exposição dos projetos, uma panorâmica sobre as propostas que ofereceram aos jurados de 1956 uma nova capital no interior do país, contrastando com o Rio de Janeiro: a autora apresenta uma verdadeira coleção documental e iconográfica comentada sobre cada um dos projetos, antecedidos de capítulos iniciais sobre o contexto do concurso e o debate internacional de ideias nas quais todos viviam em uma escala de fato internacional, não esquecendo que são anos ainda de reconstrução na Europa e na Ásia.

Os resultados obtidos por Aline Moraes Costa Brava permitem várias análises transversais à própria lógica de um concurso desse gênero, como, por exemplo, compreender tal ocasião como um momento singular, um ambiente de encontro e contraste entre duas gerações de arquitetos no Brasil: entre os pioneiros do Movimento Moderno (e vemos os irmãos Roberto do Plano nº 8, Rino Levi e equipe do Plano nº 17, o próprio Lúcio Costa do Plano nº 22) e os jovens que se afirmariam nas décadas seguintes (Vilanova Artigas e Carlos Cascaldi no Plano nº 1, Jorge Wilhein no Plano nº 3, Joaquim Guedes e Milan no Plano nº 12). Se os mais jovens revelavam quase uma nova ortodoxia na reelaboração dos princípios corbusianos, na capilaridade indutora do sistema de trânsito e circulação no virgem território da futura capital, como Wilheim, Guedes e Artigas, os velhos pioneiros se arriscavam em propostas mais ousadas como as novas células autônomas para "comunidades felizes" dos irmãos Roberto, ou, a proposta mais redical, as mega torres da equipe de Rino Levi, que podemos considerar verdadeiras predecessoras dos trabalhos do Archigram na Inglaterra e dos Metabolistas japoneses da década de 1960. Por fim, a grande ausência nesse encontro de gerações foi certamente Francisco Prestes Maia (1896-1965), prefeito de São Paulo e um dos mais experientes urbanistas brasileiros, plenamente atuante nesses anos do concurso e da construção de Brasília.

Outra rica oportunidade que as Brasílias idealizadas e reunidas pela autora nos oferece: uma história do "desenho projetual" brasileiro, afinal, quando temos hoje em dia, em nossos concursos de Arquitetura, um espaço para a livre expressão gráfica de ideias, de ambientes, de esquemas conceituais, em meio ao primado da informática e das regras pré-fixadas de representação? Nesse sentido a história do concurso de Brasília é também um momento significativo da história do desenho arquitetônico, e vale a pena seguir com atenção as pranchas com cortes, perspectivas, planimetrias, e, certamente, os rápidos mas certeiros traços de Lúcio Costa.

A este volume que ora apresentamos o leitor deverá relacionar com outros momentos especiais da História do Urbanismo no Brasil na construção de novas cidades modernas como Belo Horizonte (final do século XIX), o projeto para a carioca Cidade dos Motores (1945-46), e a capital Goiânia (1933-1942). Teremos assim renascida aquela vitalidade iluminante das Brasílias não edificadas, Brasílias que nos livram do senso comum contemporâneo, no qual as cidades são sinônimos de problemas, caos, violência, corrupção, falta de desenho e de designo nos seus espaços e nas suas histórias, e, muitas vezes, considerada a maior ameaça à vida, biológica mas também política, dos seus criadores.

Marcos Tognon

INTRODUÇÃO

A Capital Federal nasceria com formas bem diferentes tivesse sido outro o vencedor do concurso de Brasília. Torres com 300 metros de altura, cidade rural, capital polinucleada, uma Brasília eclética, um povoado voltado para o lago; muitas propostas apresentaram significativas contribuições ao urbanismo brasileiro. No entanto, a despreocupação em preservar os planos pilotos na época limitou a possibilidade do debate envolvendo as diferentes teorias a respeito da concepção urbana dita moderna. A ausência de análises sobre esse assunto e mesmo de uma documentação dos próprios projetos estimulou o desenvolvimento de um trabalho visando resgatar e organizar tal material com o intuito de estabelecer uma base de dados para futuras pesquisas (Costa, 2002). O texto resultante desse esforço é apresentado nesse livro, numa versão atualizada em relação à original dissertação de mestrado, defendida na Universidade de Campinas no ano de 2002, no Instituto de Filosofia e Ciências Humanas.

O Concurso do Plano Piloto de Brasília realizado em 1957 traduziu, entre outras coisas, o retrato do pensamento urbanístico vigente no país por meio do trabalho de uma geração de arquitetos que buscava respostas aos problemas comuns das cidades contemporâneas e elucidava teorias pressupostamente mais eficientes para organizar o caos urbano. A ideia modernista que Brasília ajudou a propagar envolvia um contexto político marcado pela figura fundamental de um presidente, Juscelino Kubitschek, determinado a realizar o antigo projeto de construir uma capital administrativa. Sua administração associou uma ânsia pelo desenvolvimento nacional com uma democracia em germinação, uma economia em disparada e uma industrialização crescente. Além da política, a arquitetura moderna difundia as bases e a estética de um Brasil do futuro e o urbanismo refletia o crescimento das cidades e o aumento populacional do país que crescia "50 anos em 5 anos". Na música, a bossa nova e na literatura, a poesia concreta. Esse horizonte estimulava os sentidos, favoráveis ou não, em relação à criação da nova capital brasileira: cidade brotando do nada, rodovias e ferrovias rasgando o interior e um presidente decidido a por em prática um empreendimento que lhe garantiria reconhecimento político e criaria um símbolo para o país, uma identidade que cabia muito bem no plano nacional-desenvolvimentista de seu governo (Couto, 2001).

Esse conjunto de elementos refletiu-se no Concurso de Brasília desde a elaboração do edital, passando pela escolha do júri e alcançando o resultado final, onde a maioria dos projetos nutria-se das teorias do chamado urbanismo moderno. Foi grande a surpresa ao se revelar que todos os planos pilotos tinham inspiração racionalista e separavam as atividades de habitação, circulação, trabalho e lazer. A influência de Le Corbusier era evidente. Embora houvesse diferenças notáveis de abordagem, a maior parte das propostas trabalhava a definição de setores, a liberação de espaços livres, o tipo célula que subentendia o crescimento, simetria, regularidade; aspectos que já estavam sendo revistos na Europa nas discussões feitas pelos CIAMS (Congressos Internacionais de Arquitetura Moderna). A situação de embriaguez causada pelo ideário desenvolvimentista da época favorecia a visão modernista do pensamento urbano. A reunião dos planos pilotos de Brasília mostra como, de uma maneira geral, os arquitetos brasileiros se colocaram à margem do debate crítico e priorizaram a abordagem dos princípios contidos na *Carta de Atenas* (Costa, 2002).

Os trabalhos expostos no concurso, excetuando-se o de José Octacílio Saboya Ribeiro, apropriavam-se, cada qual de forma distinta, dos pontos principais desta vertente corbusiana, aplicando-os a uma situação específica e original: a construção de uma nova cidade num território desocupado. Esse evento, de repercussão internacional, reúne uma mostra considerável dos elementos que contribuiriam para formação do quadro urbanístico brasileiro. O estudo desses planos permite a compreensão da maneira com que os conceitos urbanos modernos foram incorporados e contextualizados no Brasil e como as propostas e programas das vanguardas modernistas influenciaram as ideias que nortearam a criação de Brasília e foram apropriadas na formação do urbanismo brasileiro. Parafraseando Argan, avaliar o espaço significa entender a estrutura da sociedade (Argan, 1995, p. 103).[1]

---

1 As imagens foram retiradas do Arquivo da NovaCap, em Brasília.

Missão Cruls

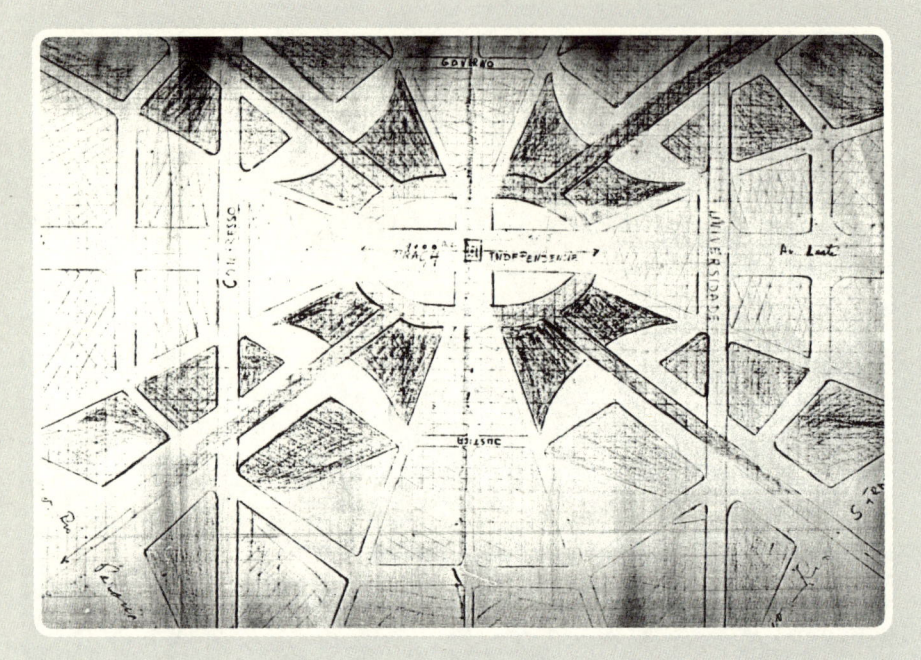

Projeto para a nova capital federal A

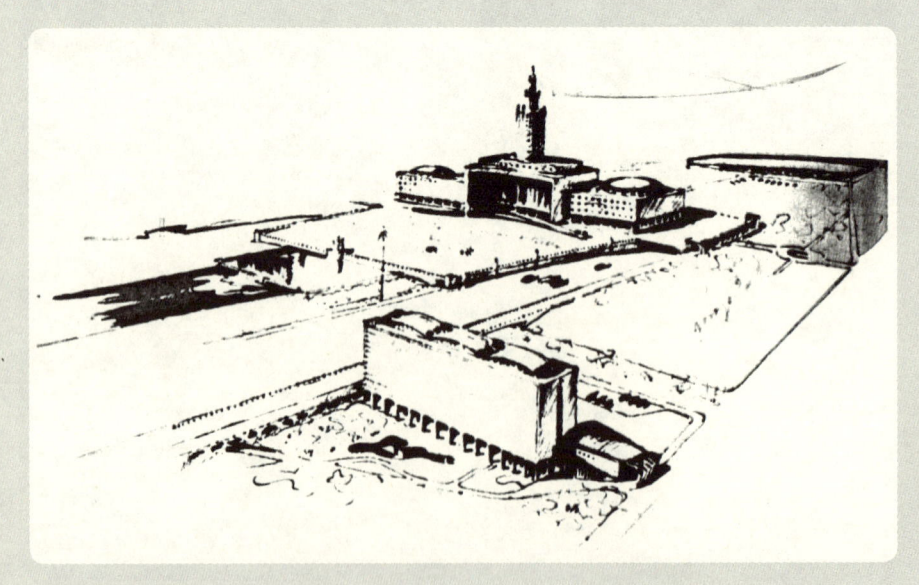

Projeto para a nova capital federal B

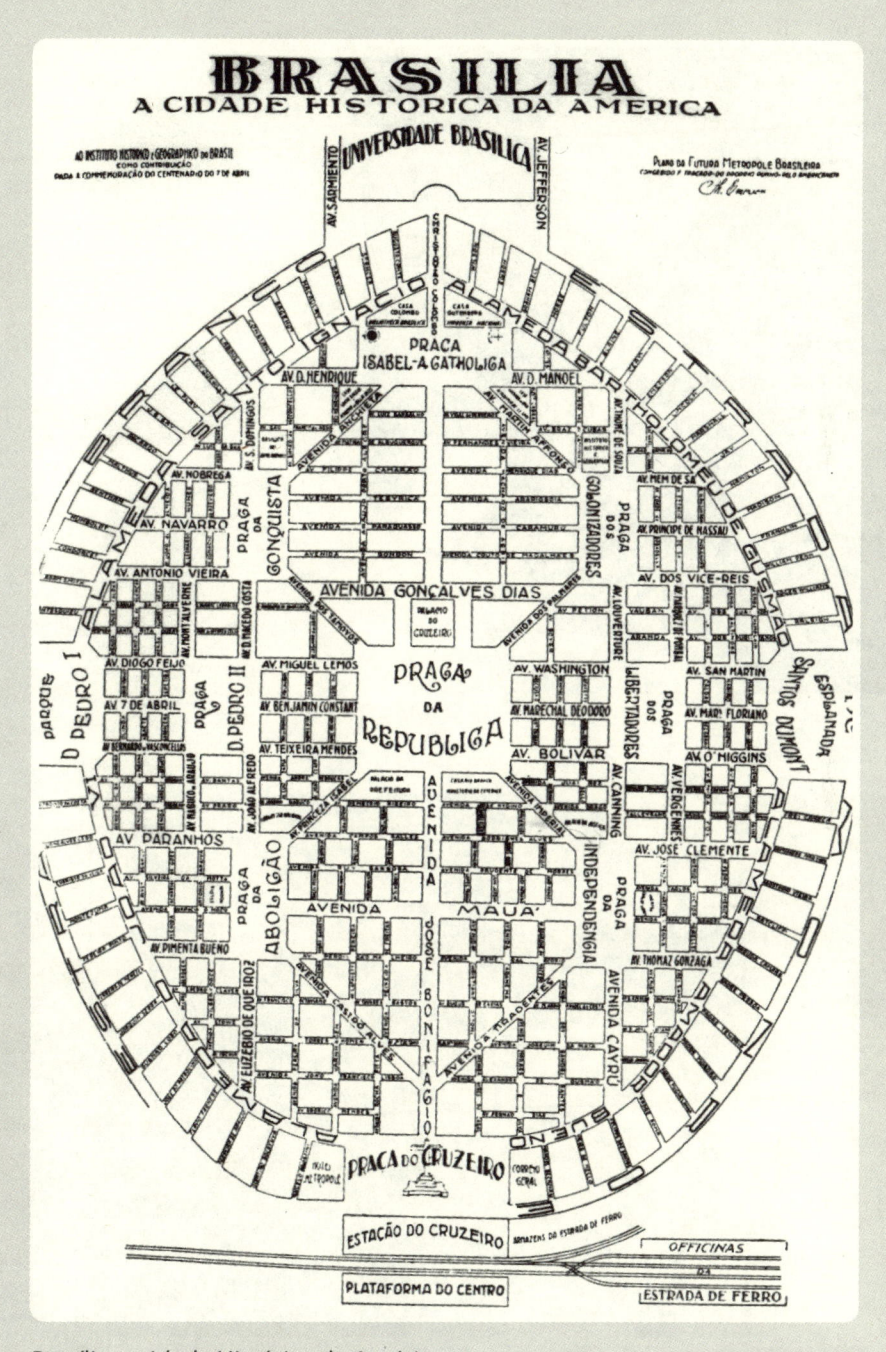

Brasília, a cidade Histórica da América

Dr. Israel Pinheiro

Reunião com Ernesto Silva

Intalação do júri para o julgamento do concurso

Júri – Brasília

CAPÍTULO I

O Concurso para a nova capital do Brasil

Contexto e realização

O Concurso do Plano Piloto de Brasília, em 1957, traduziu, entre outras coisas, o desejo nacionalista e determinado de um presidente, Juscelino Kubitschek, por realizar a antiga ideia de construir uma capital administrativa, apoiado por uma convicção modernista que Brasília ajudou a propagar. A ideia da mudança da capital do Brasil já fora aventada pelos Inconfidentes em 1798. No entanto, é a partir da Proclamação da República em 1889 que a aspiração da criação de uma capital administrativa tomou mais força. Em 1891 foi incluído na Constituição o dispositivo que reservava uma área no planalto central, Goiás, para esse fim. Enviou-se para essa região uma Comissão Exploradora (*Missão Cruls*), organizada com a função de delimitar especificamente uma área conveniente para esta implantação e estudá-la em seus aspectos geográficos.

"Atendendo a determinação da primeira Constituição brasileira, em 1892 a área foi demarcada e estudada pela Comissão Exploradora do Planalto Central do Brasil; chefiada pelo engenheiro e astrônomo Luiz Cruls, diretor do Observatório do Rio de Janeiro e nomeado pelo presidente Floriano Peixoto. Os trabalhos de campo tomaram 26 meses e registraram as primeiras informações relativas às características naturais do sítio do futuro Distrito Federal. No "Relatório da Comissão Exploradora do Planalto Central do Brasil: Relatório Cruls", de 1894, e em outros textos, Cruls relatava que – ao contrário do clima úmido, quente e palustre, favorável ao desenvolvimento da malária, de grande parte do litoral brasileiro, onde se concentrava a ocupação – as terras altas do interior apresentavam exuberante fertilidade, salubridade proverbial, extensas planícies sem interrupções importantes, rios navegáveis, abundância de excelente água potável em curso permanente, de madeiras para a construção em grandes florestas e de minerais preciosos, e que a elevação dos terrenos determinava um menor grau de secura atmosférica e uma temperatura mais fresca do que à primeira vista se poderia supor, em face da sua latitude geográfica. E concluía que a zona demarcada apresentava a maior soma de condições favoráveis possíveis de se realizar, e próprias para nela se edificar uma grande Capital, a qual gozaria de um clima temperado e sadio, situada em região cujos terrenos, convenientemente tratados, prestar-se-iam às mais importantes culturas, e que, por um sistema de vias férreas e mistas convenientemente estudado, poderia facilmente ser ligada com o litoral e os diversos pontos do território da República" (Braga, 1999, p. 14).

Outras comissões foram elaboradas, tendo em vista os desafios da possível mudança da capital e paralelamente a esse processo histórico alguns projetos para a cidade foram sendo elaborados.

Em 1946 a Presidência da República nomeou uma comissão para proceder o estudo da localização da nova cidade:

"Em consequência, foi criada pelo presidente Dutra a Comissão de Estudos para a Localização da Nova Capital do Brasil, sob a chefia do general Poli Coelho, ainda em 1946. Em 1948 foi enviado ao Congresso o relatório geral dos trabalhos, o qual manteve o local da área previamente demarcada pela Missão Cruls, mas ampliou a mesma para 77.000 km². O relatório permaneceu em estudo no Congresso até 1953, quando foi criada a Comissão de

Localização da Nova Capital Federal, inicialmente presidida pelo general Caiado de Castro e depois pelo marechal José Pessoa" (Braga, 1999, p. 15).

O levantamento da comissão teve a consultoria da empresa *Donald J. Belcher and Associates Incorporated*, de Nova York, especializada em foto-análise e dirigida pelo engenheiro e urbanista argentino Alejandro Solari.

Apesar de todas essas tentativas de transferência, somente em abril de 1955, com o fim da era Vargas, essa ideia começou a se concretizar, quando finalmente se determinou a mudança da capital. A área foi definitivamente delimitada (5850 Km²), e seus limites coincidiram com as indicações feitas, anteriormente, pelas pesquisas da *Missão Cruls*. Em dezembro de 1955, a Comissão de Localização da Nova Capital Federal transformou-se em Comissão de Planejamento da Construção e da Mudança da Capital Federal, presidida pelo Marechal José Pessoa, da qual faziam parte os arquitetos Affonso Reidy e Burle Marx, autores de uma proposta que sugeria um convite a Le Corbusier, arquiteto franco-suíço, para a realização do trabalho de projeto e construção da cidade. O Instituto de Arquitetos do Brasil (IAB), por meio de vários artigos, demonstrou o interesse dos arquitetos brasileiros na discussão a respeito da mudança da capital. Houve então a constituição de uma comissão de arquitetos para representar esse interesse frente ao Conselho Diretor do órgão central. Dela faziam parte Reidy, Saldanha, Modesto, Niemeyer, Oliveira Neto, entre outros. Em meio às sugestões e reivindicações endereçadas ao Presidente da República estavam: o princípio de um concurso público nacional; a constituição de uma comissão para o Concurso, responsável pela elaboração de um edital e um júri com representantes internacionais, como por exemplo Walter Gropius, Richard Neutra, Percy Marshall, Max Lock, Alvar Aalto, Clarence Stein, Le Corbusier e Mario Pane (cf. *Acrópole*, nº 210, 1956; *Acrópole*, nº 211, 1956; Penna, 1957). Corroborando com esse contexto, a realização de um concurso nacional se mostrou mais condizente com o plano nacionalista do presidente Juscelino Kubitschek, cuja gestão, iniciada em 1956, deu prioridade ao empreendimento e o realizou com mérito, apesar das críticas ferrenhas que qualificavam seu governo e sua pessoa como faraônicos (Couto, 2001, p. 64-71).

Em 18 de abril de 1956, a antiga Comissão de Planejamento da Construção e da Mudança da Capital Federal é dissolvida e em seu lugar organiza-se a Companhia Urbanizadora da Nova Capital (Novacap), cabendo sua direção a Israel Pinheiro, tendo o arquiteto Oscar Niemeyer como responsável pelo Departamento de Arquitetura, o qual também idealizaria a proposta de um concurso para a escolha de um plano piloto para a construção de Brasília. Ficou estabelecido também que caberia a ele a realização dos edifícios mais representativos da cidade (sedes dos Poderes Executivo, Legislativo e Judiciário).

As condições básicas para a apresentação do anteprojeto no Concurso Nacional para o Plano Piloto da Nova Capital foram publicadas no Diário Oficial do dia 30 de setembro de 1956. No Edital era dada liberdade de participação a pessoas domicilia-das no país e portadoras de licenciatura em arquitetura ou engenharia. Para o plano pedia-se um traçado básico da cidade, a localização das principais instalações e um relatório justificativo. Como questões optativas havia a possibilidade de apresentação de mapas de estudos de zonas (agrícola, urbana), cálculos de abastecimento em geral, indicação de progressão da cidade, indicações quanto ao estatuto das leis de uso do solo, entre outras. O prazo estabelecido para a entrega era de 120 dias. Havia mapas à disposição, alguns deles em escalas menores, sugerindo áreas a serem ocupadas pela zona urbana. Posteriormente foram acrescentados dados como a localização dos edifícios já determinados pela Novacap (Sede dos Poderes Executivo, Legislativo e Judiciário), assim como a localização do aeroporto, as possíveis estradas de ligação e a ocupação populacional de 500.000 habitantes.

O júri foi composto por um representante inglês, Sir William Holford, assis-tente e consultor do Ministério de Alojamento e Planificação e do Departamento Colonial da Grã-Bretanha, um dos responsáveis pelo plano regulador de Londres e pelo projeto de reestruturação no Picadilly Circus; um francês, André Sive, con-sultor do Ministério da Reconstrução e Moradia; um norte americano, Stamo Papadaki que, juntamente com o arquiteto Oscar Niemeyer, representava o de-partamento de urbanismo da Novacap; um representante do IAB (Instituto de Arquitetos do Brasil), Paulo Antunes Ribeiro; um engenheiro Luiz Hildebrando Horta Barbosa, representante da Associação dos Engenheiros; assim como, o pre-sidente da Novacap, Israel Pinheiro da Silva (sem direito a voto).

As prioridades que orientaram o julgamento dos projetos visaram principalmente a localização e zoneamento das áreas, a articulação de vias entre elas, o caráter de destaque dos edifícios administrativos e a identidade do projeto em relação ao crescimento da cidade. Apesar de serem considerados relevantes, o júri deu pouca importância aos estudos estatísticos, afirmando que se tratava de um julgamento de ideias e, segundo eles, informações que mostrassem além disso seriam desnecessárias nessa primeira fase. Outro fator relevante foi o tempo; Juscelino precisava concluir essa obra até o final do seu mandato, pois, supostamente, qualquer outro governante não daria a ela a mesma prioridade. Esse aspecto afetou diretamente a construção de Brasília desde o início; o Edital do Concurso e a Ata da Comissão Julgadora evidenciam isso, elencando prioridades segundo uma preocupação de realização imediata, sob determinações políticas. Entretanto, tais pressões, apesar de limitarem um estudo mais aprofundado dos projetos, garantiram a concretização do empreendimento (cf. Couto, 2001, p. 52-71).

Os projetos apresentados e a escolha dos vencedores

Foram apresentados 26 projetos no Concurso para o Plano Piloto da Nova Capital Federal, na seguinte ordem:

Plano nº 1: Carlos Cascaldi, arquiteto; João Vilanova Artigas, arquiteto; Mário Wagner Vieira da Cunha, sociólogo; Paulo de Camargo e Almeida, arquiteto.

Plano nº 2: Boruch Milman, engenheiro; João Henrique Rocha, arquiteto; Ney Fontes Gonçalves, arquiteto.

Plano nº 3: Jorge Wilheim, arquiteto.

Plano nº 4: Reduto Engenharia e Construções S.A.

Plano nº 5: Eurípedes Santos, engenheiro arquiteto.

Plano nº 6: Alfeu Martini, engenheiro arquiteto.

Plano nº 7: José Octacílio de Saboya Ribeiro, engenheiro.

Plano nº 8: Marcelo Roberto, arquiteto; Maurício Roberto, arquiteto.

Plano nº 9: Ricardo Brasílico Paes de Barros Schroeder, engenheiro.

Plano nº 10: Rubem de Luna Dias.

Plano nº 11: Oswaldo Corrêa Gonçalves, arquiteto.

Plano nº 12: Joaquim Guedes, arquiteto; Liliana Guedes, arquiteto; Carlos Millan, arquiteto; Domingos Azevedo, arquiteto.

Plano nº 13: João Batista Corrêa da Silva.

Plano nº 14: Inácio Chaves de Moura.

Plano nº 15: Flávio Amilcar Regis do Nascimento, arquiteto.

Plano nº 16: Pedro Paulo de Melo Saraiva, arquiteto; Júlio José Franco Neves, arquiteto.

Plano nº 17: Rino Levi, arquiteto; Roberto Cerqueira César, arquiteto; Luiz Roberto de Carvalho Franco, arquiteto.

Plano nº 18: João Kahir.

Plano nº 19: Edgar Rocha Souza, arquiteto.

Plano nº 20: José Geraldo Cunha Camargo, arquiteto.

Plano nº 21: Pedro Paulino Guimarães, arquiteto.

Plano nº 22: Lúcio Costa, arquiteto.

Plano nº 23: Marcelo Rangel Pestana, engenheiro; Hérman Ocampo Landa, arquiteto; Vigor Artesi, arquiteto.

Plano nº 24: Henrique Ephin Mindlin, arquiteto; Giancarlo Palanti, arquiteto.

Plano nº 25: José Marques Sarabanda, arquiteto.

Plano nº 26: Milton C. Ghiraldini, arquiteto (Construtécnica S.A. Comercial e Construtora).

No resultado final foram classificados os seguintes projetos:

Primeiro classificado: Plano nº 22 – Lúcio Costa

Segundo classificado: Plano nº 2 – Boruch Milman, João Henrique Rocha e Ney Gonçalves.

Terceiros classificados: Plano nº 8 – Maurício Roberto e Marcelo Roberto. Plano nº 17 – Rino Levi, Roberto Cerqueira César, Luiz Roberto de Carvalho Franco (os jurados acharam por bem classificar dois projetos em terceiro lugar, eliminando uma quarta colocação).

Quintos classificados: Plano nº 1 – Carlos Cascaldi, João Vilanova Artigas, Mário Wagner Vieira e Paulo de Camargo e Almeida. Plano nº 24 – Henrique Ephin Mindlin e Giancarlo Palanti. Plano nº 26 – Milton C. Ghiraldini – Construtécnica S.A. Comercial e Construtora (cf. *Módulo*, 1957, p. 12).

O júri estabeleceu parâmetros para a escolha dos planos que convergiam para a criação de uma capital administrativa diferente de qualquer outra cidade, capaz de "expressar a grandeza de uma vontade nacional". Sua principal característica deveria ser a administração, para onde todas as funções estariam voltadas. A análise baseou-se inicialmente sobre o plano funcional, avaliando os dados topográficos, a extensão da cidade com relação à densidade, a integração dos elementos e o plano regional (relação da cidade com os arredores) e em seguida dirigiu-se à proposta arquitetônica, analisando a expressão específica da sede do governo e a sua composição geral (*idem, ibidem*, p. 13).

Foram selecionados 4 projetos que preenchiam esses requisitos: plano piloto nº 2 – Boruch Milmann, João Henrique Rocha e Ney Fontes Gonçalves; plano piloto nº 8 – M. M. M. Roberto; plano piloto nº 17 – Rino Levi, Roberto Cerqueira César e Luiz Roberto Carvalho Franco; e o plano piloto nº 22 – Lúcio Costa.

Realmente, esperava-se que alguns projetos tivessem inspiração racionalista, mas foi grande a surpresa ao se revelar que a maioria dos projetos separava as atividades de habitação, circulação, trabalho e lazer. A influência de Le Corbusier era evidente. Os projetos trabalhavam a definição de setores, a liberação de espaços livres, o tipo célula que subentendia o crescimento, simetria, regularidade. Porém, apesar das semelhanças genéricas, as diferenças entre eles eram notáveis (Bruand, 1991, p. 354-356).

Segundo Bruand (1991), embora o predomínio da linguagem do urbanismo dito moderno fosse evidente, as diferenças entre as propostas se fizeram notar. Alguns optaram por condensar a cidade à margem do lago (caso de Boruch Milman e sua equipe), outros no espigal das colinas (Lúcio Costa, Henrique Mindlin e Giancarlo Palanti e Milton Ghiraldini) e uma minoria, entre os dois (João Vilanova Artigas e sua equipe).

O projeto vencedor reportava à *Carta de Atenas* de Le Corbusier e, ao contrário de dedicar-se a pesquisas minuciosas, simplesmente "apossou-se do lugar e traçou nele de maneira simples dois eixos em forma de cruz". Uma impressão ingênua que se desmitificava a medida que se assimilava a objetividade do plano.

Com um desenho semelhante ao de Lúcio Costa, porém mais técnico, os segundos colocados atraíram a atenção principalmente pela cuidadosa implantação das unidades habitacionais voltadas para o lago. O estudo das 3 áreas residenciais dominantes envolvia sugestões de variações de plantas e elevações dos edifícios.

O plano piloto apresentado pelos irmãos Roberto mostrou uma pesquisa intensa de dados econômicos e sociais, considerada pelo júri como aspecto não primordial. A proposta era fundamentada na descentralização, onde formas hexagonais voltavam-se para edifícios públicos centrais, descartando a monumentalidade, característica tão apreciada no processo de seleção.

Rino Levi e associados também se aprofundaram em estudos técnicos. Os edifícios de habitação teriam aproximadamente 300 metros da altura, com 8 torres alinhadas em 75 andares e forte dependência da disponibilidade de energia. Essa valorização dada às habitações fez desaparecer o caráter monumental dos edifícios administrativos, resultado que não agradou o júri. Embora atraente por ser inusitado, as grandes proporções do projeto causaram dúvidas sobre a real intenção dos autores em executá-lo (Bruand, 1991)

A equipe de João Vilanova Artigas, ao contrário de Rino Levi, apresentou um plano horizontal que considerava a natureza e o desenvolvimento econômico-social, dispersando as construções e exigindo uma grande infraestrutura.

O júri trouxe a público as informações oficiais sobre o concurso manifestando-se de três maneiras: um resumo das apreciações do júri, as atas dos procedimentos e pareceres da comissão julgadora e as declarações do júri.

Em suas apreciações (cf. *Módulo*, 1957, p. 13-16; *Brasil Arquitetura Contemporânea*, n° 9, 1957, p. 64-67) criticaram a localização bem específica do plano piloto n° 22, de Lúcio Costa, mas concluíram ser esse o único projeto que possibilitava a organização de uma Capital Administrativa do Brasil. Foi julgado simples, porém claro e organizado, com a devida colocação dos edifícios dos poderes governamentais.

Em relação ao plano piloto n° 2 de Boruch Milman, João Henrique Rocha e Ney Fontes Gonçalves o júri identificou dificuldades quanto ao crescimento da população e quanto à localização das vias, dos hotéis e do centro comercial. O grande mérito foi destinado à atraente localização das habitações nas penínsulas e à densidade bem calculada.

As torres com 300 metros de altura e elevada concentração populacional do plano piloto n° 17 de Rino Levi, Roberto Cerqueira César e Luiz Roberto Carvalho Franco, inviabilizaram grande parte do projeto segundo o júri. Atrelado a isso, o caráter de valorização dos edifícios de apartamentos em relação aos governamentais pareceu uma inversão da ordem natural de uma capital administrativa.

O plano piloto n° 8, dos M. M. M. Roberto, foi julgado controlador e plausível de ser convertido em qualquer outra cidade, não somente numa capital administrativa. A separação dos edifícios governamentais também não foi bem recebida, entretanto, segundo o júri, esse foi o plano que apresentou os melhores estudos quanto à utilização de terra e financiamento.

O plano piloto n° 24, de Henrique Ephin Mindlin e Giancarlo Palanti foi considerado bem dimensionado e com boa densidade. As críticas incidiram sobre segregação dos operários e das indústrias e as dificuldades com a disposição dos Ministérios.

Em relação ao plano piloto n° 1, de Carlos Cascaldi, João Vilanova Artigas, Mário Wagner Vieira e Paulo Camargo e Almeida, influenciou na decisão do júri a monotonia das zonas residenciais e a homogeneidade dos Ministérios se comparado ao restante da cidade. A densidade foi considerada baixa, porém com uma boa resolução para a área rural.

Finalmente, o plano piloto n° 26, da Construtécnica S.A. foi resumido como um bonito modelo de uma aldeia agrícola. O júri identificou dificuldades quanto à ligação dos edifícios até as vias principais e uma ausência de caráter de capital administrativa.

Os procedimentos e os pareceres da comissão julgadora registrados em atas relatavam que 4 dias depois do início do concurso foram selecionados 10 dos 26 trabalhos apresentados. Os arquitetos estrangeiros estudaram então esses 10 projetos isoladamente, enquanto o restante do júri se reunia periodicamente. Foi proposto e apoiado que se separasse um dia onde todos os participantes da comissão julgadora fizessem seus estudos individuais e, posteriormente, discutissem suas conclusões em grupo. Segundo o relatório de Paulo Antunes Ribeiro isso não ocorreu, posto que, no dia marcado para essa reunião em grupo, os representantes internacionais chegaram com suas resoluções já tomadas, que "coincidiram" com as decisões finais (cf. *Módulo*, 1957, p. 13-17).

Como consequência dessa discordância o projeto escolhido em 1º lugar foi aprovado sem unanimidade. Ribeiro não aderiu ao resultado da classificação, anexando à ata final da comissão julgadora uma crítica ao procedimento de avaliação dos projetos. Ele argumentava que em apenas uma hora de análise foram pré-selecionados 10 trabalhos que sequer tiveram seus relatórios lidos pelo júri. Alertava para o fato dos participantes estrangeiros haverem decidido o concurso que foi realizado num tempo recorde de apenas dois dias e meio. Como alternativa ele sugeriu a formação de uma grande equipe destinada a elaboração de um novo plano para Brasília. Ela seria composta pelos autores dos 10 projetos primeiramente classificados, acrescentando-se a eles Joaquim Guedes, Liliana Guedes, Carlos Milan e Domingos de Azevedo. Essa proposta não obteve apoio do júri (Ver para maiores detalhes: *Brasil Arquitetura Contemporânea* nº 10, 1957, p. 32-35. *Habitat* nº 40, 1957, p. 1-3. *Módulo* nº 8, p. 13-16).

Mais informações sobre esse processo seletivo estão nas declarações do júri, uma reunião das opiniões dadas pelos integrantes estrangeiros do grupo e de Niemeyer em periódicos da época (*Módulo*, nº 8, 1957, p. 22-28). Nela Stamo Papadaki enfatizava a importância de uma entidade real, entidade que foi alcançada por Lúcio Costa num delineamento que conservaria suas características, mesmo com o crescimento da cidade, existindo uma relação das partes com o todo. Papadaki citou as "funções básicas urbanas" como coexistentes e estabeleceu uma comparação com a intenção inicial de L'Enfant para Washington.

André Sive afirmou ser deliberadamente a favor de projetos pouco extensos. Considerou o traçado de Lúcio Costa um verdadeiro plano diretor. Valorizou a escolha da utilização da península, tanto do 1º colocado, quanto do projeto de Boruch Milman e sua equipe. Num desejo de homenagear todos os participantes assegurou ser um caso de consciência salientar o valor dos trabalhos do concurso em geral.

Sir Willian Holford enfatizou o fato do concurso ser baseado numa análise de ideias e não de detalhes. Segundo ele, foi escolhida a melhor base, simples e com unidade de elementos, a exemplo dos planos que podem ser prontamente compreendidos como o de Washington, o de Londres (1666) e o de Le Corbusier para Saint Dié. Afirmou que o projeto vencedor foi uma das contribuições mais interessantes feitas ao nosso século no que se refere à teoria do urbanismo moderno. Descrevendo seus elementos positivos elencou: o projeto sempre pode ser visto como um todo; tem no ponto mais elevado (torre de televisão) o centro de comunicações mundiais; as habitações são voltadas para praças; cada setor tem seu lugar adequado e todos são naturalmente interligados. Como referência citou os exemplos da Praça de S. Pedro em Roma, os desenhos de Michelangelo para o Capitólio e o plano de Roma na época do Papa Sisto V. Defendendo-se dos procedimentos de Paulo Ribeiro, relatou: "Foram cinco dias de trabalho intenso, poderia ter terminado mais cedo, não fosse a necessidade de ler os relatórios".

Sobre o plano de Boruch e equipe, Holford ressaltou o valor do sistema de vizinhança e das moradias localizadas ao redor do lago e alertou sobre o problema do centro comercial fechado e do conjunto central de tráfego. Em relação ao projeto dos M. M. M. Roberto a ênfase voltou-se às suas propostas completas e detalhadas para uma cidade em seu meio regional. "Os projetos apresentaram soluções e informações sobre questões correlatas à agricultura, planejamento rural, organização social, engenharia, custos do desenvolvimento e controle do planejamento".

Oscar Niemeyer falou sobre a importância da monumentalidade numa capital administrativa. Citou Le Corbusier e seu projeto para o Rio, onde nada se modificava da natureza, e L'Enfant no projeto de Washington. Fez questão de demonstrar uma preocupação social ao afirmar que o plano escolhido visava também evitar discriminações e finalizou dizendo que a escolha de uma equipe jovem em 2° lugar deveria funcionar como incentivo a outros profissionais.

Cronologia

Para que o procedimento da criação do concurso, da apresentação e julgamento dos projetos fiquem mais claros, eles foram organizados cronologicamente segundo o *Diário de Brasília* de 1956-1957, caderno de anotações, posteriormente transformado em formato de livro.

No dia 19/09/1956 a NOVACAP elabora o Edital para o Concurso.

Em 24/09/1956 é empossada a diretoria da NOVACAP, tendo como Presidente Israel Pinheiro, como Diretores Bernardo Sayão Carvalho Araújo, Ernesto Silva e Íris Meinberg. No Conselho de Administração Aderaldo de Junqueira Aires, Alexandre Barbosa Lima Sobrinho, Epílogo de Campos, Ernesto Dornelles, Oscar Fontoura (posteriormente substituído por Baiard Lucas de Lima). E finalmente, no Conselho fiscal: Hebert Moses, Luís Mendes Ribeiro Gonçalves, Major Mário Borges Teixeira, Themistocles Barcellos Corrêa, Vicente Assunção (os dois últimos como suplentes). Tal diretoria tinha o prazo de 3 anos e 3 meses para a entrega de edificações e serviços indispensáveis à mudança definitiva do Governo.

No dia 30/09/1956 é publicado oficialmente e divulgado para toda a imprensa o Edital para o Concurso Nacional, destinado à escolha do Plano Piloto de Brasília. O Edital marca o prazo de 15 dias para a apresentação dos trabalhos (Diário Oficial, 30 de setembro, 1956).

Em 16/10/1956 Juscelino prorroga o prazo de apresentação dos trabalhos dos candidatos ao Concurso até 11/01/1957.

Em 17/10/1956 Oscar Niemeyer elabora um projeto para a casa provisória para a hospedagem do chefe da nação.

No dia 26/10/1956 a NOVACAP anuncia já se haverem inscritos 62 firmas construtoras e arquitetos no Concurso Nacional. Obs. Oscar Niemeyer é chefe do Departamento de Arquitetura e urbanismo da NOVACAP.

Em 31/01/1957 anuncia-se que farão parte da Comissão Julgadora do Concurso para o Plano Piloto de Brasília os arquitetos e urbanistas William Holfod, Andre Sive e Stamo Papadaki. As inscrições estarão abertas até 11/03/1957.

No dia 12/03/1957, no Rio de Janeiro, na sala de exposições do Ministério da Educação e da Cultura, abrem-se ao exame da Comissão Julgadora os projetos do Plano Piloto de Brasília, com 25 trabalhos diferentes. A Comissão Julgadora é integrada pelo presidente da NOVACAP, Israel Pinheiro, Oscar Niemeyer, Stamo Papadaki, William Holford, Andre Sive, Hildebrando Horta Barbosa e Paulo

Antunes Ribeiro. Realiza-se a reunião de instalação da Comissão Julgadora dos projetos apresentados.

Em 16/03/1957 a Comissão Julgadora encerra seus trabalhos. Apresentado relatório, o júri propõe o 1° prêmio ao projeto do senhor Lúcio Costa.

No dia19/03/1957 divulgam-se os elementos principais do projeto vencedor, por ocasião da abertura da exposição no Ministério da Educação, dos planos apresentados no Concurso da NOVACAP.

Em 25/03/1957 o Diário Oficial publica as atas dos trabalhos da Comissão Julgadora dos Planos Pilotos para a construção de Brasília.

E, finalmente, no dia 03/05/1957 é realizada a Primeira Missa em Brasília.

Repercussão

Depois desses acontecimentos, o mundo do urbanismo deparou-se com um dos maiores canteiros de obras da época para as suas teorias e críticas. Nas palavras de Peter Hall sobre o projeto vencedor e o procedimento do júri: "... premiou um dos mais vastos exercícios urbanísticos do século xx..." (Hall, 1988, p. 254). Até mesmo os que eram contra a mudança da capital manifestaram sua surpresa em relação ao plano escolhido, como é o caso de Mário Pedrosa. Segundo ele, apesar das condições do Concurso, a escolha de Lúcio Costa foi certeira, justa e corajosa. Embora fossem explícitas as ligações de Papadaki com Niemeyer e deste último com Juscelino, a escolha de Lúcio Costa foi óbvia e brilhante. Mário mostrou-se contra o governo, mas admirado com o projeto vencedor (Pedrosa, 1957, p. 15).

A repercussão do concurso e da construção de Brasília ganhou cunho internacional rapidamente. Tal fato pode ser avaliado através do Congresso Internacional de Críticos de Arte, realizado em Brasília em setembro de 1959. A senhora Aline Saarinen documentou e editou em formato de livro – *Brasília e a Opinião estrangeira*, 1960 – tal repercussão por meio do relato de uma série de opiniões, publicadas posteriormente no *New York Times*. Algumas colocações refletem claramente o deslumbramento que a prática do urbanismo moderno causara, como é o caso do jornalista francês Louis Guerande: "Brasília é a associação do gênio francês, o qual também concebe esse espaço, através do gênio brasileiro, associados na metamorfose de um mundo que já se temia não tivesse esperança". E ainda, do escritor e Ministro da Cultura da França, Andre Malraux, que qualificou Brasília como uma das grandes perspectivas da arquitetura moderna, desconhecidas ainda para o atual século. Associou o empreendimento ao mundo helenístico ao considerá-lo uma ressurreição do lirismo arquitetônico. Para ele, Lúcio Costa colocava a arquitetura a serviço da nação (Serviço de Documentação da Presidência da República. *Brasília e a opinião estrangeira*, 1960).

Os depoimentos de Stamo Papadaki e do arquiteto Richard Neutra demonstravam a áurea de encantamento que envolvia Brasília: "A arte de construir cidades não está perdida" (Papadaki) e "Brasília se molda sob os nossos olhos e o mundo inteiro observa esses modeladores" (Neutra).

Também foram documentadas declaraçãoes sobre a influência que a cidade exercia nos trabalhadores que a construíam. Nas palavras do crítico de arte Ricardo Averini: "O que me impressiona é a força do povo". E segundo Ernest Goldschmidt: "O que chama atenção é o esforço humano e desumano para sua realização".

Como não poderiam faltar, as críticas se fizeram presentes por intermédio de nomes importantes como o do crítico de arte Bruno Zevi: "Não podemos préfabricar uma cidade e depois adaptar o povo nela [...]. O centro monumental de Brasília sufoca a vitalidade da cidade. É uma cidade de Kafka. Quanto à arquitetura, é monumental em um sentido negativo, porquanto na sua maioria, foi concebida nos moldes da perspectiva da Renascença, contraria a concepção de tempo e espaço" (*ibidem*, p. 70).

Ainda nas palavras da cronista Francoise Choay: "É necessário uma reflexão sobre problemas que já se tornaram evidentes". Anthony Bower, crítico de arte, questionou as cidades satélites e Paul J. Damaz, arquiteto, concluiu que as proporções de Brasília estavam subestimadas e as técnicas de produção eram provincianas, além de demonstrar sua preocupação com o crescimento da vegetação. O crítico de arte Giulio Pizzetti declarou que a não Identificação dos problemas do urbanismo moderno, já conhecidos na época, poderia ter graves repercussões (*ibidem*, p. 70).

O pensamento urbanístico brasileiro representado nos periódicos antes do concurso (1954 a 1957)

Para organizarmos uma síntese do pensamento urbanístico brasileiro, no período anterior ao Concurso de Brasília, levantamos, nos principais periódicos sobre arquitetura e urbanismo da época – *Habitat, Módulo, Acrópole, Brasil Arquitetura Contemporânea* – artigos que demonstravam a preocupação com o planejamento das cidades. Sabemos que na década de 50, vários conceitos do urbanismo moderno já estavam sendo revistos, os CIAMS manifestavam sua contradições. No entanto, as ideias corbusianas da *Carta de Atenas*, ainda ressoavam como a esperança da perfeita harmonia entre a cidade, seu cidadão e as novas tecnologias, principalmente no Brasil. Mergulhados no entusiasmo de Le Corbusier e nas discussões dos CIAMS, os arquitetos e urbanistas brasileiros apresentavam, algumas vezes, um clima de indefinições.

Os arquitetos Vergareche Maitrejean e Heitor Ferreira de Souza, ao voltar do *Encontro Internacional de Arquitetos* de Varsóvia, em uma entrevista à revista *Acrópole*, relatam:

> "Estávamos acostumados a discutir arquitetura em função da circulação, plantas, organograma, simplificação construtiva, técnica aperfeiçoada etc. Em certa ocasião criticamos a planta e a circulação de certos edifícios, quando recebemos uma resposta, no primeiro momento surpreendente: o que havia de melhor na Polônia disseram, com referência à técnica, organograma, funcionalismo moderno, ausência completa de coisas supérfluas e espaços perdidos – era o campo de concentração de Auschwitz. Deveríamos por isso considerá-lo boa obra de arquitetura?! Somente o poderíamos fazer se esquecêssemos na crítica de arquitetura, um valor primordial: o conteúdo humano" (*Acrópole*, nº 192, 1954).

Apesar dessas críticas ao urbanismo moderno, a maioria das publicações ainda enfatizava a necessidade do planejamento urbano, baseado nas quatro funções da *Carta de Atenas* (cf. Lodi, 1954). Carlos Lodi, presidente da Divisão de Urbanismo de São Paulo, num artigo em comemoração ao dia do urbanismo, fazendo referência ao texto de Jean Giragoux para a introdução da *Carta de Atenas*, aponta o prejuízo dos cidadãos, submetidos à má distribuição do espaço. Para sintetizar o bom planejamento, Lodi diz que ele deve ser associado ao "melhor desenvolvimento das funções fundamentais da vida cotidiana, as de habitação, de trabalho, de recreio e de cultura, de circulação".

Encontramos, também nesse período, críticas a Mies Van Der Rohe e seu ritmo estrutural, comparado ao formalismo acadêmico, tão combatido na época. Ao mesmo tempo, uma celebração a Walter Gropius e seu plano para o ensino de arquitetura, associando o conhecimento científico e a prática construtiva (cf. *Acrópole,* nº 194, 1954; Gropius, 1954).

Em 1955, Le Corbusier aparece com um enfoque especial no lançamento da revista Módulo, a começar pelo nome, vindo do modulor criado por ele. Oscar Niemeyer em um comentário sobre o arquiteto qualifica sua obra como a base de toda a arquitetura contemporânea. A visível preocupação com o crescimento descontrolado de São Paulo e Rio de Janeiro traz citações frequentes sobre os projetos de Le Corbusier para essas capitais.

Enquanto Le Corbusier ainda ocupa uma posição de destaque no Brasil, numa entrevista dada à revista *Acrópole*, a arquiteta italiana Giacinta Palmiere, afirma que ele, Wright e outros, eram temas ultrapassados na Itália, sendo a arquitetura americana mais analisada. Palmiere explica sua decepção com a pouca funcionalidade da *Unidade de Habitação* de Marselha, na França, e com o grande volume de obras ruins no Brasil, frente às poucas obras de bons arquitetos (cf. *Acrópole*, nº 201, 1955).

A referência americana já causava controvérsias no Brasil. O arquiteto Luiz Anhaia Mello, numa comparação entre a política espacial americana e a brasileira, critica os brasileiros e a tendência nacional pela americanização das situações: "O grande dilema do urbanista americano é que vive em sociedade altamente individualista, de competição acirrada, ao passo que o planejamento exige atmosfera de muito maior cooperação e compreensão" (cf. Mello, 1955).

Em dezembro de 1955, num artigo de Oscar Niemeyer para a revista *Módulo*, novamente a arquitetura e o urbanismo são associados à ideia de coletividade, dificilmente aplicada ao Brasil devido a grande diferença social entre as classes, restringindo o campo dos profissionais a intervenções pontuais e privadas em sua maioria. Niemeyer aponta o exemplo da União Soviética para contrapor à nossa realidade. O Plano de Moscou, de A. V. Vlasov, é amplamente divulgado, indicando a fusão harmoniosa entre arquitetura e urbanismo, a construção moderna dos grandes blocos residenciais, equiparáveis, posteriormente, às superquadras de Brasília.

Em todas as publicações referentes ao assunto, existe uma preocupação constante com a interdependência da arquitetura e do urbanismo, com a especulação imobiliária, e com o planejamento, no intuito de estimar o limite do aglomerado urbano. Luís Saia aponta alguns equívocos cometidos pelos arquitetos e urbanistas, na interpretação dos princípios modernos para o Brasil. Em seus artigos sobre a evolução da morada paulista reconhece um retardamento no desenvolvimento da arquitetura moderna brasileira. Segundo ele, a aceleração inicial da receptividade dos princípios modernos no Brasil deveu-se ao reconhecimento internacional da nossa arquitetura, o que representou uma substituição rápida e superficial das formas acadêmicas, influenciadas pelo avanço imobiliário. Tais fatos contribuíram para que pessoas pouco qualificadas embarcassem na aventura modernista. A intervenção do Estado nesse setor, realizada em bases extremamente paternalistas, contribuiu para conter o impulso de atualização, mantendo o seu dualismo burguês: de um lado, a casa mínima proletária; de outro, a residência volumosa e pretensiosa; nem a rua, no que ela representa de disciplina potencial, nem o lote, com o seu condicionamento social, refletiram as transformações sugeridas pelos conceitos modernos (cf, Saia, 1956, p. 89-91).

Enquanto, em 1956, no exterior, os princípios modernos estão sendo revistos, no Brasil ainda são capazes de envolver os arquitetos com tanto entusiasmo, chegando a gerar uma imagem ingênua da cidade. O engenheiro J. A. Fontes Ferreira associa a ordem urbana à saúde física e mental do cidadão, de tal maneira que a harmonia entre elas garantiria o desenvolvimento da cidade, seu progresso econômico e social, o que "tornaria a cidade um centro de energia, contribuindo plenamente para o desenvolvimento da pátria". Esse êxito seria garantido ao usarmos em toda a intensidade, os princípios urbanísticos de habitar, circular, trabalhar e cultivar o físico e o espírito (cf. Ferreira, 1956).

Cidades Planejadas: Belo Horizonte e Goiânia

As fundações de novas cidades no Brasil também serviram como referência e incentivo para o empreendimento da construção de Brasília. O avanço das plantações de café para o oeste de São Paulo e para o Paraná incentivou a fundação de novas cidades, organizadas em poucos anos, e por isso, fruto de improvisações, sem preocupações arquitetônicas, com traçados rígidos (tabuleiro de xadrez) e retângulos livres para a localização das praças. Para justificar um empreendimento maior era necessária uma circunstância mais abrangente, como a criação de uma nova capital, ao exemplo de Belo Horizonte e Goiânia.

Considerando a população e as possibilidades econômicas do Estado de Minas Gerais na época da formação da República (1889), podemos afirmar que Ouro Preto vinha se descaracterizando como capital. Apesar de ter sido uma cidade próspera na época da mineração, sua localização representava uma dificuldade para a adaptação da nova economia, baseada principalmente na agricultura. Dessa maneira, o presidente Afonso Pena votou, em 1893, uma lei que estabelecia o prazo de 4 anos para a mudança da capital de Minas Gerais. Para escolher a melhor localização foram estabelecidos critérios em relação à topografia e a ausência de grandes construções que dificultassem a implantação de um plano racional, entre outros. Nessa época o aspecto monumental já era enfatizado, com o intuito de garantir o devido impacto que justificasse a tal mudança e outorgasse respeito ao Estado.

Foram pré-selecionadas cinco localidades: Curral D'El Rey, Paraúna, Barbacena, Várzea do Marçal e Juiz de Fora. O lugar escolhido deveria abrigar de 150 a 200 mil habitantes e inicialmente 30 mil habitantes. Aarão Reis, convidado por Afonso Pena, organizou a comissão encarregada dos estudos, restringindo a escolha entre Várzea do Marçal e Curral D'El Rey, chamada agora de Belo Horizonte e ficando como opção final, devido ao diferencial de custo. Curral D'El Rey estava localizada no centro da área economicamente mais ativa do Estado, nas proximidades de Ouro Preto (100 km de distância) e da ferrovia, e tinha o relevo e os cursos de água a seu favor. O prazo estabelecido para a construção, apesar de curto, foi cumprido, sendo a capital inaugurada em 1897. Para a concretização desse objetivo, Afonso Pena e Bias Fortes foram essenciais. Aarão Reis, além de dirigir a Comissão da Construção, foi o responsável pelo plano urbanístico.

O plano mostrava uma grande racionalidade técnica e possuía uma estrutura hierárquica e sistêmica (divisões e seções). O antigo arraial de Curral D'El Rey foi anulado; o traçado da cidade era a sobreposição de uma dupla trama ortogonal, onde uma retícula delimitava os quarteirões e a outra articulava as largas avenidas. Para não limitar a cidade, Aarão Reis propôs zonas suburbanas mais soltas e menos ortogonais, além de um cinturão verde que, supostamente, faria a integração entre o centro e essas zonas.

O plano de Aarão Reis não foi executado segundo o projeto inicial. Em 1895 ele se afasta da chefia da Comissão Construtora devido a pressões políticas. A maior parte dos jardins e das praças projetadas, não foi implantada e a minoria restante foi reduzida. Todas as praças propostas por Aarão Reis serviam para abrigar edifícios públicos e eram espalhadas pelo traçado para criar uma trama de ligação entre elas. Essas ligações eram eixos perspectivados que valorizavam as chamadas "áreas nobres". A sede do Poder Executivo (Palácio da Liberdade) estava localizada no local mais privilegiado. No centro da cidade estava localizado um grande parque municipal, com 64 hectares (semelhante ao de Washington) onde, com um traçado orgânico adaptado ao relevo, criava-se um contraste com o traçado urbano, tornando o local um lugar de repouso com aldeias. Havia quadras e lotes para os funcionários públicos, proprietários de casas em Ouro Preto e no antigo arraial. O cemitério, o matadouro, a estação de tratamento de água, os incineradores de lixos, foram implantados nos subúrbios. Essa setorização seguia, em maior parte, os códigos higienistas da época. Em detalhes, Aarão Reis mostrava sua preocupação com a salubridade, comodidade e embelezamento da cidade. O projeto de Belo Horizonte representa melhor o fechamento de uma época do que a vanguarda de outra, apesar das atitudes criativas de seu planejador. Ele referenciava-se pela Paris de Haussmann e pelas cidades norte-americanas do séc. xix (projeto de L'Enfant para Washington). O tabuleiro de xadrez foi corrigido pelas amplas artérias oblíquas, houve uma preocupação com as perspectivas monumentais, despreocupação com o relevo para garantir a geometria pura, escolha que trouxe problemas posteriores (cf. Bruand, 1991).

Quarenta anos depois da experiência de Belo Horizonte, ocorre em Goiás uma situação semelhante. A antiga capital, centro das atividades do estado na época da mineração, também demonstrava dificuldades de adaptação à nova economia. O êxito de Belo Horizonte encorajou as autoridades de Goiás ao deslocamento de seu centro político-administrativo.

Em 1933, sob o lema "Conquista Integral do Brasil pelo Brasil", o presidente em exercício, Getúlio Vargas, enfatizando seu intuito de mostrar a capacidade civilizadora do país, nomeia Pedro Ludovico como responsável executivo da obra que resultaria na cidade de Goiânia e Atílio Corrêa Lima responsável pelo plano urbano. A área escolhida para a implantação da nova cidade estava aproximadamente a 100 km da antiga capital. O prazo dado para que a transferência ocorresse era de 2 anos, com um núcleo inicial estimado em 15 mil habitantes, chegando posteriormente a 50 mil.

Atílio explorou ao máximo o aspecto topográfico do local, tanto prático, quanto estético, favorecendo o escoamento da água pluvial e criando eixos perspectivados nas avenidas principais, que desembocavam na praça onde o centro se ordenava. A forma era de um asterisco, marca urbana da monarquia, semelhante à concepção clássica usada em Versalhes e Rarlsrhue, e em Washington. Atílio, no entanto, acrescentou à concepção clássica o cuidado com o trânsito e um zoneamento eficiente e assegurou o traçado, independente de sua evolução futura .

Mais uma vez o crescimento de uma cidade superou as expectativas de seu criador urbano e novamente os espaços verdes foram sendo utilizados para construções. Após a morte de Atílio Corrêa Lima, o plano urbano é assumido por Armando Augusto Godoy, integrante da Comissão que selecionou o lugar para a implantação da cidade. Godoy realizou algumas alterações no projeto inicial. Para ele, Goiânia deveria ser moderna, à maneira de Ebenezer Howard; trabalhou ideias higienistas e de coletividade, criou uma hidroelétrica (a vida moderna seria acionada pela energia elétrica) e priorizou a rodovia sobre a ferrovia. Godoy também foi o responsável pela criação de um cinturão verde para a cidade, através do qual garantiria a salubridade da mesma apesar de um possível crescimento e favoreceria o assentamento das cidades satélites. Em consequência disso, em Goiânia podem ser identificadas duas cidades jardins, a cidade de Atílio Corrêa Lima, entre o centro administrativo e a estação ferroviária, e a cidade de Godoy, a partir do centro até o sul. O plano levou o período entre 1933 e 1948 para ser finalizado.

A criação de Goiânia representou uma importante referência para Brasília; alguns autores, como Yves Bruand, relatam que ousadamente "Lúcio Costa transformou a cidade linear, projetada por seu colega, numa cruz". Brasília teve um deslocamento dos bairros residenciais do eixo longitudinal para a via de acesso transversal, conferindo a essas alas um significado maior na composição; em Goiânia, a avenida Anhanguera, guardadas as devidas proporções, tinha função e localização semelhantes em seu esboço de desenvolvimento. Outras semelhanças foram o esquema de eixo monumental e a separação do centro comercial e do centro administrativo, sendo este último colocado numa situação privilegiada. Em Goiânia, no entanto, o centro administrativo funcionou como um freio para o desenvolvimento no sentido sul.

CAPÍTULO II

O debate internacional:
panoramas teóricos e concepções urbanas

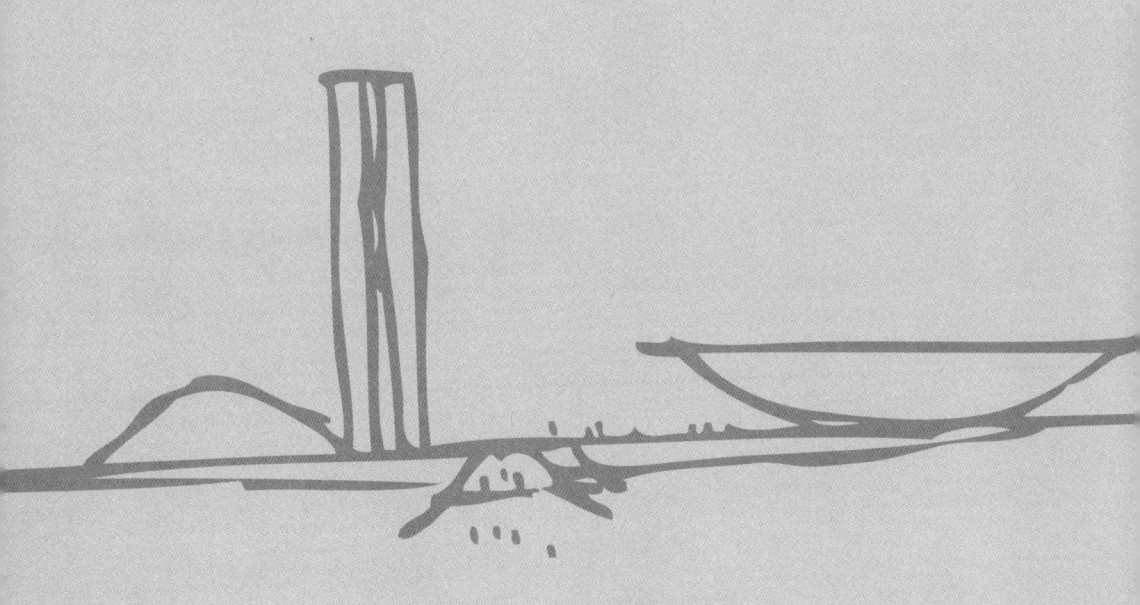

Por que Le Corbusier?

A reunião dos planos pilotos de Brasília comprova o papel predominante que o urbanismo dito *moderno* desempenhou para os arquitetos brasileiros. Num panorama onde o urbanismo se alia ao projeto nacional-desenvolvimentista, jargão da época, a realização de um concurso para a construção da capital do país reúne o trabalho de parcela significativa dos arquitetos em atividade no Brasil e indica quais suas prioridades para uma cidade que, nascida do nada, representaria "o país do futuro". Esse evento, de repercussão internacional, resultou numa mostra dos elementos que contribuíram para formação do quadro urbanístico brasileiro.

A predominância dos conceitos racionalistas sistematizados pela figura de Le Corbusier fica evidente. Todos os projetos do plano piloto de Brasília que identificamos, com exceção do trabalho de Saboya Ribeiro, citam a *Carta de Atenas*, direta ou indiretamente, uma das obras mais conhecidas do arquiteto. É verdade que alguns defendem e aplicam suas teorias tão integralmente quanto possível, enquanto outros apenas mencionam conhecimento dessa referência. A despeito da proporção, o urbanismo segundo Le Corbusier está predominantemente presente no concurso (Costa, 2002). Suas visitas ao Brasil em 1929 e 1936 são determinantes para a repercussão dos ideais modernos no país, tanto na arquitetura quanto no urbanismo (Leme, 1999). Ele estabelece contato direto com Lúcio Costa e outros que estavam empenhados na reformulação do ensino arquitetônico brasileiro, ou seja, que atuavam em campo propício para a difusão de ideias e formação de uma nova geração de profissionais.

A influência dos arquitetos formadores dos CIAM – Congressos Internacionais de Arquitetura Moderna – também é claramente identificada nos projetos de Brasília, lembrando que Le Corbusier foi uma das figuras mais proeminentes desses congressos. A repercussão dos encontros será marcante na história do pensamento urbanístico e fundamental na construção da ideologia do movimento moderno (Kopp, 1990).

No Brasil, as reflexões dos CIAM obtêm posição de destaque entre os arquitetos. Desde a década de 1920 e com mais ênfase na década de 1940 um grupo de profissionais representantes do CIAM no Brasil se reunia regularmente para atualizar-se a respeito das propostas internacionais. Desse grupo faziam parte Lúcio Costa, Oscar Niemeyer, Henrique Mindlin, Gregory Warchavchick, Afonso Reidy, Carmem Portinho, entre outros (Mumford, 2002).

Nesse contexto surpreende que no conjunto de planos de Brasília haja uma ausência de referências ao debate de revisão das teorias sobre o urbanismo moderno em andamento no exterior. A crítica era feita pelos próprios participantes dos CIAM (Congressos Internacionais de Arquitetura Moderna).

Na Europa, com a inserção de novos participantes nos congressos do período do pós-guerra, inicia-se um novo debate que coloca em xeque alguns postulados modernistas. A conveniência da universalização das teorias é criticada por subestimar os valores das particularidades do entorno, como a cultura dos moradores e a arquitetura tradicional do local. Acreditava-se que ênfase no processo industrial teria superado a preocupação social e consequentemente os postulados urbanos da *Carta de Atenas* seriam insuficientes e superficiais para a atualidade. Esses desacordos permeam os congressos nas décadas de 1940 e 1950 até sua extinção em 1959 e a formação do grupo *Team 10* pelos arquitetos que se opunham às orientações dos CIAM naquelas condições (Barone, 2002).

Para além desses levantamentos sobre a predominância modernista nos projetos de Brasília, uma introdução ao concurso, assim como uma análise individual dos planos, evidencia divergências e convergências que derivam da abordagem peculiar de cada arquiteto, ou grupo deles, frente aos princípios do urbanismo moderno. Para entender essa aclimatação brasileira, a influência de Le Corbusier e dos CIAM, partimos do pressuposto de que um panorama internacional seria útil.

Sobre os CIAM: a falta de consenso como regra

Em 1927, o Concurso do Palácio Sede da Sociedade das Nações, em Genebra, premia o projeto acadêmico de Nénot, Broggi, Vago e Lefebvre, o que termina por frustrar as expectativas de Le Corbusier, arquiteto participante do processo de seleção, que esperava dos organizadores um reconhecimento das necessidades evidentes em se modificar a maneira de pensar a arquitetura. Tal fato funciona como estopim para o empenho de Le Corbusier em divulgar e sistematizar as ideias modernas. O panorama urbano era caótico e a arquitetura em prática se mostrava insuficiente para solucionar as questões atuais da sociedade. Uma nova linguagem arquitetônica deveria ser capaz de abordar o fenômeno das novas cidades e, ao mesmo tempo, ser hábil em promover seus resultados.

Na prática, esse anseio reflete-se num esforço de Le Corbusier em reunir arquitetos que compartilhassem da mesma aspiração. Assim fundam-se os CIAM (Congressos Internacionais de Arquitetura Moderna).

Os CIAM, em sua origem, têm como um de seus principais objetivos a sistematização de preceitos arquitetônicos e urbanos a fim de construir uma hegemonia capaz de contrapor-se à arquitetura eclética vigente. Buscava-se definir parâmetros universais que garantissem a consolidação de uma vanguarda. Um novo urbanismo, baseado numa metodologia que pretesse corresponder aos processos da produção industrial, não poderia ser apenas uma melhora técnica da urbanística corrente, mas deveria constituir uma alternativa a ela, o que exigia uma inspiração política diversa (Barone, 2002).

O motivo dominante das discussões é a investigação de novos padrões para organizar as funções das cidades e as variações desses modelos para adaptá-los às transformações em curso. Os arquitetos buscavam uma modificação cultural que contestasse a tipologia das funções urbanas, assim como suas instituições, hábitos e interesses consolidados. Num contexto do pós-guerra, no qual a habitação proletária é o tema central, defendem uma nova arquitetura com compromisso social e desenvolvimento tecnológico. O enfoque vai além de uma cidade que funcione melhor, enfatiza uma cidade para todos, que repartisse com equidade entre os cidadãos os benefícios dos possíveis melhoramentos (Bruand, 1991).

Esse imperativo de melhorias urbanas e adaptações ao ritmo que a "era da máquina" impunha, direciona a escolha dos principais temas dos congressos. Segundo Le Corbusier, só a nova arquitetura corresponderia bem às necessidades maquinistas da condição contemporânea da Europa (Le Corbusier, 1973).

Foram realizados 11 encontros:

1º Congresso – 1928 – Castelo de La Sarraz – Genebra, Suíça.

2º Congresso – 1929 – Frankfurt – Alemanha.

3º Congresso – 1930 – Bruxelas – Bélgica.

4º Congresso – 1933 – Navio Patris II – trecho entre Marselha e Atenas.

5º Congresso – 1937 – Paris – França.

6º Congresso – 1947 – Bridgwater – Inglaterra.

7º Congresso – 1949 – Bergamo – Itália.

8º Congresso – 1951 – Hoddesdon – Inglaterra.

9º Congresso – 1953 – Aix en Provence – França.

10º Congresso – 1956 – Dubrovnik – Croácia.

11º Congresso – 1959 – Otterlo – Holanda.

Para o primeiro, Le Corbusier reúne federações pequenas e apresenta suas intenções. Elenca seis pontos para discussão: 1) a técnica moderna e suas consequências; 2) a estandardização; 3) a economia; 4) a urbanística; 5) a educação da juventude; 6) a realização (possibilidades na associação entre a arquitetura e o Estado). Apesar de todo o empenho dos participantes, os discursos dessa ocasião não são significativos para as resoluções práticas esperadas.

Redigem uma declaração de princípios e intenções, manifesto de La Sarraz, intentando retirar a arquitetura do meio acadêmico e inserindo-a no âmbito social e econômico (Le Corbusier, 1993). Nele constam questões como:

"1. Colocar a discussão da arquitetura em termos urbanísticos e determinar o programa de estudos incluído na nova arquitetura;

2. exercer influência sobre a opinião pública em geral, clientes e autoridades, mostrando que a arquitetura moderna é técnica, estética, econômica, higiênica e ideologicamente melhor que a tradicional;

3. sustentar e defender a arquitetura moderna como política de Estado;

4. influenciar a nova geração de arquitetos através da reformulação do ensino de arquitetura" (Benevolo, 1976).

A pergunta que persiste é: como?

A busca pela resposta resulta na estruturação de um programa de estudo com características unidirecionais, capaz de enfrentar a oposição acadêmica e garantir uma alternativa sólida de vertente única. Determinam também dois assuntos que deveriam ser priorizados em todos os encontros: a habitação social e a cidade funcional.

> "Essa continuidade (de assuntos) se registrou nos trabalhos dos CIAM através do estudo minucioso da célula de habitação, inicialmente, seguindo-se do arranjo das células em unidades ou blocos e, a partir da organização dos blocos, chegando à concepção da cidade funcional" (Barone, 2002, p. 29).

Como tema para o segundo congresso define-se "a habitação para o mínimo nível de vida". A organização fica sob a responsabilidade do arquiteto Ernest May que envia questionários aos participantes com o intuito de obter informações que iam desde iluminação até a condição da mão-de-obra e seriam úteis na reunião seguinte. Poucos respondem devido à complexidade das questões, resultando apenas num conjunto de dados desconexos.

Os encontros de Frankfurt (1929), cujo tema é a unidade racional (moradia), e Bruxelas (1930), que trabalha o assunto da inserção de blocos residenciais em grandes conjuntos, procuram denotar um caráter prático aos congressos. Era necessário gerar novos padrões para a indústria da construção, para o desenho de plantas, volumes e detalhes construtivos, assim como para a relação entre o espaço construído e o vazio.

Para o 2° CIAM, os arquitetos convidados enviam 105 projetos (contendo plantas e não fachadas) que são redesenhados todos em mesma escala. Em cada prancha foi organizada uma tabela com as seguintes informações: área do piso, pé-direito, metro cúbico, área das janelas, número de camas, sistema de acesso, entre outras.

Ocupam-se em definir o conceito de moradia mínima como ponto de partida para o raciocínio da edificação subvencionada. São preparadas 3 conferências. A primeira delas, realizada por Walter Gropius, retoma temas de caráter sociológico. Gropius aborda também a construção de edifícios altos, desagradando arquitetos como May, que construía em Frankfurt extensos conjuntos habitacionais térreos, baseados na cidade-jardim. As teses de Gropius foram rechaçadas demonstrando que os membros estavam despreparados para discutir essas questões.

A segunda palestra baseia-se na análise dos elementos fundamentais da habitação mínima e é apresentada por Le Corbusier. O arquiteto, em viagem à América Latina, não comparece ao Congresso e seu primo, Perret, procede a leitura de seu texto. Nele Le Corbusier preocupa-se em aplicar à moradia os 5 elementos fundamentais da nova arquitetura: pilotis, planta livre, fachada livre, janela em extensão e terraço jardim. A terceira conferência é ministrada por Victor Bourgeois com o tema da habitação mínima e as associações práticas a esse assunto (Frampton, 1997).

A ausência de Le Corbusier confere uma unidade teórica e prática entre os participantes que pareciam ter atingido seu objetivo. Estabelece-se um grupo de trabalho conhecido como CIRPAC (Comitê Internacional para a Resolução de Problemas de Arquitetura Contemporânea), cuja tarefa principal consistia em organizar e preparar os temas dos futuros encontros. O congresso seguinte deveria retomar as questões da habitação mínima e do uso do solo.

O 3º CIAM, realizado em Bruxelas (1930) sob a responsabilidade de Victor Bourgeois, coloca em debate os métodos construtivos racionais, o loteamento racional e o problema da tipologia da edificação.

A organização do encontro foi complicada por vários motivos. Le Corbusier estava em Moscou para construir sua primeira grande obra. Os russos esperavam que o arquiteto ensinasse a eles todos os procedimentos da implantação do edifício, cálculos que na França eram realizados pelos BET (*Bureaux D'Estude Technique*), portanto, experiência que Le Corbusier não dominava. O resultado final desse embate foi o caos. Le Corbusier recebeu um questionário dos governantes de Moscou e respondeu a eles com o plano de *Ville Radieuse*. Enviou posteriormente esse projeto para o 3º CIAM, o qual foi recusado. Entretanto, como a ideia original do encontro era do próprio Le Corbusier, os organizadores acharam por bem expor seus desenhos. Foram expostos 56 projetos e os critérios relevantes mudaram. Agora as prioridades estavam voltadas para a relação entre o metro quadrado da habitação e o metro quadrado do sistema viário, o número de unidades construídas comparado ao número de habitantes por hectare e o valor da terra.

A conferência programática ministrada por Le Corbusier abordou o parcelamento do solo nas cidades e mostrou-se favorável aos edifícios de grande altura. Defendeu a existência de uma rua corredor com lojas de serviços dentro dos prédios, o que reduziria as distâncias a serem percorridas. Essa proposta, entretanto, só seria viável se as residências fossem agrupadas e para tal deveria haver uma mudança do código de obras.

A segunda palestra foi ministrada por Kaufmann e Boehm que dissertaram sobre a construção de edifícios de 2 a 12 andares, provando que os prédios com mais de 6 pavimentos eram autoeconômicos. A terceira exposição, sob responsabilidade de Gropius, questionou a viabilidade das construções baixas, médias e altas. Gropius se deslocou da noção do orçamento para associar-se à racionalidade, defendendo as construções altas (os edifícios de 12 pavimentos eram os mais indicados). Finalmente, a quarta conferência teve Richard Neutra, especialista em estrutura metálica, como ministrante (Van der Woud, 1983).

Na área de exposições destacou-se o estudo de Cornelis van Eesteren ilustrando vários casos de distritos europeus prejudicados pela alta densidade populacional. Como alguns dos fatores causadores dessa situação, identificou os blocos medievais, formadores de um muro ao redor das ruas e causadores da ausência de insolação. Apontava a necessidade da utilização de métodos construtivos industrializados para solucionar os problemas. O congresso não chegou a uma solução consensual.

Após as discussões sobre célula mínima e a organização desta em blocos e unidades, evidenciou-se a necessidade de expandir as fronteiras para o urbanismo. O comitê organizador dos congressos propôs como tema para o próximo encontro o desenvolvimento de critérios funcionais e universais aplicados às questões urbanas.

Um dos incumbidos da elaboração de diretrizes para a cidade funcional foi Van Eesteren. Ele apoiou-se no trabalho de Theodoor Karel van Lohuizen, engenheiro participante do *Opbow* e seu colega de departamento em Amsterdã, para definir suas propostas. Van Lohuizen desenvolveu uma pesquisa de Identificação de áreas industriais e o número de seus trabalhadores e partiu desses dados para dimensionar as demandas por habitação, áreas de recreação e rotas de transportes destes locais. Elaborou mapas nos quais demarcava separadamente os usos existentes e propostos para a região.

Reproduzindo esse processo, Van Eesteren organizou um plano de expansão para Amsterdã implementando diretrizes universais e abordando a necessidade de áreas livres para futuros crescimentos. Van Eesteren acreditava que deveria haver um equilíbrio entre a cidade e suas partes. Suas teorias foram apresentadas no encontro do CIRPARC (1931) que antecedeu o congresso de Moscou e estimularam a proposta do 4º CIAM envolvendo o estudo de 33 grandes cidades num só padrão de apresentação. O intuito era favorecer a comparação. Arthur Korn, representante soviético do grupo, questionou as diretrizes de Van Eesteren e o conceito da cidade funcional por desconsiderar as condições sociais de seu contexto.

Plano de expansão para Amsterdã de Van Eesteren, 1929. Cidade existente em preto e plano de expansão em vermalho (crédito da ilustração: www.nai.nl/regie/manifestatie/pix/aup2.JPG).

Em 1931, a URSS, país que se apresentava como um paraíso para a implantação das teorias modernas perdia sua reputação. O concurso do palácio Soviets foi vencido por um projeto acadêmico e o 4º congresso foi postergado para 1932 com o intuito de reverter essa situação, o que, entretanto, não se mostrou possível.

Em 1933 o CIPARC – grupo conivente a Le Corbusier – ao lado do secretário Josef Lluis Sert, decidiu realizar o evento em um navio (Patris II) que viajava de Marselha para Atenas. Os arquitetos pragmáticos, favoráveis aos programas socialistas, não foram convidados e o resultado final do encontro acabou beirando a alienação (Mumford, 2002).

No segundo dia do encontro Le Corbusier expôs sua posição a respeito da cidade funcional. Iniciou indicando a necessidade de equilíbrio entre dois fatores contraditórios: o individual e o coletivo. Buscando transcender a cidade-jardim, associou o individual à moradia e o coletivo aos espaços de lazer diários e sazonais. A ênfase de seu discurso, no entanto, estava voltada para a organização da cidade segundo 4 pontos que considerou prioritários: a moradia, o trabalho, a recreação e a circulação.

Em seus apontamentos, Le Corbusier mesclou a análise racional das possibilidades trazidas pelas novas tecnologias, que transformavam a vida urbana, com uma fé mística nos CIAM e nas suas próprias ideias sobre a reconfiguração da cidade.

Ao final da reunião os participantes do encontro aprovaram a aplicação de um questionário às diversas delegações do CIAM, elaborado com base nos 4 pontos fundamentais expostos por Le Corbusier. O questionário deveria abordar 5 itens: 1. levantamento das cidades existentes e dos novos assentamentos; 2. levantamento das construções históricas e dos centros urbanos; 3. princípios de orientação solar; 4. tamanho e situação dos locais de educação e recreação; 5. a rua moderna e sua relação com a moradia.

Embora Le Corbusier tenha se empenhado, não houve um consenso favorável a respeito de suas propostas. Parte dos desacordos estava relacionada à impossibilidade de se realizar a mesma investigação estatística elaborada para o projeto de expansão de Amsterdã, usado como base para sua explanação. Um dos impedimentos era a questão financeira (Mumford, 2002).

Marcado por desencontros, tornou-se impossível promulgar oficialmente os resultados do 4º CIAM, embora alguns textos tenham sido elaborados a respeito.

Paralelamente, dois diferentes artigos foram publicados meses após o congresso, intitulados *"Resolutions"* e *" Constatations"*. O primeiro deles, baseado nas teorias de Le Corbusier, foi publicado em 01 de setembro (1933), na *Gazette dês Beaux-Arts*, por Brunon-Guardia. Ele descrevia o que chamou de "postulados fundamentais da cidade" e caracterizava o espaço urbano como parte de um complexo econômico. A forma da cidade seria determinada pelas circunstâncias históricas, incluindo seus meios de transporte. Lembrava que a base onde a cidade se desenvolve estava sempre em mutação e deveria atualizar-se conforme as novas descobertas científicas e as vantagens das técnicas modernas, sugerindo o exemplo da habitação em edifícios altos, corroborando a publicação de Le Corbusier do mesmo ano: *A cidade radiosa*. Brunon-Guardia ilustrava alguns postulados em seu texto:

> "1. A defesa da liberdade individual e dos benefícios da coletividade,
> 2. os arranjos urbanos deveriam ser baseados na escala urbana,
> 3. deveria haver harmonia entre os espaços de moradia, trabalho e recreação de acordo com o ritmo das atividades diárias de seus habitantes,
> 4. a moradia deveria ser considerada como tema central da organização urbana,
> 5. o urbanismo deve considerar o céu, as árvores, as casas, os locais de trabalho, os locais coletivos e o trânsito" (Brunon-Guardia, 1933).

Esse trabalho diferenciava-se em grande parte do texto *Constatations* escrito por Giedion, Moser e Steiger, publicado na Grécia no jornal *Technical Chamber of Greece*, em novembro de 1933, sob o título *Technika chronika – Les Annales techniques de Constatations*. Nesse artigo existia uma preocupação em demonstrar o máximo de acordo entre as diversas tendências representadas no 4º CIAM. Trabalharam questões como gabaritos para altura dos edifícios, expropriação ou mobilização do solo e a alta densidade dos centros históricos. O texto trazia uma síntese das 33 cidades estudadas no encontro, organizadas de acordo com as quatro funções: habitar, trabalhar, recrear e circular. Abordavam ainda a necessidade dos melhores lugares para moradias, longe da vias de trânsito intenso, com a maior insolação e rodeadas por espaços verdes, abrigadas, sempre que possível, em edifícios altos, liberando o solo para jardins. Identificavam os problemas com as áreas de recreação existentes nas cidades e defendiam a sua demolição a favor da construção de espaços verdes em seu lugar, permeados por escolas e outros serviços de uso coletivo. Defendiam a aproximação entre as moradias e os locais de trabalho e a separação das áreas industriais das demais por um cinturão verde onde estariam aparelhos destinados à prática esportiva (Mumford, 2002).

Quanto ao transporte, o texto *Constatations* elucidava a ineficiência do sistema viário medieval para o homem moderno e sugeria uma hierarquia de vias classificadas conforme as diferentes velocidades e características dos meios de transporte. Em relação aos monumentos históricos, a preservação seria justificada apenas se representasse a pura expressão de culturas anteriores e o interesse geral dos habitantes. Os autores alertavam para o efeito nocivo das construções de edifícios novos com a estética antiga. Concluindo, a habitação é alçada a elemento primordial do urbanismo e as cidades deveriam ser pensadas conforme as quatro funções, levando-se em conta suas diferentes necessidades e contrastes orgânicos. Estas considerações foram usadas posteriormente por Sert para a elaboração do texto *Can our cities survive?* e incorporadas na *Carta de Atenas* por Le Corbusier (Mumford, 2002).

Em 1942, nos EUA, Sert publicou pela *Harvard University Press: Can our cities survive? An ABC of urban problems, their analyses, their solutions: based os propasals formulated by CIAM,* livro colocado à público como um balanço das teses do 4° encontro, ilustrado por uma série de projetos dos arquitetos participantes dos CIAM (Huet, 1987).

Sert, numa busca pelo reforço do método universal de urbanismo proposto pelos CIAM, não insere em seus argumentos o contexto americano da época como, por exemplo, o processo de desenvolvimento do governo federal, o *New Deal* urbano, os cinturões verdes construídos ao redor dos centros das grandes cidades, os projetos de Neutra e outros arquitetos americanos. Essas ausências enfatizam o caráter de propaganda intencionado pelo livro. O texto pretendia mobilizar a opinião de massa frente ao esforço do governo americano por implementar as estratégias urbanas da nova arquitetura.

Lewis Mumford, convidado por Sert para escrever a introdução do livro, questionou suas hipóteses em uma carta dizendo que as "quatro funções da cidade" não lhe pareciam suficientes para dar conta do todo urbano. Onde estariam as funções políticas culturais e educacionais? Para Munford, o tempo livre que as máquinas propiciaram ao homem moderno seria preenchido com estas últimas funções e não com o esporte. Além disso, sem política e cultura os moradores da cidade formariam apenas uma massa urbana (carta de Lewis Munford para Sert, 28 de dezembro, 1940). Posteriormente, Mumford alerta para a possível existência de uma 5ª função, cultural e cívica, das cidades (Mumford, 2002).

Entretanto, o resultado mais conhecido sobre o 4º. CIAM foi, sem dúvida, o livro de Le Corbusier, *A Carta de Atenas*, publicado tardiamente entre 1941 e 1943.

Esse texto foi elaborado durante o período em que a França foi ocupada pelo governo nazista (1939-1942), época em que Le Corbusier fundou também a ASCORAL (*Assemblèe de Constructeurs pour une Rénovation Architecturale*) grupo que procurou qualificar como de resistência (Le Corbusier, 1950). Contrariando essa postura esquerdista, em janeiro de 1941, recebeu um alvará do governo Vichy para a realização de alguns trabalhos ao lado de Auguste Perret e Eugène Freyssinet. Junto à Comissão de Reconstrução de Vichy, ele pretendia desenvolver suas teorias da *Carta de Atenas* e, segundo sua correspondência com Giedion, encontrou aí ambiente favorável para exercer suas ideias. Sua intenção era "a elaboração de um estatuto do urbanismo que fariam as teses do CIAM triunfar" (Le Corbusier para Giedion, fevereiro e maio de 1941).

Embora *A carta de Atenas* fosse um texto baseado no artigo *Constatations* de Sert, trazia algumas modificações notáveis. No primeiro item onde em *Constatations* a cidade é considerada parte de um todo econômico, social e político, na *Carta*, a cidade é apresentada como elemento único sem a complexidade econômica, social e política que constitui a região. Muitos termos apresentavam-se sem qualquer significado resultando em interpretações confusas, passíveis de serem equiparadas a uma série de comandos totalitários (Mumford, 2002).

A *Carta de Atenas* pretendia demonstrar um uníssono que nunca existiu. Le Corbusier estruturava um conjunto de propostas, supostamente aprovado com unanimidade pelos membros dos CIAM, com o objetivo de definir soluções universais para a cidade funcional. Na prática, a *Carta* traduz uma visão particular de seu autor que se apoderou da oportunidade para expô-la a público.

Alguns críticos classificam esse trabalho como uma obra dogmática e excessivamente genérica (Banham, 1967), mas ele acabou por se transformar na cartilha do urbanismo moderno. A *Carta de Atenas* apontava, entre os pontos principais, a necessidade do zoneamento na cidade e a importância dos princípios sobre a funcionalidade da nova arquitetura. Buscava sintetizar orientações ao urbanismo dito funcionalista/racionalista, tais como: a urgência do planejamento urbano imposta pelo crescimento e complexificação das cidades; a proeminência dos interesses coletivos sobre os da propriedade privada; a necessidade da industrialização de componentes e da padronização das construções para atender o crescimento da demanda por habitações; a importância do estabelecimento de controles para o tamanho e a densidade urbana; o valor das áreas verdes, entre outros. Na cidade, a habitação era alçada à condição de elemento primordial do empreendimento arquitetônico (Le Corbusier, 1993).

Esses princípios visavam criar soluções universais, passíveis de serem aplicadas em qualquer lugar e sob qualquer condição. São organizados tendo em vista quatro funções essenciais: habitar, trabalhar, recrear-se e circular; desconsiderando-se, contudo, as peculiaridades socioculturais inerentes às diversas sociedades. Afirmando a possibilidade de melhorias das qualidades físicas e mentais do homem por meio da arquitetura, diz Le Corbusier na *Carta*: "A arquitetura preside os destinos da cidade, e é capaz de eliminar, pelo uso adequado da técnica e pela adequada instrução das autoridades, as injustiças sociais".

A arquitetura moderna deveria responder, em suma, a essa inadequação da estrutura espacial das cidades em relação às exigências primordiais do modo de vida moderno. A "nova cidade" – afinada com as transformações em processo – deveria considerar a liberdade individual, assim como os benefícios das iniciativas coletivas, buscando, dessa maneira, melhor adequar-se às reais dimensões da nova historicidade do capitalismo monopolista. Apesar das críticas possíveis à

Carta de Atenas, esta apresentou inegáveis pontos positivos, como a liberação do solo, a sistematização do planejamento local e regional (tornar integradas, fluentes e produtivas as diferentes redes urbanas nacionais), a valorização do patrimônio histórico como instrumento de planejamento, além das soluções encontradas para as habitações (Scherer, 1993).

De acordo com a *Carta* os objetivos dos CIAM eram, entre outros: formular o problema arquitetônico contemporâneo; apresentar a ideia arquitetônica moderna; fazer essa ideia penetrar nos círculos técnicos, econômicos e sociais e zelar pela solução do problema da arquitetura. Portanto, o texto de Le Corbusier também objetivava promover os CIAM (*idem*).

Considerando seu conteúdo abstrato, por que então o padrão da *Carta de Atenas* deu certo? Segundo Bernard Huet (1986/7) embora abstrato e desprovido de valor simbólico e cultural, ele coincidia perfeitamente com as necessidades da reconstrução: "a construção maciça de habitações, a forte intervenção do Estado, a utilização da indústria fundada pela ação do Estado e a gestão urbana eficaz e simplificada pela própria ordem de composição, repetida e mecanizada" (p. 46). Para Huet, a caráter abstrato da *Carta de Atenas* se situava principalmente na supervalorização da questão da habitação, que ao ser repetida indeterminadamente igualou-se ao monumento, perdendo seu significado original. Para exemplificar cita a Unidade de Marselha, monumento de habitação que, por meio da sua proposta social, pretendia restaurar a ordem urbana com a racionalização do espaço. Outro fator estava relacionado às terminações designadas aos locais, como alojamento em vez habitação, percurso no lugar de rua, espaço verde para o parque, entre outras. Denominações que diluíam o caráter concreto da cidade funcional.

O ritmo ditado pelos congressos acabou fazendo com que os CIAM fossem identificados com o próprio Movimento Moderno em Arquitetura. Frequentemente, esses primeiros quatro encontros tendem a ser avaliados como os mais objetivos, pelo esforço despendido em legitimar a formação de um movimento de vanguarda. Entretanto, descontinuidades e conflitos sempre existiram entre os representantes desse grupo. Desde sua origem torna-se nítida uma disputa entre franceses, representados por Le Corbusier, e alemães, espelhados na figura de Walter Gropius.

O contexto político alemão favoreceu a posição de destaque da delegação de Gropius num primeiro momento. Na Alemanha, a partir de 1909, o Estado se uniu aos trabalhadores, arquitetos e industriais, por meio da associação *Deutcher Werkbund*, para solucionar a questão da moradia e atingir a cidade. O desenvolvimento da indústria de material de construção nos anos 1920 propiciou a formulação de soluções notáveis na área de habitação social. Buscavam produzir moradias em grande escala com qualidade, rapidez e economia. Para a geração modernista, as respostas aos problemas que a era da industrialização causara viriam dos recursos que a própria indústria produziria. Nesse ensejo, desenvolveram pesquisas para implantar um sistema de estandartização visando economia e qualidade para a produção em massa. Paralelamente, surge o *Neues Bauen*, movimento da "nova objetividade" que segundo Tafuri (1991) sintetizou o movimento moderno. A retirada dos alemães em 1933 do cenário europeu como consequência do nazismo, fez com que dominasse a partir daí o caráter teórico francês.

Para Giedion (1949), de uma maneira simplificada, as vertentes lideradas por Walter Gropius e Le Corbusier corresponderam aos dois grandes pilares da vanguarda arquitetônica modernista. A primeira trabalhando a arquitetura e urbanismo de maneira mais técnica e a segunda de forma artística.

Essa abordagem teve uma ampla divulgação. Corroborando Giedion, Auke van de Woud (1983) faz uma análise das reuniões dos CIAM explicitando suas contradições contrapondo a unicidade tão requerida. Woud localiza a preponderância do grupo alemão, que prezava as experiências práticas, e do francês, rico em ideais e teorias, por vezes mais contemplativas que práticas. Um fato que apoiaria sua análise seria a utilização de duas línguas oficiais nas reuniões, o alemão e o francês, sendo possível encontrar, em alguns casos, até duas versões de documentos, a fim de satisfazer os dois lados e amenizar possíveis conflitos.

Vale a pena ressaltar que a oposição dessas duas correntes foi extremamente frutífera. Uma delas partia de uma prudente análise dos fatos e se esforçava para lançar uma nova realidade. A outra, observava os eventos de cima e optava por largas concepções rumo ao novo; direção representada pelos franceses, pelos espanhóis, pelos poloneses (Giedion, 1954).

Quanto à extensão da influência dessas delegações frente ao resto do grupo, Benevolo (1998), identificando três fases de desenvolvimento dentro dos CIAM, avalia que a primeira, de 1928 a 1933, foi, em muitos aspectos, a mais doutrinária. Dominada pelos alemães, enfocou prioritariamente os problemas da vida mínima, depois o uso mais eficiente do terreno e do material. A segunda fase durou de 1933 a 1947, foi liderada pela personalidade de Le Corbusier e concentrou seus debates na área da planificação urbana. Na terceira e última etapa dos CIAM, as contradições entre os integrantes do grupo começaram a aparecer. Esse momento foi marcado pela diluição das influências socialistas originais, em face das novas condições do liberalismo político.

A partir da 2ª Guerra uma nova geração de arquitetos formula críticas ao modelo hegemônico do CIAM. Essa situação gerou o surgimento de duas facções com incompatibilidade de visões. Os arquitetos fundadores estavam voltados à busca de soluções universais, enquanto a nova geração alertava sobre a necessidade da revitalização de antigos preceitos, tendo em vista experiências próprias. A insatisfação frente ao funcionalismo e o idealismo de Le Corbusier, Van Esteren, Sert, Ernesto Rogers, Alfred Roth, Kunio Mayekawa e Gropius, refletiu-se numa ação crítica chegando a um rompimento no 9° CIAM, quando a geração dirigida por Alison e Peter Smithson e Aldo van Eyck questionou as quatro categorias funcionalistas da *Carta de Atenas*. Esse impulso crucial acabou por fragmentar definitivamente o grupo. Os dissidentes formaram um grupo menor de discussão – o *Team 10* (Frampton, 1997).

Baseado nesses fatos o crítico Charles Jencks (1983) levantou a possibilidade da compreensão do movimento moderno como a somatória de vários movimentos e não como um bloco único. Ou ainda, Montaner (2001), admitiu a pluralidade de vertentes dentro do modernismo arquitetônico e urbano.

A Carta de Atenas

Somente a partir da maior divulgação das ideias modernas e da internacionalização das vanguardas, em grande parte com o desenvolvimento da imprensa e dos meios de comunicação, pode-se considerar uma homogeneização da produção dos arquitetos através de movimentos e figuras emblemáticas, como a escola Bauhaus, o grupo De Stijl, a vanguarda construtivista russa, o arquiteto franco-suíço Le Corbusier e, diferentemente, o arquiteto norte-americano Frank Lloyd Wright (cf. Koop,1990).

No ensejo de estudar formas de abordar o fenômeno das novas cidades e promover a nova arquitetura, organizam-se os CIAMS (Congressos Internacionais de Arquitetura Moderna). O sucesso desses encontros será marcante na história do pensamento urbanísta do século xx. O 4º CIAM, realizado em 1933, terá como um de seus resultados a *Carta de Atenas*, manifesto de Le Corbusier sobre as teses apresentadas no referido congresso, afirmando a possibilidade de melhorias das qualidades físicas e mentais do homem por meio da arquitetura.

Sabemos que na década de 50, vários conceitos do urbanismo moderno já estavam sendo revistos, os CIAMS já manifestavam suas contradições, no entanto, as ideias corbusianas da *Carta de Atenas*, ainda ressoavam como a esperança da perfeita harmonia entre a cidade, seu cidadão e as novas tecnologias, principalmente no Brasil. Ao considerarmos o desenvolvimento dos projetos de Brasília isso se torna evidente, fazendo da *Carta de Atenas*, ao nosso ver, "leitura obrigatória" para a interpretação dos 26 planos apresentados no concurso.

O texto divide-se em 1ª, 2ª, e 3ª partes. A primeira delas abrange as generalidades: a cidade e sua regra. A segunda organiza as quatro funções descritas por Le Corbusier em trechos específicos a cada uma – habitação, lazer, trabalho, circulação – incluindo um texto sobre patrimônio histórico. A última parte trata da conclusão, onde são sistematizados os pontos de doutrina e apresentado um breve histórico dos CIAMS.

O trecho mais abordado do documento, diz respeito à 2ª parte. Disposto sob o título: *Estado atual das cidades: Críticas e remédios*, é formado por vários fragmentos iniciados sempre com *observações* seguidos de *é preciso exigir*, este último correspondendo a possíveis soluções a serem implantadas em oposição aos problemas identificados no primeiro trecho.

Em relação às habitações, as observações feitas por Le Corbusier foram referentes às densidades inadmissíveis dos cortiços: 1000 hab/ha, enquanto o ideal esraria entre 250 a 300 hab/ha. Segundo ele, a alta densidade promoveria a substituição dos verdes por pedras, causando mal estar, doença e alta mortalidade. Os bairros mais densos estavam localizados em áreas menos favorecidas e as moradias distribuídas aleatoriamente, sem se pensar no bem-estar humano. O contrário ocorria com as zonas mais favorecidas que desfrutavam das "matérias primas" do urbanismo e comprovavam que o homem poderia conseguir o bem-estar desejado. A crítica expande-se com a identificação do uso dessa situação caótica pelo mercado imobiliário afim de tirar proveito da mesma: "no entanto, ainda assim a especulação faz das moradias uma renda importante" (Le Corbusier, 1993).

Ao escrever sobre o que é preciso exigir, Le Corbusier, fez uma explanação sobre o objetivo do novo planejamento urbano. O zoneamento na *Carta de Atenas* seria a operação feita sobre o plano de cidade com o objetivo de atribuir a cada função e a cada indivíduo o seu justo lugar. Sua base era a identificação das diversas atividades humanas, cada uma das quais localizada no seu espaço particular: locais de habitação, centros industriais e comerciais, salas ou terrenos destinados ao lazer. Havia a proposta de uma modificação de certos usos para que favorecessem uma vida sadia e ordenada de maneira acessível a todos, por uma legislação implacável.

As habitações localizadas próximas às vias de comunicação e cruzamento foram condenadas, devido ao barulho e gases nocivos. Elas deveriam estar no local mais favorável da área, com insolação mínima e densidade imposta de acordo com a forma da moradia, da natureza do terreno e dos modernos recursos técnicos. A localização das escolas, em vias de alta circulação e afastadas foi criticada, assim como a má organização dos subúrbios, incorporados tardiamente ao domínio administrativo, transformados numa aglomeração de barracos onde a infraestrutura indispensável era inexistente.

Ao identificar os problemas relacionados ao lazer, Le Corbusier diagnosticou que as superfícies livres eram rarefeitas e a falta de planejamento acabava por torná-las pouco utilizadas pelos habitantes, perdendo seu caráter de melhoramento das condições das habitações nas zonas congestionadas. Os terrenos que poderiam ser usados para o lazer não se articulavam à cidade.

Como resposta a essa situação ele sugeriu que todo bairro residencial tivesse uma área destinada às crianças, adolescentes e adultos, através da substituição dos quarteirões insalubres por superfícies verdes, adequadamente preparadas, que acolheriam construções de uso comunitário como: parques, áreas de esporte, estádios, praias, entre outros, sem desconsiderar os elementos naturais já existentes.

Segundo Le Corbusier (*ibidem*), em relação ao trabalho a confusão fazia-se evidente. Não havia mais uma disposição racional, nem mesmo nas ligações entre habitação e trabalho, o que intensificava a desordem. Tal situação mostrava ser consequência da falta de qualquer programa urbano, do crescimento demasiado da cidade, da instalação das indústrias sem obedecer regra alguma, entre outros. A má formação dos centros de negócios favorecia a especulação e perdia o seu desenvolvimento natural.

As propostas para a redução desses fatores prejudiciais foram a redução da distância entre os locais de trabalho e habitação; independência para os setores industriais, interligados por uma zona de vegetação, com as devidas estradas para o escoamento dos produtos; a criação de locais apropriados para o artesanato no interior da cidade e uma boa comunicação do centro de negócios com o resto da cidade e suas proximidades.

Em suas observações, Le Corbusier (*ibidem*) identificou que a circulação existente na época desenvolvia-se por meio de um conjunto de ramificações em torno das grandes vias de comunicação e foram concebidas para receber pedestres, não suportando os transportes mecânicos. Tanto as dimensões das ruas, quanto à distância de cruzamento entre elas, eram problemáticas e alargá-las sem analisar seu trafego era uma solução ineficiente. Faltavam então precisão, flexibilidade, diversidade e adequação das ruas. Traçados representativos constituíam, na maioria das vezes, pesados entraves à circulação. Como por exemplo, as redes de vias férreas que se tornaram um grande obstáculo à urbanização, privando o contato entre diferentes áreas.

A sugestão foi a realização de uma análise da circulação na cidade e região para detectar suas deficiências; após isso, classificá-las, construi-las ou reconstrui-las, em função dos veículos e de suas velocidades. Para os cruzamentos de tráfego intenso deveriam adotar a circulação contínua por meio de mudanças de níveis. O pedestre deveria seguir por outros caminhos (diferente dos automóveis) e as ruas deveriam ser diferenciadas quanto aos seus destinos e as mais movimentadas separadas por zonas de vegetação.

As cidades da época não correspondiam às necessidades primordiais de sua população. Uma nova cidade deveria considerar a liberdade individual e o benefício da ação coletiva, e buscar suas dimensões na escala humana. Segundo a *Carta de Atenas*, as chaves do urbanismo estavam nas quatro funções: habitar, trabalhar, recrear-se e circular. Os planos determinariam a estrutura de cada um desses setores e fixariam suas respectivas localizações no conjunto.

Quanto à terceira parte da *Carta de Atenas*, a ênfase vem por meio das notas sobre os CIAMS: "Na medida em que a *Carta de Atenas* foi redigida por Le Corbusier refletindo a condição peculiar da França, e na medida em que o CIAM-França sempre dominou os congressos CIAM, foi esta visão da cidade funcional que prevaleceu" (Scherer, 1993).

De acordo com a *Carta* os objetivos dos CIAM eram, entre outros: formular o problema arquitetônico contemporâneo; apresentar a ideia arquitetônica moderna; fazer essa ideia penetrar nos círculos técnicos, econômicos e sociais; zelar pela solução do problema da arquitetura. Portanto, o texto de Le Corbusier também objetivava promover os CIAMS (cf. Le Corbusier, *ibidem*).

A Carta dos Andes

A *Carta de Atenas* foi reproduzida e reinterpretada em outros idiomas, em versões americana, holandesa e latino-americana. Talvez uma das variantes mais empíricas dessas discussões urbanas se encontre na *A Carta dos Andes*, de1960.

Segundo Luiz de Anhaia Mello, na introdução da edição em português de *A Carta dos Andes*, existiam três documentos que norteavam a planificação territorial da época: a *Carta de Atenas*; a *Charte de l'Aménagement* e a *Carta dos Andes*. Os dois últimos trabalhavam com elementos mais práticos que a *Carta de Atenas* e estavam relacionados ao que chamamos hoje de gestão urbana.

A *Charte de l'Aménagement* era um texto resultante da semana de estudos de um grupo de Economia e Humanismo, realizada em setembro de 1952, em La Tourette, Rhône, na França. Buscavam a ordenação e a organização do espaço, onde elencaram quatro problemas a serem resolvidos inicialmente:

1. Identificar as vocações econômicas dos territórios e promover a utilização ótima de seus recursos;

2. Encontrar um nível ótimo de crescimento das populações e da distribuição espacial destas para elevação do potencial humano;

3. Promover a instalação dos equipamentos necessários ao desenvolvimento das diversas zonas, considerada sua utilidade ulterior e o respectivo efeito multiplicador ou catalisador;

4. Determinar unidades progressivas de ordenação e uma pesquisa minuciosa para eliminação de todas as causas possíveis de desequilíbrio ulterior.

O terceiro documento, *La Carta de Los Andes* (1958), mais acessível que o anterior aos brasileiros devido ao seu idioma de origem, teve seus princípios formulados durante o *Seminário de Técnicos e Funcionários em Planejamento Urbano*. Buscavam mostrar a importância da planificação contextualizada à América Latina, levando-se em conta os fatores sociais, econômicos, físicos e político-administrativos e a atuação do governo, imprescindível para um processo racional de ordenação do território latino-americano .

Explicavam que o crescimento demográfico das cidades latino-americanas não estava relacionado diretamente ao desenvolvimento industrial urbano e o aumento de produtividade no campo, como ocorreu em alguns países europeus, mas pela concentração da base econômica nas cidades depois da Segunda Guerra Mundial, pela centralização político-administrativa-comercial e de serviços operada nas capitais, e entre outras, pelas condições desfavoráveis das áreas rurais.

Falava-se da falta de serviços básicos como água potável, esgoto, luz elétrica, transporte urbano, áreas de recreação, escolas, centros de saúde. A preocupação estendia-se ao êxodo rural e à especulação de terra. Para isso, sugeriam que a planificação se iniciasse com o estabelecimento de metas sociais e econômicas adequadas para elevar o nível de vida da população, onde o plano urbano respeitasse as diretrizes do plano regional, e este do plano nacional.

Sob o título: *Como proceder para a preparação do plano geral urbano,* são determinados vários passos a serem seguidos, como:

1. A obtenção de dados e estudos de fontes existentes;

2. pesquisas diretas: objetivos definidos, métodos exatos, colaboração com escritórios especializados etc.;

3. arquivo;

4. informações sobre aspectos físicos, sociais e econômicos.

Mostravam que o plano deveria incluir detalhes sobre o uso da terra, circulação (vias de pedestres, de trânsito lento domiciliário, trânsito rápido, linhas ferroviárias, aeroportos e suas vias de acesso, portos marítimos e fluviais), serviços comunais (educação, saúde, recreação, edifícios administrativos) e serviços públicos (água, esgoto, eletricidade, telefone).

Para a execução do plano geral urbano indicavam os seguintes instrumentos:

1. Zoneamento;

2. controle de subdivisão de terrenos;

3. mapa oficial de vias públicas e áreas comunais;

4. programas de renovação urbana, habitação de interesse social, desenvolvimento e reabilitação;

5. programação e revisão obrigatória de obras públicas;

6. educação e persuasão do público.

Sobre a renovação urbana, identificaram dois fenômenos principais: a deterioração das zonas centrais da cidade e a formação de zonas subdesenvolvidas na periferia da cidade. Para realizar as mudanças necessárias, classificaram as áreas em: área de habilitação (zonas subdesenvolvidas), área de erradicação absoluta (favelas não salváveis), áreas de reabilitação (em decadência) e áreas de conservação. Como objetivo propunham:

1. A eliminação da deterioração em termos de substituição, reparação ou conservação da estrutura física da cidade;

2. adaptação das áreas sub-normais a melhores usos em harmonia com o plano geral;

3. prevenção da deterioração física existente;

4. fomento de um meio ambiente propício para o desenvolvimento da vida familiar na coletividade, promovendo a reabilitação social do elemento humano.

É interessante notar que em todo o texto a participação da comunidade para a elaboração do plano é enfatizada, assim como a necessidade do apoio governamental através de leis que facilitariam a implementação do novo programa urbano.

A dinâmica a partir do 4º CIAM: a cidade como centro das discussões

A necessidade de uma sistematização dos princípios do urbanismo moderno trouxe o tema da cidade para o centro das discussões dos CIAM. O debate urbano proposto para o 4º CIAM evidenciou um modelo teórico, publicado posteriormente na *Carta de Atenas*, superando o prático, pretendido na proposta original de estudo de 33 cidades reais. A *Carta* era a solução urbana universal. Poderia ser aplicada indiscriminadamente e atraía as autoridades públicas e a opinião pública em torno do modelo da cidade funcional, cabendo perfeitamente ao "plano de *marketing*" de Le Corbusier. A discussão saía da esfera arquitetônica e passava para o campo das articulações políticas.

O funcionalismo, que foi referência para a produção do espaço interno racionalizado na década de 1920, alçou o espaço urbano na década de 1930. Essa mudança de contexto ocorreu com base nas mesmas regras originais, ou seja, o modelo da casa mínima se expandiu para a sua organização em blocos de moradias, seguido pelo arranjo desses blocos desenhando a cidade funcional. Esse procedimento mecânico transformou-se no estopim para o questionamento do objetivo dos CIAM.

O 5º Congresso, realizado em Paris (1937) e organizado por Le Corbusier, foi dedicado ao tema da moradia e lazer. Seus participantes reconheceram o impacto das estruturas históricas nas cidades, assim como da influência da região na área metropolitana (Frampton, 1997).

A Segunda Guerra Mundial fez com que os encontros cessassem.

A retomada dos trabalhos, a partir de 1947, trouxe consigo uma significativa mudança na estrutura dos CIAM. Dessa vez relativa à sua organização interna. Até então, os congressos eram organizados pelo CIPARC, que definia além de data, local e tema, a inserção de novos membros ao grupo, dando amostras frequentes das relações de força e poder que dominavam os encontros. Com o fim da Segunda Guerra o CIPARC é dissolvido e uma nova estrutura de sub-comitês temáticos passa a organizar os congressos com temas mais plurais, como planejamento urbano, arte, educação e industrialização. Essa transformação abriu possibilidade para a participação de uma nova geração de arquitetos nos congressos, mais críticos ao modernismo universal. Eles eram apoiados por lideranças como Giedion e Sert que, já em 1943, formalizando um ataque às premissas dogmáticas da *Carta de Atenas*, publicaram um texto junto a Léger – *Nine points on monumentality* (Giedion, *etti alli*, 1984) – questionando a monumentalidade e considerando a arquitetura como meio da expressão social da comunidade (Barone,2002).

O 6º Congresso (1947) ocorreu em Bridgwater, Inglaterra. Nesse encontro, seus membros tentaram transcender a esterilidade abstrata da cidade funcional valorizando a inserção das necessidades emocionais e materiais do homem no espaço físico.

No 7º CIAM, realizado em Bergano (1949), os participantes buscaram agregar à cidade funcional um entorno físico – questão desenvolvida mais tarde pelo grupo inglês MARS, discutida no 8º Congresso e debatida desde 1943 por Sigfried Giedion, Josef Lluís Sert e Fernand Leger (Benevolo, 1998).

A partir desse encontro, Le Corbusier sugere que todos os projetos sejam apresentados sob a orientação das quatro atividades descritas na *Carta de Atenas*, com o pretexto de facilitar a comparação dos planos. Para esse procedimento os arquitetos deveriam utilizar a *grille*, um modelo em grade elaborado pela ASCORAL (Associação de Construtores para a Renovação Arquitetônica), instituição da qual Le Corbusier era presidente, que reforçava a leitura das cidades pela separação de funções.

Sobre esse ponto, Giancarlo de Carlo, futuro membro do *Team 10*, levantou uma de suas críticas mais diretas aos trabalhos dos CIAM: enquanto a Europa se reconstruía do pós-guerra, os arquitetos estavam preocupados em inserir seus projetos dentro de um modelo de grade (Newman 1961). Outra questão, relacionada a essa, foi colocada pelo grupo que formaria o *Team 10*: a despolitização e a abstração das propostas do modelo universalista (Barone, 2002). A introdução da *grille* trouxe bastante polêmica ao debate. Alguns arquitetos, como Van Eesteren, a acharam de difícil assimilação.

Os questionamentos às ideias corbusianas eram evidentes. Um sub-comitê que tinha a presença, entre outros, de Bakema, Moser e Senn utilizou o exemplo da proposta universal da Unidade de Marselha, elaborada por Le Corbusier, para contrapor ao seu projeto que defendia a diferenciação de quarteirões, levando-se em conta as circunstâncias demográficas e condições locais específicas. Afirmavam que as áreas residenciais e de trabalho não perturbavam uma a outra, contrariando as quatro funções urbanas.

Ainda nesse congresso Sert e Wiener apresentam seu projeto para Chimbote. Nele o centro cívico é trabalhado como uma quinta função, fazendo referência a Lewis Munford. Os autores buscavam uma aproximação do projeto com os costumes locais e criaram uma nova versão da residência mediterrânea, menos tecnológica e mais econômica, propondo uma revisão dos conceitos da cidade funcional (Mumford, 2002).

A insatisfação frente ao funcionalismo e idealismo dos principais líderes dos CIAM refletiu-se numa ação crítica no 8° encontro, realizado em Hoddesdon (1951), Inglaterra. O tema principal desse congresso foi o coração da cidade (degradação de áreas centrais). Sob a liderança de Le Corbusier, seria natural que sua abordagem ocorresse a partir do modelo de segregação racional. Entretanto o encaminhamento dado pelo grupo anfitrião, MARS, distanciou-se do modelo de grade ditado por Le Corbusier e, ao demonstrar uma grande variedade de possibilidades, trouxe a questão da comunidade para além do agregado humano. A crítica aos critérios universalistas colocava em xeque a própria hegemonia dos CIAM.

Sert e Le Corbusier mantiveram sua postura urbano funcionalista e associaram o centro da cidade ao centro cívico (ligado ao centro administrativo), a exemplo de Chandigard. Entre os jovens participantes, Aldo Van Eyck, em seu projeto para Nagele, retomou valores da composição tradicional e associou o centro à proteção e ao aconchego. Jacob Bakema desenvolveu o conceito de "núcleo", discurso da humanização do ambiente urbano pelo reconhecimento da questão social a partir da constituição do espaço. O grupo MARS qualificou o núcleo como o local onde a comunidade encontra a sua expressão física. A questão humana entrava em confronto com a utilidade e mecanização da vida urbana apregoada pelo funcionalismo moderno.

Evidenciou-se também um Giedion mais crítico, que fazia uso das praças italianas para demonstrar estruturas correspondentes ao debate formal realizado pelo urbanismo moderno. Para ele, o espaço público consolidava a monumentalidade através do processo histórico, do qual obtinha significado e memória. Defendendo seus argumentos, Giedion mencionou Camillo Sitte, referência combatida com ênfase pelos CIAM, e colocou-se ao lado da nova geração no objetivo de humanizar as cidades modernas. Questionou a visão mecanicista dizendo que o interesse pelo "núcleo" deveria vir da escala humana.

Van Eesteren, presidente dos CIAM na época, apresentou o espaço público como indutor de condutas coletivas e convívio social. Defendeu o "núcleo" como identidade da comunidade em oposição ao centro cívico, citando como exemplo prático as praças executadas por Van Eyck em Amsterdã.

O conflito aberto questionou os elementos determinantes da cidade funcional e os próprios CIAM.

O 9º CIAM em Aix en Provence, 1953, ampliou o debate. Le Corbusier sugeriu o tema da habitação na intenção de reforçar a moradia como célula primordial da cidade funcional, tendo inclusive elaborado um manifesto, a Carta da Habitação. Ao contrário, a nova geração ressaltou a importância das relações sociais e dos espaços comunitários no desenho habitacional. Na falta de consenso, começou a se organizar o *Team 10*, grupo dissidente ao dominante.

Embora Le Corbuiser, a partir desse momento, estivesse acenando a favor de uma maior flexibilidade de diálogo, o próximo encontro seria marcado pela ruptura (Newman, 1961). Para demonstrar boa vontade por parte do grupo liderado por Le Corbusier, a organização do 10º congresso ficou a cargo da nova geração de arquitetos. O objetivo era fazer com que percebessem a dificuldade em dirigir tais reuniões e acabassem assumindo a necessidade de um consenso. Entretanto ocorreu exatamente o oposto. Os jovens apregoaram a necessidade de um espaço aberto e de um novo olhar para a arquitetura moderna. Alison e Peter Smithson, participantes do MARS, contrariaram o dogmatismo da *Carta de Atenas* abertamente dizendo que a implementação de suas teorias produzia um lugar onde a associação humana se configurava inadequadamente.

O impulso crítico encaminhado a encontrar uma relação mais precisa entre forma física da cidade e a necessidade sociopsicológica converteu-se no tema do 10° CIAM, ocorrido em Dubrovnik (1956), Iugoslávia. Nesse encontro a nova geração de arquitetos propôs a extinção do CIAM alegando que a falta abertura para novas discussões havia transformado a estrutura dos congressos num aparelho retrógrado, liderado por figuras que defendiam postulados dogmativos, insuficientes para resolver as questões urbanas contemporâneas. Como essa crítica ocorreu no 10° encontro, o grupo que a sugeriu ficou conhecido como *Team 10*.

No 11° Congresso em Otterlo (1959) houve a extinção oficial dos CIAM. O *Team 10* seguiu em busca de sua consolidação (Frampton, 1997).

Rompendo a tradição universalista: a crítica do *Team 10*

Ao analisar o CIAM como grupo de vanguarda que sistematizou os ideais urbanos e arquitetônicos modernistas e estendeu o domínio social das competências do arquiteto, é usual considerá-lo um conjunto coeso, embora composto por personalidades tão diferentes a exemplo de Walter Gropius e Le Corbusier. Entretanto, Eric Mumford (2002), através de um meticuloso trabalho de levantamento dos congressos, demonstra as distinções históricas e preponderantes que faziam parte dos CIAM, muitas delas camufladas por seus líderes em prol de objetivos que consideravam maiores, e passavam desde a defesa da universalização das propostas modernistas, até divergências políticas entre as delegações dos diferentes países. Na verdade, figuras como Le Corbusier, Sert, Giedion sempre configuraram uma liderança hegemônica no grupo, marcando sua trajetória com várias peripécias na busca por implementar seus ideais, insuficientes, no entanto, para evitar o desmembramento do grupo no 10° encontro. Vindos de diferentes contextos políticos, culturais e econômicos, esses arquitetos deixavam transparecer sua formação no momento dos debates, o que tornava a discussão mais produtiva, embora lenta e pouco prática. Nunca houve um consenso.

Desde o primeiro congresso em La Sarraz, na Suíça em 1928, já se consolida uma clara diferenciação de propostas entre o grupo francês, representado principalmente por Le Corbusier, e o grupo alemão de Walter Gropius. Essa postura antagônica se evidencia no 4º encontro, no qual a ausência de consenso impediu a publicação das conclusões do congresso, editadas posteriormente como interpretações individualizadas de alguns arquitetos. No entanto, todas as diferenças pareciam mais contribuir para a formação de um urbanismo moderno e destacam uma busca comum por uma solução para o caos urbano e arquitetônico da época por meio do uso de técnicas modernas. As desavenças iniciais contribuíram para garantir a qualidade do discurso.

Diferentemente dessa falta de consenso, na década de 1950, emerge dentro do próprio CIAM uma severa crítica ao funcionalismo que inicia um momento de crise dos congressos, contribuindo para a sua dissolução. Os arquitetos idealizadores desses questionamentos foram os primeiros a duvidar da utilidade do CIAM enquanto instituição em defesa da cidade e da arquitetura. Diante desse descrédito declararam seu desligamento do grupo e solicitaram o fim do CIAM. Admitiam uma pluralidade de visão que não cabia numa estrutura que consideravam retrógrada como a do CIAM.

Em meio a essa tensão, se consolida o grupo *Team* 10 como defensor de uma nova tendência antidogmática, com o intuito de ampliar o debate arquitetônico e defender a experiência comum do espaço. A crítica se dava, entre outros motivos, pela perda das motivações iniciais formadoras do CIAM e a consequente transformação da organização dos congressos numa explícita composição de demonstração de poder. Questionava-se a dificuldade em buscar soluções para os problemas urbanos atuais tendo como limite as teorias abstratas da *Carta de Atenas*. Era a liberação da emotividade represada pelo império da técnica.

O *Team* 10 defendia a valorização das comunidades em suas particularidades sociais e culturais e a ruptura com a tradição universalista. Não havia mais necessidade de um postulado universal como no início do CIAM, quando a falta de organização sistemática das teorias urbanas modernas seria a falência desta vanguarda e a demanda por uma linguagem única garantiria sua consolidação e sua disseminação pelo mundo. Agora o contexto era outro. Era necessário retomar as particularidades frente a tradição universalista do funcionalismo.

O grupo durou por volta de três décadas (1954-1984) e primou-se pela discussão sobre a humanização dos espaços – o espaço construído a partir de valores culturais próprios, não universalizados como na arquitetura moderna. Para essa geração de arquitetos a humanização do projeto era:

> "A possibilidade de incorporar na produção rigorosa e doutrinada da arquitetura funcionalista a questão das inter-relações sociais no espaço construído. (...) A intenção fundamental dos jovens era questionar a validade desses princípios universais a partir da noção de que o homem se organiza em comunidade, que desenvolve a necessidade de se diferenciar, se identificar com o local onde habita, criar vínculos sociais e apreender o espaço a partir de seus próprios valores culturais" (Barone, 2002, p. 61).

Não se baseavam mais nas novas tecnologias, na casa mínima ou nos princípios fundamentais do urbanismo moderno. Isso já havia sido feito. Suas premissas defendiam o afastamento dos parâmetros relativos à cidade funcional, pela defesa da consolidação de lugares com identidade própria.

É interessante notar que o discurso urbano e arquitetônico associado aos valores culturais não pretendia negligenciar as conquistas do Movimento Moderno, com o qual o *Team 10* não intentava romper. Ao contrário, o objetivo era desenvolver o aspecto originário do CIAM, que acreditava-se ter sido perdido no decorrer do processo funcionalista: a vinculação da arquitetura com as questões sociais relacionadas à produção do espaço (Barone, 2002, p. 18).

Os membros do grupo prezavam a pluralidade na organização dos eventos e acreditavam que a melhor maneira de fugir do padrão hegemônico vigente era abordar a arquitetura e o urbanismo a partir do estudo dos projetos de cada arquiteto, priorizando nessa individualidade o conteúdo social da obra. A seleção dos trabalhos enfatizava a diferença entre eles, no intuito de ser mais eficaz e democrática. Assim, poderiam observar seus objetivos comuns, efetivados de maneira profundamente particular.

Como por exemplo, Giancarlo de Carlo, que trabalhou a questão política na produção do espaço por meio de processos participativos. Uma de suas principais intervenções nesse aspecto foi o plano diretor de Urbino (1958-1964). Outro arquiteto representativo no grupo, Ralph Erskine, associou o processo participativo a qualidades agregadas pelos usuários, aplicando suas teorias no conjunto habitacional de Gästrike-Hammarby, em 1948. Aldo van Eyck apropriou-se do espaço por meio da observação do cotidiano de seus usuários, incorporando-a posteriormente aos seus projetos de praças em Amsterdam, desde 1954, onde modificava o ponto de vista da esfera pública produzindo um local de convívio diferenciado. Outros dois nomes associados diretamente ao *Team 10* foram o do casal Alison e Peter Smithson. Os Smithson transpunham os modelos formais da questão habitacional para a escala urbana. Definiram os conceitos de identidade, associação, cluster e mobilidade, que aplicaram no projeto de Golden Lane, de 1952. Esse conjunto de participantes demonstrava a diversidade do quadro que formava o *Team 10*.

É possível identificar três momentos na trajetória do *Team 10*. O primeiro, ainda vinculado aos CIAM (1954-1959), estava voltado principalmente para o tema do *habitat*. O segundo foi marcado pela afirmação das principais atividades do grupo (1959-1962), quando se desenvolveram estudos dos projetos mais significativos de seus membros, garantindo pluralidade e gerando múltiplas interpretações, inclusive algumas tangenciando o Movimento Moderno. Finalmente, o último momento é identificado pelo aparecimento de três vertentes distintas (1962-1984): 1. continuidade do estruturalismo corbusiano (criação de modelos formais arquitetônicos para a resolução dos problemas sociais); 2. ruptura (estruturalismo holandês); 3. valorização das tradições locais (Barone, 2002).

Quanto à postura urbanística, o *Team 10* avaliava as teorias das quatro funções urbanas como pobres e abstratas, um achatamento dos processos históricos das cidades. Considerava-se necessário incorporar aos projetos urbanos os elementos irracionais do desenvolvimento dos processos sociais (Adorno, 1997).

Desde 1954, ainda como jovens arquitetos do CIAM, já haviam elaborado um documento contendo suas prerrogativas, Manifesto de Doorn, redigido na reunião preparatória para o Congresso de Dubrovnik de 1956:

> "1. É inútil considerar a casa exceto como parte de uma comunidade, em função da interação que as vincula.
>
> 2. Não deveríamos perder tempo codificando os elementos da casa antes de cristalizar a outra relação.
>
> 3. O *habitat* concerne à casa em um tipo particular de comunidade.
>
> 4. As comunidades são as mesmas em todo o lugar: (1) a casa isolada; (2) o povoado; (3) cidades da vários tipos – industrial, administrativa, especial; (4) urbe multifuncional.
>
> 5. Esses tipos podem apreciar-se, relacionados com o seu meio ambiente (*habitat*), no perfil do vale de Geddes.
>
> 6. Toda a comunidade deve ser internamente adequada – ter facilidade de circulação; em consequência, qualquer que seja o tipo de transporte de que se disponha, a densidade deve crescer à medida que cresce a sua população; (1) é o caso da mínima densidade e (4) da máxima.
>
> 7. Devemos, portanto, estudar a habitação e os agrupamentos necessários para produzir comunidades cômodas e convenientes em diferentes pontos do corte do vale.
>
> 8. A adequação de qualquer solução pode provir do campo da invenção arquitetônica mais que da antropologia social" (Smithson, 1968, p. 67)

Referência de Gueddes sobre a ocupação europeia (crédito da ilustração: Geddes, 1994).

Dessa maneira, os jovens arquitetos retomavam as questões desenvolvidas por Geddes (1994) no início do século XX, que haviam sido propositalmente negligenciadas pelos CIAM. Através de Geddes, recuperam o caráter orgânico da cidade e sua relação direta com a comunidade. Atribuíam a ele uma análise urbana mais completa, ampliada pelo diálogo com a metereologia, sociologia, história, geologia e higiene pública. A formação em biologia de Geddes aproximava sua abordagem a uma intervenção cirúrgica. Ele valorizava os espaços históricos e o ponto de vista do cidadão, era contra a mecanização da cidade e a favor da descentralização do poder pela participação da comunidade na gestão urbana (Mumford, 1950).

Essa discussão realizada pela nova geração de paticipantes do CIAM demonstra sua preocupação com variedade cultural e a aproximação das escalas comunitária e urbana, diferentemente das prioridades dos arquitetos fundadores do grupo. Os principais representantes dessa oposição eram os holandeses *De 8* e *Opbouw*, o inglês MARS e o francês GAMMA.

O grupo MARS, do qual participavam os arquitetos Alison e Peter Smithson, Bill Howell e John Voelcker, deu destaque à questão da escala em substituição à da função. Priorizavam a formação da cidade por padrões de associações das comunidades nas diferentes escalas – a casa, a rua, o bairro e a cidade – em contraposição à ideia do CIAM pela qual a célula mínima se estruturaria em blocos e esses por fim formariam a cidade. Para eles prevaleciam as inter-relações das comunidades se identificando com seu *habitat*. A ideia de quadra era colocada em desuso por ser considerada excessivamente técnica e abstrata, em seu lugar aparecia a rua como organizadora essencial do espaço urbano e seu usuário como agente fundamental na formação urbana. A nova questão imposta pelos jovens arquitetos aos CIAM era a cidade existente, composta pela relação humana com o espaço, destituída dos critérios funcionais relativos ao urbanismo moderno "*a la* Corbusier".

A reunião de 1954 trouxe ainda o paralelo das experiências de Georges Candilis, que propunha um diálogo entre arquitetura e cultura com respeito à variedade cultural, embasado na sua experiência de projetos habitacionais executados em Marrocos, e de André Wogensky, do grupo ASCORAL, que defendia a moradia segundo as quatro funções urbanas. Como era esperado, Wogensky foi preterido pela jovem geração em pró de Candilis.

Candilis e seu companheiro de projeto, Shadrach Woods, haviam trabalhado no ateliê de Le Corbusier antes de se mudarem, em 1951, para Marrocos. Lá desenvolveram trabalhos junto ao ATBAT (Atelier du Batiment) – escritório montado por Le Corbusier para a realização de estudos habitacionais na África e que passou a executar projetos próprios. Essa vivência trouxe aos arquitetos uma nova visão da arquitetura, com considerações pelas tradições locais (Joedicke, 1968).

Paralelamente, na Holanda, a revista *Fórum* acompanhava as discussões sobre o *habitat* incorporando a variedade cultural dos grupos *De 8* e *Opbouw*. Tinha como membros os arquitetos Aldo van Eyck e Jaap Bakema. Bakema embora fosse vinculado ao CIAM buscava desenvolver um conceito arquitetônico diferenciado. Trabalhou na elaboração de projetos que pudessem ser implementados em larga escala para suprir a demanda da Holanda no pós-guerra. Propôs bairros estruturados em blocos diferenciados, organizados em torno de um eixo principal. Teoricamente buscava uma relação com a questão social e o espaço multifuncional, mas na prática isso ficava pouco desenvolvido.

Em 1959, a crítica ao funcionalismo dos CIAM, principalmente à *Carta de Atenas*, nos moldes do *Team 10*, foi registrada num número especial da revista *Forum* intitulado "A história de um outro pensamento", editado por Aldo Van Eyck. Faziam parte deste exemplar, fotos de aldeias africanas com o intuito de reforçar a importância cultural no desenvolvimento da arquitetura.

Em 1961 o *Team 10* publica um Manual baseado em trechos de discursos dos participantes do grupo (Smithson, 1968).

CAPÍTULO III

Os projetos apresentados:
a materialização da teoria moderna

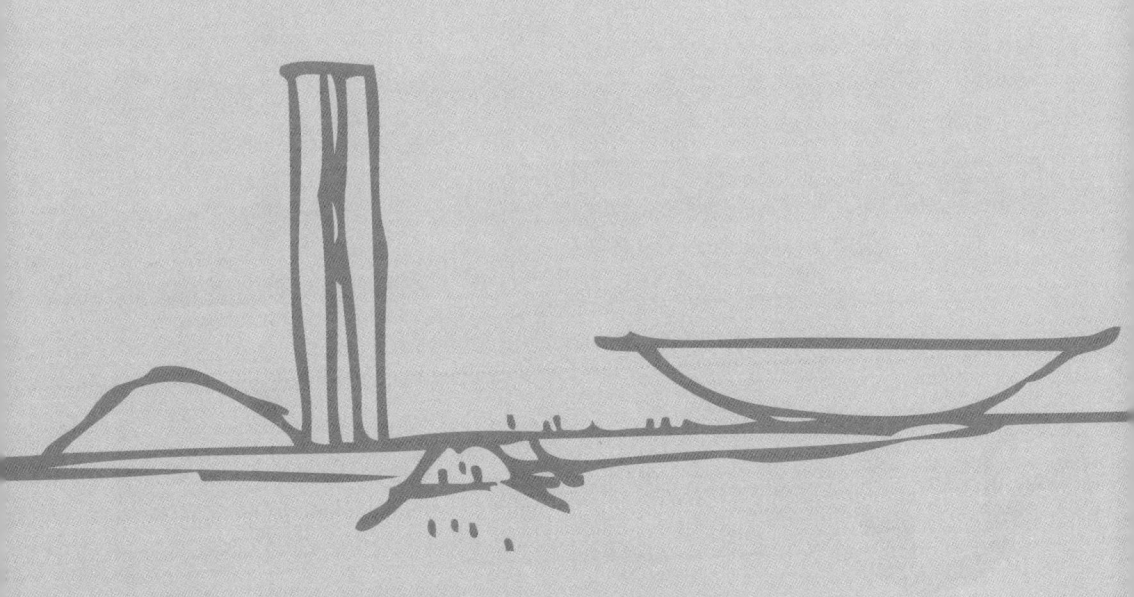

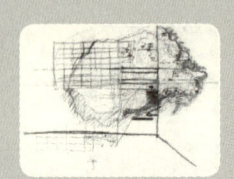

Plano nº 1
Classificação: 5º lugar
Equipe: Arquitetos Carlos Cascaldi, João Vilanova Artigas e Paulo de Camargo e Almeida; sociólogo Mário Wagner da Cunha.

Plano nº 2
Classificação: 2º lugar
Equipe: Engenheiro Boruch Milman; arquitetos João Henrique Rocha e Ney Fontes Gonçalves

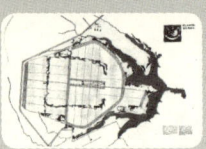

Plano nº 3
Classificação: Não esteve classificado entre os finalistas
Equipe: Jorge Wilheim, arquiteto

Plano nº 5
Classificação: Não esteve classificado entre os finalistas
Equipe: Eurípedes Santos, engenheiro arquiteto

Plano nº 7
Classificação: Não esteve classificado entre os finalistas
Equipe: José Octacílio de Saboya Ribeiro

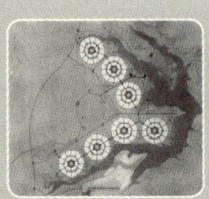

Plano nº 8
Classificação: 3º lugar
Arquitetos M. M M. Roberto. Antonio Dias, arquiteto associado; Ellida Engert, arquiteta chefe; engenheiro Paulo Novaes e o engenheiro agrônomo Fernando Segadas Vianna, responsável pelo planejamento agrícola

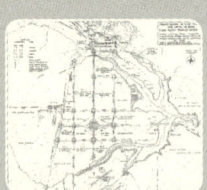

Plano nº 9
Classificação: Não esteve classificado entre os finalistas
Equipe: Ricardo Brasílico Paes de Barros Schroeder, engenheiro

Plano nº 12
Classificação: Não esteve classificado entre os finalistas
Equipe: Arquitetos Joaquim Guedes, Liliana Marsicano Guedes, Carlos Millian e Domingos Azevedo (STAM. Ltda.)

Plano nº 16
Classificação: Não esteve classificado entre os finalistas
Equipe: Arquitetos associados: Pedro Paulo de Melo Saraiva e Júlio José Franco Neves. Engenheiros: Rubens Beyrodt Paiva e Carlos Roberto Kerr Anders. Sociólogo: Arthur de Moraes César

Plano nº 17
Classificação: 3º
Equipe: Arquitetos Rino Levi, Roberto Cerqueira César e Luíz Roberto Carvalho Franco. Engenheiro Paulo Fragoso, responsável pelo projeto estrutural

Plano nº 18
Classificação: Não esteve classificado entre os finalistas
Equipe: João Kahir

Plano nº 19
Classificação: Não esteve classificado entre os finalistas
Equipe: Edgar Rocha Souza

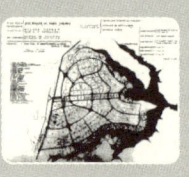

Plano nº 20
Classificação: Não esteve classificado entre os finalistas
Equipe: Arquiteto José Geraldo da Cunha Camargo, autor do projeto

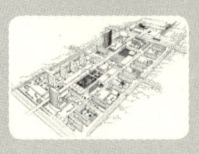

Plano nº 21
Classificação: Não esteve classificado entre os finalistas
Equipe: Arquiteto Pedro Paulino Guimarães

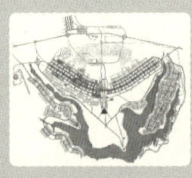

Plano nº 22
Classificação: 1º
Equipe: Arquiteto Lúcio Costa

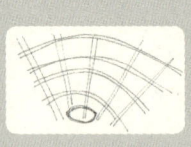

Plano nº 23
Classificação: Não esteve classificado entre os finalistas
Equipe: Engenheiro Marcelo Rangel Pestana e arquitetos Hérman Ocampo Landa e Vigor Artesi.

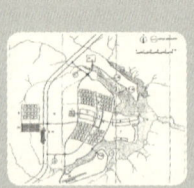

Plano nº 24
Classificação: 5º lugar
Equipe: Arquitetos Henrique Ephin Mindlin e Giancarlo Palanti

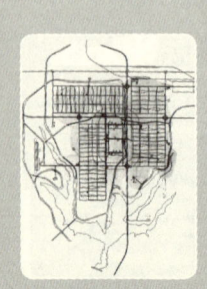

Plano nº 26
Classificação: 5º
Equipe: Arquiteto Milton C. Ghiraldini

A reunião dos projetos de Brasília embora mostre, como já foi sinalizada, a predominância dos conceitos do urbanismo dito racionalista, sistematizados principalmente pela figura de Le Corbusier, expõe abordagens particulares sobre esse assunto. Essa particularidade associada a uma ponderação do momento histórico pode oferecer ferramentas para a compreensão da herança do movimento urbano moderno no Brasil.

Plano n° 1

Carlos Cascaldi
João Vilanova Artigas
Mário Wagner Vieira da Cunha
Paulo de Camargo e Almeida

Identificação
Plano inscrito no Concurso do Plano Piloto da Nova Capital do Brasil sob o número 1.

Classificação
5° lugar.

Equipe
Arquitetos Carlos Cascaldi, João Vilanova Artigas e Paulo de Camargo e Almeida; sociólogo Mário Wagner Vieira da Cunha. Como colaboradores os arquitetos Heitor Ferreira de Souza, Júlio Roberto Katinsky, Mário Alfredo Reginato

e Ubirajara Gilioli. Foram consultados especialistas em diversas áreas: Catulo Branco (energia elétrica – engenheiro assistente do Departamento de Água e Energia Elétrica do Estado de São Paulo), Dirceu Lino de Mattos (planificação regional – professor de geografia econômica da Universidade de São Paulo), Flávio Motta (história – professor de arquitetura da Universidade de São Paulo), José Calil (agricultura e abastecimento – conselheiro do Presidente da República), Lauro Mueller Bueno (legislação – professor de direito de Universidade de São Paulo), Maria José Garcia Werebe (educação e ensino – docente da Universidade de São Paulo), Odair Pacheco Pedroso (higiene e assistência hospitalar – professor de administração hospitalar da Universidade de São Paulo), Otacílio Pousa Sene (higiene e saneamento – professor da Universidade de São Paulo) e Rodolfo dos Santos Mascarenhas (saúde pública – professor de saúde pública da Universidade de São Paulo).

Documentos:

Como um dos projetos classificados, o plano da equipe de Artigas teve sua parte iconográfica documentada nos periódicos da época como *Módulo*, *Habitat*, *Brasília* e *Acrópole*. No entanto seu memorial descritivo não foi encontrado em nenhuma publicação, estando hoje disponível só para consulta, no acervo da coleção de obra raras da Faculdade de Saúde Pública da Universidade de São Paulo. Segundo Júlio Artigas em entrevista dada à autora: "esse relatório foi uma doação em vida do próprio Vilanova Artigas à Faculdade e representa um dos mais extensos memoriais do concurso".

Iconografia:

Segundo os *slides* existentes pode-se concluir que sua apresentação foi feita em 19 pranchas, contendo os seguintes assuntos:

1. Plano urbano
2. Prancha memorial com o texto da introdução do relatório
3. Aspectos físicos da região
4. Plano regional
5. Zoneamento rural

6. Organização rural

7. Zoneamento urbano

8. Governo e centro cívico

9. Parques de recreação

10. Programa de desenvolvimento

11. Produção e consumo

12. Sistema viário

13. Educação

14. Higiene e saúde

Segundo a publicação da revista Módulo nº 8, uma das mais completas publicações das imagens dos projetos classificados no concurso, as pranchas estariam divididas em:

1. Zoneamento urbano

2. Vista aérea da cidade

3. Plano geral

4. Desenho de Perey Lau

5. Governo, centro cívico

6. Programa de desenvolvimento

7. Zoneamento rural

8. Organização rural

9. Curvas de nível

10. Parques de recreação

11. Produção e consumo

12. Sistema viário

13. Educação

14. Higiene

15. Plano regional

16. Vista aérea da cidade

Introdução

Sobre a Equipe:

O papel fundamental exercido pelo arquiteto João Batista Vilanova Artigas em relação à equipe elucida reflexos de sua trajetória, facilmente identificados no resultado final desse projeto. Artigas nasceu em 23 de junho de 1915, em Curitiba. Estudante da Escola Politécnica da Universidade de São Paulo na década de 1930, trabalhou com Oswaldo Bratke e teve contato com o grupo de artistas que se reunia no Palacete Santa Helena: Alfredo Volpi, Mano Zanini, Alfredo Rullo Rizzoti, Fulvio Pennacchi, Aldo Bonadei, Clóvis Graciano, Francisco Rebolo e Manuel Martins.

Em 1938, Artigas iniciou a sua carreira profissional junto com Duilio Marone, colega da Politécnica, na firma Artigas & Marone Engenheiros. Paralelamente ao escritório, ele começou a trabalhar na Secretaria de Viação e Obras Públicas do Estado de São Paulo. Nessa época conheceu Gregori Warchavchik, com quem participou do concurso promovido pelo então prefeito Prestes Maia para o novo Paço Municipal de São Paulo, obtendo a segunda colocação. Essa parceria inédita, no entanto, não prosseguiria, pois Artigas decidiu se dedicar integralmente aos trabalhos da construtora. Tomou contato com a arquitetura de Frank Lloyd Wright, uma influência que se prolongaria por um período no qual projetou casas como a Bertha *Gift* (1940), a primeira casa do arquiteto (1942) e a Rio Branco Paranhos (1943). Podemos associar a esta fase as assimilações da importância do planejamento regional de Wright que espelharão algumas características do projeto de Brasília.

A equipe de Artigas encontra-se entre os grupos que deram maior atenção às projeções do desenvolvimento regional e detalharam estudos para vários aspectos da evolução da nova capital, optando por um projeto de baixíssima densidade e buscando uma relativa união entre a área urbana e rural através de grandes espaços "verdes". Tais elementos são trabalhados de forma semelhante por Wright, como preocupação em restabelecer ao homem a harmonia do contato com a natureza, perdido com a era industrial. A natureza é vista por Wright como um meio contínuo onde todas as outras funções estão dispersas, em unidades reduzidas. Um exemplo é seu projeto urbano para *Broadacre City*, onde enfatiza sua preocupação com a periferia das cidades, realizando o casamento, em baixa densidade, entre o subúrbio e o campo; nele cada cidadão surge simultaneamente como urbanista e agricultor. Essa visão de Wright ficava explícita em seus relatos:

> "Imaginem, agora, autoestradas espaçosas, paisagisticamente tratadas, com passagens de nível eliminadas por um novo tipo sistema integrado de desvios e pistas rebaixadas que recebem todo o tráfego em áreas de cultivo ou moradia... Estradas gigantescas, de imponente arquitetura, estações de atendimento ao público em trânsito que não se enquistem como terçóis, mas desabrochem como um bom projeto arquitetônico, incluindo todo o tipo de serviço rodoviário para quem viaja – encanto e conforto de ponta a ponta. Essas grandes estradas unem e separam, separam e unem, em séries intermináveis de unidades diversificadas vistas como unidades agrícolas, mercados marginais, como escolas com jardins, zonas residenciais, cada uma dentro de seus acres de chão individualmente ornamentados e cultivados, lares urbanizados, lugares, todos eles aprazíveis, de trabalho ou lazer. E imaginem unidades-indivíduo, de tal modo dispostas que cada cidadão possa, conforme lhe convenha, contar com todas as formas de produção, distribuição, autoaprimoramento, diversão, dentro de um raio de, digamos, dez a vinte milhas de seu próprio lar. E às quais terá rápido acesso usando seu carro ou o transporte coletivo. Essa distribuição integrada de vida com a terra compõe a grande cidade que vejo envolvendo este país. Essa seria a *Brodoacre City* do amanhã, isto é, a nação. A democracia feita realidade" (Wright, *apud*. Hall, 1988, p. 342).

Outra influência importante que podemos identificar no trabalho de Artigas apareceu a partir de 1944 quando seus projetos começam a assimilar os padrões do racionalismo arquitetônico, não só pela feição geométrica de suas formas, mas também pelo apuro técnico e construtivo e, sobretudo, pelo desenvolvimento das estruturas de concreto e regularização dos acabamentos e padronização das esquadrias.

Ao lado da nítida influência de Le Corbusier, ou talvez, como extensão desta, Artigas passou a se dar conta da arquitetura produzida no Rio de Janeiro, cuja relevância e qualidade começavam a despertar a atenção internacional. Nesse ano rompeu a sociedade com Duílio Marone, alegando incompatibilidades com o universo meramente pragmático que envolvia os negócios da construtora. Decidiu montar um escritório próprio, tendo como parceiro Carlos Cascaldi, calculista que o acompanharia por muitos anos, inclusive no Concurso de Brasília.

Sobre as influências exercidas por Le Corbusier no projeto de Brasília podemos identificar a utilização da *Carta de Atenas* como uma espécie de manual de referência para a elaboração do plano piloto. Uma das evidências é o sistema de circulação principal da cidade, subdividido em cinco classificações viárias, mesma terminologia usada por Le Corbusier (cf. Evenson, 1973, p. 137-138).

Artigas também se empenhou na consolidação de um estatuto próprio à profissão. Datam desta época os primeiros encontros com o arquiteto Eduardo Kneese de Mello. Juntos, mobilizaram profissionais como Oswaldo Bratke, Rino Levi, Roberto Cerqueira César, Abelardo Sousa e outros, para fundarem a representação paulista do Instituto dos Arquitetos do Brasil (IAB).

Em 1945, houve a realização do 1° Congresso Brasileiro de Arquitetos, organizado pelo IAB. Artigas, como secretário geral do IAE/SP, teve participação decisiva na preparação do evento. Os temas principais eram: o arquiteto e a sociedade; o ensino de arquitetura; arquitetura e equipamento industrial. Além disso, houve também a preocupação em formular uma regulamentação profissional autônoma, tornando mais claras as diferenças práticas e conceituais entre o engenheiro e o arquiteto. Nesse clima de discussão e debates, Artigas filiou-se, junto com a esposa Virgínia, ao Partido Comunista Brasileiro. Por meio do grupo "Santa Helena", o casal passou a se relacionar com artistas e intelectuais de esquerda, interessados na experiência do socialismo soviético como fonte inspiradora na luta contra o Estado Novo.

Em 1946 Artigas executa um projeto de grande repercussão: o edifício Louveira, e, em 1947, recebe uma bolsa de estudos da Fundação Guggenheim para estudar a arquitetura moderna nos Estados Unidos. Inicialmente foi recomendado ao MIT, o *Massachussets Institute of Technology*, para verificar trabalhos ligados à área habitacional. Depois, viajou para várias localidades, visitando obras de arquitetos americanos (entre os quais, sem dúvida, estava Wright e, muito provavelmente, Richard Neutra).

Em junho de 1948, foi inaugurada a Faculdade de Arquitetura e Urbanismo (FAU) da Universidade de São Paulo, sendo Artigas um de seus membros fundadores. O local escolhido é o antigo casarão da família Penteado, na rua Maranhão.

No início da década de 50, Artigas realiza outras obras notáveis em Londrina, entre as quais destacaram-se a Casa da Criança e a estação rodoviária. A grande obra desses anos foi o estádio do Morumbi São Paulo F. C., construído em concreto aparente. Nessa época faz sua primeira viagem à União Soviética. Segundo depoimentos de Jacoh Gorender, ex-companheiro de militância, Artigas "retornou perplexo e irritado, porque a arquitetura praticada na URSS era antiquada e de mau gosto". Pelo que se pode deduzir, o episódio não teria abalado as convicções ideológicas de Artigas – ele manteve-se homem de esquerda até o fim da vida – mas tornaria muito mais problemática a conciliação entre o sentido estético e o sentido político da arquitetura.

Em 1954 os questionamentos acerca da "moderna arquitetura brasileira" estavam no centro dos debates do 4° Congresso Brasileiro de Arquitetos, realizado em São Paulo. A revisão do modernismo colocou-se ainda sob o impacto das duras críticas de Max Bill, feitas um ano antes, que censuravam o formalismo de nossa arquitetura. Reagindo ao virtuosismo formal, sobretudo da "escola carioca", e em atitude próxima ao realismo socialista, um grupo de arquitetos gaúchos, dirigidos por Edgar Graeff advogou o resgate de uma arquitetura "regionalista". O alvo de tais críticas foi a obra de Oscar Niemeyer. Solidarizando-se com o colega carioca na defesa do moderno, Artigas constituiu uma espécie de aliança com Niemeyer, o que os tornaria bastante próximos.

Em 1957, participa do concurso para a nova capital federal, classificando-se em quinto lugar.

Em 1960, é convidado pelo governo do Estado de São Paulo para participar de um programa de renovação dos estabelecimentos de ensino, como parte de um projeto maior de reforma do ensino público. Aqui começam a série de escolas públicas e privadas projetadas pelo arquiteto, dentre as quais se destacam o ginásio de Itanhaém e, no ano seguinte, o ginásio de Guarulhos.

Teorias urbanas: relações com o edital e os demais planos

A abordagem dos preceitos urbanos da *Carta de Atenas* trouxe ao projeto da equipe de Artigas as configurações usuais das zonas urbanas, das superquadras, das unidades de vizinhanças e da classificação viária.

"O plano da equipe de Cascaldi apresenta-se com zonas claramente definidas, mas não configuradas como núcleos isolados e sim subordinadas a uma malha única de circulação viária. Esta, com porções diferenciadas, porém contínuas, configurou uma solução com lógica evidente e engenhosa no uso das vias de circulação para estruturação urbana e para a diferenciação de seus setores. O papel estrutural da malha seria reforçado pela sua definição geométrica contrastada com os contornos da natureza local destacados pela subordinação ao desenho sinuosos dos cursos d'água da configuração dos jardins interiores da cidade e, consequentemente, da trama de circulação dos pedestres. Foram, assim, obtidos lugares com feição particular dentro de uma estrutura regular. O plano piloto da equipe de Cascaldi aproxima-se, neste sentido da solução de Chandigarh, como nos opinou Júlio Katinsky, colaborador do projeto. Cabe ressaltar a semelhança entre os dois projetos também à que se refere a localização do governo federal, destacados os setores da vida local e situado num dos bordos da cidade, ressalvando-se que, no caso do plano brasileiro, a sede dos poderes supremos ainda participaria da malha, numa das suas porções diferenciadas, e associar-se-ia a um grande conjunto dedicado às atividades de interesse não só da cidade, mas regional e nacional também, o qual incluiria ainda o centro cultural, articulado com os edifícios da administração federal e municipal, o centro comercial, onde atividades governamentais complementares também foram propostas, e o grande parque nacional repleto de equipamentos especiais" (Braga, 1999, p. 151-152).

Segundo Braga (1999), a opção da equipe de Cascaldi pela configuração de três grandes zonas residenciais baseadas cada qual numa só tipologia, não favorecia a coabitação das pessoas com perfis diferentes, em princípio desejável. A radical especialização dos setores de habitação desse plano piloto seria reforçada por aquilo que parece ser o seu maior problema: a extensão exagerada da cidade, decorrente da baixíssima densidade de 50 habitantes por hectare das zonas residenciais, que afastaria as diferenças. As dimensões previstas pela cidade escapavam ao senso comum.

Tais fatores teriam como consequência dificuldades de acessos e avenidas de tamanhos imensuráveis, além da possibilidade de monotonia na área arquitetônica, principalmente nos setores residenciais, longos e contínuos, onde os habitantes se sentiriam habitando chácaras ao invés dos usuais lotes.

É notória a insatisfação manifestada por Artigas com o projeto de sua equipe, em toda a sequência de sua vida profissional, após o Concurso. Em entrevista dada à autora (julho, 2000), Júlio Camargo Artigas, filho do arquiteto, declarou que o pai concordava com a escolha da ideia urbanística apresentada por Lúcio Costa: "O assunto do Concurso nunca foi muito comentado em casa, meu pai não gostava do seu projeto, achava-o demasiado limitador, acreditava que Lúcio tinha sido uma melhor opção." No entanto, a preocupação com o desenvolvimento regional resultou em estudos relevantes para vários aspectos da evolução da nova capital.

A predominância dos elementos ordenadores formais cartesianos e a ocupação vasta do solo levaram a cidade para longe da represa. Segundo a avaliação do júri:

"Plano Piloto nº 1
Autores: Carlos Cascaldi, João Vilanova Artigas, Mário Wagner de Oliveira e Paulo Camargo e Almeida
Suposições: Plano de desenvolvimento para vinte anos: população de 550000 pessoas, das quais 130000 funcionários públicos. 348000 em casas

145000 em apartamentos 42000 em casa arrendadas
propriedade governamental e arrendamento da terra

Críticas:

1. Zonas residenciais demasiado uniformes

2. Má circulação das residências para a sede do governo e centro cívico

3. Boa solução para as centrais ferroviária e aeroviária, mas duvidosa quanto à rodovia, sendo necessárias três pontes.

4. O centro governamental não faz uso do lago.

5. Oportunidades topográficas perdidas: casas na parte mais elevada, sem relação com o local.

6. Onde estão as embaixadas e consulados? Os centros de rádio e de TV?

7. Densidade muito baixa, área construída enorme: 50 pessoas por hectare.

Vantagens:

1. Boa apresentação: claro: decisivo.

2. Boa solução da economia rural

3. Destaque ao sistema arrendatário" (*Módulo*, 1957, p. 16).

Algumas abordagens decorrentes dessas escolhas demonstravam questões predominantes do plano. O desenvolvimento regional e o cuidadoso estudo sobre a ocupação rural e de sua respectiva comunidade demonstram o objetivo da equipe em trabalhar o geral para chegar ao específico. Existia uma preocupação com os menos favorecidos, como por exemplo, o local onde morariam os candangos e a sua absorção pela cidade ou ainda, a garantia de formação de qualidade para os trabalhadores do campo.

Associadas a essas outras peculiaridades marcavam esse projeto. Diferentemente dos outros planos, ele desenvolveu uma separação física entre o centro comercial e o centro governamental. Ao adotar tal postura a equipe praticamente equaliza as duas funções, causando estranheza aos seus observadores e, principalmente, aos jurados, cujo raciocínio lógico vinha da questão "o que mais se pode esperar de uma capital administrativa senão que ela destaque as funções administrativas". Podemos citar aqui a influência da trajetória de Artigas pelo PCB. É possível notar que a preocupação com o "povo" e sua qualidade de vida, destinada a ser bucólica para ser melhor, supera o vai-e-vem burocrático e as escalas monumentais dos edifícios públicos. A representação política da capital como almejada se daria principalmente na maneira de exercer esse poder.

Naturalmente um plano cartesiano e repetitivo possibilitaria uma implantação mais rápida e eficiente. Considerando o prazo de um mandato presidencial (quatro anos) para a construção de uma cidade isso não era um fator a se descartar. O fato de ter um núcleo gerador já definido possibilitava um crescimento radial a partir da confluência dos setores da cidade num desenvolvimento bastante pertinente (cf. Wilheim, 1960, p 23-53).

Comentário a respeito do Memorial Descritivo

Como introdução ao memorial descritivo, os autores apontavam para a necessidade de Brasília representar a capital política do país. Mostravam a importância da localização dessa nova capital e como a circulação aérea e terrestre deveria ser ponto imprescindível para estruturar uma disposição mais harmônica da população até o centro-oeste brasileiro. No entanto, a possibilidade de um grande desenvolvimento urbano não deveria representar a construção de um polo industrial, turístico e comercial como aconteceu no Rio de Janeiro, devido ao aspecto prejudicial que traria um deslocamento em massa. Consequentemente, Brasília deveria ter um tamanho mínimo e apenas os serviços condizentes aos seus habitantes, predominantemente servidores públicos. Os autores idealizavam Brasília como uma cidade administrativa com clima propício ao desenvolvimento dos trabalhos concernentes à capital política do país, "clima intenso e sério de trabalho".

Calcularam para Brasília uma população de 550.000 habitantes, bem maior que os grandes centros vizinhos como Goiânia e Anápolis, ambas com 50.000 habitantes, o que representaria um grande mercado consumidor para o desenvolvimento industrial direcionado, entretanto, às cidade vizinhas à capital.

A importância da construção de uma cidade como Brasília deveria representar o rompimento com as características coloniais da economia brasileira, melhorar as condições de vida da população do interior e aproximar pontos extremos do país.

Antes de realizar o traçado da cidade, os autores enfatizaram a importância do planejamento regional, considerando as influências do espaço geográfico. Classificaram as terras e vegetações do Distrito Federal para planejar o aproveitamento agrícola e pecuário da zona rural. Ao sul, terra mais pobre, estaria a zona de agricultura intensiva (hortas pomares, cultivo de batata e cebola etc.) criação de suínos, gado de leite, entre outros. Através do alto valor unitário do produto e do uso intensivo do solo, viabilizar-se-ia melhorias para a fertilidade da terra. Essa área estaria próxima da cidade, por se tratar de produtos perecíveis e ocuparia 37.500 hectares, divididos em propriedades de 16 a 60 hectares.

A leste da cidade, à jusante do lago Paranoá, estaria a zona de agricultura extensiva (feijão, milho, arroz, mandioca, e outros produtos de baixo valor unitário), em áreas férteis de 90 mil hectares, divididas em propriedades de 100 a 200 hectares.

Para a agricultura extensiva pastoril, preferencialmente gado de corte, teriam a região de Brasilândia ao sul do eixo rodoviário, ocupando 150 mil hectares distribuídos em fazendas de 500 hectares. As áreas ao redor do Distrito Federal deveriam ter sua criação pastoril preservada e incentivada. Suas indústrias deveriam se basear na produção regional, caso de Formosa, indicada para um centro industrial de carne.

Nas terras dos espigões, área a ser urbanizada, estariam os bosques, pulmões da cidade, que contribuiriam para regularizar o regime dos rios ali localizados e embelezar a cidade.

Para o controle e orientação da produção agrícola na zona rural, existiriam núcleos coloniais oferecendo serviços de assistência técnica, científica e financeira. Estimulariam o cultivo de uso intensivo e permanente do solo, garantindo a preservação do cinturão verde ao redor da cidade. Na área urbana existiria o Centro Geral de Abastecimento coordenando a produção e o consumo da capital para garantir um mercado seguro a todos os produtores do campo. Dariam assistência social, educativa e de higiene às comunidades campestres.

A população rural, estimada em 97.000 habitantes, seria independente do centro urbano de Brasília. Para evitar a rarefação demográfica, criariam centros sociais posicionados estrategicamente, contendo centros de encontro, educacionais, técnicos, comerciais e sanitários.

Realizaram um estudo das rodovias, ferrovias e linhas aéreas para viabilizar o transporte geral de produção e matéria-prima da capital para os grandes centros e vice e versa. Sugeriam ligações entre São Paulo, Minas Gerais e a nova capital e, a partir desta, ao norte e nordeste brasileiros.

Consideraram três setores para classificar os habitantes da capital. O primeiro deles referia-se à população nuclear, composta por servidores federais, civis e militares. O segundo reunia a população colateral, formada pelos turistas, pessoas em trânsito ou residentes que manteriam relações diplomáticas ou de negócios com o governo. Por último, classificaram a população derivada, envolvida na garantia dos bens e serviços necessários à vida urbana. Acreditavam que em 20 anos a implantação inicial da cidade estaria completa. Após apresentarem vários cálculos e tabelas concluíram que, em 1978, Brasília possuiria 350.000 habitantes sendo 130.000 deles servidores públicos (excluindo o pessoal militar de escalão mais baixo).

"Também se faziam considerações importantes sobre a chamada população construtora, constituída pelos operários encarregados da construção da cidade, por definição integrante da população derivada. Chamava-se atenção para os problemas relativos ao alojamento dessa população no início da construção em massa da cidade e ao seu destino após o término desse período. Ao contrário dos outros setores da população, que aumentariam com o crescimento da cidade, a população construtora diminuiria na medida da sua conclusão. Quanto ao problema do destino, trataram das possibilidades da transferência desse contingente para outras atividades operárias, rurais ou urbanas, concluindo que 30.000 trabalhadores da construção civil poderiam ser futuramente absorvidos pela economia do Distrito Federal. Previram que 5.000 permaneceriam na própria construção civil, conforme o índice normal dessa ocupação numa cidade qualquer, 2.500 deixariam a nova capital e os demais 22.500 seriam absorvidos em diversos campos de trabalho operário. Quanto ao problema do alojamento, definiram que fosse previsto todo um setor da cidade para recolher em definitivo essa população, evitando-se assim a criação de uma cidade paralela, dificilmente provisória. Seria a primeira parte a ser construída, destinando-se com o passar do tempo à área residencial da zona industrial, cujo caráter seria apropriado para a maioria da população construtora, quando transferida para as novas ocupações urbanas. A zona residencial industrial teria capacidade para 42.000 pessoas, incluídos os trabalhadores e sua familiares" (Braga, 1999, p. 120-121).

A cidade deveria ter um tamanho mínimo e crescimento controlado. As características homogêneas e uma estruturação e funcionamentos urbanos mais simples buscavam minimizar os custos e garantir maior rapidez para a construção. Tais elementos propiciariam ainda, segundo os autores, um clima de independência e tranquilidade condizente ao trabalho administrativo.

O plano piloto resolveria a estruturação do "todo" urbano e a definição da articulação entre suas partes. Dois gêneros de vida seriam considerados: a grande sociedade e as pequenas comunidades. As áreas não deveriam ser definidas por normas jurídicas ou por atividade, características que seriam naturalmente atribuída com a expansão, mas como áreas perfeitamente delimitadas e integradas que se caracterizariam pelo gênero de vida nelas desenvolvido.

A área urbana foi localizada junto ao lago Paranoá, com direção coincidente ao eixo da pista de pouso em construção. A estrutura seria uma malha retangular, com características diferenciadas para a demarcação das zonas. As áreas voltadas para a grande sociedade estariam junto à represa. A oeste do conjunto estariam as áreas para a vida comunitária. O Parque Nacional, o Centro Governamental e o Centro Cívico foram destacados dos demais elementos. Para o núcleo urbano definiram três zonas residenciais de tamanho e características diferentes, cada qual com uma tipologia, todas com a densidade de 50 habitantes por hectare, justificando a grande extensão da cidade: ZR1 (zona residencial 1) dominante e no centro, ZR2 (zona residencial 2) ao norte e ZR3 (zona residencial 3) a oeste. No extremo oeste estaria a zi (zona industrial), no extremo norte a zm (zona militar) e no extremo sul o Centro Geral de Abastecimento.

A za (zona administrativa) ou Centro Cívico estaria próxima a zona militar para facilitar os desfiles que aconteceriam numa área para manifestações cívicas e culturais. Seria também, portanto, o Centro Cultural. Os edifícios estariam em jardins com acesso por vias locais em *cul-de-sac* e área para estacionamento. Aí, junto a uma esplanada, se localizariam os poderes Executivo, Legislativo e Judiciário. A administração municipal, marcada por um monumento à criação da cidade, estaria ao sul, contígua a zr1 e ao Centro Comercial. O Palácio da Cultura, o Museu e a Biblioteca estariam a oeste. Ao longo da esplanada estariam os órgão consultivos do presidente. Ao lado do Parque Nacional estariam os Ministérios e Autarquias com um centro de restaurantes e serviços próprios, no entanto, os autores indicavam que tais atividades derivadas deveriam estar localizadas dentro dos edifícios afim de não prejudicarem o caráter político da zona administrativa.

A zona comercial do centro da cidade (zc1) teria edifícios de baixo gabarito para lojas, restaurantes etc. e de gabarito alto para escritórios. Próximos à área administrativa estariam os serviços ligados ao governo como os diplomáticos e consulares. O centro se desenvolvia em torno da mesma via norte-sul (avenida principal) que cruzava o Centro Cívico ao norte e, por ter os edifícios na avenida, diferenciava-se do restante da cidade. Os estabelecimentos estariam em jardins com acesso por vias locais e estacionamentos próprios.

A zona comercial periférica (zc2) seria um conjunto comercial para assistir às unidades de vizinhança nas zonas residenciais.

O Centro Geral de Abastecimento representaria uma terceira zona comercial (zc3) composta por frigoríficos, grandes armazéns, depósitos de combustível, indústrias de beneficiamento de produtos agrícolas, entre outros. Esse setor contaria com uma área residencial própria para seus trabalhadores.

A zona industrial (zi) destinar-se-ia à indústria de transformação local como móveis roupas, cerâmicas. Teria pátios para carga e descarga e seria ligada a rodovias, ferrovias e à cidade, garantindo um transporte rápido.

A continuidade das áreas verdes na cidade se daria por um desenho ininterrupto que unia a zona verde 1 (zv1), a zona verde 2 (zv2) e a zona verde 3 (zv3).

O Parque Nacional representaria a zv1, abrangendo as funções de Centro Cultural Recreativo Regional e Nacional. Situado contíguo ao Centro Cívico e ao Centro Comercial, estender-se-ia na área envolvida pelo lago. Nele foram localizados a cidade universitária, com hospital central e setor residencial para estudantes, grandes equipamentos esportivos como estádio e hipódromo, hotéis de turismo, praças, jardim zoológico e botânico, rede de serviços apropriada, entre outros.

A zv2 seria uma extensão do Parque Nacional, destinada à recreação. E finalmente a zv3 seria um prolongamento do Parque Nacional, constituída por jardins periféricos e limitada pelas rodovias perimetrais. Nela estariam o aeroporto, quartéis da polícia, centrais de bombeiro, presídios, hospitais, escolas superiores e dois cemitérios.

A zr1, com uma população de 348.000 habitantes, seria organizada em superquadras de aproximadamente 2.000m x 1.200m, cada uma com 12.000 habitantes, com residências isoladas e individuais. Essas superquadras seriam divididas em lotes, com acesso para veículos por meio de ruas em *cul-de-sac* e acesso independente para pedestres através de áreas ajardinadas onde estariam também os edifícios de uso coletivo. Ao longo das artérias se localizaria uma pequena zona de comércio.

A zr2 estaria ao norte, com unidades de vizinhança de 29.000 habitantes, acomodadas em blocos de até dez andares, o que representaria uma média de 1.000 pessoas por prédio. O acesso seria feito através de vias locais. Os equipamentos estariam tanto nas áreas internas aos edifícios quanto na área verde, de 2.000m cada, que separaria as unidades. Indicada para solteiros e viúvas, acomodaria, ao todo, 145.000 pessoas.

A zr3, semelhante à zr2, teria unidades de vizinhança menores com 14.000 habitantes. A malha, com aproximadamente 1.800m, seria contígua à zona industrial, destinada a operários, população construtora e classes de menores recursos. Teria capacidade para 42.000 pessoas.

Na zona militar (zm) estariam localizadas uma 2ª pista de pouso, instalações especializadas, residências para o escalão militar mais baixo e uma área destinada a futuras ampliações. Teria capacidade para 40.000 pessoas.

"As zonas residenciais foram projetadas homogêneas, cada qual com sua tipologia exclusiva, para que fossem facilitados os controles de arrendamentos e a legislação de caráter urbanístico e arquitetônico. Todas as unidades de vizinhança contariam com parques infantis, escolas de ensino primário e médio, centros de saúde, áreas livres para recreação e esportes, cinemas, bibliotecas, comércio, artesanato e mercados locais e um Centro Cívico da Comunidade, para que a população tivesse representação de seus interesses perante os órgãos centrais dos serviços técnicos e da administração da cidade. Os autores recomendavam preços de arrendamento nas zonas residenciais mais elevados, próximo ao conjunto do lago, e mais baixos na direção da zona industrial, de modo a acomodar a gradação social. As residências dos corpos diplomáticos estrangeiros, como dos servidores públicos civis e militares de alto escalão, foram previstas localizadas livremente pelas variadas unidades de vizinhança, de acordo com os desejos individuais. Acreditavam que desse modo seriam favorecidas as relações entre as pessoas de destaque com o resto da população, assim como o intercâmbio dos estrangeiros com os brasileiros" (cf. Braga, 1999, p. 125).

As vias de circulação foram classificadas em cinco categorias: v1 – vias de trânsito rápido intermunicipal, v2 – vias de trânsito rápido urbano, v3 – vias de tráfego local, v4 – vias de marcha a pé e vr – via rural. A zona urbana seria organizada com as vias v2, v3 e v4, conforme a necessidade.

As v2 representariam o contorno periférico da cidade, sem cruzamentos diretos formariam uma malha regular no sítio urbano, porém com especificações dirigidas a cada local. A via norte-sul, ligando o centro geral de abastecimento à zona militar, seria a principal via da cidade e teria, no extremo sul, as estações ferroviárias e rodoviárias. Duas vias leste-oeste importantes prolongar-se-iam até o Parque Nacional, estendendo-se uma delas até a Universidade e a outra à residência presidencial, conectadas ao contorno viário e ao sistema de trânsito rápido por trevos.

As vias locais seriam responsáveis pela distribuição capilar e acessos aos edifícios residenciais e estariam ajustadas às peculiaridades de cada lugar. Como exemplo a zr2, devido à sua localização, teria o sistema de trânsito limitado para evitar impacto populacional e restringir a circulação através do Centro Cívico. O caminho para pedestres completaria o sistema de circulação. Seria apropriado para curtas distâncias, de configuração sinuosa e feição naturalista, associado, algumas vezes, a cursos d'água. Para o sistema de transporte coletivo, os autores indicaram o ônibus elétrico, com linhas expressas de maior ou menor velocidade conforme a situação.

O relatório possui dados sobre outros aspectos organizacionais da capital. Recomendaram que a Administração Municipal de Brasília fosse nomeada pelo governo e que o Distrito Federal tivesse autonomia equivalente aos outros estados brasileiros. Sobre as etapas de crescimento sugeriram que as zonas fossem construídas por partes, mas não a cidade, para garantir, dessa maneira, o equilíbrio do conjunto. A zona militar e o Parque Nacional poderiam ser exceções. Recomendavam que a zona residencial industrial fosse construída primeiramente, para acomodar os trabalhadores; as demais deveriam ser desenvolvidas a partir da via norte-sul. A previsão de crescimento dar-se-ia em quatro etapas. Para evitar a especulação imobiliária e garantir o melhor uso do solo, sugeriram um programa de arrendamento das terras urbanas e rurais. Lembravam que a propriedade pública de todas as terras de uma cidade e seu arrendamento para o uso particular feito pelo estado eram recomendados pela *Carta de Atenas*.

Iconografia

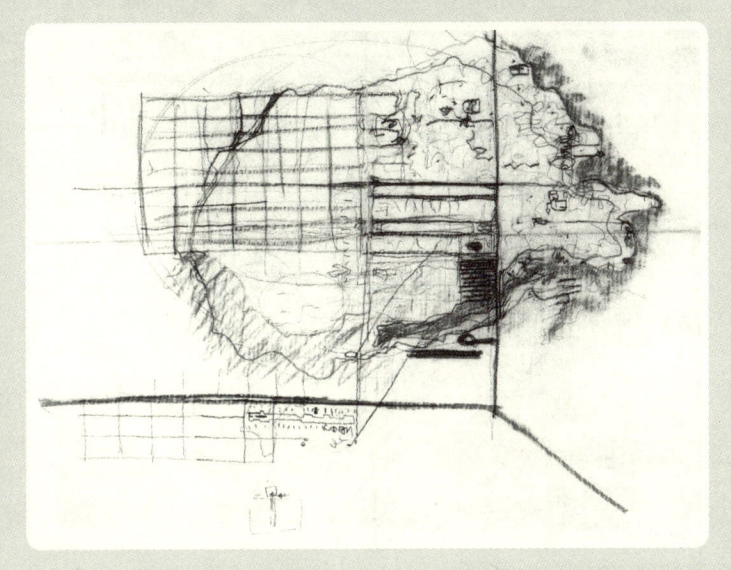

Artigas – Croqui do Plano Piloto

Artigas – Plano Piloto

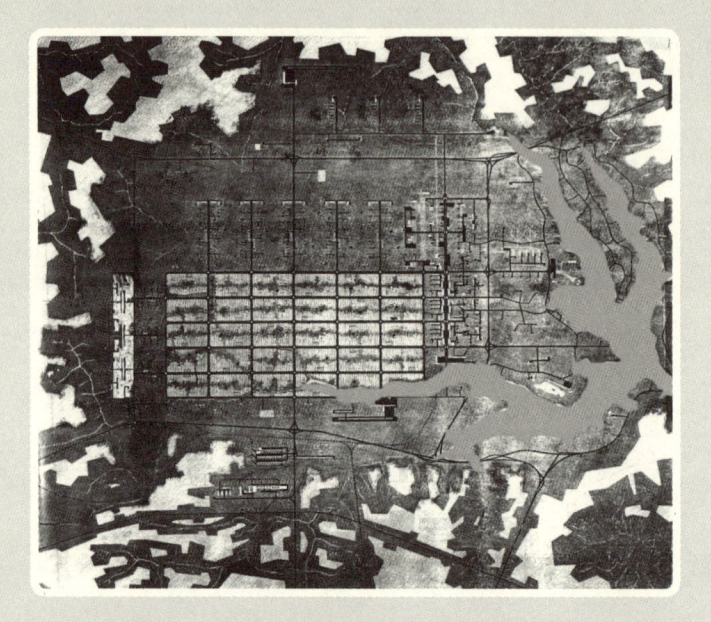

Artigas – Plano Geral

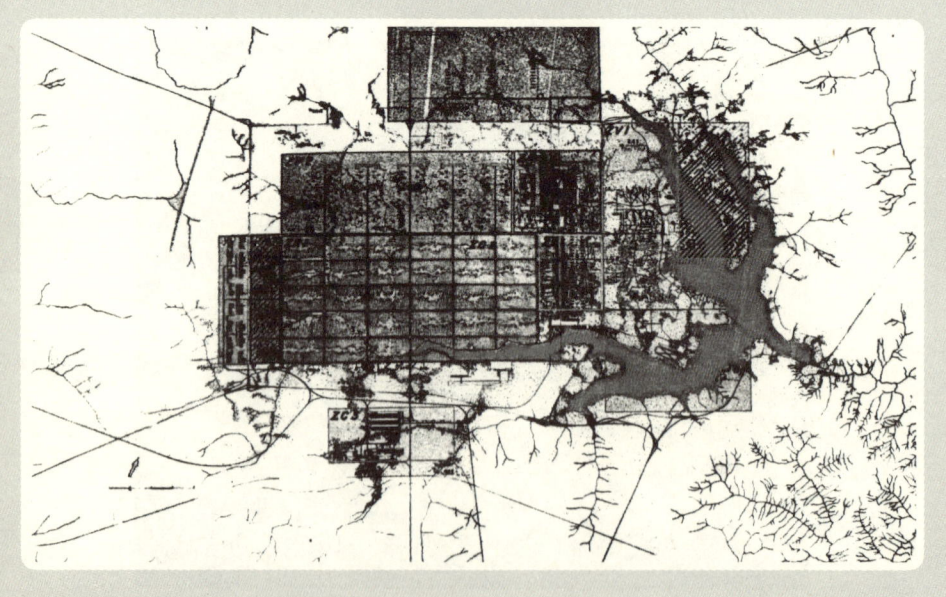

Artigas – Zoneamento urbano

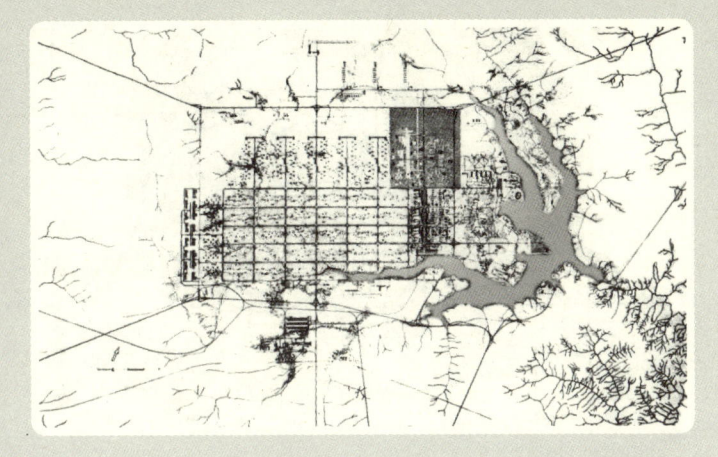

Artigas – Governo, centro cívico

Artigas – Parques de recreação

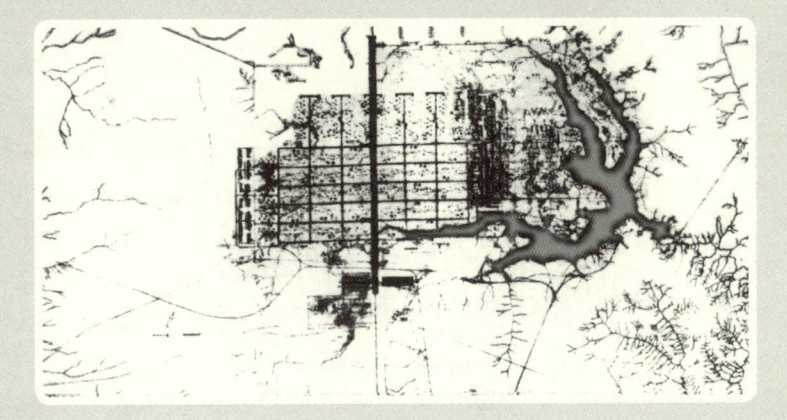

Artigas – Produção e consumo

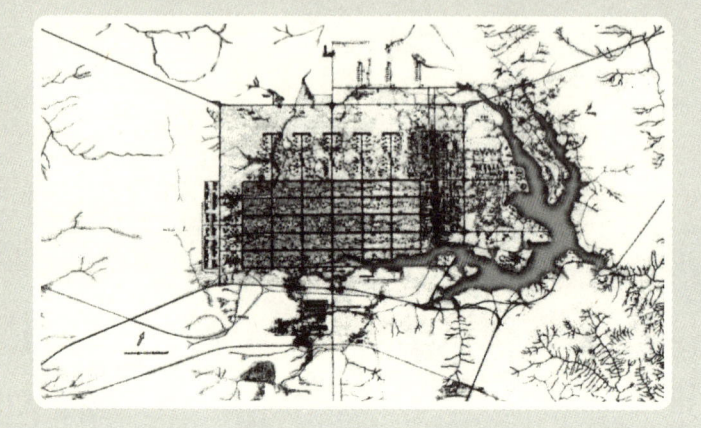

Artigas – Sistema viário

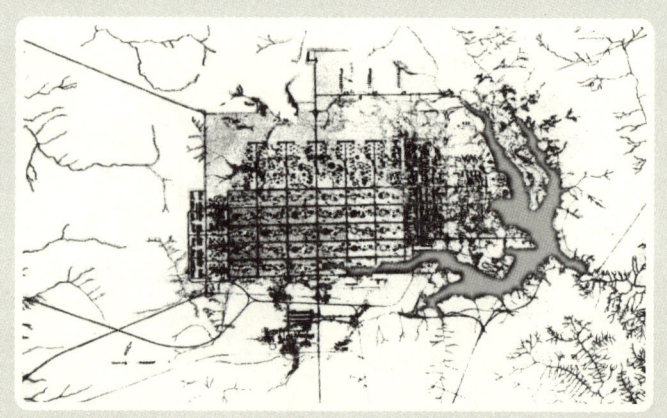

Artigas – Educação

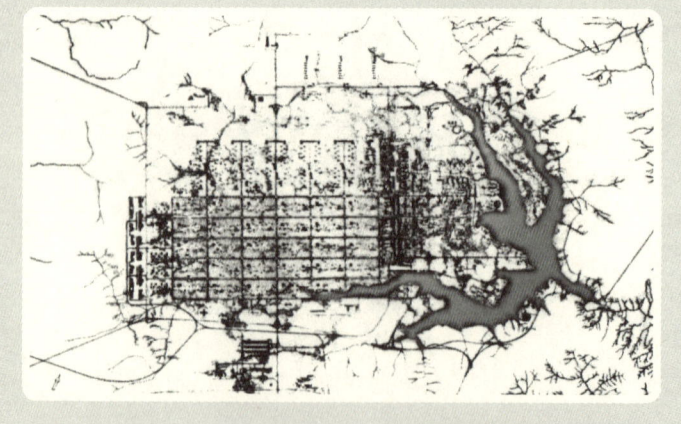

Artigas – Higiene

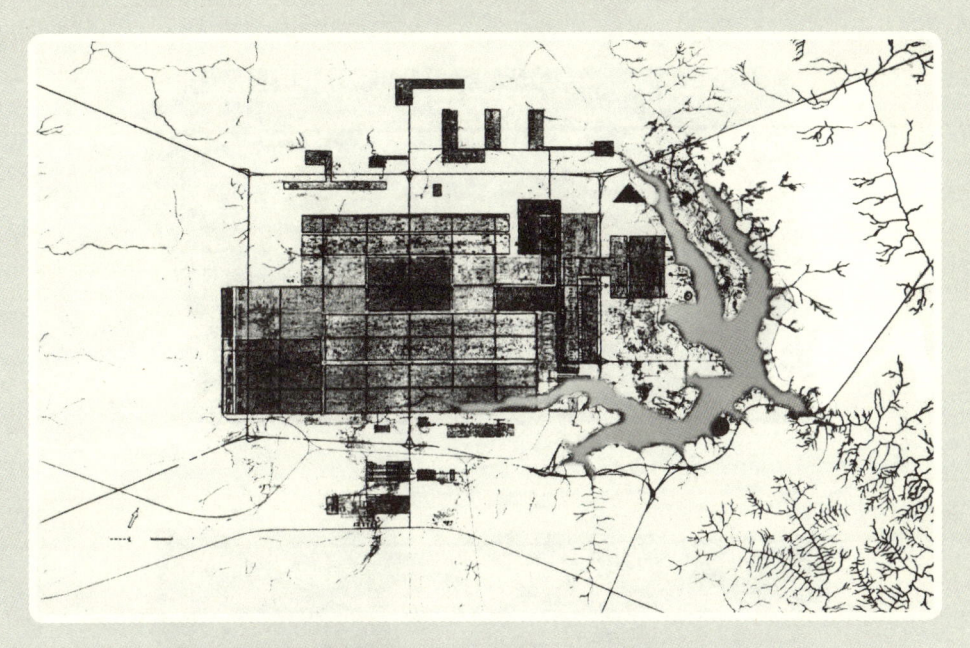

Artigas – Programa de desenvolvimento

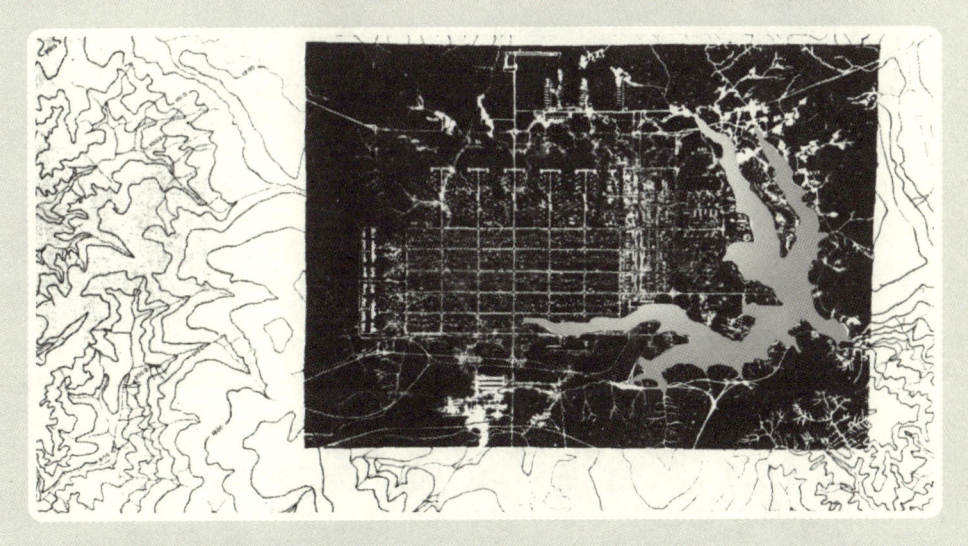

Artigas – Curvas de nível

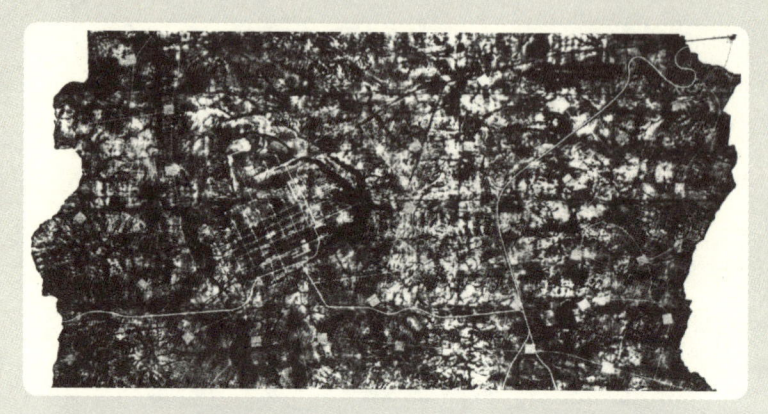

Artigas – Organização rural

Artigas – Zoneamento rural

Artigas – Plano regional

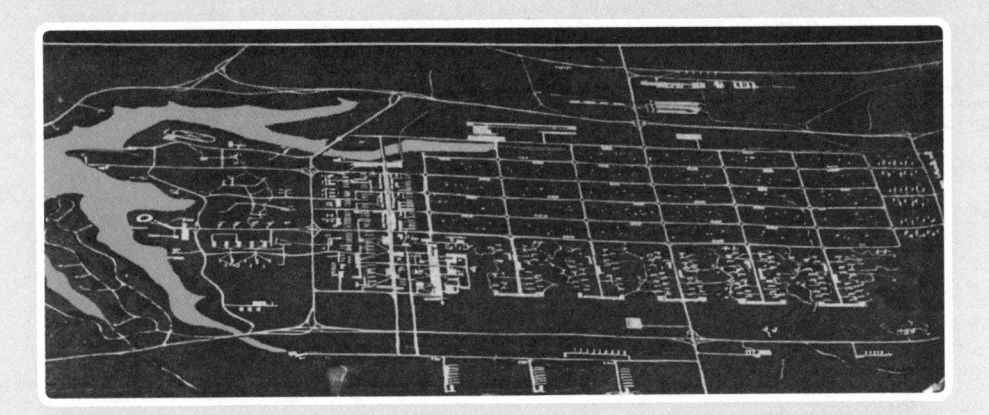

Artigas -Vista aérea da cidade

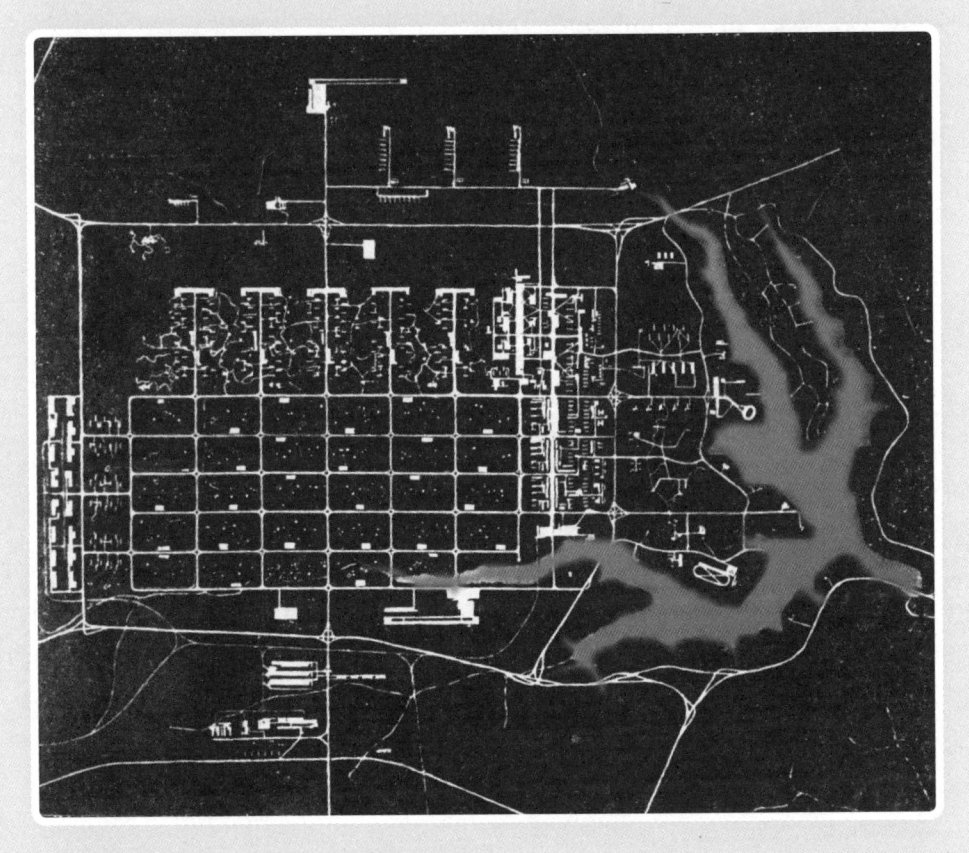

Artigas – Vista aérea da cidade

Plano n° 2
Boruch Milman
João Henrique Rocha
Ney Fontes Gonçalves

Identificação
Plano inscrito no Concurso do Plano Piloto da Nova Capital do Brasil sob o número 2.

Classificação
2° lugar.

Equipe
Boruch Milman; João Henrique Rocha e Ney Fontes Gonçalves. Colaboradores Antônio José da Silva, Carlos Fonseca de Castro, Cerise Baeta Pinheiro, Elias Kaufman, José Luís Ribeiro, Milton de Barros, Renato Lima e Yvanildo Silva Gusmão.

Documentos:
Pelo fato de ter sido classificado em 2° lugar esse projeto teve considerável publicação nos periódicos da época, como as revistas *Módulo*, *Habitat*, *Brasília* e *Acrópole*. Apesar desse esforço de documentação bastante significativo, não pudemos encontrar a transcrição do memorial descritivo em tais fontes. Tivemos acesso a ele através de um carbono do original, no acervo da biblioteca da NO-VACAP em Brasília. Realizamos uma entrevista com Boruch Milman, que ainda guardava os *croquis* do projeto enviado na ocasião do concurso. As imagens aqui reproduzidas são cópias desses desenhos, lembrando que foram acrescentadas cores aos originais. Algumas delas não foram ainda publicadas e só expostas ao público na exposição *Da Antropofagia a Brasília*, do Instituto Valenciano de Arte Moderna, em Valência, Espanha, no ano de 2000, por indicação da autora.

Iconografia:

Segundo as pranchas que tivemos acesso através de Boruch Milman, *croquis* dos projeto apresentado no concurso, os desenhos seriam:

1. Plano Geral

2. Detalhe da zona residencial (quadras)

3. Detalhe da zona residencial (península)

4. Detalhe do centro cívico

5. Detalhe da área comercial

6. 2 perspectivas do centro comercial

7. Perfil longitudinal da primeira adutora

8. Estrada de Ferro, perfil do acesso à nova capital, corte transversal da avenida do centro cívico, corte transversal de rua, centro governamental, centro comercial.

Segundo a publicação da revista Módulo nº 8, uma das mais completas publicações das imagens dos projetos classificados no concurso, acrescentamos as seguintes pranchas:

9. Exposição esquemática

10. Zonas residenciais 1 e 2

11. Exposição solar para todos os aposentos de permanência prolongada

12. Perspectiva do interior de uma quadra

13. Desenvolvimento linear da cidade

14. Perspectiva geral da cidade

15. Perspectiva do centro governamental

16. Humanizar

17. Etapas

18. Circular (exceto o último item da lista anterior)

19. Instalações (exceto o penúltimo item da lista anterior)

Introdução

Sobre a Equipe

A equipe esteve formada unicamente para o plano concorrente. Seus membros, à exceção de Ney Fontes Gonçalves, precocemente falecido, são residentes na cidade do Rio de Janeiro. Entre algumas obras de importância de Ney Gonçalves está o edifíco-sede da Caixa Econômica Federal do Rio de Janeiro ocupando toda uma quadra no centro da cidade, resultado de um Concurso nacional. João Henrique Rocha é carioca, nascido em 1923. Boruch Milman é mineiro de Pouso Alegre, nascido em 1926, formado em Engenharia Civil pela Universidade Federal do Rio de Janeiro em 1949 e em Engenharia Industrial, pela mesma Universidade, em 1955. A partir de 1966, ocupou cadeira de ensino naquela Universidade, na condição de professor Livre Docente. Em 1967, adquire o título de Doutor em Ciências Físicas e Matemáticas, pela Federal do Rio de Janeiro. Desde 1952, exerce a função de engenheiro, com escritório próprio, havendo se dedicado a projetos estruturais para habitações coletivas, hospitais e indústrias, na sua maioria, para o Rio de Janeiro, Bahia, Espírito Santo e Distrito Federal.

Teorias urbanas: relações com o Edital e os demais planos

Cotemplada com o 2° lugar, essa equipe recém-formada, traçou uma cidade com um eixo em cruz semelhante ao concebido por Lúcio Costa, embora mais rígido e ortogonal.

Em entrevista concedida à autora pelo engenheiro Boruch Milman (Rio de Janeiro, março de 2000), Boruch Milman, contrariando o discurso da maior parte dos arquitetos cariocas que atuaram no Concurso, registra positivamente sua participação e demonstra o otimismo que circundava a escolha por Lúcio: "Éramos um grupo jovem, o que resolvemos tecnicamente, segundo o urbanismo funcional que era vigente na época, Lúcio Costa transformou em poesia, deu asas para a cidade. Eram recorrentes na época as ideias de Gropius, Mondrian, Rietveld, Le Corbusier, e, tais influências, geravam respostas singulares aos problemas urbanos, isso explica o fato dos projetos, em geral, terem inúmeros pontos em comum. Entre nosso plano e o de Lúcio existiam várias semelhanças, o dele era muito mais detalhado. Afirmam que seu relatório era superficial, mas ele sabia exatamente o que estava fazendo, tudo já estava planejado: circulação, habitação, lazer e trabalho; sua experiência sublinhava o valor do seu projeto diante do nosso. Talvez, uma das diferenças entre os dois planos sejam as superquadras, nas quais, ao contrário de Lúcio, localizamos residências de variadas extensões, o que seria menos impactante para a cidade. Também adotamos um projeto modular para as cidades satélites, nelas se repetiriam parte do que planejamos para a capital. Mas não havia dúvidas, por isso não houve fraude, o projeto de Lúcio era o melhor. Nós ganhamos a experiência."

Como expuseram os próprios autores, algumas escolhas foram condicionadas aos procedimentos exigidos pelo edital do concurso, ou pelo contexto do mesmo. Um exemplo foi a opção por um Memorial Descritivo abreviado devido à exiguidade do tempo para a entrega do projeto e pela possibilidade de uma apresentação oral para esclarecer eventuais dúvidas. Baseavam-se na cláusula 11 do edital para justificar tal atitude: "os concorrentes, quando convocados, farão defesa oral de seus respectivos projetos perante o Júri".

Quanto ao traçado básico da cidade, item obrigatório do edital, os autores obedeceram a orientação moderna do urbanismo, segundo eles, "tendo em vista os ensinamentos e resoluções dos Congressos Internacionais de Arquitetura Moderna, adaptando-os, sempre, às peculiaridades e costumes nacionais" (Memorial Descritivo, p. 1).

No Memorial descritivo, podemos perceber as ênfases dadas ao estudo populacional, baseado em dados bastante realistas para a época. Essa escolha acabou tendo como consequência uma preocupação direcionada à habitação, seus tipos e localização, fator interessante do trabalho e também valorizado nas apreciações do júri:

> "Plano Piloto nº 2
> Autores: Boruch Milmann
> João Henrique Rocha
> Ney Fontes Gonçalves
> Suposições:
> Flexibilidade ilimitada
> 4 subordinados para cada funcionário

45.000 funcionários até 1980

92.000 funcionários até 2050

População total: 1980 – 270.000; 2050 – 673.000

Críticas.

1. Centro comercial isolado e formalizado numa série rígida de superblocos de tamanho igual.

Áreas adequadas para 750.000 não podem com facilidade ser desenvolvidas até o infinito.

Todos os hotéis junto ao centro de transporte.

Não utilização da parte mais elevada do terreno.

Inúmeras vias sem o desenvolvimento perimetral, o que muito encarece os serviços.

Vantagens.

1. Muito atraente a localização das habitações na península.

2. Densidade aproximadamente exata" (Módulo, nº 8, jun. 1957, p. 13).

Algumas observações podem ser feitas referindo-se às críticas do júri. É verdade que o centro comercial é isolado, principalmente no que diz respeito às vias de acesso, no entanto, devemos considerar as observações dos autores no memorial, explicando que a área vazia ao redor do centro apresentado no projeto seria para garantir futuras expansões (p. 45). Apesar de ser relativamente superficial, a ideia da repetição da zona residencial industrial para a organização das "cidades satélites" representa uma preocupação social que poucos participantes tiveram, inclusive Lúcio Costa.

Milman e sua equipe estenderam seus estudos sobre a escala regional, mostrando variados gráficos a respeito da possível economia e sociedade da nova capital, focando principalmente dados sobre a estimativa populacional. Essas pesquisas refletiram na proposta de uma cidade de tamanho reduzido, com um projeto que garantisse a limitação futura desse dimensionamento, onde a vida cotidiana local poderia ser melhor desenvolvida. Entretanto diferentemente dos projetos dos irmãos Roberto e de Ghiraldini, que condenavam as cidades maiores que 100.000 e 200.000 habitantes respectivamente, a equipe de Milmann procurou conciliar essa condição com a vocação que acreditava própria de Brasília, de formar um grande conjunto urbano catalisador do desenvolvimento no interior brasileiro (cf. Braga, 1999, p. 151-153).

Variante da cidade preconizada pela Carta de Atenas, com todos os seus princípios presentes nas configurações usuais das zonas urbanas, das superquadras e das unidades de vizinhanças, o plano de Milmann, assim como a maior parte dos projetos, caracteriza-se como um conjunto de núcleos urbanos ou zonas isoladas por amplas áreas verdes, sem contato físico algum, ligados apenas pelas tramas de circulação. Nesse caso especificamente esse aspecto fica minimizado por razão do núcleo governamental constituído pelos centros governamental e cultural e pelas respectivas zonas residenciais ter sido recebido como um único agenciamento urbano. Segundo Braga (1999) tal isolamento, proposital, parece ser uma decisão duvidosa em virtude da desarticulação que traria para o conjunto urbano. Parece improvável que as grandes distâncias florestadas fossem correntemente percorridas a pé pelos habitantes da cidade, participando assim do cotidiano e espaços urbanos como proposto por várias equipes.

O plano da equipe de Milmann apresenta uma estrutura geral bastante elegante, coerente e de desenho concreto (plausível de ser construído), associado ao contorno do lago, o qual, desse modo, poderia ser mais bem aproveitado pela população da cidade. A tangência, em alguns momentos, da malha geométrica de suas zonas com as margens sinuosas da represa permitiu aproveitar as diferenças naturais do sítio. Ao mesmo tempo, como destacou o júri em seus comentários, os setores de habitação da península norte e da margem sudeste do lago, parecem propostas acertadas, por aproveitarem lugares privilegiados em termos da sua situação natural e trazerem, em certa medida, a represa para dentro da cidade, possibilitando que se tirasse partido do potencial paisagístico do local (cf. *idem, ibidem*).

A pesquisa cuidadosa sobre as moradias trouxe à tona uma temática conhecida do urbanismo dito moderno: a habitação alçada a elemento primordial da cidade, conforme a *Carta de Atenas*. O plano da equipe de Milmann previu setores residenciais variados, divididos em três zonas com uma mesma combinação de tipos de habitação e faixas comerciais, cuja escala do espaço e da vida da cidade acabaria por transformar, na prática, em lugares de uso misto. A dupla função – moradia e trabalho – seria caracterizada pela constituição de verdadeiros corredores de comércio e serviços, alternados por os corredores exclusivamente residenciais (cf. *idem, ibidem*, p. 151-153).

Segundo Evenson, esse plano talvez represente um dos maiores exercícios da implantação do zoneamento funcional. Plano geométrico que concebia a cidade dividida em três zonas definidas e separadas estimulantemente. Próximo ao lago estaria o distrito governamental, um retângulo alongado, com o complexo de edifícios governamentais ao centro e superquadras residenciais dos dois lados. Após esse setor, separado por um cinturão verde, estaria o centro comercial, enquanto do outro lado, no ponto mais distante, estaria o distrito industrial. Entre a zona comercial e a industrial estaria um distrito residencial para os trabalhadores de ambas as áreas. A ligação dessas áreas era feita por um sistema de ruas maiores. Um só eixo artéria deveria conectar a área industrial e o centro governamental, continuando através de uma ponte que conectava as penínsulas do lago. Uma península deveria ser usada para residência, outra para a cidade universitária. Separando essas áreas, um centro esportivo, um centro médico, um centro de transporte, um centro militar e uma base aérea (cf. Evenson, 1973, p. 121-125).

O júri criticou o isolamento do centro comercial, e a mecânica composição idêntica das dimensões das superquadras. Falaram também sobre a dificuldade para a expansão indefinida dos satélites e a ausência do aproveitamento da parte mais elevada da cidade. A extensão do sistema viário não tinha desenvolvimento perimetral, observando que, em vista da separação dos setores urbanos, os serviços utilitários deveriam ser expansivos. Segundo o júri, a ideia da criação de um distrito comercial totalmente isolado e cercado por todos os lados por um cinturão verde, tendo só um acesso viário direto, parecia não ter relação com a função urbana ou estética. A disposição do desenho apareceu em toda a concepção da cidade como uma coleção de rígidos setores separados. Parece não haver razões para a separação das áreas residenciais dos trabalhadores públicos das comunidades comerciais e industriais. Os planejadores deram a sua razão para localizar as residências perto das classes de trabalho, mas, segundo Evenson, em relação aos trabalhadores do distrito comercial isso não seria válido. Parte das residências públicas não estariam tão próximas aos distritos de negócio quanto às residências planejadas para o distrito comercial (cf. *idem, ibidem*, p. 121-125).

Quanto à implantação em si, é curioso notar que apenas três projetos entre os classificados (Boruch Milmann, Rino Levi e Jorge Wilheim) procuraram trazer o lago para dentro da vida urbana, ocupando as penínsulas laterais e dando a esse importante elemento paisagístico a função de um Sena ou um Tâmisa. Segundo Wilheim, esse afastamento do lago (também existente no risco original de Lúcio Costa) tem a intenção de não comprometer nem limitar a arquitetura e o urbanismo em função da natureza, a obra do homem é sobreposta, dominadora e descomprometida. Reconhece-se aí uma característica da nossa arquitetura inspirada em Le Corbusier. No caso de Brasília, talvez não fosse a melhor solução porque, na monotonia do planalto, uma linha costeira parece ganhar importância primordial (cf. Wilheim, 1960, p. 32-35).

Em acréscimo às informações sobre as influências teóricas e técnicas que nortearam a elaboração do plano, elaboramos uma lista das referências citadas texto do memorial descritivo: IBGE (Instituto Brasileiro de Geografia e Estatística), DASP (Departamento de Arquitetura de São Paulo), Eliel Saarinen, E. J. Carter, Erno Goldfinger, Le Corbusier, Breuer, Walter Gropius, Camillo Site, Saturnino de Brito, Odilon Benevolo e Américo Werneck Júnior.

Comentário do memorial descritivo

O memorial é organizado inicialmente segundo as quatro funções sistematizadas por Le Corbusier, acrescidas de outros pontos que descreveremos aqui.

1. Habitar

Partiram da determinação da unidade residencial: o menor grupo de população que justifique um núcleo de serviços coletivos, constituindo assim, a célula urbana. Segundo o censo de 1950, cada criança em idade escolar corresponderia a 8 habitantes, portanto, partindo desse pressuposto, cada célula teria 8.000 habitantes. Esse grupo de 8.000 habitantes foi organizado numa área que oferecia os serviços de jardim da infância, escola primária, centro de saúde, espaço livre para recreação e esporte e um pequeno comércio. No plano geral, tais espaços foram representados por ZR (zona residencial) I, II e III, e as células da ZR IV. A escola primária no centro da quadra definiu a dimensão da quadra (800 metros), chegando a 125 habitantes/hectare, com um espaço livre de 10 m² por habitante.

Cada quadra foi dividida em sete setores: 4 para habitações coletivas (3 pavimentos/8 edifícios), 2 de 12 pavimentos (3 edifícios) e um para habitações unifamiliares (200 lotes), atingindo 10.000 m². Os edifícios foram localizados de forma a não projetarem sombra uns sobre os outros nas horas matutinas, inclusive os desenhos apresentados nas pranchas exibiam sombras demarcadas, criando um aspecto prespectivado à bidimensionalidade das plantas. Resumindo em 12% de casas unifamiliares, 57% de edifícios de 3 pavimentos, e 31% de edifícios de 12 pavimentos. Da associação das quadras resulta uma faixa comercial contínua.

Para construção posterior, os edifícios de 20 pavimentos se organizaram em células de quatro blocos cada, com grande área livre para interesses coletivos ao redor. Esses espaços se prolongaram até a margem do lago. Para as zonas residenciais das cidades satélites seriam reproduzidas as unidades ZR3, agrupadas de 2 a 2, totalizando uma população de 256.000 hababitantes, contando com um centro cívico e administrativo local. Acreditavam que as zonas residenciais assim organizadas dariam origem a uma cidade dinâmica e não estática.

2. Trabalhar

Os núcleos relativos ao trabalho (centro governamental, comercial e industrial) foram descentralizados na cidade. O centro governamental foi situado no coração do conjunto urbano, com área de 20 m² por funcionário público. Nele seria possível encontrar o centro cultural e o centro cívico, ambos caracterizados pela monumentalidade. O centro cívico funcionaria como pórtico da cidade e teria seus volumes em destaque para valorizar o espaço, intercalando suas massas a praças grandiosas, segundo os autores, uma referência a Camilo Sitte. Nas maiores praças, situar-se-iam os edifícios horizontais e nas menores os verticais, sendo que, não haveria nelas centro geométrico, possibilitando a colocação de vários monumentos.

O poder legislativo (congresso) localizar-se-ia num único bloco. No lado oposto, o Judiciário com o Supremo e os Tribunais Superiores formariam outra praça. O executivo seguiria uma ordem hierárquica. A presidência da República, no centro da composição, seria equidistante de todos os seus órgãos subordinados (excluindo os ministérios). Ocupando uma área contínua e diretamente ligados à Presidência por acessos de veículos e pedestres, estariam os ministérios. Na faixa oposta foram localizados os edifícios destinados à cultura.

O centro comercial seria caracterizado por sua circulação de pedestres e veículos, com ruas internas irregulares como praças antigas aumentando assim o perímetro de vitrines e as fachadas das lojas comerciais.

Na zona industrial encontraríamos os silos, frigoríficos, matadouros, depósitos de combustíveis, fábricas de gás. Sua principal característica seria a proximidade da rodovia e da ferrovia, além da possibilidade de expansão ao longo das cidades satélites.

3. Humanizar

Segundo os autores, o plano piloto buscou fornecer o máximo de recursos para o cultivo do corpo e do espírito. Além das áreas reservadas ao lado do lago e para os grandes centros esportivos, encontraríamos ainda um lugar para feiras internacionais, jardins zoológicos, botânicos e o aeroclube. Existiria também um centro médico, num lugar de fácil acesso, agrupando todos os serviços médicos, exceto sanatórios. Um local privilegiado e de fácil acesso, com ampla área para implantação, foi destinado para a universidade.

4. Circular

A questão primordial referente à circulação era a separação entre pedestres e automóveis. Por isso adotaram uma distribuição de redes subterrâneas, para ligações de veículos, desobstruindo o nível natural das ruas para as passagens de pedestres, gerando uma maior facilidade para o uso de bicicletas. Para os veículos, as rodovias ligariam a cidade à região e aos satélites, acrescidas de vias locais. Também existiriam as ruas de tráfego rápido, sem cruzamentos locais.

A entrada da cidade dar-se-ia por uma dessas vias, que atingiria diretamente o centro cívico, passando pelo centro de transportes e comunicando-se com o centro comercial. As ruas locais seriam destinadas aos perímetros das quadras e células, adotando também a implantação de dois trevos onde o tráfego seria avolumado.

5. Os serviços de utilidade pública

Para a captação de água seriam usados dois córregos: primeiro o fundo, que abasteceria por gravidade cerca de 100.000 habitantes, chegando ao dobro nos anos normais. O segundo seria um acampamento com uma estação nas proximidades do lago.

O sistema de esgoto seria separado em águas pluviais, lançadas diretamente no lago, e esgotos primários, tratados e lançados no rio depois da cachoeira do Paranoá.

Nada foi estipulado para o fornecimento de energia elétrica, considerando que haveria uma instalação já projetada e em andamento. Porém a rede da cidade seria subterrânea, assim como as instalações de agua e esgoto, projetada de modo a não coincidir com o traçado das ruas para evitar problemas posteriores, e podendo ser usado também para telefones, telégrafos, correios pneumáticos etc...

Os autores sugerem um cálculo de abastecimento de energia elétrica de 3.200 Kw/h por habitante e de água por 0,3 m³ por habitante. Ao dia, gêneros alimentícios 1kg/cápita. Enfatizam um abastecimento de água baseado em informações dadas pelo engenheiro Saturnino de Brito. Chegando a conclusão de que seria necessário o bombeamento de água, devido o problema de cota, fator importante na elaboração do plano piloto, apontam para uma solução, sugerindo inclusive a preço de Cr$1,50 o Kw/h.

O cálculo justifica a implantação da cidade em áreas de cota inferior a 1.100 m, o que resultaria numa economia anual de milhões de Kw/h, cerca de 26 milhões de cruzeiros, além de poder contar com a adução de água por gravidade, por uma represa fina nas cabeceiras do Ribeirão Gama.

6. Zona Militar

Foi previsto no plano uma grande zona militar composta pelo setor militar propriamente dito (exército e aeronáutica) e um setor para residência de militares (voltadas para as margens do lago). A zona militar foi convenientemente isolada, garantindo, entretanto, o fácil acesso aos outros centros da cidade. O Superior Tribunal Militar foi situado no plano como integrante do setor judiciário.

7. Etapas de execução e fator econômico

Por ser dotado de grande descentralização, o plano piloto não oferecia nenhuma etapa rígida de execução, ficando a cargo do governo escolher suas prioridades. Os autores sugeriam que toda a área fosse de propriedade do Estado. A renda viria das cidades satélites, dos aluguéis dos edifícios não-públicos, eventuais empréstimos etc... Indicam Odilon Benévolo e Américo Wernek Júnior, conhecidos economistas da época, para a elaboração de projetos que garantissem o equilíbrio econômico da capital.

8. Servidores do Estado

Pelas estimativas sobre os dados estatísticos de época, o número de servidores se reduziria em três décimos por 1.000 habitantes em cada decênio. Dessa estimativa calcularam que 10% dos servidores públicos ficariam no Rio de Janeiro (baseados na experiência de São Paulo), sendo 22% enviados à nova capital. Segundo a experiência norte americana de Washington, parte deles iriam para o interior e 12% permaneceriam na capital. Para cada servidor acrescentaram quatro dependentes, mais 20% de pessoas com economia própria.

Citam o exemplo de Belo Horizonte, cuja população estimada em 200 mil habitantes para 1950, alcançou 339 mil, ocasionando abandono do centro da cidade. Para evitar transtorno semelhante em Brasília, aumentaram a previsão de 500 mil habitantes, sugerida no edital do concurso, para 700 mil habitantes. Caso tal atitude não fosse tomada, acreditariam que seriam acarretados grandes prejuízos para as atividades privadas, comerciais e industriais. Como solução propunham um desenvolvimento de expansão linear das vias de transporte na região independente da cidade governamental, tentando assegurar a constante distância entre o morar e o habitar em relação à indústria, e evitar a tumultuação urbana.

9. O partido adotado e as características do Plano Piloto

Alguns elementos foram apresentados como a base para a definição do desenho urbano da nova capital. Eram eles: o lago, a conformação topográfica, a estética e a adução da água. Como princípio direto é adotada a descentralização urbana, no intuito de garantir a harmonia.

A habitação foi apresentada como problema fundamental do urbanismo. A orientação seguida pelos autores foi a correlação entre as zonas residenciais e os demais setores de trabalho, que definiria a estrutura da cidade.

Uma das características marcantes do plano foi a proximidade das zonas residenciais e os demais setores de trabalho. Ex: as residências dos funcionários públicos teriam ligação direta com o centro governamental da cidade e assim também com os centros comercial e industrial, na medida do possível. Todas as habitações estariam localizadas nas proximidades do lago para que qualquer pessoa pudesse desfrutar dele numa longa faixa costeira de uso comum.

Partiram da concepção segundo a qual o bem-estar do cidadão foi o determinante urbanístico. Elaboraram uma crítica à especulação imobiliária, onde mencionam a deficiência dos conjuntos residenciais e a situação deplorável dos favelados nos centros urbanos. Deixam claro uma preocupação com a rua e a relação automóvel e pedestre, também com a falta de espaço para recreação, com a correlação das habitações e as demais áreas e com a precariedade dos transportes.

Como solução para as áreas residenciais elencam alguns pontos prioritários:

a) Habitações com prolongamentos de espaços verdes para recreação, acessíveis a pé e livre de veículos.

b) Acesso próximo a serviços de manutenção doméstica.

c) Habitações para permanência prolongada, para desfrute do máximo conforto térmico e luminoso.

d) Facilidade e incentivo da vida social (recreação).

e) Mínima distância habitação/trabalho para que fosse mínimo o tempo perdido nos deslocamentos e aumentasse o tempo destinado ao cultivo do corpo e do espírito.

Para definir os tipos de habitação que seriam ou não utilizados, os autores buscaram exemplos e teorias urbanas para justificar suas escolhas.

"O principal é o homem, e que a sua casa seja o seu lar, o abrigo saudável e aprazível e não a célula criada em função de números em vez de indivíduos" (Saarinen, *apud*. Milman, 1957, p. 22). Através dessa citação apontaram para a necessidade de cautela na escolha do tipo da habitação.

Nas palavras dos autores:

> "Os urbanistas têm estudado soluções aplicáveis a cidades já existentes, não podendo deixar de levar em primeira conta a situação econômica vigente (valor do terreno, rentabilidade etc...), mas quando se vai projetar uma cidade onde nada existe a questão fundamental a resolver é a do indivíduo e a da sociedade" (Milman, 1957, p. 23).

Citam também E. J. Carter e Erno Goldfin:

> "*I´m murch bad old flat developemnt, witch is what trough back of experience we mostey judge flat by, people merely built high to cram more people on to a site and no land was freed. People are there limited in their experience and are not free to form a fair picture. Naturally they compare sub-standard flat building moderately good small houses and as naturally note for the latter*" (*idem, ibidem*, p. 23)

Utilizaram o critério da localização de habitações destinada a uma gama diversificada de pessoas no mesmo local para evitar o aparecimento de zonas privilegiadas, buscando favorecer a formação do indivíduo e a cooperação social. Para que tais anseios fossem atigidos, elencaram uma série de tipos de habitação que correspoderiam à prática de suas expectativas:

a) a casa multifamiliar, de 1 ou 2 pavimentos, isolada, geminada ou em série. Esses tipos poderiam ser mais usados por famílias numerosas ou idosos. Estariam situadas em torno de um espaço livre, fazendo referência ao exemplo de Le Corbusier para as cidades jardins do Rio, Buenos Aires, EUA e Inglaterra.

b) edifícios de apartamentos de três pavimentos. Segundo os autores, embora fossem inadmissivéis para Le Corbusier, eram mais econômicos, não necessitando de estruturas dispendiosas, nem de elevadores. Ocupariam menos espaço que as habitações unifamiliares, restando mais área livre para uso coletivo e mantendo maior proximidade com essas áreas livres do que as construções mais elevadas, além disso, seriam de fácil manutenção e poderiam servir a qualquer tipo de habitante, desde o solteiro até a família mais numerosa.

c) edifícios de apartamentos de doze pavimentos. Citaram Eliel Saarinen para mostrar a oposição de alguns urbanistas frente a esse tipo de construção: "Eliel Saarinen os considera como frutos da vaidade humana em exibir perícia técnica, sem serem originadas por nenhuma necessidade prática". Mas justificaram seu emprego pela contribuição arquitetônica que emprestaria às cidades. Citam como exemplos, Le Corbusier antecidido por Brewer e Gropius com suas concepções urbanísticas revolucionárias, cujos fundamentos deveriam ser "forçosamente" incorporados porque correspondem à etapa civilizatória que já, supostamente, tínhamos atingimos. As vantagens decorrentes da estandartização trariam uma economia acentuada e maior possibilidade de espaço livre além de baratear os serviços técnicos como instalações elétricas e os serviços públicos como água e esgoto.

d) edifícios de apartamentos de doze pavimentos. Seriam alocados na zona prevista para a etapa posterior, em áreas reduzidas mas numa situação privilegiada, pois seriam capazes de abrigar 2.000 habitantes em cada edifício.

Também constaram no relatório os tipos de habitação não adotados.

a) edifícios de apartamentos de quatro a oito pavimentos. Edifícios antieconômicos.

b) edifícios de apartamentos de oito a onze pavimentos. Edifícios de menor rendimento econômico que os de doze pavimentos.

c) edifícios de apartamentos treze a dezenove pavimentos. Estruturas demasiadamente pesadas. Os edifícios de vinte andares, no entanto, trariam benefícios porque poderiam abrigar grande número de pessoas.

d) edifícios de apartamentos de mais de vinte pavimentos. Desnecessários para solução do problema.

Outra característica enfatizada pelo plano piloto foi a diferenciação de todas as funções urbanas. O centro governamental projetado para seu limite máximo de expansão, com acessos externos e internos; o centro comercial situado em grande área livre para permitir seu crescimento e garantir seu perfeito funcionamento com acessos internos e externos; a zona industrial de pequeno porte foi localizada em perímetro urbano entre a rodovia e a ferrovia o que facilitaria o transporte posterior com as outras áreas industriais das cidades satélites; além disso destinaram áreas para a cidade universitária, a zona militar, o centro médico. Os parques, centros esportivos e clubes estariam inseridos nas cotas mais altas, desaconselhadas para outro uso devido à dificuldade de suprimento de água. No plano geral teriam o máximo de fachadas voltadas para o lago.

O partido permitiria o isolamento da cidade governamental. A cidade governamental e as cidades satélites desenvolver-se-iam linearmente, estas ultímas seriam concebidas segundo o binômio ZR3 (zona residencial para a indústria) e ZI (zona industrial) garantindo fácil acesso à capital para toda a região.

Iconografia

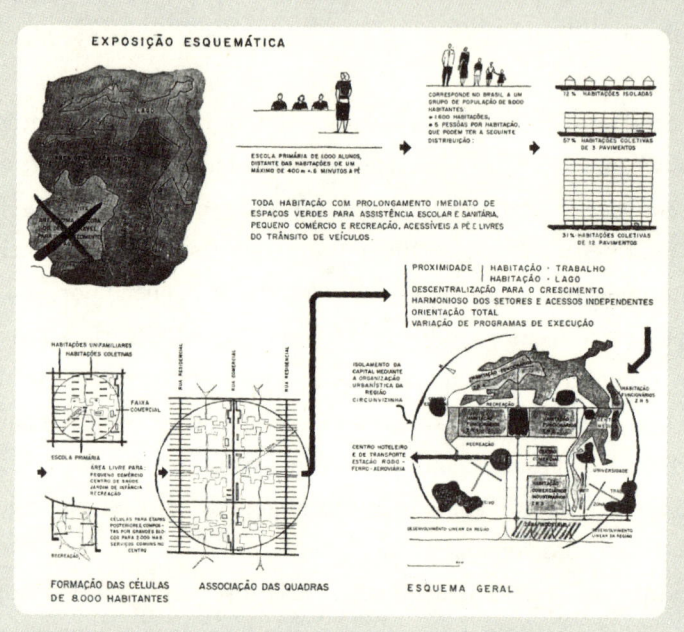

Milman – Exposição esquemática

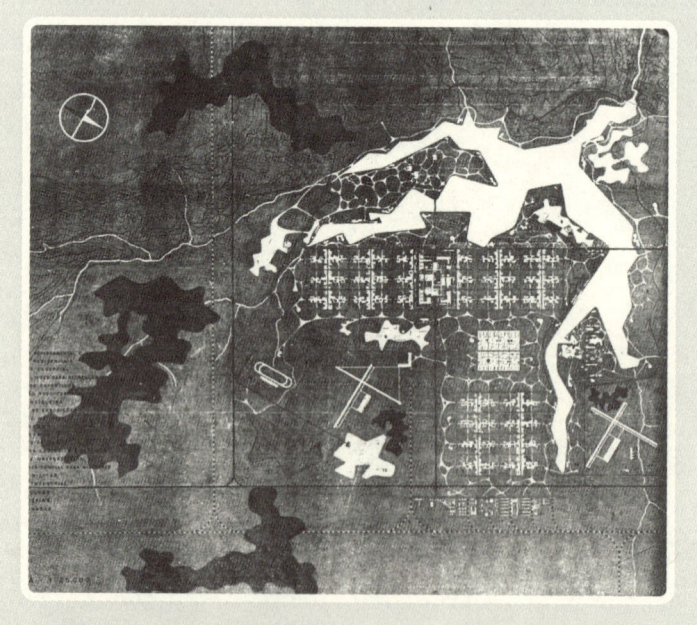

Milman – Plano geral (fundo preto)

Milman – Plano geral (branco)

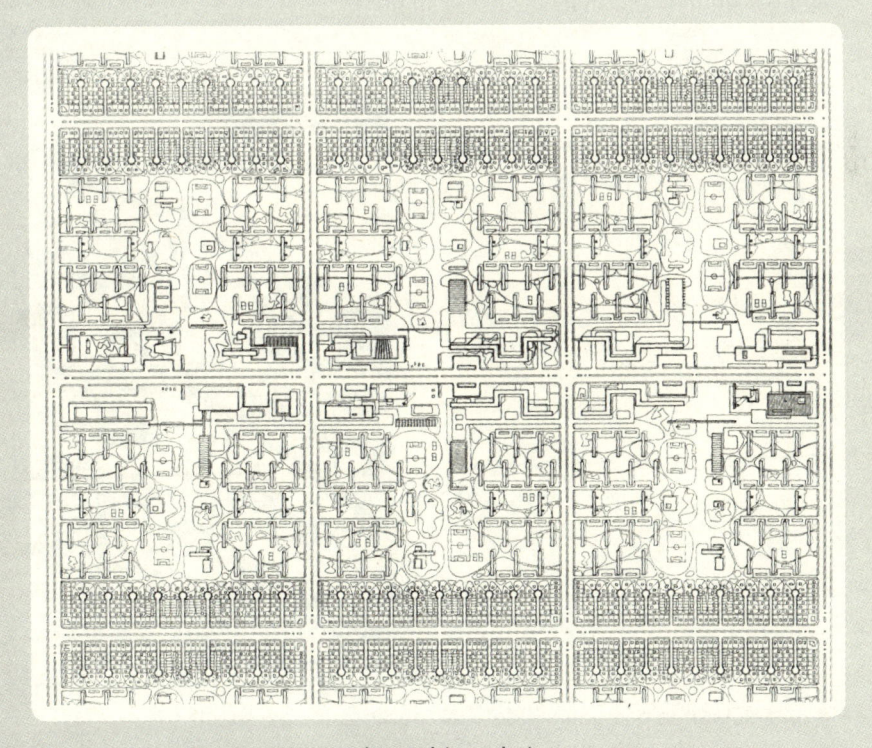

Milman – Detalhe da zona residencial (quadra)

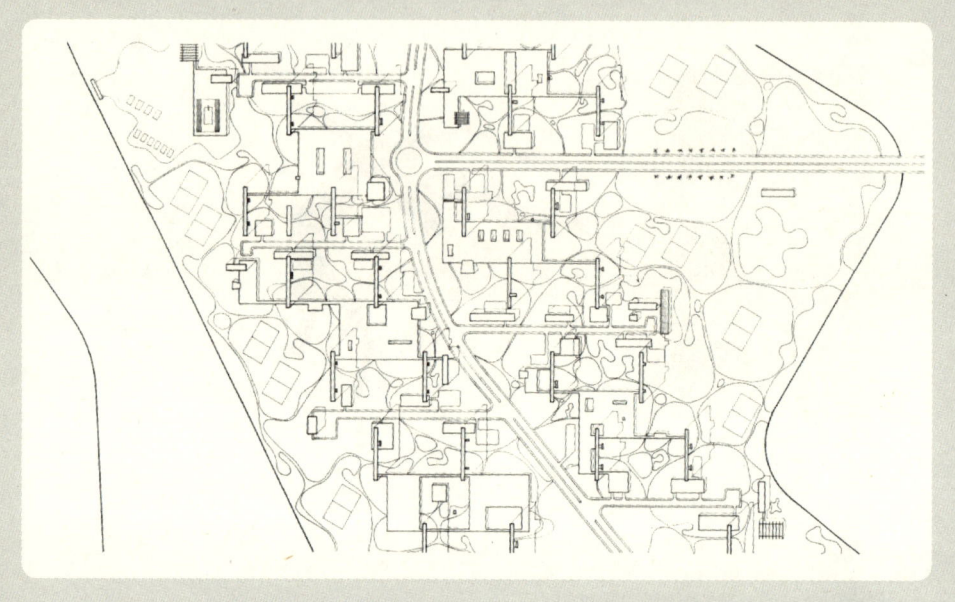

Milman – Detalhe da zona residencial (planta)

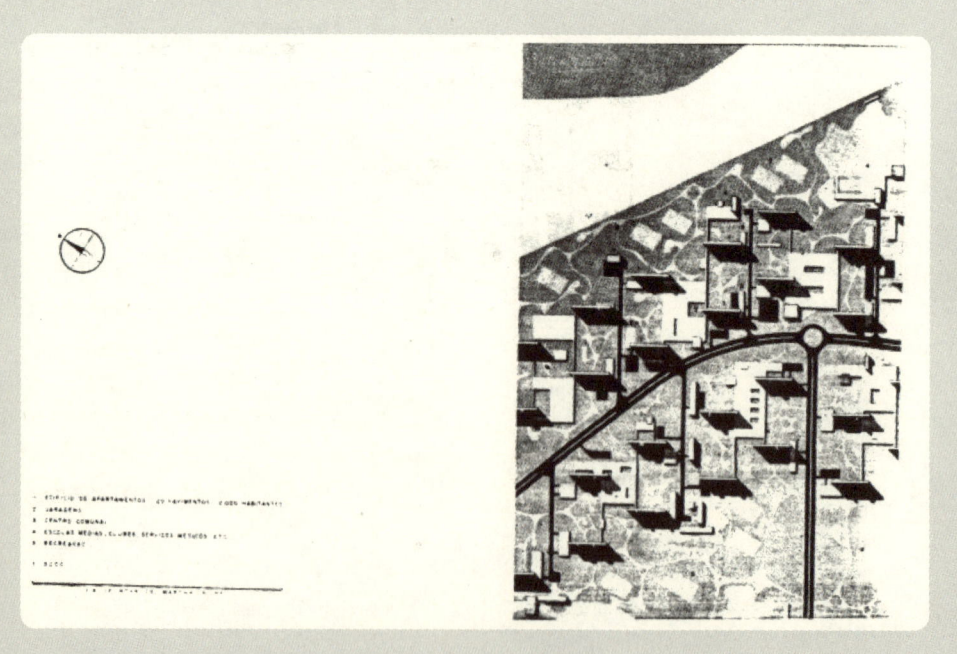

Milman – Detalhe da zona residencial (península – perspectiva)

Milman – Perspectiva do interior de uma quadra

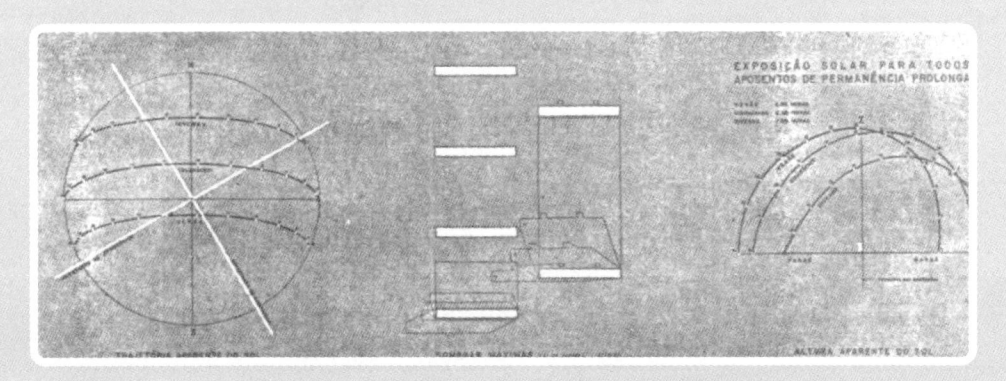

Milman – Exposição solar para todos os aposentos de permanência prolongada

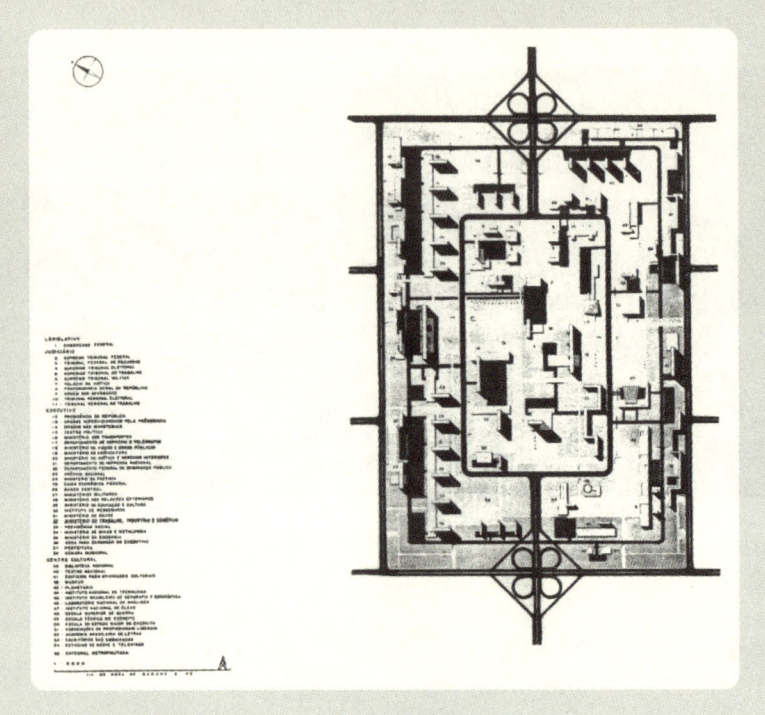

Milman – Detalhe do centro cívico (perspectiva)

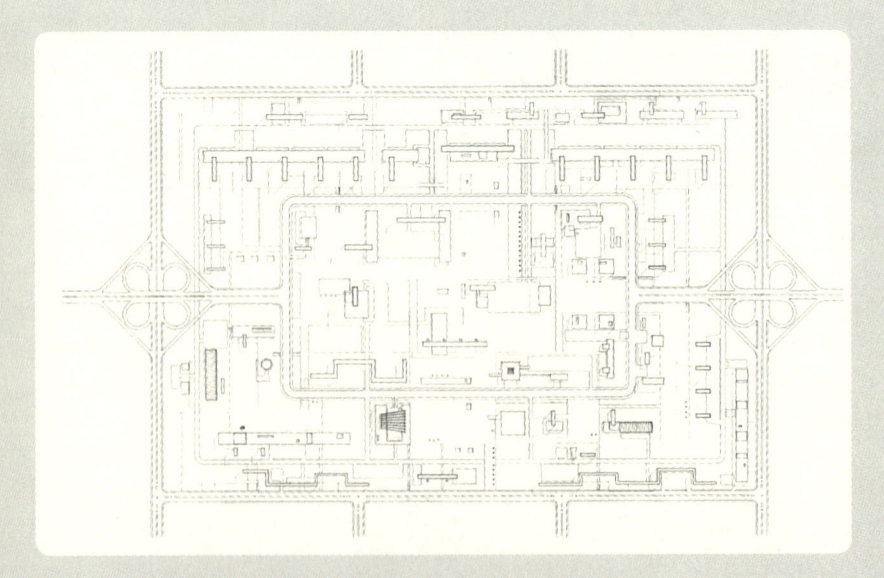

Milman – Detalhe do centro cívico (planta)

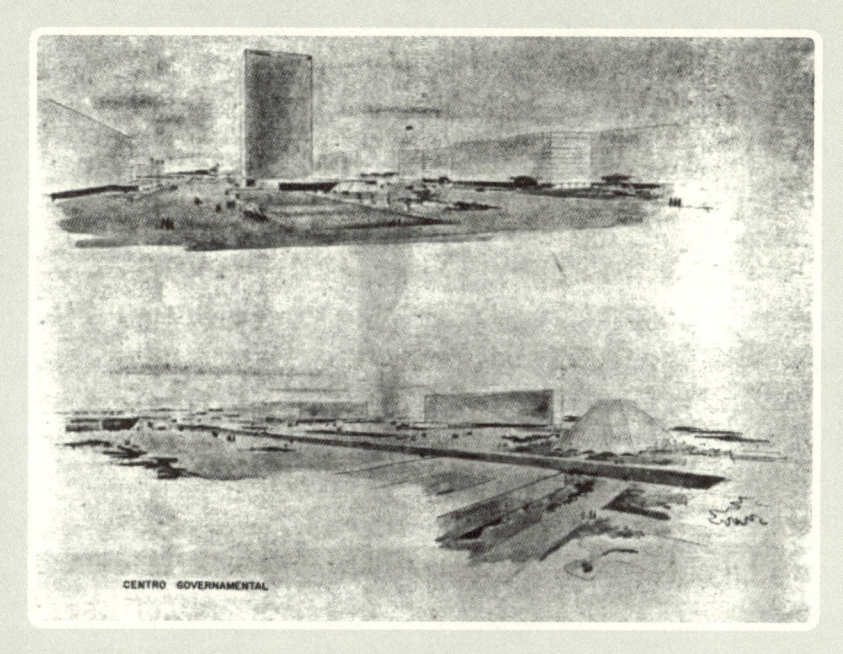

Milman – Perspectiva do centro governamental

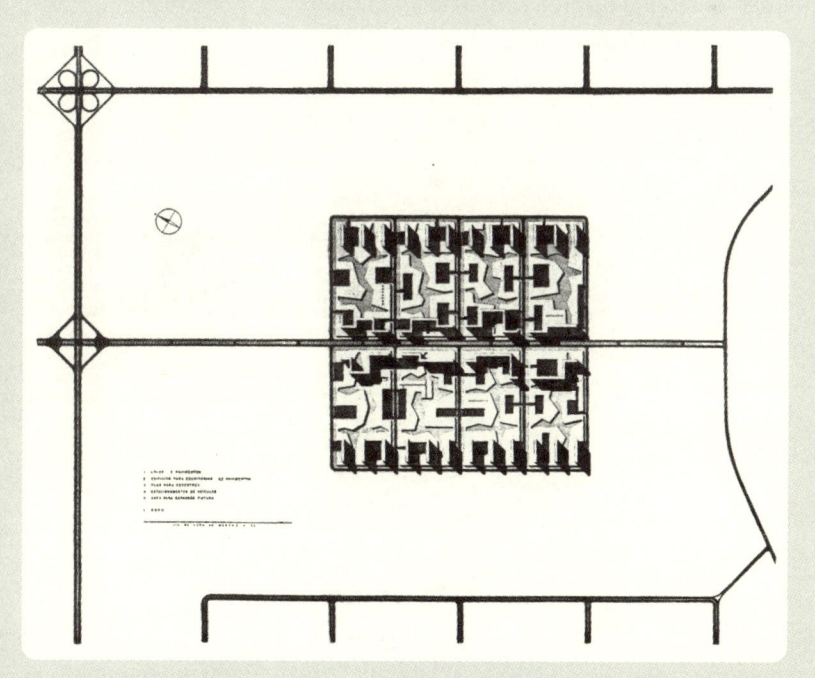

Milman – Detalhe da áerea comercial (perspectiva)

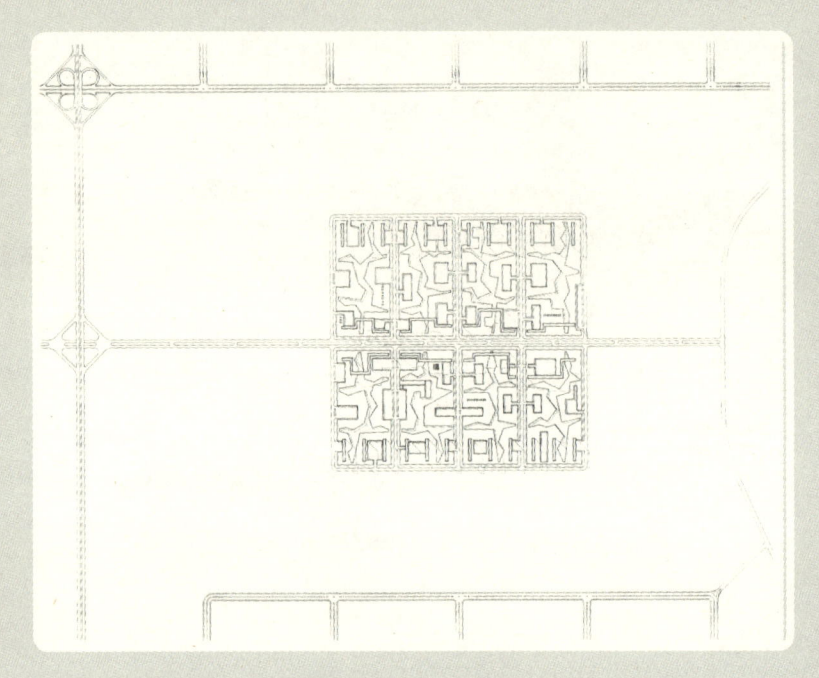

Milman – Detalhe da área comercial (planta)

Milman – Duas perspectivas do centro comercial

Milman – Humanizar

Milman – Etapas

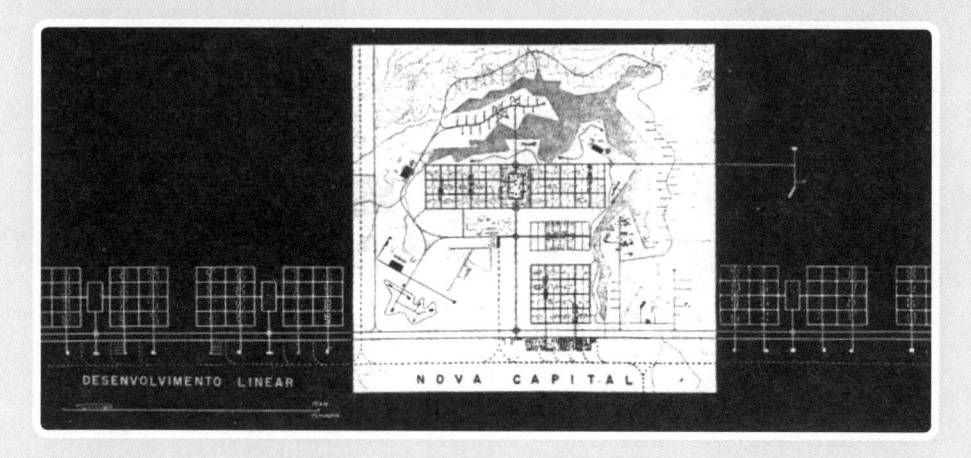

Milman – Desenvolvimento linear da cidade

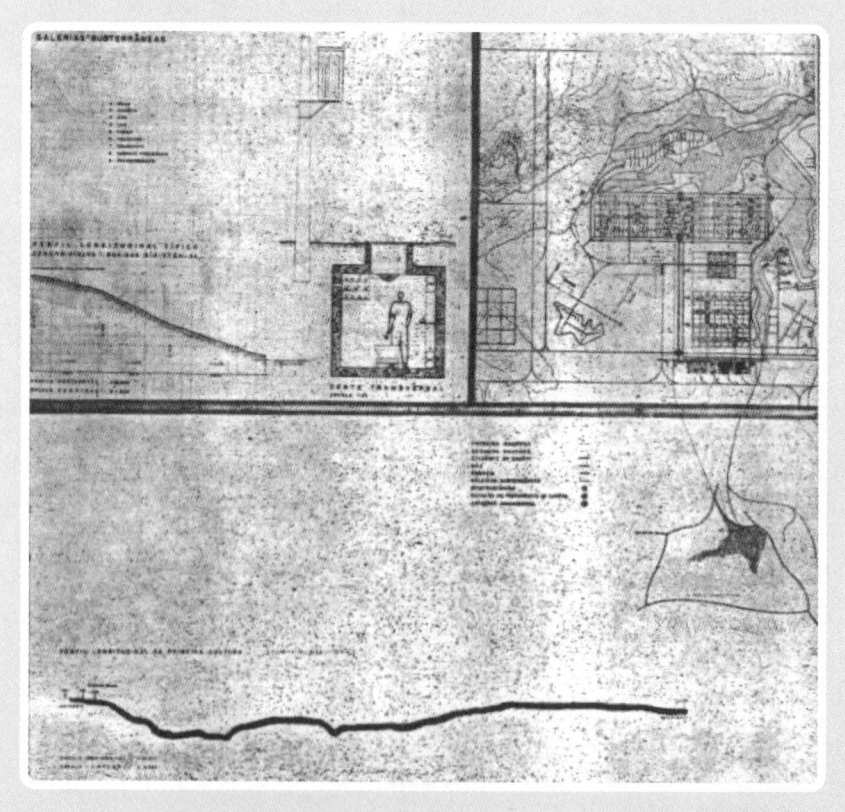

Milman – Perfil longitudinal da 1ª autora

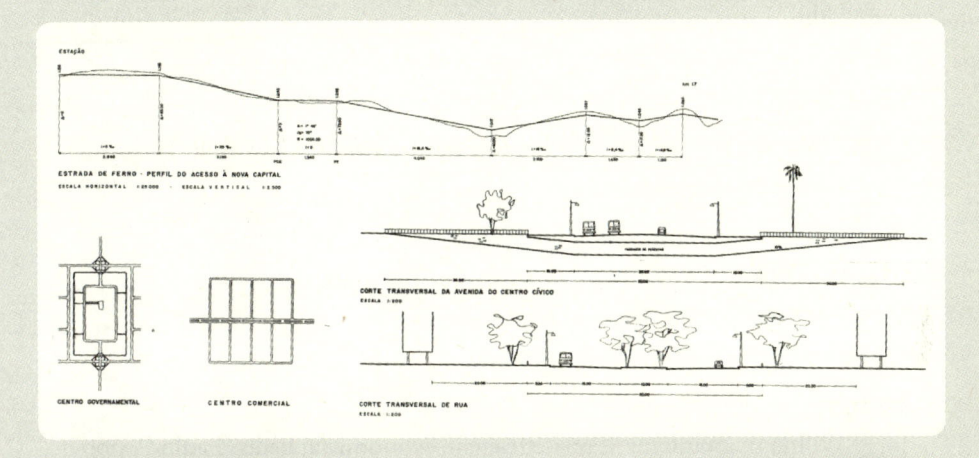

Milman – Estrada de ferro, perfil do acesso à nova capital, corte transversal da avenida do centro cívico, corte transversal da rua, centro governamental, centro comercial.

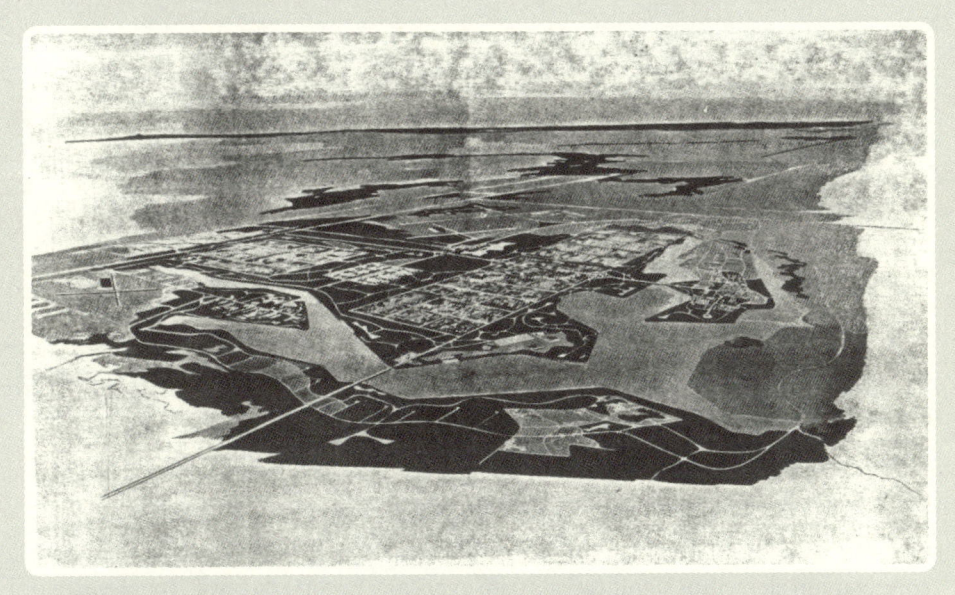

Milman – Perspectiva geral da cidade

Plano n° 3

Jorge Wilheim

Identificação

Plano inscrito no Concurso do Plano Piloto da Nova Capital do Brasil sob o número 3.

Classificação

Não esteve classificado entre os finalistas.

Equipe

Jorge Wilheim, arquiteto. Maurício Segall, economista, Pedro Paulo Poppovic, sociólogo (introdução socioeconômica), Péricles de Amaral Botelho e Riolando Silveira, engenheiros (abastecimento hidroelétrico), José Meiches, engenheiro (água e aspectos sanitários), Rosa Grena Kliass, Arnaldo Tonissi e Odilea Helena Setti (arquitetos colaboradores e representação gráfica). Alfredo Gomes Carneiro, agrônomo (consultor agronômico).

Documentos:

A principal documentação do projeto realizada na época do Concurso de Brasília foi a publicação da revista *Habitat*. Na entrevista concedida à autora em 2001 por Jorge Wilheim, Secretário de Planejamento da Prefeitura de São Paulo nesse período, o arquiteto falou sobre a ausência do originais do projeto e nos indicou para pesquisa a própria revista, segundo ele: "Essa seria a fonte atual mais completa do material que apresentamos no Concurso. Ela tem uma síntese do memorial descritivo e algumas imagens do plano piloto". É interessante notar, no início dessa publicação, os argumentos que os autores usaram para permitir a veiculação do seu trabalho; entre eles está a proposta para que a NOVACAP realizasse uma publicação dos anais do concurso, com a edição completa dos projetos apresentados, visto que todos eles apresetariam elementos significativos para explicar a história da nova capital e para o estudo do planejamento urbano. Lamentamos que tal sugestão não tenha sido acatada, mas é relevante notar que a preocupação com a documentação do concurso, um dos objetivos de nosso trabalho, já existia desde aquela época.

Iconografia:

De acordo com a publicação da revista *Habitat*, n° 40-41, as imagens que tivemos acesso foram:

1. Planta geral
2. Esquema geral
3. As zonas pioneiras e seus fatores de crescimento urbano
4. Descentralização/integração/continuidade
5. Acesso norte
6. Acesso sul
7. Núcleo gerador
8. Corte tipo
9. Unidade de habitação para 15 a 18 mil pessoas
10. Esquema viário na zona comercial
11. Uma calçada da zona comercial
12. Parque da Ferradura
13. O Capitólio e o Parque da Cultura

Introdução

Sobre a Equipe:

Jorge Wilheim pode ser considerado um especialista em planejamento urbano. Entre os elementos de sua produção que confirmam essa afirmação está o livro *O substantivo e o adjetivo* (1979) e seu estudo sobre os problemas emergentes de São Paulo, iniciado em 1974, realizado com a finalidade de propor uma estratégia para a ação governamental. Anterior a isso, já encontramos o texto *São Paulo Metrópole 65*, que pretendia promover subsídios para a elaboração do Plano diretor da cidade. Como já mencionamos, Wilheim também atuou como Secretário de Planejamento da Prefeitura de São Paulo entre de 2001 a 2004.

No intuito de garantir uma introdução mais esclarecedora, forneceremos dados sobre alguns trabalhos realizados por Wilheim na época pós-concurso, que acreditamos ser de grande valia para complementar a compreesão do raciocínio urbano apresentado para Brasília em 1958. Para ele, o urbanismo deveria ser uma prática dinâmica, objetivando o desenvolvimento, ou seja, a melhoria na qualidade de vida. Para isso seriam necessárias atividades coordenadas e de previsão, além de integração de fatores como o econômico, o físico, o social e o administrativo. A influência da *Carta de Atenas*, de Le Corbusier, segundo Wilheim, gerou uma interpretação errônea de alguns urbanistas brasileiros, que a identificaram como instruções de desenho acadêmico e formal da cidade, enquanto a ideia era difundir uma prática nova, moderna, pluridisciplinar e científica de planejamento urbano (cf. Wilheim, 1979, p. 39-56).

Wilheim elaborou um roteiro genérico de 10 passos a serem seguidos na busca de êxitos no planejamento urbano. Esses passos possuem aspectos semelhantes aos trabalhados no memorial descritivo do concurso de Brasília, enfatizados pela introdução socioeconômica, e delineiam algumas etapas pelas quais a equipe passou para concluir o traçado da cidade. Seriam eles:

1. Apreensão da situação existente, verificação dos dados disponíveis e uma possível atualização dos mesmos, agregando projetos, esudos e intenções de alteração da realidade.

2. Identificação da estrutura básica da cidade, assim como dos grupos sociais e etários, no intuito de identificar obtáculos e resistência, recursos disponíveis, tendências e expectativas, mobilidade física e social.

3. Lançamentos de hipóteses e alternativas.

4. Investigações para identificar os indicadores urbanos, por exemplo: população, renda, ocupação do solo e outros.

5. Estabelecimento do conteúdo programático e conceitual, ou seja, propõe-se um conceito desejável da vida urbana e todas as variáveis.

6. Elaboração da planta da cidade proposta:

"Espacializa a proposta conceitual da vida urbana; estabelece trama de suporte para os subsistemas (atividades); visualiza fisicamente um futuro possível para a cidade; contém a malha ou estrutura viária básica; contém o uso do solo (residencial, industrial, de serviços, de equipamento, recreativo, associado a transporte, institucional, reservas para expansão); indica os principais troncos de infraestrutura e as zonas prioritárias ou vetores de seu desenvolvimento; distribui o equipamento escolar, hospitalar e de serviços; propõe iniciativa e diretrizes para a paisagem urabana" (*idem, ibidem,* p. 184).

7. Realização de documentos normativos de condução, como legislação de uso do solo e loteamento, códigos tributários e de edificações, entre outros.

8. Determinação de operações de indução: como estímulos na legislação, estímulos tributário etc.

9. Formação de quadros: desenvolver localmente um grupo profissional reponsável e motivado para, a partir do plano, fixar um processo contínuo, de acordo com a carência de quadros.

10. Continuidade do processo: a criação de um órgão governamental novo, ou reforço do existente, podem ajudar na concretização deste último passo (cf. *idem, ibidem,* p. 175-188).

Teorias urbanas: relações com o edital e os demais planos

Em entrevista concedida à autora em São Paulo (no seu escritório em agosto de 2001), ao avaliar seu projeto para o concurso de Brasília, Wilheim destacou alguns pontos relevantes do trabalho, como o estudo do oeste paulista e da zona pioneira. Acredita ter reunido no plano piloto a racionalidade e a formulação básica de Le Corbusier e a relação cidade-campo existente no Brasil, fazendo uma interpretação dos conceitos do urbanismo moderno para o contexto do país, e principalmente da região. Para ele, Washington não poderia servir de referência para a elaboração da capital, pois sua concepção artificial relacionava-se a "não-cidade" (palavras do autor na entrevista), partido evitado no caso de Brasília. Enfatizou o estudo do sítio e o que significaria a localização de uma capital numa região pouco desenvolvida, também, o que representaria o social num local que teria provavelmente a maior parte de moradores ligados apenas à função pública. Finalmente, atentou para a discrepância do número de habitantes (500.000) estabelecido pelo edital, quantidade populacional que seria facilmente ultrapassada.

Sobre o partido de seu plano piloto, o autor ressaltou a preocupação com o aproveitamento do lago e a criação de um núcleo gerador inicial que fosse permanente. Ao organizar as funções, idelizou um escada onde os ministérios estariam no topo, seguidos pelos outros edifícios, pelas habitações e, por fim, pelo parque da Ferradura (áreas verdes). Este último bastante valorizado pelo autor. A praça dos três poderes representaria um centro simbólico, seguido por uma esplanada onde estariam elementos contando a História do Brasil, com monumentos e construções, ponto também apreciado por Wilheim.

Na tentativa de "aprofundar a lição urbanística representada por Brasília", Wilheim foi um dos poucos que reconheceu a importância da análise das outras propostas apresentadas no concurso. Tal objetivo fica claro em seu texto *Brasília 1960: Uma interpretação*, publicado em 1960, cujo resultado tornou-se uma das raras referências da época. Nesse artigo, como o próprio título reflete, o autor realiza uma interpretação de Brasília, fazendo uso de parte da estrutura apresentada em seu próprio memorial descritivo como uma introdução. Destaca a influência da região sobre a cidade, comentando sobre as características do solo, da posição geoeconômica, das jazidas, enfatizando sempre a zona pioneira, ponto chave de seu relatório, que serviria de base para o futuro desenvolvimento da capital. A cidade escolhida para comparação com Brasília foi Goiânia, por suas localizações próximas e, portanto, devido à exposição aos mesmos fatores socioeconômicos. Como em seu memorial, Wilheim faz questão de mostrar as vantagens desenvolvimentistas que a construção de Brasília traria para a região, no entanto, para que fosse realizada com sucesso, seria imprescindível a expansão das redes de comunicações rodoviárias e ferroviárias (cf. Wilheim, 1960, p. 23-31).

Sobre o concurso relata:

"O concurso constituía uma rara oportunidade para todos os profissionais e um marco para a arquitetura brasileira; com efeito até então o planejamento urbano existia em escala reduzidíssima, apesar de sua necessidade crescente. Inúmeras cidades nasciam espontaneamente, tendo, como orientação, na melhor das hipóteses, uma planta de loteamento ou o traçado de sua avenida com sua "Praça da Matriz". A agitação política causada pela ideia da mudançada Capital trouxe em seu bojo a divulgação da expressão "plano diretor" e uma ainda hesitante noção de planejamento urbano" (*idem, ibidem,* p. 31).

Outra observação importante, diz respeito à escassez de fundamentações nas informações fornecidas pelo edital do concurso:

"Das 26 equipes concorrentes, uma dúzia certamente merecia uma análise detida, pois trazia alguma contribuição. Os únicos dados fornecidos aos concorrentes foram um planalto e um grande lago artificial. A preocupação formal, na implantação, comum a muitos projetos, denotava não apenas a ausência de dados e o caráter político que se desejava imprimir à cidade, como também uma certa inexperiência coletiva nossa no campo do urbanismo" (*idem, ibidem,* p. 32).

Ao analisar a implantação, o autor nota que apenas três projetos procuraram trazer o lago para dentro da vida urbana, ocupando as penínsulas: o seu plano e os das equipes de Boruch Milman e Rino Levi. Para ele o afastamento dos demais projetos tinha a relação com a influência de Le Corbusier:

"Este afastamento do lago (também existente no risco original de Lúcio Costa) vem, a nosso ver, da intenção de não comprometer nem limitar a arquitetura e o urbanismo em função da natureza;

a obra do homem é sobreposta, dominadora, descomprometida. Reconhece-se aí uma característica de nossa arquitetura, inspirada em Le Corbusier. No caso de Brasília esta ideia, no entanto, não nos parece feliz, pois na região da capital, com seu imenso e monótono horizonte, o azul da represa e seus 50 km de linha costeira constituirão um elemento primordial na vida dos brasileiros. Prevemos que a cidade "tenda" a cercar o lago" (*idem*, *ibidem*, p. 33-34).

Esta crítica a Le Corbusier não reflete uma contrariedade geral à sua obra, pois em seu memorial descritivo apresentado no concurso destina um item inteiro do Capítulo III para descrever as quatro funções básicas da *Carta de Atenas*:

"No capítulo dedicado às *Quatro Funções Básicas*, analisamos qual o aspecto local tomado pelas funções estabeleciadas pela *Carta de Atenas*, a saber: trabalhar, habitar, circular e recreação. Indicamos ainda que tais funções não são específicas de Brasília, sendo necessária a elaboração de princípios geradores nascidos na própria caracterização socioeconômica da cidade" (*idem*, 1957, p. 24).

Outro elemento comparativo estabelecido por Wilheim foi o crescimento. Nesse aspecto o projeto de Lúcio Costa refletiria uma única exceção que atendia à conjuntura política e sua exigência de uma mudança rápida da capital para Brasília. Todos os outros projetos previam núcleos de crescimento orgânico, de onde partiria o desenvolvimento da cidade. Para o autor, isto não representaria um fator totalmente negativo, visto que permitiria uma definição mais espontânea da vida urbana. Seu projeto objetivava a construção parcelada e em 1960 teria, aproximadamente, um núcleo gerador com a administração municipal, zona hoteleira e comércio respectivo, isolando o Capitólio e a Praça dos Três Poderes.

Comentário do Memorial descritivo:

O memorial descritivo ao qual tivemos acesso não traz na íntegra o texto apresentado por Wilheim e seus colaboradores. O relatório original tinha cerca de 230 páginas e não foi encontrado nem mesmo com o próprio autor. Portanto, nos basearemos no material publicado na revista *Habitat* para sintetizar os principais conceitos desse projeto urbano. Acreditamos que o sumário encontrado nesse artigo represente a estrutura do memorial original e tentaremos organizar as informações disponíveis da mesma maneira.

Tentando evitar o tratamento simplório de um tema complexo como o urbanismo, Wilheim realiza uma introdução socioeconômica extensa. Buscava ilustrar, através de um relatório relativamente denso, a qualidade do grupo, seus critérios de trabalho e os princípios teóricos urbanos utilizados para elaborar o plano piloto.

Segundo o autor, Brasília se diferenciava de outras capitais como Washington, Camberra e Chandigarh, devido a sua realidade socioeconômica e, portanto, elas não serviriam de base para comparação. Como referência, destacou a zona pioneira paulista (sul de Minas Gerais, norte do Paraná, oeste de São Paulo e Goiás), com características de crescimento rápido, fundamentação agrícola, elevado grau de urbanização, continuidade geográfica e geológica, predominância do café e dependência industrial de São Paulo.

Foram elencados três ítens positivos para o crescimento e nascimento das cidades na zona pioneira: a) boa posição para fatores de produção, como por exemplo fonte de matéria-prima, b) boa posição para fatores de transporte e comunicação, consequência do nó viário que faz dessa área uma passagem obrigatória, entre outros, c) fatores psicológicos, culturais e técnicos, como o coronelismo e o espírito de especulação imobiliária.

Outra referência para o autor foi a região de Goiás, zona de baixíssima densidade populacional, grande irregularidade de distribuição, economia fluida e afastamento da costa. Dividiram o Estado de Goiás em zonas e caracterizaram o desenvolvimento de cada uma delas à luz de Brasília. Relataram a precariedade das técnicas agrícolas e pecuárias, considerando esses dois fatores fundamentais para uma futura urbanização do Estado.

O item 5 da introdução socioeconômica descreve uma provável demografia para Brasília, baseada em estudos de métodos que justificam o resultado alcançado. O elemento base para calcular o montante foi o número de servidores públicos que residiriam na cidade, dado resultante de uma pesquisa sobre a quantidade de servidores existentes no Brasil, depois da porcentagem que residiria no Distrito Federal e, por fim, na política administrativa a ser seguida pelo governo. Adicionaram a esse número "as incógnitas" (como o autor classificou), chegando à conclusão de que 14% da população seriam de servidores (76.807) e 86% realizariam outras atividades (471.812), num total de 548.619 pessoas. Acreditavam que durante o 1° decênio esta montante seria estável e só aumentaria quando fosse necessário adicionar mais pessoas ao número de funcionários públicos. Diante de tais estimativas, Wilheim propõe aspectos no anteprojeto que consideravam a possibilidade de uma expansão populacional para 968.669 habitantes.

Conclui-se que Brasília teria predominantemente indústrias leves de sustentação e se tornaria um polo consumidor capaz de aumentar o "medíocre" desenvolvimento econômico da região do planalto, além de vir a ser um elemento catalisador para a extensão de redes de comunicação na região. Acreditavam que o uso de energia traria usinas para a região além de indústrias de mineração e cimento.

Brasília seria, portanto, uma cidade administrativa, não em consequência da sua legislação, mas devido às condições socioeconômicas propiciatórias:

Resumindo: As limitações socioeconômicas, dentro das quais houve liberdade de elaborarmos o plano piloto, restringem Brasília em sua caracterização como cidade administrativa de população estável, que depende para as suas necessidades socioeconômicaas de uma indústria local de sustentação e de uma agricultura dela separada por extensas terras pouco férteis. O cultivo destas pelas técnicas agrícolas existentes seria antieconômico (Wilheim, 1957, p. 23).

Com base nessas estimativas, propuseram:

1. Estudo da ligação rodoviária Brasília-Ceres, visando transporte de comestíveis.

2. Estudo da colônia agrícola do vale do Paraná e sua ligação com Brasília.

3. Exploração das jazidas de calcário para a produção de cimento e derivados.

4. Ligação das estradas de ferro de São Paulo até Brasília.

5. Estudo da represa e usina do rio Tocantins.

6. Estudo da mineração do níquel e cobalto.

7. Estudo da implantação de frigoríficos.

8. Promover um plano de crédito agrícola supervisionado.

9. Objetivar o estudo do número de consumidores públicos federais que se mudarão para Brasília.

10. Elaboração de um plano diretor baseado em medidas realistas.

Sobre o abastecimento elétrico, foi calculada a potência a ser utilizada pela Usina Paranoá, de acordo com o resultado demográfico do projeto. Para auxiliar na produção de energia sugeriam um sistema termoelétrico e a interligação Dourado-Paranoá e Tocantins. Em relação aos problemas sanitários, alertavam para o perigo do despejo de esgoto à juzante da Usina Paranoá e sugeriam a obrigatória separação de águas pluviais e de esgoto, obtendo do último possibilidade de tratamento em estações. Quanto à organização agronômica, aderiam aos moldes cooperativos de produção, mostrando que qualquer cálculo para o uso do solo ou produtividade, sem análises aprofundadas, seriam supérfluos e prematuros para esta etapa do trabalho. No que diz respeito às etapas de construção, o plano estruturado em células contíguas e independentes daria a liberdade para a implantação da cidade. Para finalizar esses ítens complementares, acrescentaram vários depoimentos de figuras proeminentes das cidades da região, como Anápolis e Formosa, declarando quão relevante seria a construção de Brasília para o desenvolvimento daquela região.

O Plano Piloto:

Inicialmente abordamos as *consequências diretas da realidade socioeconômica*, que poderiam ser resumidas em:

1.º – número e estabilidade numérica da população;

2.º – presença da indústria apenas de sustentação;

3.º – condição de "fim de linha" no que tange às comunicações;

4.º – função predominantemente administrativa da cidade;

5.º – morfologia "introvertida" por ausência de população rural considerável;

6.º – empreendimento caro, necessidade absoluta de economia no planejamento e construção (*idem, ibidem*, p. 24).

Foram determinados três princípios geradores da cidade: integração, descentralização e continuidade. O primeiro deles relacionava-se diretamente ao tempo e ao espaço, uma tentativa de tornar os ambientes proporcionais aos habitantes que neles circulariam e deles usufruiriam. O conceito do espaço aberto adaptado à escala humana foi adotado para os principais elementos da cidade. Neles não caberiam praças ou jardins excessivamente grandes, ou espaços onde os homens não pudessem se orientar. Como consequência disso, o traçado da cidade apresentaria pequenos jardins contíguos e integrados por elementos de ligação como construções, espelhos d'água ou monumentos. Os lotes residenciais seriam servidos de avenidas por um lado e jardins por outro. O jardim para a família seria um lote individual, para um grupo de crianças, um espaço verde criado pela associação de três lotes, e assim por diante, até desembocar no grande Parque da Ferradura – jardim circular, ponto de recreação para toda a população. Através de uma espiral com a família no centro e a coletividade no limite, exemplificaram a integração do particular ao geral dos espaços verdes.

Para defender a descentralização adotada, o autor baseava-se no grande número de funcionários públicos que representariam a população de Brasília e a corrente fragmentação desse funcionalismo federal em autarquias, ministérios etc., cada qual com seus serviços independentes. Estas considerações apontavam para a inutilidade da congregação dos edifícios públicos num centro administrativo, visto que isto geraria um congestionamento desnecessário, longos percursos habitação-trabalho e distribuição irregular das densidades diurna (concentrada) e noturna (desértica).

Assim, a equipe de Wilheim agrupou 15.000 habitantes, de acordo com uma identidade de interesses, entre servidores, operários e seus dependentes, formando células com comércio próprio, ensino primário e secundário. Esse sistema celular permitiria uma construção da cidade por fases e um consequente ajustamento urbano, quando necessário, em cada uma dessas etapas. As células seriam relativamente independentes e possibilitariam o percurso habitação-trabalho ser alcançado em até 20 minutos. Os locais de trabalho estariam localizados na parte central das células; no perímetro dessa área estariam os edifícios públicos, de gabarito mais elevado que os demais (entre 5 a 12 pavimentos), marcando arquitetonicamente o conjunto. Entretanto, o critério de descentralização não pretendia criar várias microcapitais, característica que traria dificuldades desde a área social até a implantação física da cidade, por isso, o critério "continuidade" foi escolhido como o 3° princípio gerador. O responsável pela integração das várias células seria a continuidade da zona comercial ideal, da área verde, das vias rápidas, da habitação de solteiros e da represa, que abraçava grande parte da cidade (Wilheim, 1957).

Sobre o zoneamento:

1. Zona residencial: foram estabelecidos setores contíguos de habitações coletivas e individuais, alcançando a densidade média de 65 habitantes por hectare na cidade.

2. Áreas verdes e azuis: para iniciar este item, o autor comentou sobre os fatores limitadores da localização e dimensionamento das áreas verdes, como por exemplo, a necessidade de cuidados específicos devida à infertilidade do solo. Nesse sentido realizaram uma crítica indireta à decisão da construção da represa – "Lembramos que as únicas árvores de porte em Brasília são justamente aquelas que serão derrubadas nos vales a serem cobertos pela represa" (*idem, ibidem*, p. 26). Para sistematizar a localização das áreas verdes de modo a viabilizar sua manutenção, dividiram-nas em 4 setores: a) áreas verdes particulares de uso particular – lotes individuais; b) áreas verdes particulares de uso coletivo – edifícios de uso público, obrigados a conservar o ajardinamento do lote inteiro e a não cercá-lo; c) áreas verdes coletivas de uso coletivo – áreas fronteiriças aos lotes e edifícios de apartamentos que desembocariam no jardim central de cada unidade de vizinhança, mantidas através de taxas pagas pelos proprietários, onde estariam uma igreja, um clube, escola primária, jardim da infância, praça para feira etc.; d) áreas verdes municipais de uso coletivo – áreas de responsabilidade do governo municipal. Um dos principais representantes

desta categoria seria o parque da Ferradura, com árvores frondosas e limite para todas as unidades de habitação, nele estariam grandes clubes, bibliotecas, centros de saúde, hípica, pista para ciclistas etc.. Este parque indicaria a característica morfológica do tipo de cidade que seria Brasília: voltada para dentro. Incluem ainda nessa zona aluguns edifícios cujo volume se confunde com suas áreas verdes como o jardim zoológio e botânico (nas nascentes da cidade), o estádio (na parte sul, próximo à área operaria), o autódromo (a sudoeste, para evitar ruídos levados pelo vento dominante) e outros. Na península onde estaria a residência presidencial, existiria o grande jardim da casa, aberto ao público, prolongado até os hospitais e a universidade. Sobre a represa, ressaltaram seu potencial paisagístico e recreativo.

3. Zona de comércio e trabalho: o comércio estaria entre as habitações e o trabalho, próximo às vias de maior fluxo. Seria uma zona contínua, com circulação independente para veículos e pedestres, lotes com duas frentes, uma de vitrines voltada para o calçadão, outra para a avenida e densidade de 50 habitantes por loja.

4. Zona industrial: sua localização foi determinada pelos ventos dominantes leste-oeste. Comportaria uma zona residencial para acomodar aproximadamente 39.500 habitantes e destinar-se-ia à produção de sustentação e construção civil.

5. Zona hoteleira: consideraram que a capital seria um centro de viagens e, portanto, teria sua função hoteleira ligada à administração. Seria composta por três aspectos: o hotel, o hotel residencial e o hotel ligado ao sistema de transportes, principalmente rodoviário. Esses lotes deveriam oferecer serviços de conveniência como farmácia, cinema, correio e outros. Estariam em uma zona contígua, localizado estrategicamente entre uma margem da represa, a administração municipal e as vias de comunição interurbana.

6. Áreas de expansão: para a expansão, segundo o autor, bastariam as duas penínsulas alcançadas através do acesso norte-sul, capazes de abrigar com folga 200.000 habitantes.

7. Circulação: considerado um capítulo extenso, tratava das comunicações interurbanas, do sistema viário urbano, dos acessos e dos pontos de contato

entre esses íntens. Enfatizava a necessidade de ligação rodoferroviária com o sul (São Paulo) e sugeria os leitos da Paulista e Mogiana para isso. Foi indicada uma nova localização para o aeroporto, a oeste do núcleo habitado. O sistema viário seria composto por vias rápidas perimetrais, em formato de 8, que tangenciariam todas as unidades, sem interferir no tráfego local. Dessas perimetrais sairiam avenidas de penetração a cada 600 metros, depois ruas nas zonas comerciais e alamedas sem saída nos lotes individuais. Haveria vias exclusivas para pedestres na zona comercial e nas áreas verdes.

8. Capitólio e parque da cultura: a cidade deveria se distinguir como capital do país. Para marcar o seu "coração", localizaram, no ponto mais alto do terreno, os edifícios do Palácio do Governo, o Parlamento (reunindo Senado e Câmera Federal) e o Supremo Tribunal Federal. O capitólio estaria em um terraço, formando uma esplanada. À sua frente, para simbolizar a nação, haveria um grande parque onde seriam representados a cultura e a história do Brasil. Os elementos desse parque estão indicados no texto, entre eles os museus histórico e folclórico. Nessa área reuniriam diversão, cultura e civismo.

9. Núcleo gerador e as construções iniciadas: nesse item Wilheim supõe que as construções iniciadas em Brasília, a residência presidencial e o hotel, não repeResentariam o núcleo gerador da cidade, visto que este estaria ligado ao pessoal que construiria a mesma. Os locais onde os primeiros habitantes residiriam e trabalhariam seriam os pontos de partida para o desenvolvimento urbano.

Iconografia

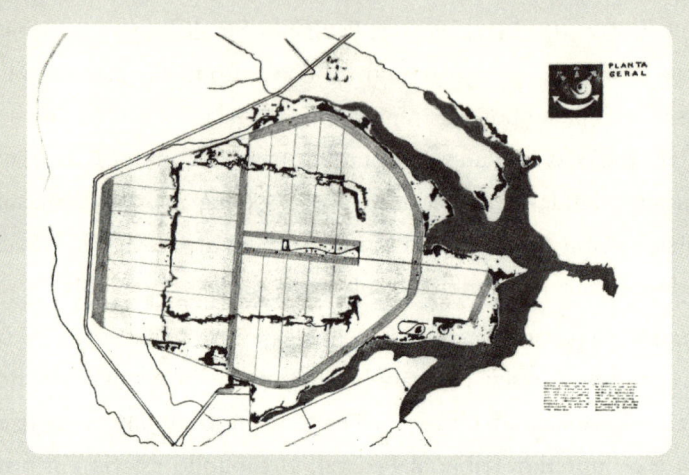

Wilheim – Planta geral

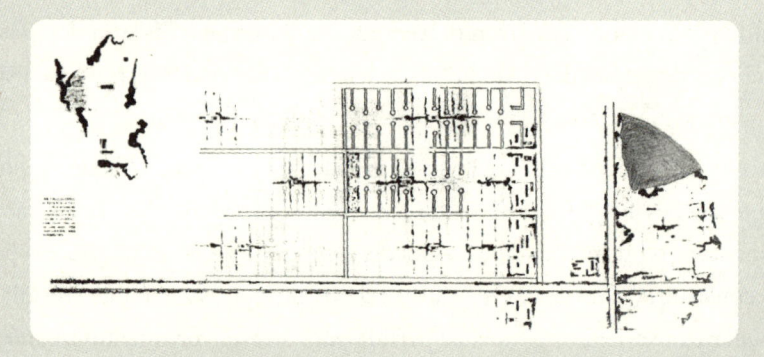

Wilheim – Unidade de habitação para 15 a 18 mil pessoas

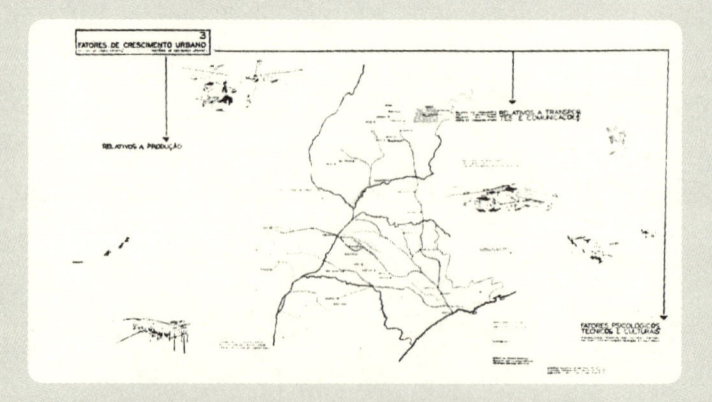

Wilheim – As zonas pioneiras

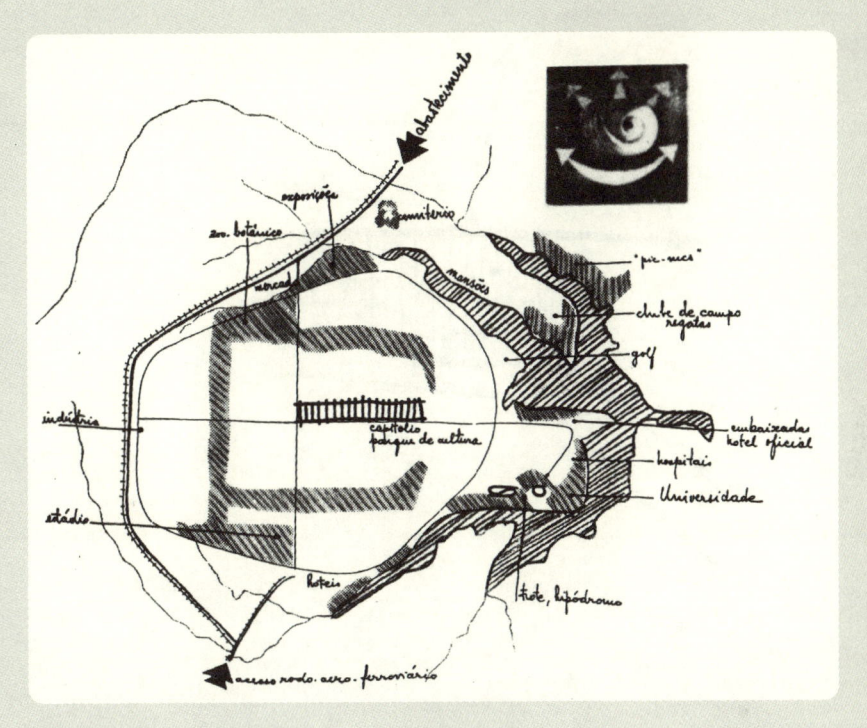

Wilheim – Esquema geral

Wilheim – Descentralização, integração e continuidade

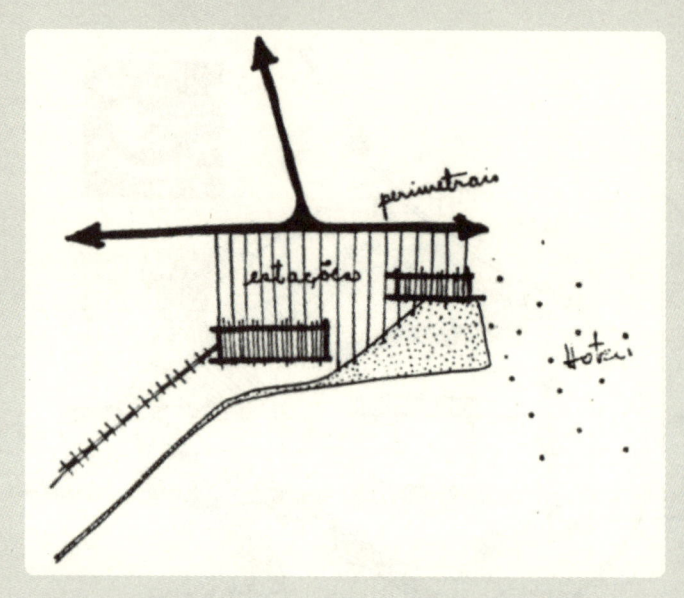

Wilheim – Acessos norte/sul

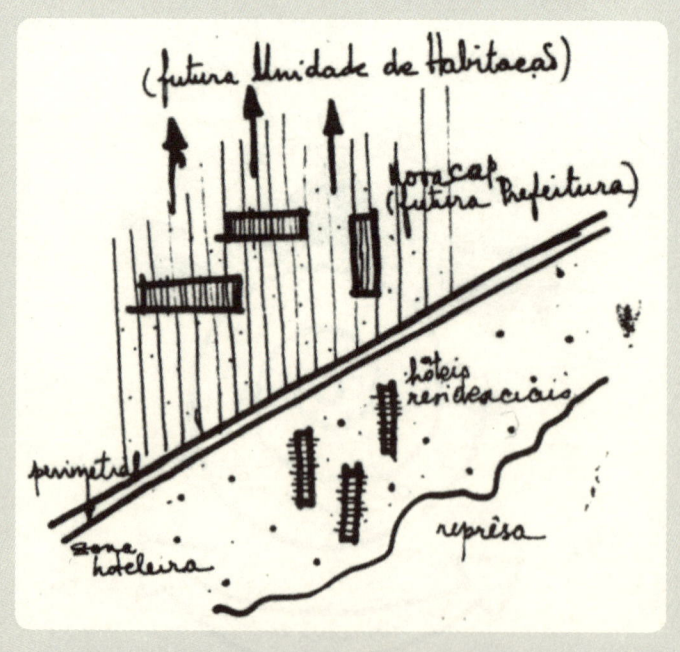

Wilheim – Núcleo gerador

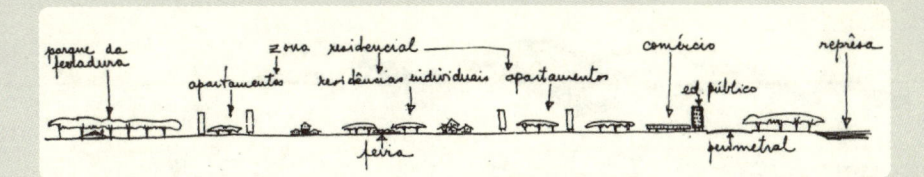

Wilheim – Corte tipo

Wilheim – Esquema viário na zona comercial

Wilheim – Uma calçada da zona comercial

Wilheim – Parque da Ferradura

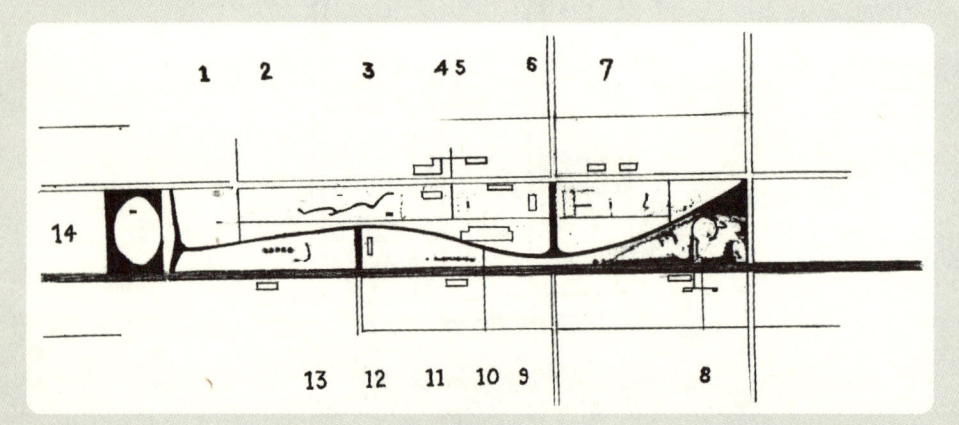

Wilheim – O capitólio e o Parque da Ferradura

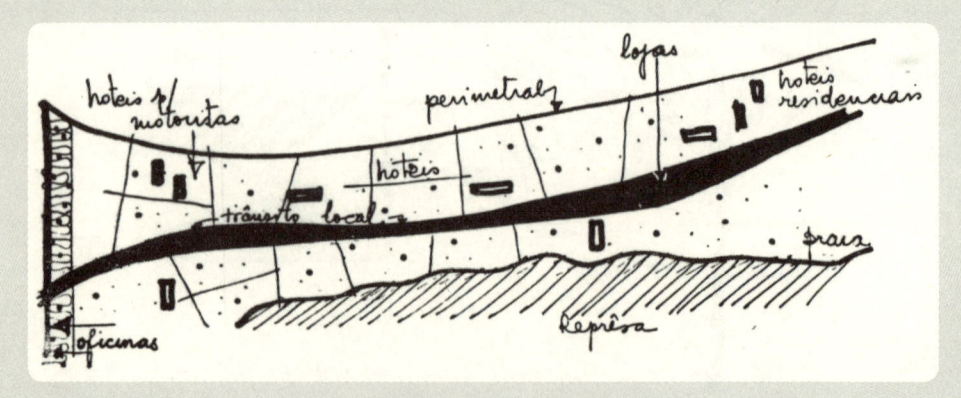

Wilheim – Hotéis na margem do lado

Plano n° 4
Reduto Engenharia e Construções s.a.

Justificativa

Alguns problemas surgiram para a localização do plano piloto do escritório Reduto Engenharia e Construção sa.. O primeiro deles vem pelo fato da ausência de Identificação dos autores do projeto, seguido de uma total falta de informações a respeito escritório. Para que os leitores e pesquisadores tenham conhecimento da nossa tentativa de êxito na busca desse material, elencaremos a bibliografia de referência do nosso trabalho, no que diz respeito à lista de participantes do concurso, enfatizando o fato de que em todas elas a inscrição é feita através do nome "Reduto Engenharia e Construção SA.":

BRAGA, Milton. *O concurso de Brasília*; os sete projetos premiados. São Paulo, 1999. Dissertação (Mestrado em Arquitetura e Urbanismo) – Depto. de Arquitetura e Urbanismo, USP, 1999, p. 43-45.

BRASÍLIA. Lista dos profissionais inscritos. Brasília: NOVACAP, n° 1, janeiro, 1957, p. 11.

Lista de profissionais inscritos no Concurso do Plano Piloto de Brasília. Cópia do original, Brasília, NOVACAP.

PINHEIRO, Vera, *et alii* (org.) Brasília: Trilha Aberta *Publicação da exposição em homenagem a Juscelino Kubitschek,* 10° *aniversário de sua morte,* Brasília: Secretaria da Cultura e Fundação Cultural do Distrito Federal, 1986.

SILVA, Ernesto. *História de Brasília,* Editora do Brasil LTD., 1971, p. 116.

Outro recurso utilizado foi a tentativa de obtenção de dados através de entrevistas com outros arquitetos participantes do Concurso e especialistas sobre o assunto. O resultado foi infrutífero. Os entrevistados foram: Júlio Artigas, Boruch Milmann, Jorge Wilheim, José Octacílio de Saboya Ribeiro Filho, Pedro Paulo Saraiva, Marcos Kahir, Edgar Rocha Souza, José Geraldo da Cunha Camargo, Hérman Ocampo e

Ricardo Marques de Azevedo. Todos eles alegaram total desconhecimento do escritório e da equipe. Além da pequisa em periódicos da época como, *Habitat, Acrópole, Módulo, Brasília* e *Arquitetura e Engenharia*, contatamos o IAB e o CREA, ambos impossibilitados de fornecer qualquer informação a respeito dos profissionais ou do escritório. Durante nossa viagem à Brasília, em janeiro de 1999, acabavam de modificar a administração municipal e, consequentemente, os profissionais que trabalhavam nos órgãos públicos, visto que a oposição ao antigo governo havia assumido o poder e isso implicava na alteração no quadro dos servidores (explicações concedidas pelos atendentes da NOVACAP). Tal situação refletiu em nossa pesquisa, pois parte de alguns acervos não puderam ser acessados devido à falta de profissionais para nos atender. Os órgãos pesquisados foram: *Memorial JK, Arquivo Público* do Distrito Federal, *Biblioteca* da NOVACAP e o *Banco Central* do Brasil. Em viagens à cidade do Rio de Janeiro, foram visitados os acervos da *Bibiloteca* Nacional, da Universidade Federal, Itelmar: arquivos Gustavo Capanema e José Pessoa; Fundação Getúlio Vargas. Em São Paulo foram analisados os acervos da FAU, da ECA e da Facudade de Saúde Pública da Universidade de São Paulo. Finalmente, contatamos também, sem êxito, o crea e o IAB (Instituto de Arquitetos do Brasil), acessando seu banco de dados em São Paulo, Rio de Janeiro, Paraná, Rio Grande do Sul, Santa Catarina, Pernambuco, Minas Gerais e Brasília.

Plano n° 5
Eurípedes Santos

Identificação
Plano inscrito no Concurso do Plano Piloto da Nova Capital do Brasil sob o número 5.

Classificação
Não esteve classificado entre os finalistas.

Equipe
Eurípedes Santos, engenheiro arquiteto.

Documentos:

O fato do projeto não ter sido classificado prejudicou sua documentação, pois os periódios da época preocuparam-se em publicar apenas os finalistas. No entanto, *Brasília Trilha Aberta* (1986) traz a única referência conhecida a respeito do plano piloto de Eurípedes Santos. Em nossa pesquisa buscamos maiores informações, mas não obtivemos êxito em contatar os organizadores dessa publicação: Themis Quezado de Magalhães, Libânia Lopes Cabezon, Luiz Otávio Caldas de Castro Chaves e Cinthia Rodrigues Oliveira. Os acervos e bibliografia que nos serviram de base, além das entrevistas concedidas, não ofereceram novos elementos para a complementação dos dados sobre esse projeto.

Iconografia:

Em *Brasília Trilha Aberta*, sem página, encontra-se a ilustração única do plano geral da cidade.

Introdução

Sobre a Equipe:

Eurípedes Santos, natural de Uberlândia, Minas Gerais, nasceu em 1927. Adquiriu o título de Engenheiro-Arquiteto pela Universidade Federal de Minas Gerais. Mais tarde, pós-graduou-se em Urbanismo pela mesma Universidade. Tem concentrado sua atividade profissional em projetos de edifícios de gabarito elevado, para residências e hospitais (Pinheiro, 1986).

Iconografia

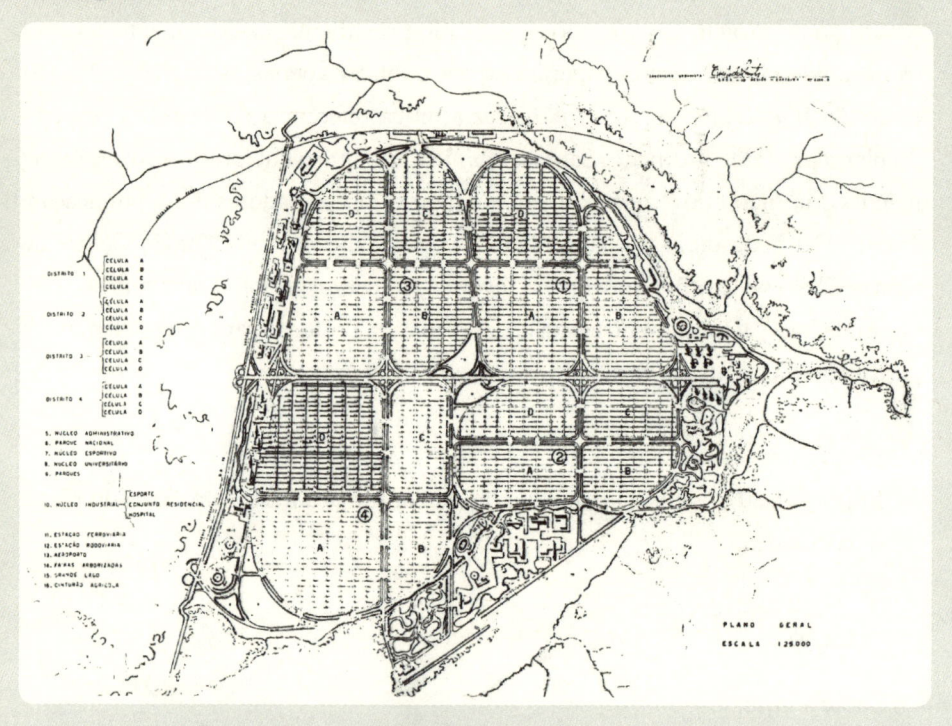

Eurípedes Santos – Plano geral da cidade

Plano n° 6

Alfeu Martini

Justificativa

A ausência da Identificação do local de origem do arquiteto Alfeu Martini dificultou o processo de pesquisa e a consequente localização de seu projeto para Brasília. Devido à ampliação do campo de busca advinda de um concurso de nível nacional como o de Brasília, nossa pequisa foi iniciada através da setorização das informações. Primeiramente, em viagens à cidade do Rio de Janeiro, foram visitados os acervos da *Bibiloteca* Nacional, da Universidade Federal, Gustavo Capanema, e concedidas entrevistas pelos arquitetos representantes desse estado: Boruch Milmann, José Octacílio de Saboya Ribeiro Filho,

Marcos Kahir, Edgar Rocha Souza, José Geraldo da Cunha Camargo, Hérman Ocampo e o atual responsável pelo escritório M. M. M. Roberto. Nenhum pode auxíliar na Identificação do arquiteto. Em São Paulo foram analisados os acervos da FAU, da ECA e da Facudade de Saúde Pública da Universidade de São Paulo, e entrevistados os arquitetos: Pedro Paulo de Melo Saraiva, Júlio Artigas e Jorge Wilheim. Em Brasília, os órgãos pesquisados foram: *Memorial JK*, *Arquivo Público* do Distrito Federal, *Biblioteca* da NOVACAP e o *Banco Central* do Brasil, Universidade Ferderal de Brasília. Finalmente, contatamos também, sem êxito, o CREA e o IAB (Instituto de Arquitetos do Brasil), acessando seu banco de dados em São Paulo, Rio de Janeiro, Paraná, Rio Grande do Sul, Santa Catarina, Pernambuco, Minas Gerais e Brasília. Através da *internet*, identificamos o nome Alfeu Martini em um ensaio da pesquisadora Marcelina das Graças de Almeida na *Revista de História Regional* (vol.3, n.2), que possui como objeto de análise o Cemitério de Nosso Senhor do Bonfim da cidade de Belo Horizonte e resgata o trabalho dos artistas/artesãos que nele trabalharam:

> "Muitos foram os artistas/artesãos que registratam seu talento nos túmulos e mausoléus do cemitério. Tomando como ponto de partida o período circunscrito desde sua inauguração até meados da década de 20, pudemos identificar alguns nomes que ali atuaram. São eles: os irmãos Natali (Ernesto, Trento, Carlos e Augusto, filhos de Oreste Natali), Carlo Bianchi, João Amadeu Mucchiut, Gino Ceroni, Nicola Dantoli, Antônio Folini, Lunardi, Alfeu Martini e José Scarlatelli".

A comunicação com a pequisadora revelou-se infrutífera para o objetivo de alçar maiores informações sobre Alfeu Martini.

A publicação *Brasília: Trilha Aberta* traz o nome de Alfeu Martins em lugar de Alfeu Martini na sua tradução para o inglês, fato que acreditamos ser um equívoco, devido aos demais registros encontrados:

BRAGA, Milton. *O concurso de Brasília*; os sete projetos premiados. São Paulo, 1999. Dissertação (Mestrado em Arquitetura e Urbanismo) – Depto. de Arquitetura e Urbanismo, USP, 1999, p. 43-45.

BRASÍLIA. Lista dos profissionais inscritos. Brasília: NOVACAP, no.01, janeiro, 1957, p. 11.

Lista de profissionais inscritos no Concurso do Plano Piloto de Brasília. Cópia do original, Brasília, NOVACAP.

PINHEIRO, Vera, *etti alli* (org.). Brasília: Trilha Aberta *Publicação da exposição em homanegem a Juscelino Kubistschek, 10° aniversário de sua morte*, Brasília: Secretaria da Cultura e Fundação Cultural do Distrito Federal, 1986.

SILVA, Ernesto. *História de Brasília*, Editora do Brasil LTD., 1971, p. 116.

Plano n° 7

José Octacílio de Saboya Ribeiro

Identificação

Plano inscrito no Concurso do Plano Piloto da Nova Capital do Brasil sob o número 7.

Classificação

Não esteve classificado entre os finalistas.

Equipe

José Octacílio de Saboya Ribeiro.

Documentos:

O contato com o plano geral de Brasília de José Octacílio Saboya Ribeiro veio por intermédio de seu filho, também chamado José Octacílio Saboya Ribeiro, através de uma entrevista. Segundo este, seu pai fez, ainda em vida, a doação de seu acervo pessoal para a Universidade Federal do Rio de Janeiro. No entanto, as várias mudanças de direção e departamentos acabaram por dispersar esses trabalhos, dificultando a localização dos mesmos. Deixando transparecer uma evidente sensação de alívio e orgulho, o filho Saboya Ribeiro, exibia o único traçado que restou sob sua tutela, concedendo-nos a permissão de reproduzi-lo aqui. O projeto de Saboya Ribeiro não foi localizado em nenhum dos acervos e publicações referentes ao concurso aos quais tivemos acesso. Estivemos em pesquisa no departamento de urbanismo da Universidade Federal do Rio de Janeiro e, infelizmente, nada pudemos encontrar sobre o projeto de Brasília de Saboya Ribeiro. Sabemos da existência de um extenso memorial descritivo, estruturado como um livro, também desaparecido.

Iconografia:
De acordo com o desenho fornecido pelo filho do autor, José Octacílio de Saboya Ribeiro:
1. Plano Piloto da Nova Capital Federal: Plano Geral da Cidade e seus Arredores.

Introdução

Sobre a equipe

Jósé Octacílio de Saboya Ribeiro formou-se pela Escola Politécnica do Rio de Janeiro em 1930, trabalhou como engenheiro da antiga Inspetoria de Águas e Esgotos onde realizou um estudo do abastecimento d'água do Rio de Janeiro (1936). Atuou como professor Catedrático de Urbanismo-Arquitetura Paisagista e de Evolução Urbana da Faculdade Nacional de Arquitetura da Universidade do Brasil, onde, após atuar como coordenador do curso de urbanismo, tornou-se diretor (1964-1967).

Paralela à sua preocupação com o urbanismo crescia também seu interesse por política e seus vínculos com figuras proeminentes. Em 1935 torna-se membro da Comissão do Plano da Cidade do Rio de Janeiro, indicado pelo Prefeito Henrique Dodsworth, depois membro da Comissão Consultiva de Urbanismo do Distrito Federal, por designação do Prefeito Filadelfo de Azevedo. Em 1937 é designado para assumir a prefeitura de São Luiz, Capital do Estado do Maranhão.

Saboya Ribeiro publicou trabalhos como: *A Urbanização da Baía de Botafogo*; *Introdução ao Estudo do Problema dos Espaços Livres no Rio de Janeiro*; *Saneamento, Extensão e Embelezamento do Bairro de Botafogo*. A influência do urbanismo do século XIX e de sua preocupação com a habitação ficam claros em "A Cidade sob o liberalismo econômico do Século XIX" e "Os Núcleos Residenciais do Futuro". Entre alguns de seus projetos urbanos encontramos:

- Bairro residencial autônomo da Chácara do Pires.

- Urbanização da Esplanada de Santo Antônio, compreendendo análise do centro urbano, demografia, zoneamento natural, sistema viário e transportes, análise histórica do traçado, estudo da arquitetura da zona central, dos monumentos, composição dos futuros blocos arquitetônicos.

- Plano de remodelação e extensão da Cidade de Juiz de Fora (1943).

- Projeto de Código de Obras para a Cidade de Fortaleza-Ceará (1940).

- Código de Obras da Cidade de São Luiz do Maranhão.

- Projeto da Cidade Jardim de Osasco – São Paulo.

- Plano de remodelação e extensão da Cidade de São Sebastião – São Paulo.

- Plano Geral de Urbanização de Quitandinha – Petrópolis, 1942.

- Projeto da Cidade Jardim de Itaipu-Niterói.

- Projeto do Bairro Itapemirim-Botafogo.

- Projeto dos Túneis do Leme, unificação dos transportes no Rio de Janeiro, incluindo a composição urbano-arquitetônica das adjacências e ampliação da Praia de Botafogo (Mourisco).

Teorias urbanas

José Octacílio de Saboya Ribeiro filho, em entrevista concedida à autora no Rio de Janeiro, março de 2000, destaca em seu pai a preocupação com o "verdadeiro planejamento urbano". Já em 1935, Saboya Ribeiro trabalhava na Comissão do Plano da cidade do Rio de Janeiro. Em 1937, assumiria a prefeitura de São Luiz do Maranhão, onde exerceria o cargo durante 2 anos, dando continuidade a uma extensa carreira dedicada às preocupações urbanas. Enquanto as discussões urbanísticas e arquitetônicas no Brasil giravam em torno do moderno ou do colonial, Saboya Ribeiro defendia o eclético, o neoclássico, o *art noveau*, e talvez por isso, tenha sido mantido no anonimato tantas vezes. Como afirmou Saboya Ribeiro Filho: "Meu pai sofreu discriminações por ter optado pela Escola Politécnica e não pela Faculdade de Belas Artes e, da mesma maneira, por não ser de esquerda."

No plano para a nova Capital Federal do Brasil Saboya Ribeiro enfatizou a descentralização urbana e a adaptação à topografia, premissas sempre observadas em seus trabalhos urbanos. Para elaborar o plano, ele gastou a primeira metade do tempo disponível estudando o solo, os ventos, as caídas naturais de água, as represas, e, apenas na segunda metade passou a se preocupar com o zoneamento e a implantação dos edifícios sugeridos no Edital para o Concurso. Segundo Saboya Filho: "O planejamento urbano proposto pelo vencedor foi incompleto, no entanto, tinha um bonito desenho. As nuances sobre uma predileção por Lúcio Costa antes mesmo do processo de seleção era conversa que corria pelas "bocas-miúdas" da época. Aventava-se a possibilidade de fraude: "Ainda me lembro de meu pai ao telefone com Marcelo Roberto, dias antes do parecer do júri, exaltado e inconformado dizendo: Mas como, Marcelo? Ele não poderia sequer estar participando. É antiético. Não posso acreditar! Depois disso, o assunto não foi mais comentado em casa e até o fim meu pai guardou uma mágoa em relação ao Concurso, não por Lúcio Costa ter sido o escolhido, mas por que a causa pela qual lutou toda a vida, o planejamento urbano, havia sido desprezada num momento *sui generis* como esse".

Como forma de homenagem, Saboya Ribeiro filho editou um livro, em dois volumes, publicado sob o título de *Evolução Urbana*, contendo as anotações de seu pai, muitas das quais apontam para as ideias que influenciaram Saboya Ribeiro, partindo desde a antiguidade, passando pelo renascimento, até as cidades norte americanas e a expansão industrial.

Para Saboya Ribeiro a compreensão do problema urbanístico envolvia problemas políticos, econômicos, sociais e administrativos. A maneira utilizada para incorporar tais elementos ao traçado da cidade demonstra claramente suas influências ecléticas. Em seu livro *Evolução Urbana* ele descreve as teorias urbanas que norteavam sua concepção de cidade e elas podem ser claramente identificadas em seu projeto para Brasília.

Sobre a organização das cidades, com base política, econômica e social muito se tem escrito, e não seria injustiça atribuirmos aos ingleses a criação da literatura urbanística, da neopolítica. Iniciou-a o industrial de New Lanark, o sociólogo Robert Owen; continuou-a o arquiteto James Silk Buckingham (*National Evils and Practical Remedies*), prosseguiu-a Ebenezer Howard (*Tomorrow*, 1898, *Garden Cities of Tomorrow*, 1902) ao mesmo tempo que o paternalismo industrial de Bessebrook (Mewoy, Irlanda, 1846), de Sir Titus Salt (Bradford, 1852) de Lord Cadbury (Bourneville, 1879) materializa o pensamento dos seus sociólogos. Raymond Unwin, arquiteto e sociólogo, publica *Town Planning in Practice*, em que situa o problema dos planos de cidade no pensamento de Ebenezer Howard agraciados ambos com o título de "Sir", que tanto mereciam. É de Unwin, redator geral do Congresso de Paris, de 1937, a afirmação: "O planejamento do espaço deve contribuir para a criação de valores novos, mediante uma cooperação escalonada entre as diversas unidades, indo desde o indivíduo até o globo inteiro". E ainda o escocês Patrick Geddes, biologista e sociólogo (1854-1932), que estabelecia ser necessário, além de estudar a cidade, analisar toda a região em torno e sob todos os pontos de vista: espiritual, geográfico, histórico ou econômico. Opondo a conceituação da cidade isolada no seu plano limitado, ele a alargava até os limites sem fim de sua influência. Fundou em Montpellier, França, 1924, o Colégio Escocês, sob o lema "Vivendo discimus". Menciono, em particular, as obras editadas por Coleman Woodbury, sob o título *The Future of Cities and Urban Redevelopment: Problems and Practices* (Ribeiro, 1993, p. 283-284).

Diante dessas referências Saboya Ribeiro conclui:

De um modo geral, parece prevalecer a ideia de que é mais econômico, simples e eficiente, preparar-se o futuro urbano sob a base do urbanismo regional, descentralizador, onde novas comunidades possam ser criadas, com o atendimento das exigências e possibilidades da vida moderna, do que as remodelações urbanas, que visam embelezamentos de velhas e congestionadas cidades (*idem, ibidem*, p. 284).

Para ele, alguns dos pontos mais relevantes do planejamento urbano regional eram a regularização dos cursos d'água, a preservação das florestas e a conservação do solo. Atrelado a estes estaria o problema habitacional e seus correlatos como saneamento, circulação e espaços livres para recreação física e cultural da população.

Numa análise das teorias vigentes na época, Ribeiro classifica duas escolas: a clássica, vinda de Charles L'Enfant, e a norte-americana, originada dos planos ortogonais. A primeira delas é baseada no projeto de Eugéne Haussmann para Paris (1853-1869), onde a remodelação da cidade estava vinculada à abertura de novas avenidas (boulevards) ligando pontos monumentais existentes ou a serem construídos. Tal disposição, no entanto, teria levado em consideração também as correntes naturais da circulação milenar de Paris, como monumentos, praças reais e a fortificação circundante à cidade (transformadas nas vias perimetrais). Apesar de buscar facilidade de tráfego, higiene e segurança pública, o caráter de embelezamento teria que resultar da aplicação dos princípios da arquitetura clássica, em que os franceses foram mestres. Essa ênfase monumental no Estado, em substituição à Arte Real, é denominada Arte Cívica (ou Arte do Estado ou Patriótica), ou ainda, *City Beaultiful*, ou *haussmannismo*.

Esta crítica não procede quando sabemos que uma cidade se dignifica sempre com a apresentação dos seus edifícios públicos. E o orgulho cívico que estes despertam no povo (donde o nome de Arte Cívica ou Patriótica dado àquela que se expressa através dos monumentos e edifícios públicos) não é para ser desprezado. Ainda mais: as praças, avenidas e outros logradouros reclamados por tais edifícios servem também à circulação geral da cidade, uma vez que eles ordenam igualmente a rede viária. Essa critica só encontra fundamento, quando o "haussmannismo" precede e sacrifica a solução dos problemas de natureza social. A remodelação parisiense é o maior e mais expressivo exemplo de remodelação urbana de todos os tempos. Mostra a atuação de um administrador enérgico e sábio, que despertou em toda parte interesse pela reforma urbana, tais como o século XIX reclamava. Desse exemplo e dessa escola serviu-se Pereira Passos ao traçar o plano de remodelação do Rio de Janeiro, em 1873 e somente posto em prática 30 anos depois. Dessa escola sairá também Daniel Burnham, que tão decisivamente viria a atuar na primeira fase do movimento urbanístico, hoje em plena evolução, entre os norte-americanos (*idem, ibidem*, p. 286-287).

Para Saboya Ribeiro, Burnham, realizador dos primeiros arranha-céus norte-americanos com o emprego do esqueleto metálico, trazia consigo a influência da Arte Cívica francesa, visto que seu projeto para a remodelação de Chicago foi pensado em termos clássicos. Criticando a monotonia característica do "tabuleiro de xadrez", Burnham elabora uma versão americana para o urbanismo parisiense, como o exemplo de Washington. Ele era afeito à tradição da "Arte Cívica", cujo modelo era Paris dos monumentos e dos "boulevards"; embora não estranho a "Arte social".

A arte cívica teve notável precedência sobre necessidades sociais, como ocorrera no caso de Paris (...). De certo modo, essa mudança na ordem de importância dos problemas era, no domínio urbanístico, a reação liberal contra a tradição monárquica. A habitação contra o palácio. A importância dos problemas sociais, sobre as questões estéticas; o predomínio da herança social dos ingleses, contra a tradição de beleza, sempre presente na herança greco-latina que a França, como Roma, tanto soube aproveitar. Na formação cultural dos Estados Unidos, a França e a Inglaterra entram como duas componentes. Estudar a influência sobre a civilização, que franceses e ingleses exerceram é conhecer, também, o caminho que a nação americana percorre desde há três séculos. Roma e Grécia têm importância muitas vezes direta (e aqui lembramos o "Revival" clássico que tem dominado a arquitetura americana); mas o pensamento social e político dos americanos estará sempre entre Londres e Paris: um bairro para as classes populares, um arco de triunfo (*idem, ibidem*, p. 289).

Ribeiro conclui:

> Como homens práticos, os americanos adotaram os planos em xadrez, que ajustavam-se à democracia, "de algum modo no modelo de Abraham Lincoln", ou mesmo no de Jefferson, que pretendera dividir a União em gigantesco xadrez. A essa forma se ajustavam os terrenos dos grandes vales e da região dos lagos; mais fácil a divisão em quadras ortogonais, e os lotes retangulares – "são os que mais convêm à habitação do homem". Mas uma sociedade não se constitui sem governo, e o sistema de governo deve ter expressão própria no domínio urbano. Daí o plano versalhesco de Washington, em que o Estado se representa pelas avenidas, edifícios e monumentos, e o povo pelo traçado regular de tabuleiro de xadrez, que forma o fundo da composição urbana, que é também o "back ground" da democracia americana: a "Arte Cívica, e a "Arte Social", conjugadas (*idem, ibidem*, p. 293).

Para Ribeiro na ordem de ideias dirigidas pelas conveniências sociais deveríamos assinalar as seguintes tarefas em que o urbanismo "social e econômico" deveria substituir o urbanismo "cívico e estético", embora este último se consolidasse como efeito e não causa do primeiro:

1 – Os planos regionais, destinados à organização econômica com adequada distribuição das indústrias das áreas metropolitanas, em que as rodovias

e "parkways", e a proteção da natureza desempenham as mais importantes funções.

ii – Criação de bairros e cidades novas ou satélites, para o desenvolvimento do espírito de comunidade, a proteção da vida familiar, em que se incluem as freguesias *(neighborhood Unit)*.

iii – Os centros cívicos e de edifícios públicos, comemorativos, incluindo-se os grandes conjuntos esportivos, na escala adequada à importância da cidade ou da comunidade.

iv – O zoneamento pelo qual são distribuídas as atividades urbanas em nome da segurança, saúde e bem-estar e economia da sociedade (*idem, ibidem,* p. 294).

Através deste preâmbulo pretendemos oferecer alguns elementos para a análise do plano para Brasília de José Octacílio de Saboya Ribeiro, buscando justificar por que esse projeto se diferenciou dos demais 25 planos apresentados, não tomando por referência os ideais *corbusianos* da *Carta de Atenas*, mas o ecletismo da *city beautiful*, da cidade jardim e de elementos trazidos do renascimento.

Teorias urbanas: relações com o edital e os demais planos

Esse projeto foi o que mais se diferenciou da concepção urbana moderna que monopolizou o concurso. Brasília teria elementos da cidade renascentista, haussmaniana, da cidade-jardim e do urbanismo dito moderno. Saboya Ribeiro se considerava um arquiteto eclético e apropriou-se dessa característica pessoal para pensar a futura capital do país. Sua considerável experiência no planejamento urbano fazia dele um candidato páreo para os demais apesar de suas diferentes posições.

A cidade seria toda construída na parte mais alta do relevo, distanciando-se consideravelmente do lago. A preocupação com o curso de água natural foi o fator que direcionou o traçado do plano. Para Saboya Ribeiro, alguns dos pontos mais relevantes do planejamento urbano regional eram a regularização dos cursos d'água, a preservação das florestas e a conservação do solo. Atrelado a estes, estaria o problema habitacional e seus correlatos como saneamento, circulação e espaços livres para recreação física e cultural da população.

O projeto estruturava-se numa zona central com traçado ortogonal, reservada ao comércio, ao centro de negócios e aos serviços municipais. Em seguida, num desenho mais orgânico, estariam os bairros residenciais divididos em apartamentos jardins e freguesias – *neighborhood unit*, como classificou o autor, para o desenvolvimento do espírito de comunidade e da proteção da vida familiar. Eles seriam permeados por serviços como comércio, escolas e centros esportivos. O desenho incorporava também um conjunto de praças dispostas de maneira a valorizar a perspectiva de uma grande avenida principal que ligava o Paço Municipal e a estação rodoferroviária no extremo oposto. Dessas praças partiriam ruas radiais num traçado semelhante ao de Haussmann para Paris. O governo federal localizar-se-ia na zona central em posição de destaque. No plano ainda estava determinada uma faixa "pomo-hortícola" e um parque de combustíveis. Foi priorizada a preocupação com o planejamento regional e a proteção da natureza local (Ribeiro, 1993, p. 283,284).

Iconografia

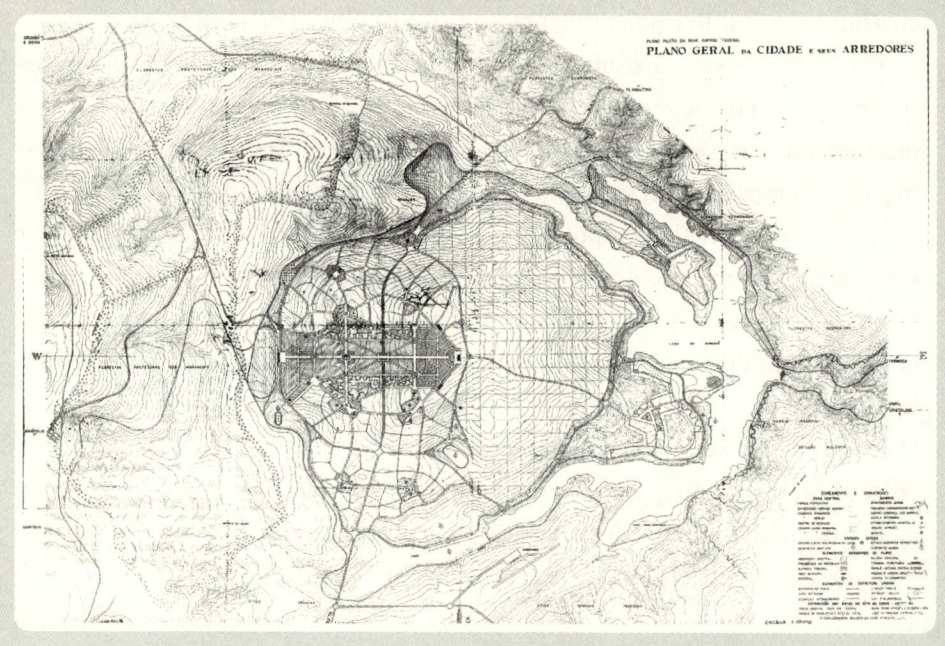

Saboya Ribeiro – Plano Piloto da nova capital federal

Plano n° 8

M. M. M. Roberto

Identificação

Plano inscrito no Concurso do Plano Piloto da Nova Capital do Brasil sob o número 8.

Classificação

3° lugar.

Equipe

Arquitetos M. M. M. Roberto, Antonio Dias, arquiteto associado; Ellida Engert, arquiteta chefe; engenheiro Paulo Novaes e engenheiro agrônomo Fernando

Segadas Vianna, responsável pelo planejamento agrícola. Receberam a cooperação dos arquitetos Estephania R. Paixão, Marcello Campello, Marcello Fragelli e Sergio A. Rocha, dos engenehiros H. J. P. Linnemann, Ivo Magalhães, J. M. Azevedo Neto, J. R. Rego Monteiro e N. A. Gaspar; do estatístico Antonio A. Teixeira de Freitas; do atuário João Lyra Madeira e do escultor Alfredo Ceschiatti.

Documentos:

Tivemos acesso ao projeto do grupo dos irmãos Roberto através do escritório M. Roberto Empreendimentos Arquitetônicos que, apesar das transformações, representa atualmente o antigo escritótio originado por Milton, Marcelo e Maurício Roberto, em 1942. Parte das imagens do plano e os esquemas complementares a ele são cópias do material original fornecido pelo atual responsável do escritório, Márcio Roberto, com quem também realizamos uma entrevista que em muito colaborou para a pesquisa. A reprodução do memorial descritivo e do restante do material iconográfico que consta em nosso trabalho representa a publicação feita em uma separata da revista *Habitat* (nº 42 de maio/junho de 1957), visto que os originais não puderam ser localizados. Alguns periódicos da época do concurso, como as revistas *Módulo*, *Habitat*, *Brasília* e *Acrópole*, reproduziram partes desse projeto.

Iconografia:

Segundo o material fornecido por Márcio Roberto:

1. A Capital: conjunto das unidades urbanas e áreas federais
2. A solução (unidade)
3. Unidade urbana
4. Unidade urbana: setor
5. Corte transversal de rua
6. Comunicações: unidade urbana 2 – *core*
7. Bem-estar social: unidade urbana 6 – *core*
8. Planejamento agrícola: capacidade de uso da terra
9. Planejamento agrícola: utlização das terras não agrícolas
10. Planejamento agrícola: divisão mínima da terra

11. Planejamento agrícola: fazenda modelo tipo E 50 ha. – planta das culturas

12. Zona urbana do distrito rural

13. Esquema de organização da cidade 1, 2, 3 e 4 (em inglês).

14. Conforme a publicação da revista *Habitat* nº 42, acrescentamos às imagens anteriores os seguintes desenhos:

15. Esquema geral do Distrito Federal

16. A solução (metrópole)

17. Parque Federal

18. Planejamento agrícola: distribuição das culturas

19. Unidade urbana: Le Corbusier

20. Unidade urbana

21. Unidade urbana 3: *core*

22. Unidade urbana 4: *core*

23. Unidade urbana 5: *core*

24. Unidade urbana 7: *core*

25. Praça interior de um *core*

26. Crescimento previsto da população: hipótese do crescimento acelerado

27. Abastecimento da água

28. Equilíbrio econômico da população do Distrito Federal

29. Etapas de crescimento: hipótese de crescimento acelerado

30. Organização política e administrativa do Distrito Federal

31. Financiamento imobiliário: financiamento de uma residência

Introdução

Sobre a equipe

Marcelo Roberto nasceu em 1908 e formou-se pela Escola de Belas Artes (Rio de Janeiro) em 1930. Colaborou com a revista *Técnica e Arte*; viajou, em estudos, para a França, Itália e Alemanha; identificou-se com as teorias de Le Corbusier e pela experiência prática de Warchavchik. Milton Roberto nasceu em 1914 e, em 1934, também se formou pela Escola de Belas Artes, associando-se a Marcelo. Da mesma maneira que os irmãos, Maurício, nascido em 1921 no Rio, formou-se em Belas Artes (1944) e entrou em 1941 para a firma que passou a chamar-se M. M. M.

Roberto, nome que permaneceu mesmo após a morte de Milton em 1953, transparecendo a grande união com a qual trabalhava essa equipe. Com o falecimento de Marcelo, em 1964, a responsabilidade do escritório passa a Maurício Roberto, sob nova firma, M. Roberto Arquitetos. A partir de 1970, com o nome de M. Roberto Empreendimentos Arquitetônicos, a responsabilidade do escritório é dividida com Márcio Roberto, filho de Maurício e atual responsável pelo mesmo.

Os irmãos Roberto destacaram-se entre os arquitetos de sua época quando venceram o concurso de 1936 da sede social para a Associação Brasileira de Imprensa (A. B. I.). Portanto, podemos considerá-los, cronologicamente, os realizadores da primeira grande construção da "nova arquitetura" no Brasil. Ainda como obras de referência podemos incluir: o Aeroporto Santos Dumont (1937), destaque pela preservação da modernidade; o Edifício do Instituto de Resseguros do Brasil (1941), exemplo do emprego apurado das proporções clássicas na composição de um edifício moderno; Sotrec, local para abrigar os escritórios e oficinas dos tratores Caterpillar (1944), com variedade de materiais, estruturas, formas e cores, empregadas como uma espécie de colagem harmoniosa e dinâmica, precursora dos efeitos buscados pela arquitetura deconstrutivista 40 anos depois; o Edifício Seguradoras (1949), com sua curva de esquina revestida por mosaico, padrão bastante copiado posteriormente; os Edifícios Guararapes, Dalton, Parque São Joaquim e Barão de São Clemente do Parque Guinle (1950), soluções com pretensões econômicas e plantas diversificadas; e ainda, o Edifício Marquês de Herval (1952), com *brise-soleil* gerando uma sensação de movimento (cf. Czajkowisky, 2000, p. 31; 34; 38; 54; 61; 120).

Às vésperas do lançamento do Concurso para Brasília, a equipe do escritório havia elaborado o planejamento turístico regional para a cidade de Cabo Frio (RJ). Em especial, o projeto dos irmãos Roberto para a urbanização de Cabo Frio – Búzios possui algumas semelhanças com o seu projeto para a construção de Brasília, como a divisão em unidades urbanas, cada uma com um setor agrícola próprio, prolongamento da ideia de Clarence Pery em seu sistema de *neighbourhood unit* – unidade de vizinhança; e também a ocupação dos interstícios por unidades menores e autossuficientes, o que evitaria o congestionamento nos maiores centros. Em seu memorial descritivo existe uma associação dos urbanistas modernos aos trabalhos

Ebenezer Howard, e posteriormente ampliados a Raymond Unwin, Clarence Perry, Henry Wright e Clarence Stein (*Módulo*, nº 8, jun. 1957, p. 22-37).

Teorias urbanas: relações com o edital e os demais planos

O grupo M. M. Roberto propôs uma cidade de crescimento orgânico, com uma estrutura que poderia ter seu tamanho dobrado, sem a destruição do sistema urbano. Considerando o aumento das cidades brasileiras e o possível potencial que detinha Brasília, o grupo realizou estudos sobre estimativas populacionais e, diferenciando-se do proposto no edital, admitiram um aumento considerável de habitantes num futuro próximo da cidade.

A questão do tamanho urbano é concernente aos urbanistas desde a rápida expansão da era industrial, que tornou cada vez mais complexo o crescimento das cidades. Embora não existisse um acordo universal sobre qual a dimensão ideal máxima do complexo urbano, pressupunha-se que as unidades urbanas pequenas eram preferíveis em termos de qualidade de vida, não apenas de conveniências físicas, mas também em prol do senso de comunidade que muitos pensavam só poder ser encontrado dentro de um grupo reletivamente pequeno. A população de 72.000 habitantes de cada unidade urbana estabelecida pelo plano dos irmãos Roberto buscava esta característica.

Quase todos os competidores de Brasília fizeram um esforço na subdivisão da cidade através do uso da unidade de vizinhança. Segundo Evenson, o plano dos irmãos Roberto se diferenciava dramaticamente dos outros no uso desse conceito pois efetuaram uma total fragmentação da cidade. Para ele, com a eliminação do grande centro seriam geradas uma série de dificuldades urbanas, além disso, o desenho concêntrico das unidades de vizinhança era similar à forma ideal da cidade elaborada pelos arquitetos da renascença, cheios da concepção da razão e da perfeita ordem em contraste à organização mais orgânica e irregular das cidades existentes (cf. Evenson, 1973, p. 128-134).

Para os Roberto a maior parte das grandes capitais da época (Paris, Washington, Madrid, entre outras) era produto de ideias barrocas, com preocupações militares e de ostentação de poder. Por meio de seu projeto, tentava-se criar uma capital vol-tada para os valores humanos, sem as complicações mecânicas, uma cidade para cidadãos, não para "escravos e robôs". Não havia uma peocupação em imitar outras capitais, pretendia-se olhar o futuro, não apenas copiar o passado.

A questão relativa ao crescimento populacional era solucionada por meio da possibilidade do aumento da estrutura da cidade. A forma repetiria o desenho poligonal de 5.000.000 km², com artérias extendendo-se do centro à periferia e inclusão de áreas verdes. Esse processo substituiria as cidades satélites, já que desacretivam na eficiência das mesmas (cf. *idem, ibidem*, p. 128-134).

Procuraram recuperar a qualidade das pequenas vilas num arranjo metropolitano. Segundo Braga (1999, p. 155-157), tudo estava previsto e determinado, dificultando transformações futuras. Por outro lado, a sua convicção absoluta nas qualidades das pequenas comunidades parece ter definido o projeto em todos os seus detalhes.

Sua opção de transformar Brasília numa federação de pequenas cidades autônomas foi resolvida num desenho radical. A forma poligonal das unidades urbanas não apenas evocaria essa autonomia, como garantiria a sua permanência. No entanto, tal limitação poderia impedir a relação entre as unidades e, ao contrário do que previam os autores, criar aspecto de bairrismo e rivalidade:

> "Para os arquitetos, todas as unidades seriam equivalentes, sem dominantes nem satélites. No entanto, parece improvável que não fossem estabelecidas diferenças entre as mais centrais e as mais extremas, ou ainda, entre as sete originais, á beira do lago, e as unidades adicionais, distantes deste, previstas para o crescimento futuro. A forma circular, do mesmo modo que estabeleceria a fragmentação metropolitana, determinaria uma organização compartimentada do espaço interior da unidade. A estrutura poligonal de múltiplas direções condicionou a constituição de uma trama urbana descontínua, sem eixos predominantes e perspectivas extensas, com o sistema de circulação geral rarefeito" (Braga, *ibidem*, p. 156).

Acreditavam que a análise sistemática da economia e da população permitiria o planejamento preciso de todos os detalhes da cidade. Tal determinação

175

desenvolveu no júri algumas dúvidas quanto à fragmentação da cidade e a ausência de monumentalidade da mesma:

"Plano nº 8

Autores: M. M. M. Roberto

Suposições:

7 unidades urbanas de 72.000 pessoas cada uma, aumentando normalmente para 10 e, no máximo, 14 unidades.

População máxima tolerada acima de um milhão.

Cada unidade tem como centro um departamento governamental.

Críticas:

1. Embora seja um plano para a "cidade do bem-estar", é desumano a ponto de serem controladas e restringidas todas as posições e circulações.

2. O ideograma da Unidade Urbana de 72.000 habitantes é válido para qualquer cidade numa região plana; não é especial para Brasilia; não é o plano para uma capital nacional.

3. As partes são separadas, isto é, suas relações não tem caráter metropolitano; a cabeça permanece a mesma, enquanto os 7 corpos crescem para 10 ou 14, com vida própria ou diferente.

Vantagens:

1. O estudo sobre utilização da terra é o melhor e mais completo de todo o concurso.

2. Os tipos de fazenda e aldeia são excelentes.

3. O programa para construção e financiamento é prático e realista" (*Módulo*, no.8, jun.1957, p. 15).

Segundo Holford, participante inglês do corpo de jurados:

"O pricípio do plano é fragmentar o centro das metrópoles dentro das suas próprias unidades de ocupação, 7 para começar, cada uma delas com um centro de atividades governamentais dentro do distrito de negócios, depois 10 e, finalmente, 14. O Centro do Governo Federal, destacado dos modelos hexagonais de centros, continuaria o mesmo apesar do crescimento do número das unidades. Uma cidade regional estabelecida como deve ser por decreto. Depois, admirando esse esquema por vários dias, tive a sensação de que tudo neste trabalho era digno de elogio, com exceção do objetivo principal. Essa não era uma ideia para uma Capital Federal" (Holford *apud* Evenson, 1973, p. 134).

Marcelo Roberto, em artigo publicado no jornal *Correio da Manhã*, em 24 de março de 1957, discordando da avaliação do júri, polemizou:

"Não acreditava, e nem acredito que uma capital seja um panteão. Acredito que uma capital, como qualquer outra cidade, é destinada a homens vivos e que a obrigação do planejador é procurar estabelecer as bases para a criação de comunidades felizes. Não admito que o homem assoberbado com as distâncias, perdido no turbilhão da megalópolis, vá emocionar-se com a extensão ou coincidências dos eixos das avenidas ou com a hierarquia da edificação. Não posso aceitar o conceito século XIX de "monumentalidade". Julgo que o monumental pode ser atingido por caminhos mais sutis, não implicando no esmagamento estardalhaço do homem. Penso-o perfeitamente alcançável sem abandono da escala humana. Considero monumental o que respeitamos comovidos, não o que nos atordoa. Fico com as praças italianas, com San Marcos, Campo San Giovani e Paolo, Signoria, contra todas as perspectivas, *malls, boulevard* e outras grandiosas do barroco *revival*" (*Módulo*, no 8, *apud* Braga, 1999, p. 156-157).

E acrescentava:

> "Sabíamos, e os fatos vieram comprovar, que nossa proposta ainda era revolucionária e não seria apreendida com facilidade. Tratava-se de uma ideia nova. Analisamos com a precisão possível o seu funcionamento como estrutura social e econômica. Fizemos com a estrutura urbana o mesmo que Rino Levi fez com o esqueleto dos prédios que apresentou: providenciamos seus cálculos e os exibimos como demonstração da viabilidade" (Módulo no 8 *apud*, *idem*, *ibidem*, p. 157).

Comentário do Memorial descritivo

O projeto apresentado pelos irmãos Roberto, classificado em 3º lugar, mostrou uma pesquisa intensa de dados econômicos e sociais, considerada pelo júri como aspecto não primordial, apesar de bastante elogiada.

Os arquitetos realizaram um estudo sobre a população que habitaria a nova capital, buscando viabilizar melhores condições econômicas e sociais para os seus habitantes. O tamanho da cidade seria determinado visando não destruir a harmonia do conjunto, mesmo com o aumento de 100% do seu volume inicial. Descartaram a cidade mononuclear de 500.000 habitantes com o traçado em grelha, como o de Mileto e Chandigarh, devido aos inconvenientes de megalópoles gerado por essa estrutura.

Acreditavam que as cidades com população de 50.000 até 100.000 habitantes eram aquelas que melhor funcionavam, tamanho suficiente para o enriquecimento dos serviços especializados e da convivência social. Portanto, a cidade foi concebida como metrópole polinuclear, organizada em 7 unidades urbanas de 72.000 habitantes cada. Este projeto eliminaria as inconveniências das metrópoles: congestionamento no centro, longas distância a serem percorridas até o trabalho e complicações de trânsito, por exemplo. Além disso, o partido da metrópole polinuclear pretendia solucionar o provável aumento populacional da capital sem onerar a funcionalidade da mesma (cf. Braga, 1999, p. 91-105).

Adotaram o sistema de federação de unidades urbanas, cada uma delas consistindo numa cidade completa, perfeitamente autossatisfeita, com todos os elementos necessários a uma moderna comunidade urbana, seguindo as linhas gerais da sistematização esboçada por Maurice François Rouge em *Introduction a un urbanisme experimentale*. Essas unidades dispensariam a existência de cidades-satélites.

A estimativa populacional estava definida em 504.000 habitantes nos primeiros 20 anos da cidade, sendo 7 unidades urbanas de 72.000 habitantes cada, 10 distritos rurais com 10.400 pessoas cada e 22.000 habitantes em estabelecimentos isolados, como base militar, aérea, sanatórios, penitenciárias e outros. Perfazendo um total de 630.000 habitantes no Distrito Federal, com uma densidade de 126 hab/km² (cf. *idem*, *ibidem*, p. 91-105).

A composição da população foi estudada para que se tenha uma comunidade equilibrada e dela se deduzam as necessidades de habitação e serviços. Levando em conta todos esses fatores chegamos à seguinte composição:

1. Composição da população total – 7 Unidades Urbanas na Capital, 10 Distritos Rurais. Total – 630.000

2. Composição da população de uma unidade urbana: – 6 setores. 12 Vizinhanças. 11.922 habitantes em cada Setor e 468 habitantes no *Core*. Total – 72.000

3. Composição da população de um setor: – 3 vizinhanças. 3.966 habitantes em cada vizinhança e 24 habitantes no Centro de Setor. Total – 11.922

4. Composição da população de uma vizinhança: – 3.960 habitantes em residências e 6 habitantes no Centro da Vizinhança. Total – 3.966

5. Composição da população isolada: – 14.000 habitantes na Base Militar. 2.800 habitantes na Base Aérea. 4.000 habitantes internados em estabelecimentos penais, sanatórios, hospitais etc. Total – 22.000

6. Composição da população de um distrito rural: – 8.800 habitantes nas Vizinhanças Rurais e 1.600 habitantes na Zona Urbana. Total – 10.400

> É preciso não mal baratear os recursos disponíveis em complica-
> ções mecânicas na estrutura da comunidade. Um planejamento
> adequado da utilização do espaço permitirá um mínimo de inver-
> sões de capital. Todos esses elementos foram considerados no es-
> tudo do Plano apresentado (*Habitat*, n° 42, maio/jun. 1957, p. 6).

Acreditavam, no entanto, que muito provavelmente, esta projeção aumentaria. Para isto previram uma situação limite de 1.008.000 habitantes, divididos em
14 unidades urbanas, mais 252.000 pessoas nas áreas circundantes, alcançando
1.260.000 habitantes no Distrito Federal, com uma densidade de 252 hab/km².
Acima desse limite seria a desordem.

A proposta urbana, fundamentada na descentralização, distribuía formas hexagonais que se voltavam, cada qual, para edifícios públicos centrais, disseminando
os serviços governamentais e descartando a monumentalidade, característica tão
apreciada pelo júri. Tais células hexagonais se dividiriam em setores residenciais
– unidades de vizinhanças – organizados em torno de um centro – *core* – constituído por estabelecimentos comerciais, comunitários, de serviços e onde estaria
também parte das atividades governamentais (Roberto, 1957).

> "A capital que projetamos é a capital para uma nação que coloca os
> verdadeiros valores da vida humana acima da pura exibição monu-
> mental ou do gosto da complicação mecânica. Procuramos encontrar
> as dimensões ideais para a Capital do Brasil, mas na situação atual. O
> problema do controle da expansão, ou da manutenção da estabilidade
> estrutural da cidade, é fundamental. A Capital do Brasil não poderá
> ser contida nestes limites. Assim abandonamos a cota mais alta e dis-
> tribuímos as nossas Unidades conforme o contornos da margem oci-
> dental do Lago" (*Habitat*, n° 42, maio/jun. 1957, p. 2).

As unidades seriam circulares, centrífugas e centrípetas, os dois movimentos pro-
cessando em total harmonia. A distância do raio seria de 1.200 m, ou uma caminhada

de 15 minutos (cf. Braga, 1999, p. 91-105). Nelas cada três unidades de vizinhança representariam um setor organizado com casas individuais e edifícios coletivos.

Os setores residenciais se subdividiriam em 18 unidades de vizinhanças menores, de aproximadamente 4.000 moradores. Elas teriam um centro de vizinhança constituído por açougues, armarinhos, armazéns, bares e cafés, biblioteca, barbearias, salões de beleza, confeitaria, farmácias, lojas de jornais e revistas, leiterias, padarias, peixaria, quitanda, sapateiros, ferragens e louças, tinturarias, florista, uma escola primária e uma igreja.

O centro do setor teria os serviços ampliados: cafés, bancos, barbearias, uma agência de correios e telégrafos, uma delegacia, farmácia, lojas de ferragens, tintas e materiais em geral, loja de jornais e revistas, um supermercado, um posto de saúde, companhia de transportes, mudanças e guarda-móveis, vidraceiros, lavanderias, mecânica, carpintaria, marcenaria, eletromecânica, serralheria, tipografia, oficina de instalações hidráulicas e elétricas, rádio-reparador, estofador e colchoaria, mecânica de bicicletas, uma escola secundária, um clube esportivo e social e, ainda, postos de serviço espalhados pelo setor (cf. *idem*, *ibidem*, p. 91-105).

Tentaram garantir uma organização interessante para os grandes edifícios no *Core*, evitando repetições monótonas, simbolismo e dominações estruturais, mas enfatizando os ideais democráticos da comunidade. Acreditavam que a cidade era para todos: o pobre não deveria se sentir humilhado pela ostentação opressora, nem o rico entediado pelo senso de uniformidade. No *core* da cidade, a relação entre os diferentes grupos sociais deveriam se estabelecer num local onde todos se sentissem à vontade (cf. Evenson, 1973, p. 128-134).

O termo *core* visava elucidar o caráter pretendido para o centro da unidade: o coração, centro vital da comunidade urbana. Cada unidade abrigaria nesse local as diversas funções administrativas da capital. As suas características próprias seriam decorrentes das diferentes funções que alojariam:

Unidade 1 – Administração Regional

Centro da administração regional e metropolitana. Órgãos executivos da estatística federal, escolas e institutos relacionados com a administração e a pesquisa econômica.

Neste core estariam também localizadas a catedral metropolitana e a administração eclesiástica.

Unidade 2 – Comunicações

Órgãos diretores dos sistemas nacionais de comunicações e transportes. Centros de estudos técnicos. Neste core estariam também localizadas as escolas técnicas e universitárias relativas às ciências aplicadas, principalmente escolas de engenharia.

Unidade 3 – Finanças

Centro financeiro metropolitano. Órgãos fazendários nacionais. Sede de grupos financeiros nacionais.

Unidade 4 – As Artes

Centros de manifestações artísticas da Metrópole. Grandes teatros e casas de diversões. Artesanato de arte. Escolas de artes plásticas, música e danças, grandes residências, embaixadas. Junto a esta unidade urbana foram localizadas as embaixadas e grandes residências no trecho da margem do lago denominado "Frente D'água". No core estariam as chancelarias dos diversos países.

Unidade 5 – Ciências e Letras

Órgãos nacionais da educação e da cultura. Reitorias das universidades. Escolas e Institutos de ciências e letras. Educação física. Antes da sua construção, as faculdades espalhadas pelos outros cores funcionariam isoladas. A equipe dos irmãos Roberto optou por não constituir uma cidade universitária isolada, sem contato com a vida da cidade. Julgaram mais proveitosa a proximidade das diferentes escolas com os serviços e instalações da vida profissional a elas correlatos, o que contribuiria para uma melhor formação da visão dos problemas humanos, do que com as outras escolas, o que traria vantagens ilusórias de intercâmbio acadêmico.

Unidade 6 – Bem Estar Social

Centros de pesquisa e estudos médicos e sociais. Órgãos de assistência e proteção social. Organizações sindicais. Neste core, o hospital pertenceria à universidade, reforçando o desejado caráter de pesquisa médica, e nas proximidades desta unidade seria localizado o hospital federal.

Unidade 7 – Produção

Órgãos nacionais de auxilio à produção. Planejamento econômico. Defesa dos recursos naturais. Institutos e comissões concernentes aos diversos setores econômicos. Os bancos particulares que figuravam nesse core seriam bancos vinculados ao financiamento da produção, sobretudo a regional (cf. Braga, 1999, p. 95-96).

Devido às curtas distâncias dentro das unidades urbanas, os veículos estariam restritos às grandes avenidas externas. Previu-se um sistema de transporte coletivo mecânico nas principais ruas internas da unidade, com calçadas rolantes em duplo sentido. O transporte entre as unidades e o Parque Federal seria feito por meio de um *monorail*.

> A distância média de circulação é, dentro da vizinhança – 150 metros; dentro do setor – 350 metros; e dentro das Unidades – 600 metros. Verificamos mesmo a impractibilidade (sic) dos veículos de transporte coletivo para circulação dentro da Unidade (*Habitat*, nº 42, maio/jun. 1957, p. 12).

Outro elemento estruturador do plano piloto, o Parque Governamental, foi localizado à margem do lago, designado à residência presidencial, aos Poderes Executivo, Legislativo e Judiciário; e a alguns Ministérios. As outras atividades governamentais seriam dispostas nas sete unidades urbanas.

O Parque Federal foi composto apenas pelos órgãos supremos do Governo Federal e estaria no meio das unidades urbanas, próximo à residência presidencial, à margem do lago. O detalhamento do programa para o Parque Federal foi desenvolvido de tal maneira que a equipe chegou a apresentar as áreas construídas para cada edifício (Evenson, 1973, p. 91-105).

	m²	Func.
Palácio (residência)	6.000	128
Edifício do Congresso	60.000	4.000
Edifício do Executivo	105.000	7.200
Edifício da Defesa	45.000	3.000
Edifício da Economia	30.000	2.200
Edifício do Trabalho	45.000	3.000
Edifício Internacional	28.500	1.000
Edifício da Cultura	53.000	2.100
Palácio dos Hóspedes	9.000	100
Quartel da guarda	3.000	250
Total	414.000	25.578

Fonte: (*Habitat*, nº 42, maio/jun. 1957, p. 7).

Ao contrário dos outros planos, a equipe não estabeleceu uma cidade universitária isolada, pois acreditavam que tanto os professores, quanto os estudantes deveriam participar da vida ativa da cidade.

Os irmãos Roberto procuraram recuperar a qualidade das pequenas vilas num arranjo metropolitano. Acreditavam que a análise sistemática da economia e da população permitiria o planejamento preciso de todos os detalhes da cidade. O júri, entretanto, qualificou o projeto como demasiadamente controlador.

Embora o concurso requeresse apenas o traçado básico da cidade, os autores apresentaram detalhes para a organização espacial de todo o Distrito Federal, acrescidos de um expressivo número de dados estatísticos. A proposta para o Distrito Federal incluía estudos ecológicos, uso de terra, desenvolvimento econômico, desenvolvimento da agricultura, fazenda modelo, zona urbana dentro da rural, projeção da população, sugestão política administrativa, entre outros. Justificando o objetivo do plano esclareceram que propunham uma integração da cidade com os arredores da região; para isso buscaram preservar o equilíbrio de todo o Distrito Federal (cf. Evenson, 1973, p. 128-134).

O esquema geral de utilização da área do Distrito Federal está representado na Prancha 1 e pode ser resumido no seguinte quadro:

	Km²	%
Áreas urbanizadas, vias de comunicação, faixa de serviço público	76	1,52
Pastagens	2.067	41,34
Cultivo	1.075	21,50
Parques, matas e áreas de reserva e proteção	1.782	35,64
Total	5.000	100,00

Fonte: (*Habitat*, nº 42, maio/jun. 1957, p. 7).

As áreas urbanizadas compreendem:

	m²
7 Unidades Urbanas	35.451.542
Parque Federal	3.000.000
Estabelecimento na área da Capital, fora das Unidades	3.000.000
Zonas urbanas de 10 Distritos Rurais	1.418.000
Aeroporto	3.000.000
Base aérea	3.000.000
Base Militar	3.000.000
Vias de Comunicação e faixas de serviços públicos	24.130.458
Total	76.000.000

Fonte: (*Habitat*, nº 42, maio/jun. 1957, p. 7).

Sugeriam ainda formas de organização política e administrativa para a nova capital, considerações sobre investimentos e financiamento para a construção da cidade, além de programas de serviços como água, esgoto e eletricidade.

Sugestões para a Lei Orgânica do Distrito Federal

    i – Da organização do Distrito Federal

    ii – Da administração do Distrito Federal

    iii – Do Plano Diretor

    iv – Da receita e despesas do Distrito Federal

Sugestões para Lei do Plano Diretor do Distrito Federal (*Habitat*, nº 42, maio/jun. 1957, p. 24 bis).

Iconografia

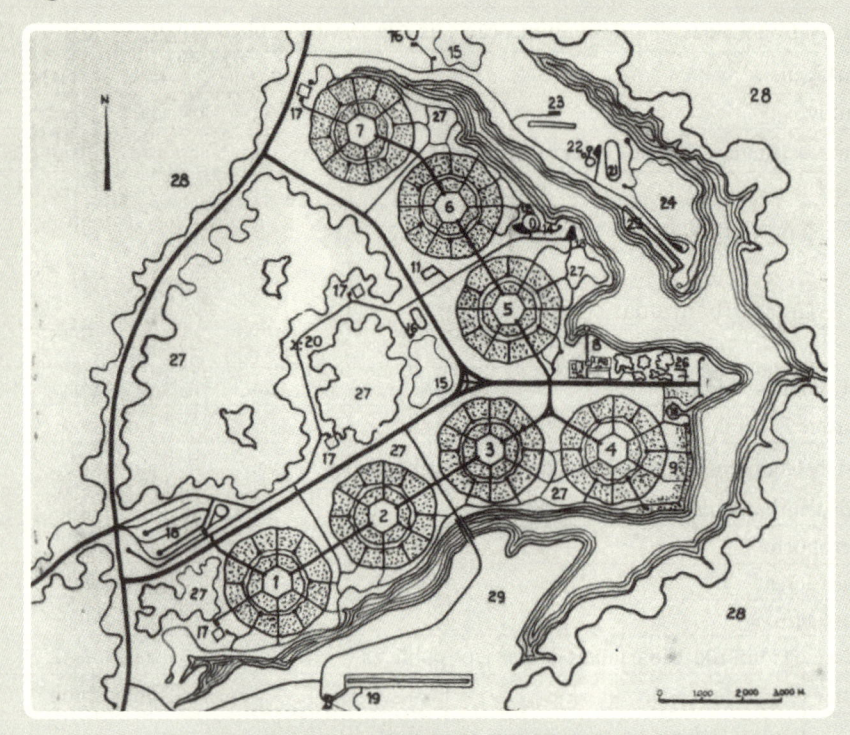

M. M. M. Roberto – Esquema geral do Distrio Federal

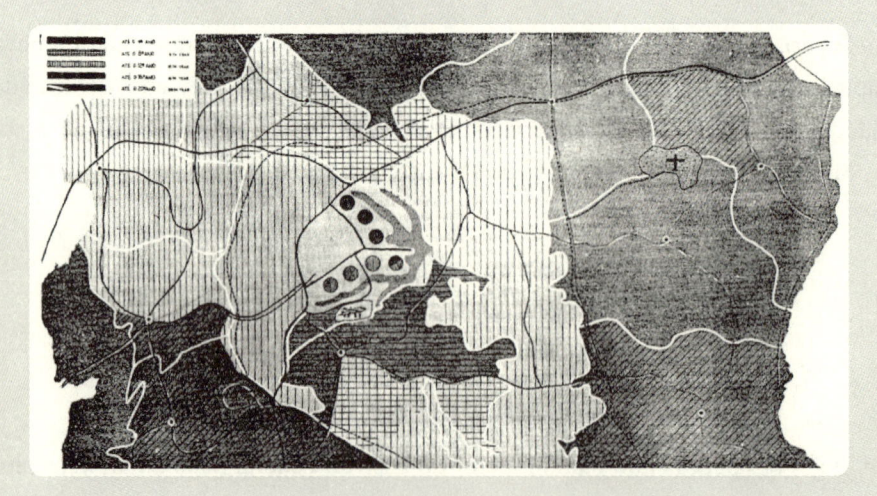

M. M. M. Roberto – A capital: Conjunto das unidades urbanas e áreas federais (branco)

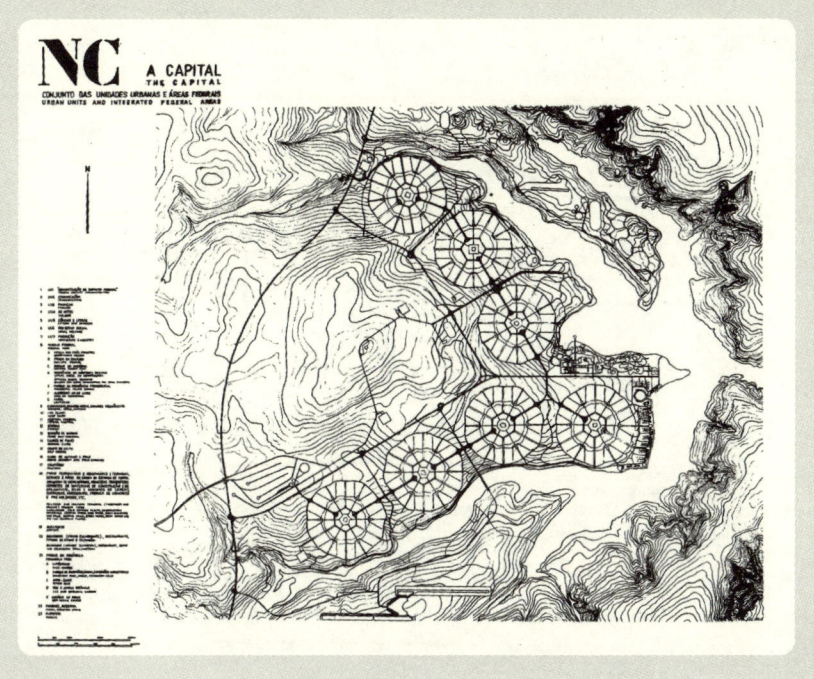

M. M. M. Roberto – A capital: conjunto das unidades urbanas e áreas (cinza) federais

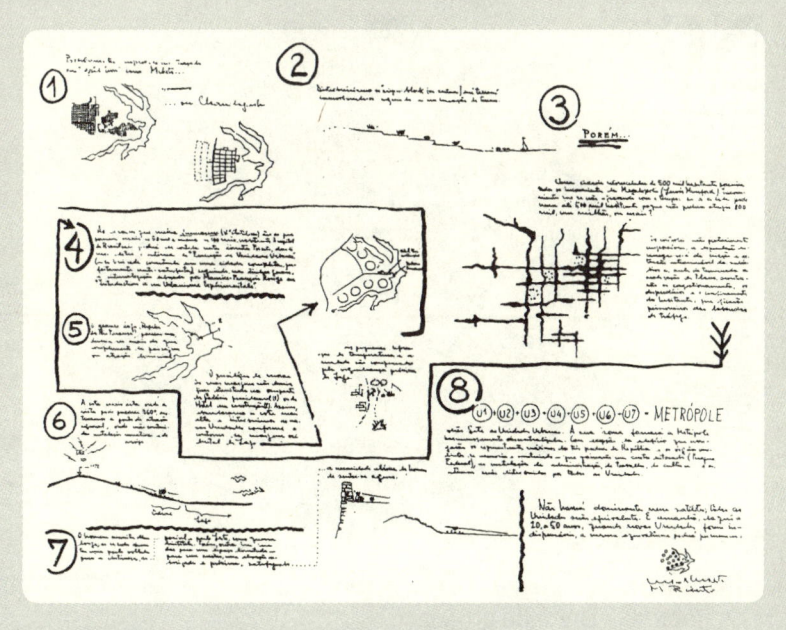

M. M. M. Roberto – A solução (metrópole)

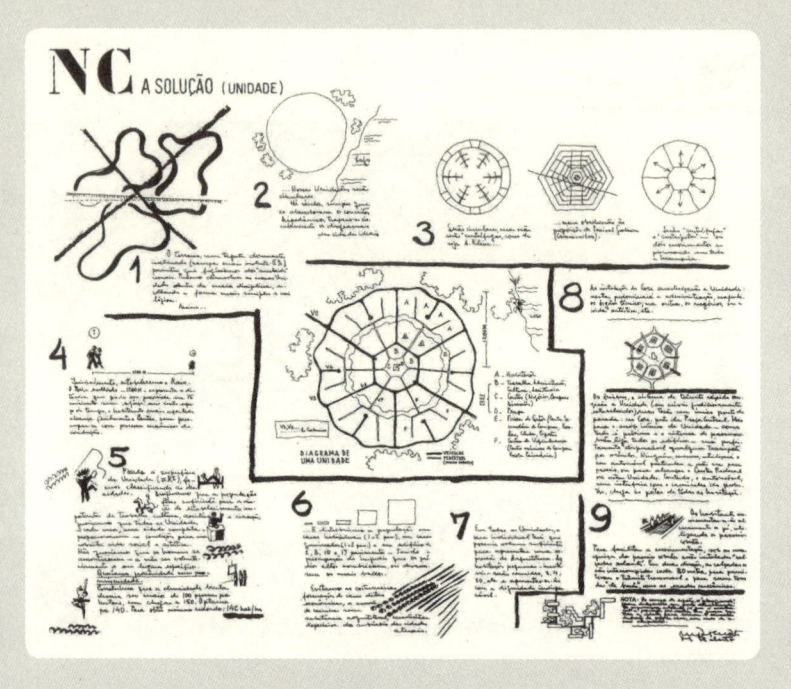

M. M. M. Roberto – A solução (unide)

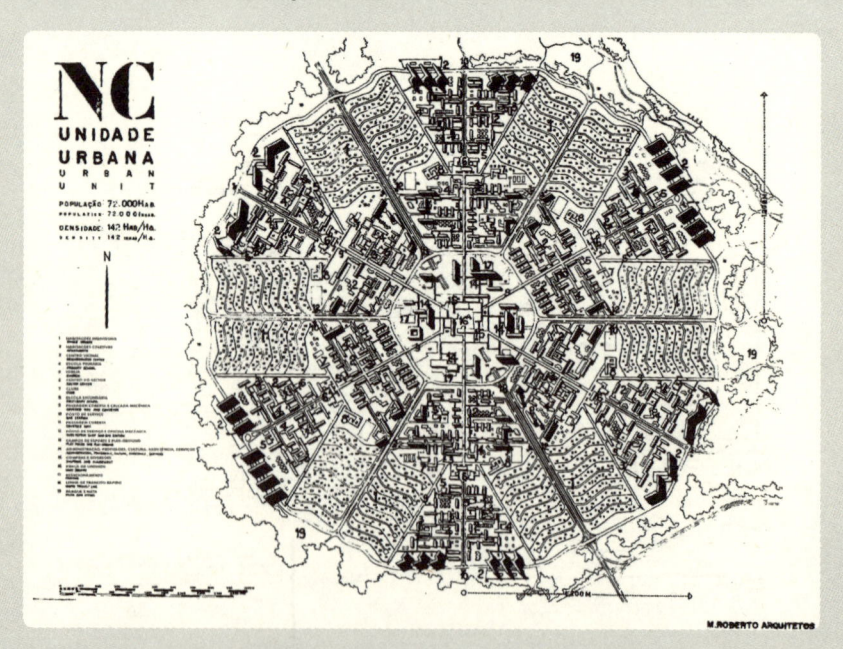

M. M. M. Roberto – Unidade urbana

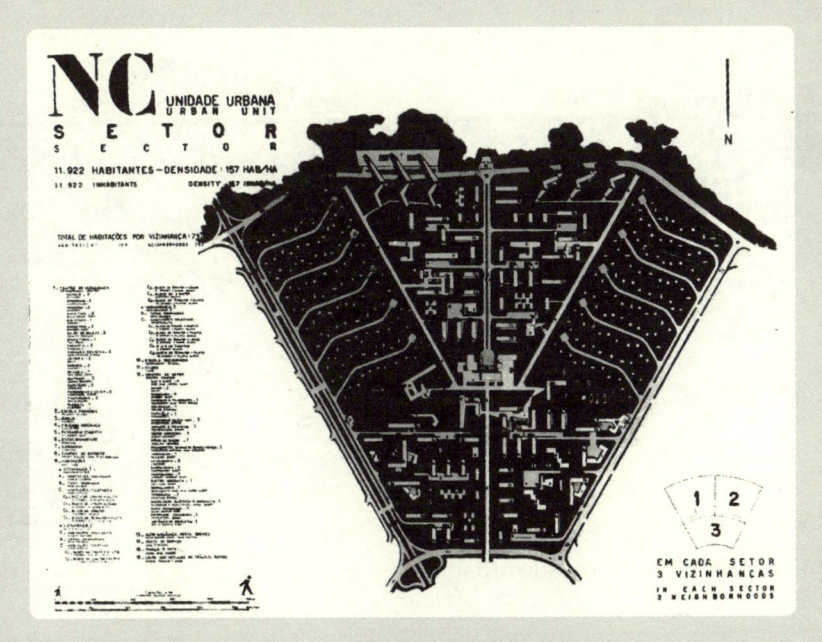

M. M. M. Roberto – Unidade urbana setor (fundo preto)

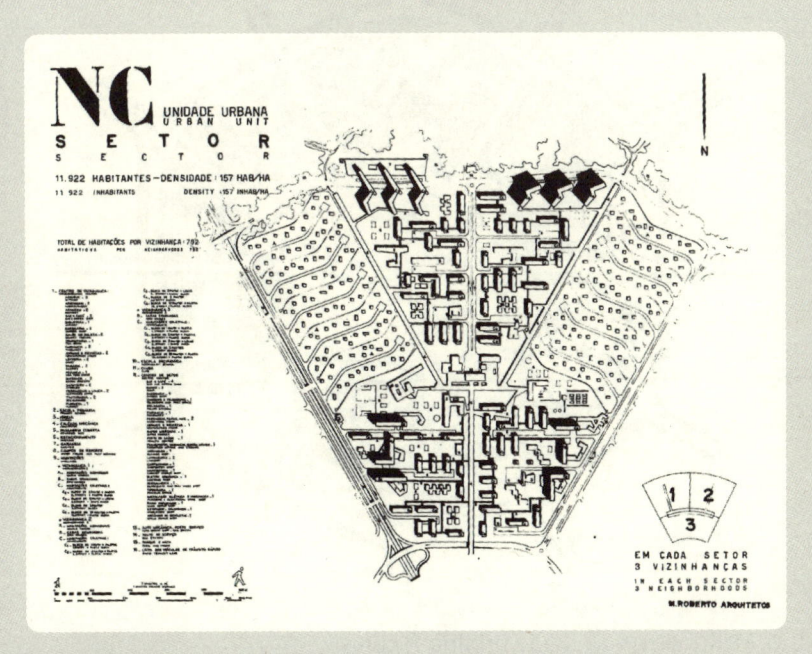

M. M. M. Roberto – Unidade urbana setor (fundo branco)

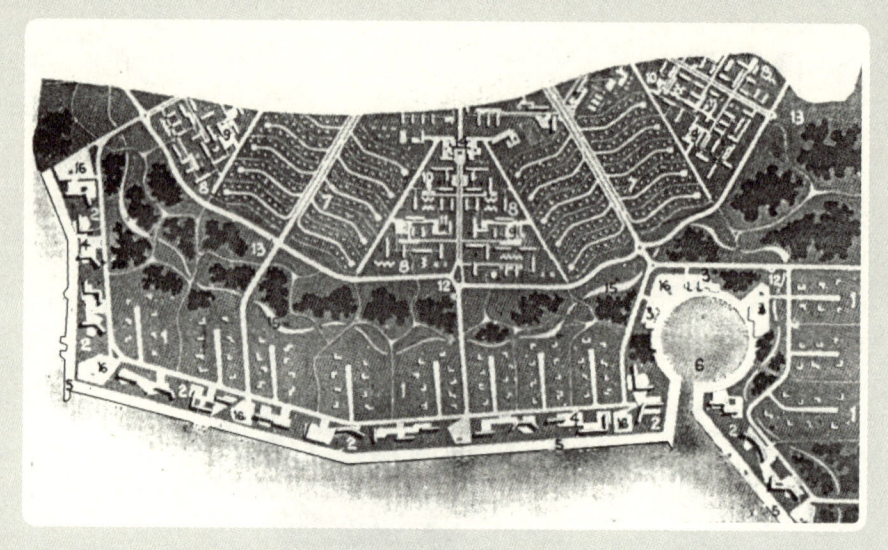

M. M. M. Roberto – Unidade urbana Le Corbusier

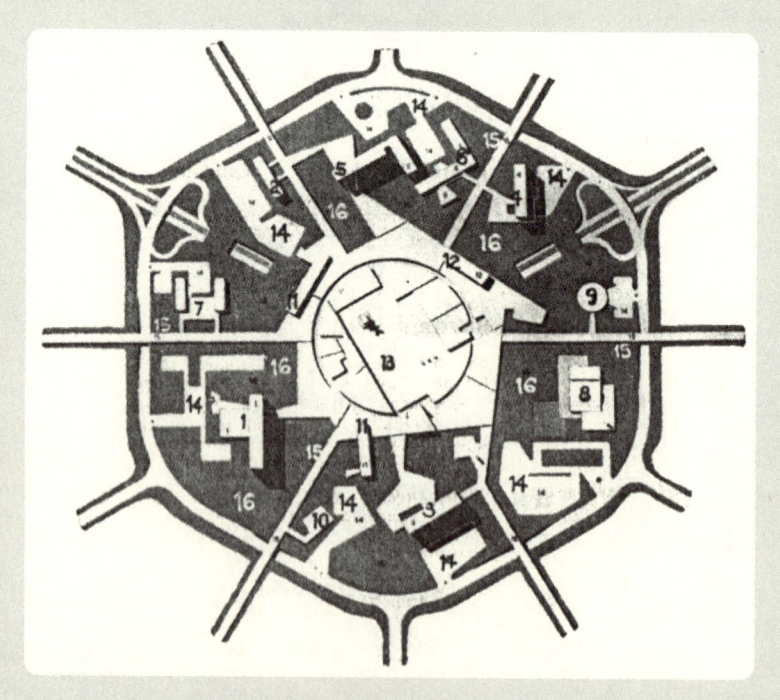

M. M. M. Roberto – Unidade urbana 1: core

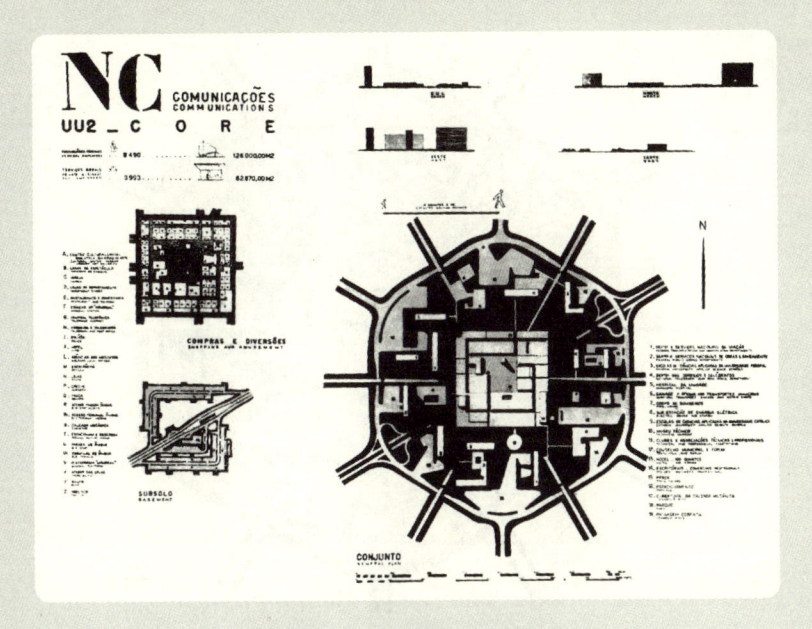

M. M. M. Roberto – Comunicações – Unidade urbana 2: core

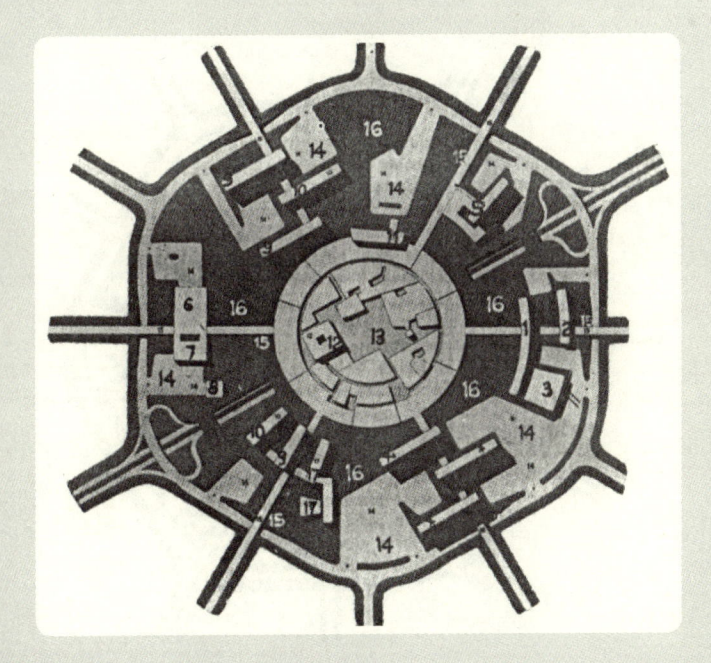

M. M. M. Roberto – Unidade 3: core

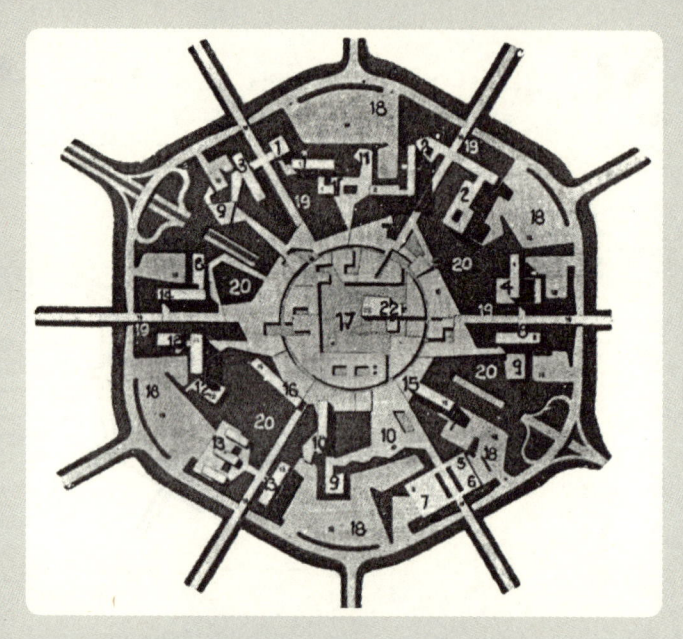

M. M. M. Roberto – Unidade 4: core

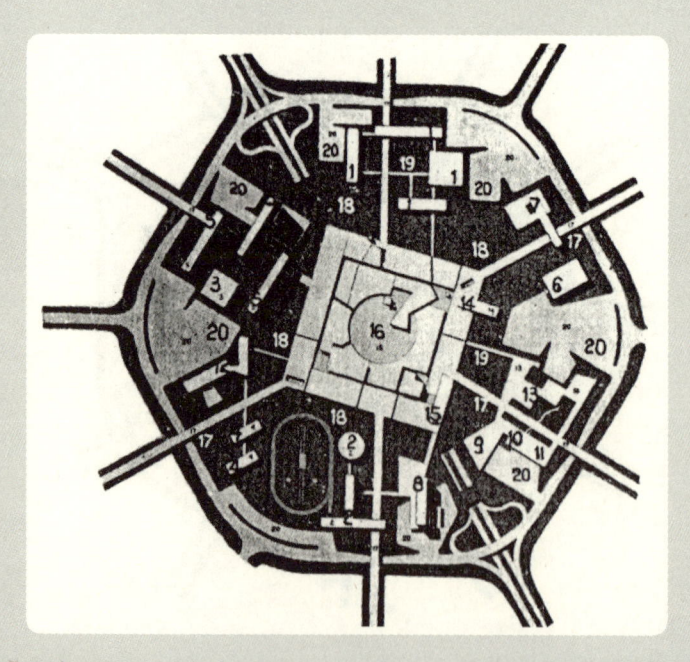

M. M. M. Roberto – Unidade 5: core

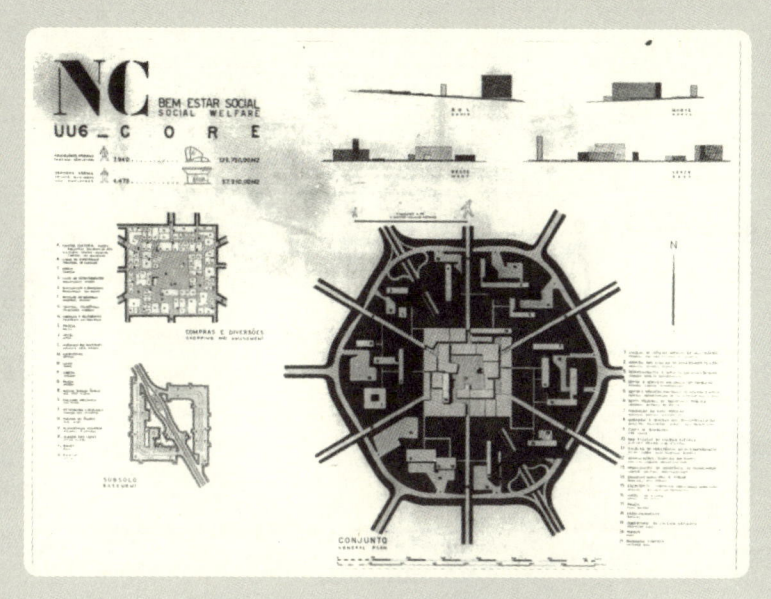

M. M. M. Roberto – Bem estar social – Unidade urbana 6: core

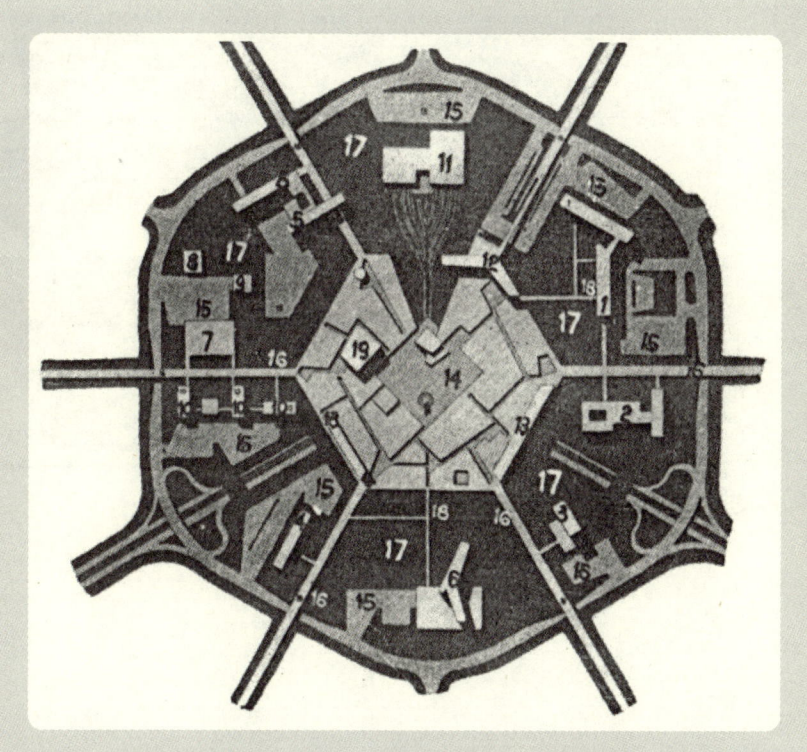

M. M. M. Roberto – Unidade urbana 7: core

M. M. M. Roberto – Praça de um core

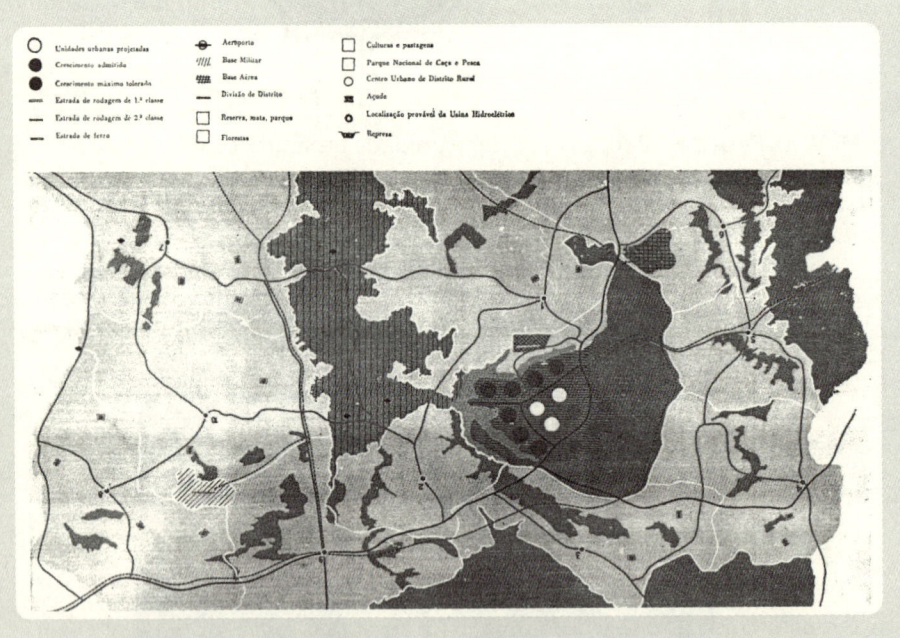

M. M. M. Roberto – Crescimento previsto da população

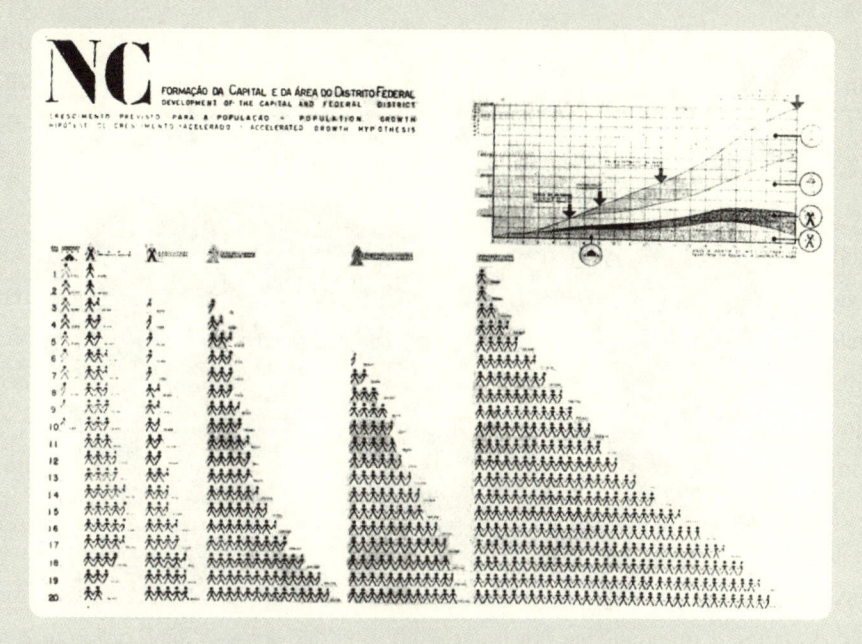

M. M. M. Roberto – Etapas de crescimento

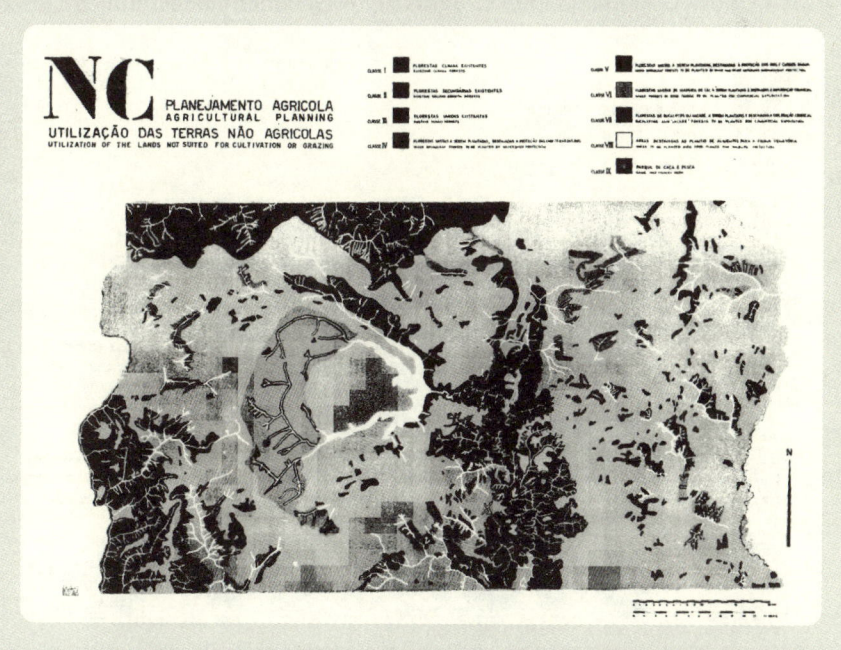

M. M. M. Roberto – Planejamento agrícola: utilização de terras não agrícolas

M. M. M. Roberto – Planejamento agrícola: divisão mínima de terra

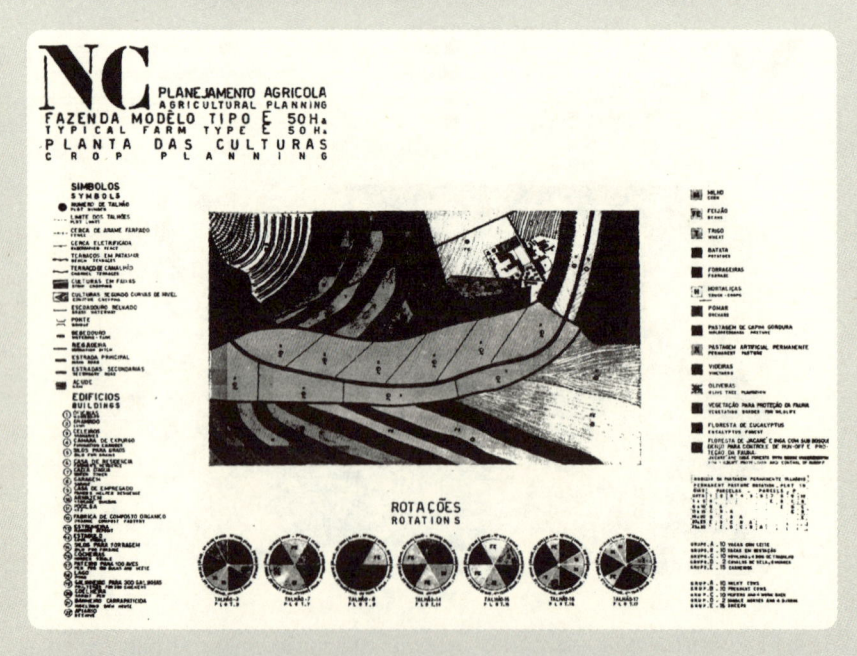

M. M. M. Roberto – Planejamento agrícola: fazendo modelo

M. M. M. Roberto – Planejamento agrícola: distribuição das culturas

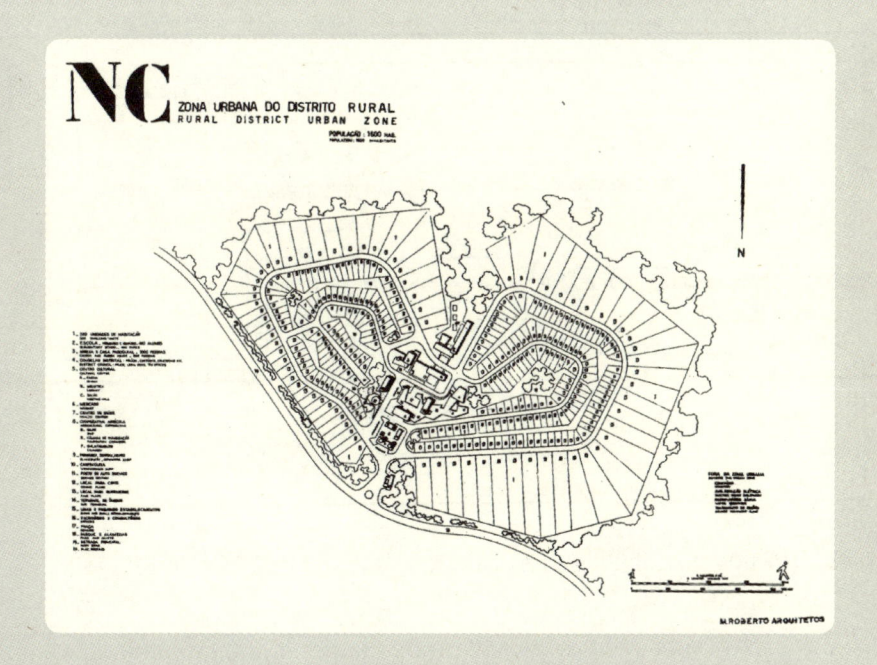

M. M. M. Roberto – Zona rural do distrito rural

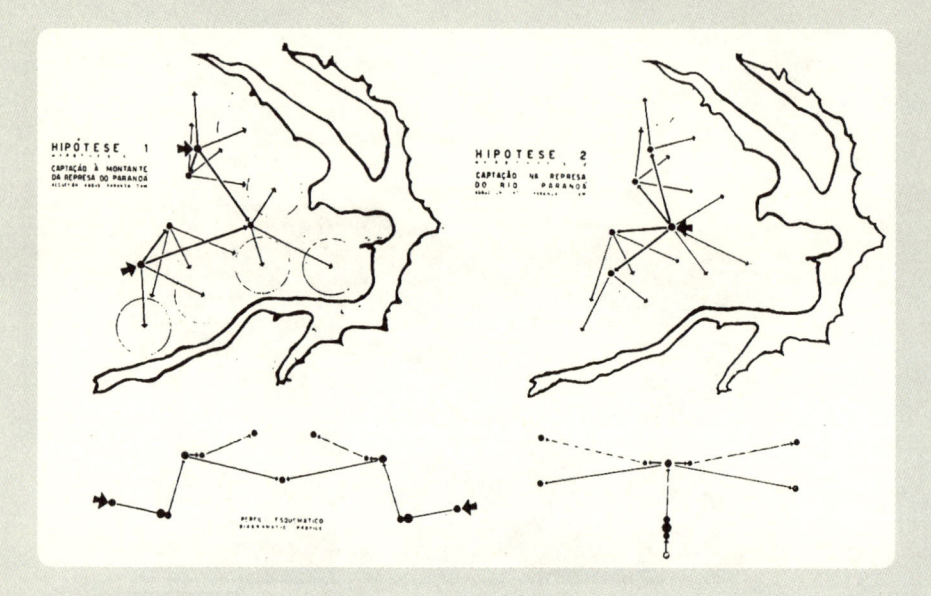

M. M. M. Roberto – Abastecimento de água

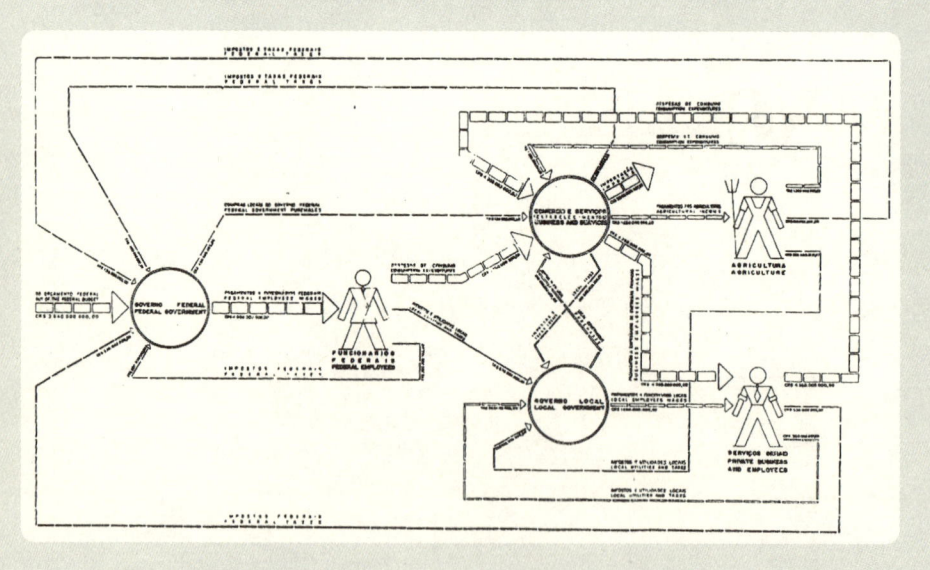

M. M. M. Roberto – Equilíbrio econômico da população do Distrito Federal

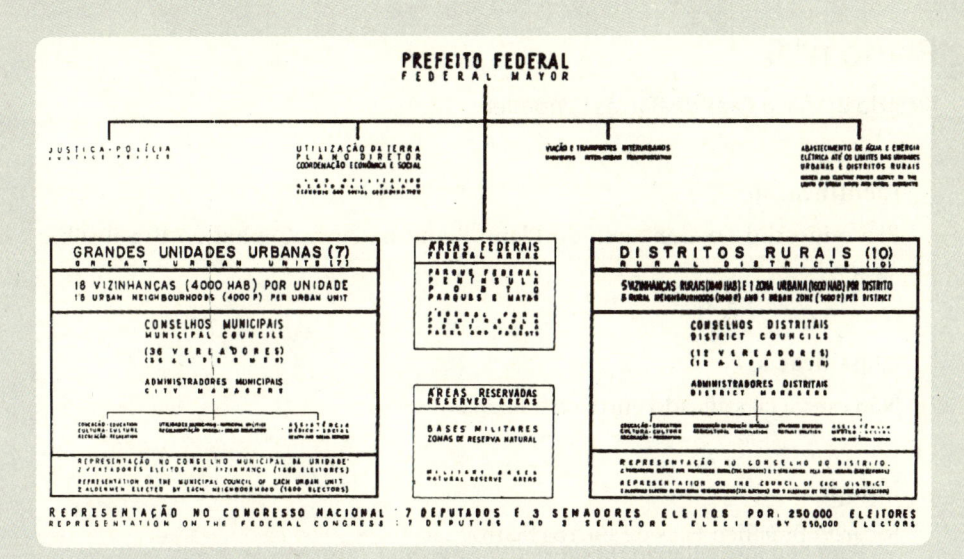

M. M. M. Roberto – Organização política e administrativa do Distrito Federal

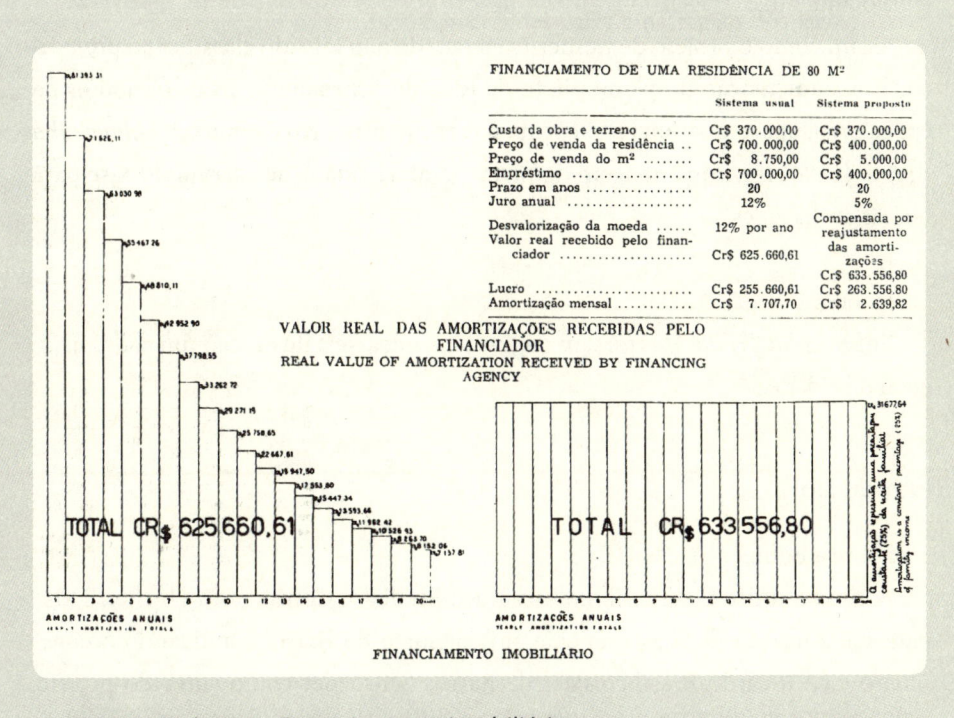

M. M. M. Roberto – Financiamento imobiliário

Plano n° 9

Ricardo Brasílico Paes de Barros Schoeder

Identificação

Plano inscrito no Concurso do Plano Piloto da Nova Capital do Brasil sob o número 9.

Classificação

Não esteve classificado entre os finalistas.

Equipe

Ricardo Brasílico Paes de Barros Schroeder.

Documentos:

Assim como o projeto de número 5, o fato de não ter sido classificado prejudicou a documentação do plano piloto de Ricardo Schroeder, pois os periódios da época preocuparam-se em publicar apenas os finalistas. No entanto, *Brasília Trilha Aberta* (1986) traz uma imagem do plano geral da cidade que serviu de base para nossas avaliaçãoes.

Iconografia:

Em *Brasília Trilha Aberta*, sem página, encontra-se a ilustração única do plano geral da cidade.

Introdução

Sobre a Equipe:

A equipe utilizou o nome do escritório Predial e Construtora Duchen Ltda., para identificação de suas pranchas no concurso de Brasília, indicando o engenheiro civil Ricardo Brasílico Paes de Barros Schroeder como autor do projeto. Segundo a publicação *Brasília: Trilha Aberta* (1986) Ricardo Brasílico Paes de Barros Schroeder é paulista de São José do Barreiro, nascido em 1918. Formou-se em Engenharia Civil pela Escola Politécnica da Universidade de São Paulo. Adquiriu o título de Professor Livre Docente em 1947, vindo a lecionar engenharia de transporte na Escola Politécnica da Universidade de São Paulo, nas cidades de São Paulo e de São Carlos. Aposentado, em 1986 ainda exercia a função de engenheiro na construção da Estrada dos Imigrantes (SP) e da Belém – Brasília. Durante anos, Ricardo Brasílico foi também colaborador do arquiteto Eduardo Kneese de Mello.

Iconografia

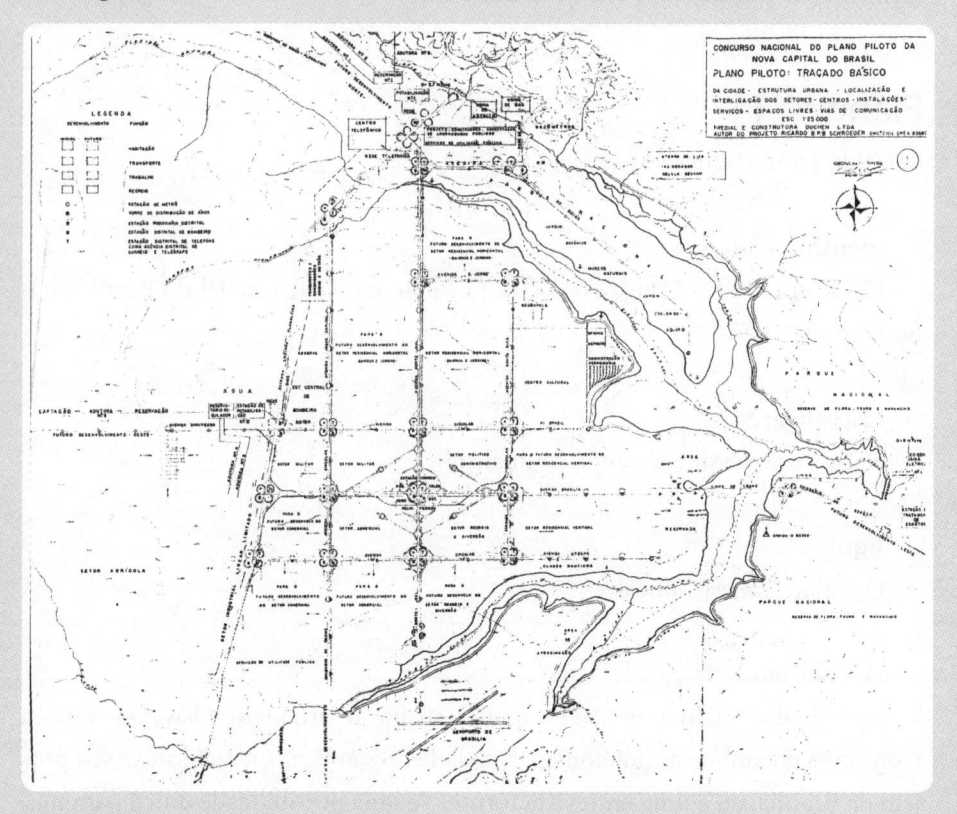

Schroeder – Plano geral da cidade

Plano n° 10
Rubem de Luna Dias

Justificativa

A impossibilidade da localização do arquiteto Rubem de Luna Dias dificultou o processo de pesquisa e a consequente localização de seu projeto para Brasília. A trajetória percorrida durante os 2 anos e 6 meses destinada à busca e sistematização do projetos apresentados no concurso para a construção de Brasília pode ser verficada nas páginas 111, 112 e 114 desse texto.

Plano n° 11
Oswaldo Corrêa Gonçalves

Identificação

Plano inscrito no Concurso do Plano Piloto da Nova Capital do Brasil sob o número 11.

Classificação

Não esteve classificado entre os finalistas.

Equipe

Oswaldo Corrêa Gonçalves

Documentos:

Apesar do relativo prestígio que desfruta o arquiteto Oswaldo Corrêa Gonçalves no âmbito arquitetônico da cidade de São Paulo, ter acesso ao seu projeto de Brasília, ou a uma entrevista tornou-se uma possibilidade difícil para nós. Através do IAB (Instituto dos Arquitetos do Brasil) identificamos o número telefônico de seu local de trabalho, porém, pouco tempo antes de nosso contato, o arquiteto havia deixado o escritório, por motivos que desconhecíamos, agora ocupado pela firma D. W. Rocha, grupo independente a Oswaldo Corrêa Gonçalves.

As tentativas feitas por sua residência revelaram-se também infrutíferas, causa sempre justificada por problemas de saúde. Dessa maneira, nossa busca direcionou-se à pesquisa bibliográfica, porém, novamente o fato do projeto não ter sido classificado prejudicou sua documentação, pois periódios da época como *Habitat*, *Acrópole*, *Módulo*, *Brasília* e *Arquitetura e Engenharia* preocuparam-se em publicar apenas os finalistas. Além disso, pesquisamos os seguintes acervos: *Memorial JK*, *Arquivo Público* do Distrito Federal, *Biblioteca* da NOVACAP, *Banco Central* do Brasil, *Bibiloteca* Nacional, Universidade Federal de Rio de Janeiro, Itelmar: arquivos Gustavo Capanema e José Pessoa; Fundação Getúlio Vargas, FAU/USP, ECA/USP, Facudade de Saúde Pública/USP.

Iconografia:
Não foi encontrado material iconográfico relativo ao Concurso de Brasília.

Introdução

Sobre a Equipe:
Oswaldo Corrêa Gonçalves é um dos realizadores da 1ª Bienal Internacional de Arquitetura São Paulo e idealizador da Faculdade de Arquitetura e Urbanismo de Santos. Foi presidente do IAB. (Instituto dos Arquitetos do Brasil) de 1962 até 1964. Suas teorias urbanas foram desenvolvidas em projetos e publicações, tais como: Comunidade Brasílio Machado Neto, Conjunto Habitacional de Ponta da Praia, o Plano de Urbanização de Nova Cintra e o Plano Diretor Físico de Santos (cf. Oliveira, 2000).

Um marco importante na sua carreira foi a participação na implantação dos conceitos da arquitetura moderna nos serviços públicos da cidade de São Paulo. Em 1948, o Estado e o Município de São Paulo estabeleceram o Convênio Escolar que, a princípio, deveria reorganizar o sistema escolar básico municipal. Em parcerias com arquitetos como Eduardo Corona, Roberto Tibau e Hélio Duarte e o engenheiro Ernest Carvalho Mange, Gonçalves desenvolveu ginásios e grupos escolares, parques infantis, teatros populares e bibliotecas públicas. O Teatro Paulo

Eiró, no bairro de Santo Amaro, e a Biblioteca do Tatuapé, por exemplo, surgiram deste projeto (cf. Gonzales, 2001).

Entre as obras de maior destaque do arquiteto está o planejamento da Riviera de São Lourenço, localizada na margem leste da Rodovia Rio-Santos, à 120 Km de São Paulo, com projeto concebido em parceria do urbanista Brenno Perelmutter. O plano urbanístico da praia de São Lourenço abrange uma área de 9.000.000 m² (nove milhões de metros quadrados). O uso e ocupação do solo foram regulamentados obedecendo ao critério de ocupar preservando, primando por um adensamento populacional compatível e adequado dentro de um alto padrão de conforto e salubridade. Estabeleram o uso e ocupação do solo, os recuos, as limitações, os incentivos à construção, as restrições às especulações imobiliárias, a busca das soluções para os impactos ambientais, a criação dos processos de vigilância aos eventuais abusos e desvirtuamentos na ocupação de área, os detalhes das obras de infraestrutura e a montagem de toda a estrutura jurídica do empreendimento.

A Riviera é dividida em três zonas: zona turística – abrange os módulos: Fragatas, Galeses, Caravelas, Maracás, Coqueiros, Sambaquis, Jequitibás e Fortes. Zona Residencial – abrange os módulos: Recanto da Riviera, Parque de São Lourenço, Jardim dos Buritis, Bosque da Orla e Jardim Vera Cruz. Zona Mista – abrange os módulos: Serrano, Vertentes, Trópicos, Armação, Saltos, Dunas e Pomares. Estas áreas contam com infraestrutura própria para captação, tratamento e distribuição em todos os módulos de água potável de qualidade. A captação da água é realizada na nascente do Rio Itapanhaú e é tratada na Unidade de Tratamento de Água (ETA) dentro da própria Riviera de São Lourenço e distribuída através de rede própria a todos os moradores.

A infraestrutura comercial é concebida a partir de um *Shopping Center* instalado no centro. Nele encontram-se supermercado, restaurantes, agências bancárias, farmácia, agência dos correios, postos de gasolina, peixaria, bicicletaria, banca de Jornal, livraria, vídeo locadora, terminal de ônibus intermunicipal, entre outros. A implantação começou em 1979 com a a abertura das primeiras ruas e um painel instalado na praia deserta dizendo: "Aqui está sendo criado um modelo de urbanização". Hoje a Riviera se apresenta com cerca de 50% de sua área ocupada: são mais de 2000 casas construídas e habitadas, 330 casas em construção, 120 edifícios entre seis e dez pavimentos habitados e em construção.

Plano n° 12

Joaquim Guedes
Liliana Marsicano Guedes
Carlos Millan
Domingos Azevedo

Identificação

Plano inscrito no Concurso do Plano Piloto da Nova Capital do Brasil sob o número 12.

Classificação

Não esteve classificado entre os finalistas.

Equipe

Arquitetos Joaquim Guedes, Liliana Marsicano Guedes, Carlos Millan e Domingos Azevedo (STAM Ltda.).

Documentos:

Apesar de não classificado, esse projeto foi mencionado pelo jurado Paulo Antunes Ribeiro no seu voto dado em separado do restante do júri por razões de contrariedade. Esse fato fez com que o livro escrito por Bruand (1991) trouxesse um pequeno comentário sobre o projeto e as imagens do plano piloto geral para a nova capital e um detalhe do centro. Outras documentações foram feitas por *Brasília Trilha Aberta* (1986) e Mônica Camargo (2000). Realizamos uma entrevista com Joaquim Guedes e temos o conhecimento de que o autor possui, em seu acervo, uma cópia do memorial descritivo apresentado no concurso e, no entanto, alegando necessidade de revisão do texto, não nos forneceu o material; também estão sob seus cuidados as imagens, ou parte delas, das pranchas do projeto de Brasília, desenhos aos quais, apesar de nossa insistência, não pudemos ter acesso.

Iconografia:

Foram localizadas as seguintes imagens:

- Projeto do Plano Piloto de Brasília, 1957.
- Projeto do Plano Piloto de Brasília, 1957. Detalhe: o centro.

Introdução

Sobre a Equipe

Mesmo não tendo sido classificado, o projeto dessa jovem equipe de recém-formados pela Faculdade de Arquitetura e Urbanismo da USP alcançou o maior destaque entre os planos não finalistas. O jurado Paulo Antunes Ribeiro não concordou com o processo de avaliação dos trabalhos e anexou seu voto em separado à ata final da comissão julgadora do concurso de Brasília. Para amenizar sua insatisfação, Ribeiro sugeriu a criação de uma grande equipe para a elaboração de um novo plano piloto. Essa equipe seria composta pelos autores dos 10 projetos pré-selecionados no primeiro dia de julgamento, acrescentando-se a eles um 11° – o trabalho do grupo STAM. Entretanto, a proposta não obteve o apoio dos outros participantes do júri (Módulo, n° 8, p. 13-16, 1957).

> Nessas condições, não é curioso pensar que Paulo Antunes Ribeiro, o único membro do júri que recusou associar-se ao julgamento que deu o primeiro lugar a Lúcio Costa, foi precisamente quem tentou recuperar esse plano, sumariamente descartado durante o exame preliminar concluído pela pré-seleção de dez trabalhos? (Braund, 1991, p. 358).

Ribeiro expôs sua contrariedade alegando irregularidades na seleção dos planos, feita num tempo *record* de dois dias e meio, onde nem sequer os memoriais descritivos haviam sido lidos.

Para finalizar, no intuito de colaborar construtivamente para solução da questão, sugiro, entretanto, que os dez trabalhos separados no primeiro dia, acrescidos de mais um, o de número 11 (onze) na numeração a giz, fossem constituídos como a equipe vencedora do concurso, sem classificação, organizando-se dessa forma, uma grande comissão encarregada de desenvolver o plano de Brasília. Neste caso o assunto estaria resolvido com justiça e a contribuição de todos se faria sentir. São estas as declarações que posso oferecer como meu voto e que serão levadas ao conhecimento do Conselho Diretor do IAB. (Assinado) Paulo Antunes Ribeiro (Ata da segunda sessão da Comissão Julgadora do Plano Piloto da Nova Capital do Brasil, *in Módulo* nº 8, 1957, p. 17-21).

A inscrição no concurso deu-se sob o nome da firma STAM (Serviços Técnicos de Assistência aos Municípios) que encerrou seus trabalhos ainda em 1957. Seus antigos membros, com exceção de Carlos Millan, já falecido, são residentes ainda em São Paulo, capital.

Carlos Millan cursou a Faculdade de Arquitetura e Urbanismo do Mackenzie, formando-se em 1951. Já nos primeiros anos de atividade profissional, ganhou um prêmio na 1ª Bienal de São Paulo com a residência Orôncio, em Araraquara, obra na qual podemos identificar suas tentativas de sistematização de uma arquitetura social, influências do arquiteto norte-americano Richard Neutra.

Associado a Ary de Queiroz Banos, Millan montou um escritório na Rua Barão de Itapetininga, no centro da capital paulista. Nesta época, o envolvimento com as teorias de Frank Lloyd Wright e Mies Van der Rohe fica evidente nas residências Plínio Junqueira, Maria Aparecida Azevedo, Márcio Munhoz, entre outras, alcançando uma grande semelhança entre seus edifícios e o Seagram. A companhia de arquitetos brasileiros também exerceu influência sobre Millan, caso de Jacob Ruchti, Miguel Forte, Roberto Aflalo, Plínio Crocce e Salvador Candia, grupo que sistematizou algumas doutrinas de arquitetura moderna.

"É notável uma atitude nacionalista de origem corbusiana, dentro de um formalismo organicista, de nascimento wrightiano. Um exemplo eloquente desse período é a casa de Oswaldo Fujiwara, em São Paulo, que materializa a *Robie House* de Wright no trópico, mas admite uma leitura racionalista cuidadosa em seu espaço interno, que abriga um extenso programa para uma residência unifamiliar, dando a ele uma abordagem conceitual, uma sequência de câmaras e banheiros" (Faggin, 1994, p. 99).

"A morte surpreendeu Millan em pleno desenvolvimento do projeto para o concurso da sede da Associação Paulista de Medicina que, mesmo inconcluso, recebeu menção especial do júri. Ainda que submetido a influências externas de grandes mestres brasileiros e estrangeiros, a contribuição pessoal de Carlos Millan é notável. A importância de sua obra se deve, sobretudo, à capacidade pessoal do arquiteto em reler aqueles vários autores e, com sabedoria, repropor formas e conceitos adaptados a uma realidade brasileira, básicos para a definição da arquitetura paulista, de todo distinta da realidade e da origem das influências que recebeu" (*idem, ibidem* p. 104).

Joaquim Guedes Sobrinho nasceu em 18 de junho de 1932, na cidade de São Paulo. Em 1949 entrou na Faculdade de Arquitetura e Urbanismo da Universidade de São Paulo formando-se em 1954. Casou-se com a colega de classe Liliana Marsicano.

Durante o período universitário Liliana e Guedes aproximaram-se dos professores Ícaro de Castro Mello, João Vilanova Artigas e, posteriormente, de Lina Bo Bardi. Iniciaram seus trabalhos com o padre Lebret, tendo participado da fundação da SAGMACS – Sociedade de Análises Gráficas e Mecanográficas Aplicadas aos Complexos Sociais. Por meio de Lebret aproximaram-se dos padres dominicanos e conheceram Carlos Millan. Em 1951, Guedes ingressou na Escola de Sociologia e Política.

A convite do arquiteto Carlos Millan, de quem foram amigos muito próximos, Liliana e Guedes passaram a trabalhar em seu escritório na rua Barão de

Itapetininga. Dividiam as despesas e realizavam alguns projetos juntos, mantendo também uma produção independente. Foram associados de 1955 a 1959.

Paralelamente, estimulado pela experiência adquirida com o trabalho realizado com o padre Lebret, Guedes fundou o escritório STAM (Serviços Técnicos de Assistência aos Municípios), com Liliana, Domingos Azevedo, Marcus Pereira e o grupo CCA – Carlos e Modesto Carvalhosa, Antonio Carlos e Jorge Cunha Lima, que funcionou entre 1955 e 1957. Ali desenvolveram o projeto para o concurso de Brasília (cf. Camargo, 2000).

Guedes ganhou o concurso para a igreja da Vila Madalena em 1955, além de várias premiações pelo seu projeto para a residência Cunha Lima, de 1958, o que lhe permitiu conquistar rapidamente um espaço no meio arquitetônico paulistano. Participou do Plano de Ação do governo Carvalho Pinto através de projetos de fóruns e escolas.

Convidado pelo professor Fernando Escorel, iniciou sua atividade acadêmica como auxiliar de ensino na cadeira de Materiais de Construção na FAU/USP em 1958.

Em 1960, organizou um escritório em sociedade com sua mulher Liliana na rua Major Sertório que foi transferido, em 1963, para o anexo de sua casa na alameda Ministro Rocha Azevedo, onde ficou até 1973. Foi um período de intensa produtividade e ativa participação no governo João Goulart, mais tarde Conselho Federal da Habitação. Propôs e dirigiu o Seminário Nacional de Habitação e Reforma Urbana.

Em 1963, tornou-se membro da Comissão do *Habitat* da União Internacional dos Arquitetos (UIA). Como tal participou de diversos eventos: Seminário Internacional de Arquitetura Industrial da UIA em São Paulo e no Rio de Janeiro, quando conheceu o arquiteto italiano Angelo Mangiarotti, por quem mantém especial admiração e amizade; XI Congresso Internacional de Arquitetos em Havana, Cuba; reuniões da Comissão do Hábitat em Helsinque e Paris; Seminário sobre Arquitetura Industrial em Budapeste, Bucareste e Agadir; além de várias reuniões na União Soviética, Romênia, Checoslosváquia, Hungria, França, Espanha, Marrocos, Finlândia e Suécia (cf. *idem, ibidem*).

Em 1969 participou do VI Congresso Brasileiro de Arquitetos em Salvador e foi convidado, ao lado dos arquitetos Aldo van Eyck, Alison e Peter Smithson,

Buckminster Fuller, Charles Eames, Charles Moore, Giancarlo de Carlo, Herman Hertzberger, Jacob Bakema, James Stirling e Moise Safdie, para o x Congresso Internacional de Arquitetos e para o seminário "Planejamento, Projeto e Arquitetura Social", ambos realizados em Buenos Aires. Essa intensa atividade proporcionou um amplo reconhecimento de seu trabalho. Ainda em 1969, o critico Francisco Bullrich dedicou-lhe especial atenção no seu livro *New Directions in Latin-Arnerican Architecture.*

Em 1971, a revista *The Japan Architecture* destacou-o como um dos três maiores arquitetos brasileiros da década de 60, época em que recebeu o maior número de prêmios por seus projetos, como a residência Cunha Lima que ganhou o Prêmio Internacional na Bienal de São Paulo de 1965; o Ginásio São José em Sorocaba tirou o primeiro lugar na categoria de edifícios para fins educativos e culturais na premiação anual do IAB, em 1967, e a residência Waldo Perseu Pereira ganhou o Prêmio Especial do Júri na II Bienal Internacional de Arquitetura, em Salvador e o prêmio Rino Levi do IAB/SP, como melhor obra construída, ambos em 1969. No XVII Salão Paulista de Arte Moderna de 1968, conquistou o primeiro e segundo lugares do prêmio Governador do Estado com a residência Francisco Landi e a Biblioteca Central da Bahia, respectivamente.

Em 1968, afastou-se do Departamento de Tecnologia da FAU/USP e recebeu o convite para integrar o Departamento de Projeto dessa faculdade, trabalhando no Grupo de Disciplinas de Planejamento Urbano e Territorial. Foi professor associado e diretor pedagógico da Escola de Arquitetura de Estrasburgo, na França, entre 1970 e 1973. Em 1972 defendeu sua tese de doutorado: *Considerações sobre o desenvolvimento urbano, a propósito do Plano de Ação integrada de Porto Velho,* na FAU/USP.

Seu escritório foi responsável por todo o projeto e gerenciamento da execução da cidade de Caraíba. Guedes chegou a ter cem pessoas trabalhando sob sua coordenação, o que o levou a mudar novamente de endereço, para a avenida Paulista, onde ficou de 1978 a 1983, mudando-se, a seguir, para a avenida 9 de julho, onde permanece até hoje.

Em 1981, defendeu livre-docência na FAU/USP com a tese *Um projeto e seus caminhos.*

Em 1985 casou-se com Anna Mariani.

Em 1987, seu filho Francisco juntou-se à equipe do escritório. No ano seguinte, Guedes passou a trabalhar na FAU em regime de dedicação exclusiva, transferindo a direção do escritório para seu irmão Paulo, que viria a falecer em 1991. Sua participação limitou-se, então, aos projetos de interesse científico e sob a licença do departamento de Projetos da Faculdade. Nesse mesmo ano é aprovado em concurso como professor titular da disciplina de Projetos da FAU/USP e em 1999 assume a coordenação do departamento de Projeto.

O projeto de maior projeção de Guedes – e o mais publicado – foi a casa Cunha Lima. Possui cerca de 30 projetos urbanos e de planejamento, alguns relativos à criação de novas cidades como Carajás, PA (1973), Marabá, PA (1973), Caraíba, BA (1976) e Barcerena, PA (1980) e outros para a expansão de cidades já existentes.

Em Marabá houve além de uma política de reurbanização, um plano para a construção de uma nova cidade, visto que a antiga situava-se em uma área inundável e o Projeto Carajás afetaria diretamente a vida urbana de Marabá. Projetada para abrigar 50.000 habitantes, a proposta de Guedes, não executada, era de um centro urbano compacto, com densidade elevada e certa homogeinação na distribuição da população e da vegetação, para minimizar o calor e evitar o desmatamento. Com edifícios de 2 a 4 andares sob pilotis recebendo 50% da população, influência de Le Corbusier, só haveria propriedade particular da obra construída, não dos lotes. Novamente, a preocupação em permitir evoluções e transformações foi priorizada, assim como o cuidado em evitar segregações sociais..

O projeto de Caraíba, planejado e executado por Guedes, pode ser considerado um dos mais amplos e complexos de sua carreira. Iniciado em 1976, tratava-se de uma cidade para 15.000 habitantes, sendo em sua maioria mineradores. O trabalho demandou a ajuda de uma grande equipe de especialistas: engenheiros, educadores, físicos e geógrafos, e levou em consideração as condições do local e as características da população. O desenho consistia num sistema de praças intercomunicadas, seis delas centrais e seis periféricas, em torno das quais estavam dispostas as demais funções urbanas. O sitema viário era ortogonal, coexistindo com vias para pedestres.

A cidade de Barcarena foi desenvolvida através de um traçado racional, de forma quadrada pura, com 800 metros de lado em cujos vértices se localizavam o comércio e os serviços nas áreas contíguas. A estrutura foi concebida para abrigar 70.000 habitantes e para atender um complexo industrial de processamento de bauxita próximo.

Entre seus projetos de reorganização de cidades existentes estão: Plano Diretor Urbano de Ourinhos (1954), Londrina (1970) e Jaú (1973); Projeto de Urbanização de Guarulhos (1960) e da Praia do Tenório em Ubatuba (1962); Plano Diretor de Desenvolvimento Integrado de Ubatuba (1962), Campinas (1970) e Mogi-Guaçu (1970); Plano Urbanístico Básico de São Paulo (1968); o Plano de desenvolvimento de Piracicaba (1975); Projeto de Revitalização Urbana de Bicocca, norte de Milão (1986).

No intuito de fornecer uma contextualização para as ideias que nortearam a elaboração dos conceitos utilizados pela equipe STAM, faremos um levantamento de algumas referências apresentadas por Mônica Camargo (2000) em seu livro *Joaquim Guedes.*

Para Guedes, a arquitetura e o urbanismo assumem papéis diferenciados da teoria convencional. Segundo ele a primeira contém o segundo:

> "[...] Pois, se a cidade, de acordo com a opinião dos filósofos, nada mais é que uma grande casa e, por outro lado, a casa é uma pequena cidade, por que não dizer que os componentes dessa casa são como muitas pequenas casas, tais como o pátio, o *hall,* o parlatório, o pórtico, e assim por diante? E o que há em cada uma delas, se omitido por descuido ou negligência, não tirará parte de sua integridade?" (Alberti *apud* Camargo, 2000, p. 9).

As influências de Le Corbusier sobre as atividades de Guedes dizem respeito, inicialmente, à importância da criação do espaço e da transformação da sociedade que apregoava o mestre franco-suíço e, posteriormente, a um processo de investigação de materiais e técnicas construtivas. O interesse por Le Corbusier fugia das soluções formais, para extrair dele seu idealismo e seu processo de trabalho.

Segundo Mônica Camargo (*ibidem*), Guedes foi um dos precursores no interesse pela obra do arquiteto Alvar Aalto, influência trazida pelo livro de Bruno Zevi Stori dell'architettura moderna, 1950, divulgador da obra de Aalto, um revolucionário que revisou profundamente o pensamento funcionalista. Aalto deixou de lado as rígidas fórmulas e teorias e trouxe para os espaços os problemas concretos da vida cotidiana. Utilizava cores e texturas. Seu trabalho transformou-se numa das mais fortes influências na vida profissional de Guedes, contudo não parece ser possível identificar uma fase aaltiana, mas sim uma exploração de seus conceitos com uma maior ou menor intensidade de acordo com o trabalho. Na Europa, Alvar Aalto praticou um urbanismo próximo ao de Wright; participante dos CIAM, apesar de preconizar um habitat agrupado e a dissociação das funções, muitas vezes, priorizou a topografia em relação a ordem geométrica.

No segundo ano da faculdade, Guedes aproximou-se do professor João Vilanova Artigas, atraído por sua honestidade intelectual, por sua convicção política, influente na sua concepção arquitetônica secundária, instrumento da busca de um país melhor. Um grupo de arquitetos se formou ao redor de Artigas, assumindo posições marxistas, difundidas pelo Partido Comunista: o processo construtivo visando as reais necessidades e não o lucro, a rusticidade da construção, entre outras.

Da admiração pela obra de Rino Levi, Roberto Cerqueira César e Carlos Millan, desenvolveu o gosto pelo detalhe, característica forte de seu trabalho.

Arquiteto e professor, Guedes descarta a qualificação de urbanista, apesar de sua precoce e intensa produção de projeto de cidades. Para ele, a arquitetura produz e abrange a cidade, o ambiente edificado tendo como consequência o planejamento. A arquitetura seria como um conjunto de objetos urbanos habitáveis e portanto a cidade (Camargo, 2000, p. 46).

Ao desenvolver um projeto urbano, Guedes considerava como fator imprescindível a previsão do inusitado, a capacidade do plano de se adpatar as transformações.

Uma forte influência na sua formação urbana foi a presença do padre francês Louis Joseph Lebret, com quem estagiou e teve participação na elaboração de projetos urbanos. Lebret propunha uma ação mais ampla de planejamento econômico para aperfeiçoar a sociedade industrial urbana através de uma análisa exaustiva da realidade econômica e sócio-cultural. Lebret Fundou o SAGMACS – Sociedade de Análises Gráficas e Mecanográficas Aplicadas aos Complexos Sociais – e defendia o trabalho multidisciplinar, o usos das estatísticas, análise numérica e gráfica dos fenômenos, elementos utilizados por Guedes posteriormente.

"Guedes entende a atividade de planejamento como um processo contínuo, uma vez que as cidades são formações abertas, dinâmicas e difíceis de entender, que não se adptam a medidas de caráter restritivo. Por isso ele acredita ser mais eficiente a criação de uma instrumentação legal coerente, flexível e hábil, que, por meio de um conjunto de estímulos e de incentivos, seja capaz de apoiar o desenvolvimento urbano, econômico e social do município, em detrimento da implantação de um modelo rígido a ser seguido por um longo período de tempo. O sucesso de uma ação de planejamento urbano, segundo Guedes, depende de uma compreensão correta da estrutura administrativa municipal, em suas várias ramificações separadamente, bem como dos graus de harmonia e eficiência entre elas" (*idem, ibidem*, p. 48).

Teorias urbanas: relações com o Edital e os demais planos

Em entrevista concedida à autora, em outubro de 2000, Guedes, filho de um funcionário da Companhia Sorocabana de Estradas de Ferro, não esconde a admiração que lhe causava a observação dos trens em movimentos, dos detalhes de encaixes no vagão, as diferentes escalas necessárias para o bom funcionamento das coisas, o mega e o micro na constituição do todo.

Após todo o tempo que se passou do concurso até os dias atuais, Guedes identifica suas influências filosóficas, sociológicas e econômicas ao pensar uma cidade. Mesmo não sendo elas tão desenvolvidas na época, ele acredita que tais relações são imprescindíveis para o bom desenvolvimento urbano e fizeram a diferença de seu projeto para Brasília.

Segundo ele, um dos fatores positivos de seu projeto para o concurso de Brasília foi a concepção da cidade sem limite. Diferentemente da maioria dos projetos, principalmente da proposta de Lúcio Costa e suas teorias de qualidade de vida associada ao baixo número populacional, Guedes pressupunha a cidade como organismo vivo, não passível de integração a formas rígidas. A observação da vida cotidiana tornava-se a base para a confirmação dessa relação urbana.

Ao comentar sobre o contexto da elaboração do plano, Guedes lembra-se que todo o grupo passou a "morar" na mesma casa para manter um rítmo de trabalho acelerado, consequência do pequeno prazo estabelecido pelo edital para entrega do projeto. A equipe utilizou grande parte do tempo disponível para estudos multidisciplinares, envolvendo especialistas de diversas áreas no intuito de identificar a região e a futura população da cidade. Feito isso, passaram à criação do plano para Brasília. Comentou também sobre o sacrifício realizado por Liliana, em final de gravidez na época, fator não impeditivo para sua participação na elaboração do projeto.

Ao relembrar sobre sua formação realça a distinção teórica existente entre os estudantes. Os mais românticos aproximavam-se de Le Corbusier; a "era" da industrialização trazia adeptos para a Bauhaus e, uma minoria, interessava-se por Alvar Aalto, grupo no qual se inseria.

Ciente das críticas ao urbanismo dito moderno na década de 50, como as elaboradas por Janes Jacobs, Guedes admite ter feito uso de elementos "combatidos" como as unidades de vizinhança. Jane Jacobs preconizava a importância da rua, como ícone que faria a separação entre o espaço público e o privado na cidade. Ao contrário da ideia de coletividade apontada pelos "modernos", direcionava a personalidade coletiva ao movimento das ruas, colocando em descrédito a ideia de parques.

Outro fator que caia em descrédito na época era a necessidade de verticalização. Para justificar o uso desse artifício, Guedes ressalta o aconchego gerado por este tipo de construção, afinal o edifício vertical diminui as distâncias a serem percorridas entre um lugar e outro, propiciando maior facilidade para os contatos diversos entre as pessoas da comunidade.

Sobre seu projeto viário, descreve o escalonamento das ruas, onde as vias destinadas a pedestres seriam elevadas e, portanto, separadas das vias para veículos.

Havia uma semelhança física entre o desenho de Guedes e o de Lúcio Costa, explícita no partido adotado, no cruzamento de dois eixos e na criação de uma ala sul e uma ala norte, no entanto, para o primeiro deles a cidade foi concebida como peça única, sem a necessidade da criação de cidades-satélites.

"De fato, as soluções propostas aproximavam-se das de Lúcio Costa, embora estivessem longe de ser tratadas com a mesma perícia e autoridade. Cidade linear composta por duas asas de traçado curvo, organização das zonas residenciais aos dois lados de uma estrada que percorre a cidade em toda a sua extensão, com uma circulação paralela destinada ao tráfego local, centro comercial no centro do conjunto, ou seja, na conjunção das duas alas, centro governamental e administrativo ligado ao anterior pelo setor cultural e colocado como uma excrescência em relativo isolamento, que lhe asseguraria calma e valorização, área industrial relegada à outra extremidade, perto da estação, além da estrada externa – eis os elementos de base e os princípios de composição que levaram a uma espantosa semelhança de inspiração entre esse projeto e o projeto vencedor. É claro que estavam faltando o achado do Eixo Monumental, a pureza e o equilíbrio da figura global, a audácia do sistema viário ordenado em função do cruzamento central, que contribuíram para impor a obra de Lúcio Costa, mas não se pode deixar de ficar espantado com o fato de que essa associação de novatos conseguiu tratar com brio o tema de uma cidade linear pressentindo todo o proveito que o urbanismo contemporâneo poderia extrair dela" (Bruand, 1991, p. 358-359).

Após o concurso, a equipe viajou para o Rio de Janeiro para uma conversa com Lúcio Costa, trazendo à tona a diferença de raciocínio que regia os dois projetos apesar das semelhanças físicas. Guedes acreditava na capacidade de ampliação da metrópole, enquanto Lúcio Costa citava o exemplo de Berna, cidade com 185.000 habitantes, como uma verdadeira capital.

A proposta do grupo STAM para o Concurso do Plano Piloto de Brasília foi uma intensa experiência que durou 4 meses, revelando a capacidade da equipe:

"Ante a crise do urbanismo internacional e das proposições racionalistas da *Carta de Atenas*, os jovens arquitetos apresentaram

o plano de uma cidade aberta, linear e vertical, baseada na realidade da vida cotidiana, no transporte coletivo de massa e com
autonomia e estrutura para crescer" (Camargo, 2000, p. 42).

O relatório apresentado tinha cerca de 150 páginas onde dissertaram sobre:

"O impacto da construção de uma cidade nova de 500.000 habitantes numa zona inabitada do planalto central brasileiro; a impo-
sição de uma cidade exclusivamente administrativa; a predetermi-
nação do tamanho da cidade; e a figura urbana coerente com as
necessidades e possibilidades daquele tempo. Concluíram que a
cidade não poderia ser exclusivamente administrativa, mas deveria tender para uma metrópole multifuncional, que pudesse ala-
vancar o desenvolvimento do planalto central brasileiro; também
sua população não poderia ser limitada, pois provavelmente ultra-
passaria as previsões impostas pelo concurso, podendo superar o
número de 1.200.000 habitantes por volta de 1990. Apresentaram
a ideia de uma cidade metropolitana monocêntrica, vertical, com
uma previsão de 500 habitantes por hectare, concentrados em área
com índice de ocupação de 0,10, cuja população teria raios de ação
proporcionais à idade. Numa clara atitude de desvalorização do
transporte individual, a estrutura urbana foi baseada na linha de
metrô, com estações a cada um quilômetro, em torno das quais
se desenvolveriam os centros comerciais locais, numa tentativa de
superar a dependência da sociedade em relação ao automóvel. O
trabalho foi desclassificado por não atender às condições do edital
e a sugestão do metrô foi considerada inadequada, pois entendia-
se que esse meio de transporte era uma solução para os problemas
das cidades de maiores proporções. Um trabalho de juventude
com fortes intuições dos problemas urbanos, que o tempo se in-
cumbiu de confirmar" (*idem, ibidem*, p. 42-43).

Iconografia

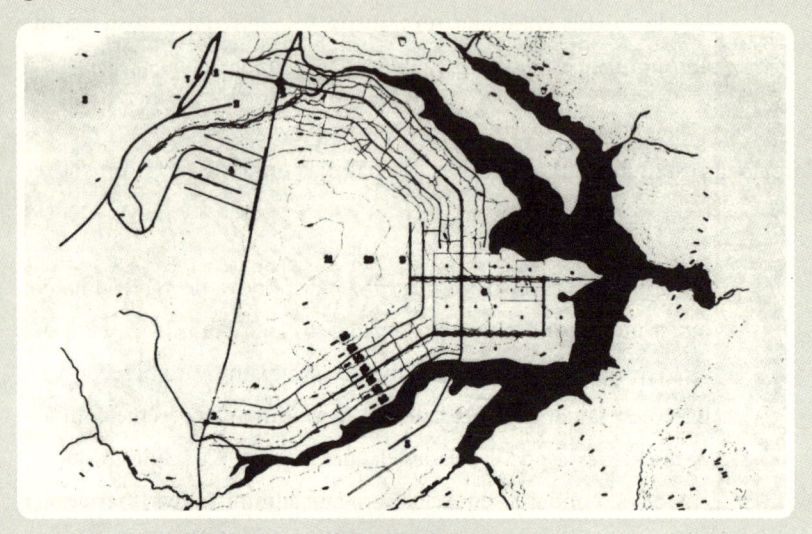

Guedes – Projeto do Plano Piloto de Brasília, 1957

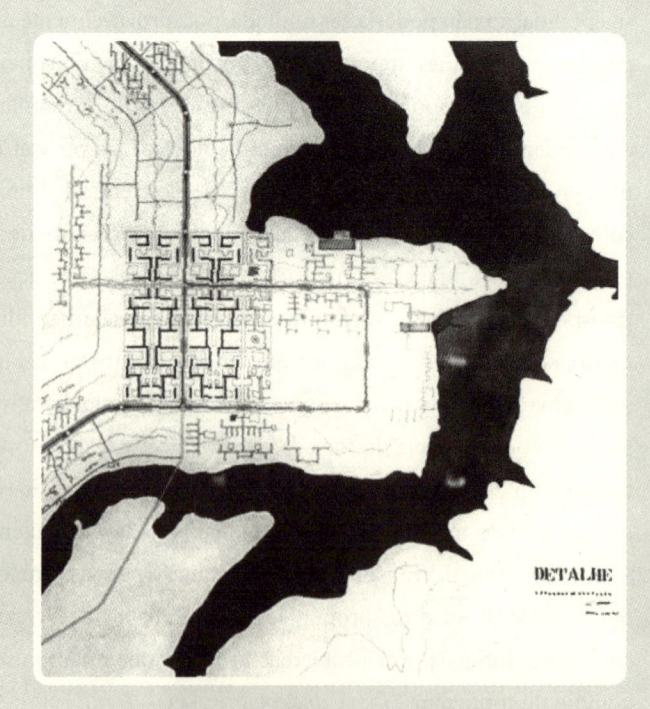

Guedes – projeto do Plano Piloto de Brasília, 1957. Detalhe: o centro

Plano nº 13

João Batista Corrêa da Silva

Justificativa

A impossibilidade da localização do arquiteto João Batista Corrêa da Silva dificultou o processo de pesquisa e a consequente localização de seu projeto para Brasília. A trajetória percorrida durante os 2 anos e 6 meses destinada à busca e sistematização dos projetos apresentados no concurso para a construção de Brasília pode ser verficada nas páginas 111, 112 e 114 desse texto.

Plano nº 14

Inácio Chaves de Moura

Justificativa

Alguns problemas surgiram para a localização do material apresentado pelo arquiteto Inácio Chaves de Moura. O primeiro deles deriva da ausência de qualquer outra informação sobre o autor, como por exemplo: local de origem, local de trabalho, formação, projetos, obras construídas etc.. Essa circunstância acaba repetindo-se em cada um dos acervos pesquisados, na bibliografia de referência, descrita no final desse texto, e nas entrevistas concedidas, visto que nenhum dos entrevistados demonstrou qualquer conhecimento de Inácio Chaves de Moura, ou sua obra.

Plano nº 15

Flávio Amilcar Regis do Nascimento

Justificativa

Após uma busca minusciosa em acervos, bibliografias e entrevistas, nada pudemos encontrar a respeito do Plano Piloto de Brasília de Flávio Amílcar Regis do Nascimento. Entretanto, identificamos sua participação na construção do Centro

Cívico Estadual de Curitiba, PR, em 1951. Trabalharam associados a ele nessa obra os arquitetos David Xavier de Azambuja, Olavo Reidig de Campos e Sérgio Rodrigues. Procuramos estabelecer contato com os outros participantes desse projeto, na tentativa de obtermos mais informações sobre Flávio do Nascimento. Localizamos David de Azambuja, professor aposentado da Universidade Federal do Rio de Janeiro que, muito cordialmente, nos relatou um peculiar incidente, quando, tempos atrás, chamado ao Ministério da Fazenda em lugar de David Xavier de Azambuja, descobriu a existência de um homônimo, com quem teve oportunidade de se encontrar depois e dar algumas risadas sobre o acontecido. Segundo suas informações, provavelmente David Xavier de Azambuja, morador do Flamengo, é falecido. Apesar de termos conhecimento de algumas obras de Olavo Reidig de Campos, não foi possível localizá-lo. Finalmente, Sérgio Rodrigues tem um nome relativamente frequente, o que dificultou em muito sua localização.

Plano n° 16

Pedro Paulo de Melo Saraiva
Júlio José Franco Neves

Identificação
Plano inscrito no Concurso do Plano Piloto da Nova Capital do Brasil sob o número 16.

Classificação
Não esteve classificado entre os finalistas.

Equipe
Arquitetos associados: Pedro Paulo de Melo Saraiva e Júlio José Franco Neves. Engenheiros: Rubens Beyrodt Paiva e Carlos Roberto Kerr Anders. Sociólogo: Arthur de Moraes César. Colaboradores: Maurício Tuck Schneider, Luiz Forte Netto e José Maria Gandolfi

Documentos:

O acervo da NOVACAP em Brasília possui uma cópia em carbono, escrita à mão, do memorial descritivo entregue no concurso, fonte na qual nos baseamos para a reprodução do relatório. Tivemos a oportunidade de entrevistar o arquiteto Pedro Paulo de Melo Saraiva e tomamos conhecimento da existência de uma transliteração desse material na *Revista de Engenharia Mackenzie*, além de algumas imagens das pranchas apresentadas no Concurso. Outra reprodução iconográfica do plano de Pedro Saraiva e Júlio Neves foi publicada em *Brasília Trilha Aberta* e ilustra, por meio de um *croqui*, uma vista do Setor Federal.

Iconografia:

Foram localizadas as seguintes imagens:

- Distrito Federal.
- Distrito Federal: detalhe.
- Plano Piloto: introdução.
- Plano Piloto: esquema geral.
- Abastacimento de esgotos e águas.
- *Croqui*: vista do Setor Federal.

Introdução

Sobre a equipe

Pedro Paulo de Meio Saraiva, nasceu em Florianópolis, Santa Catarina, no ano de 1933. Formou-se pela Faculdade de Arquitetura Mackenzie, em 1956. Foi Professor da Faculdade de Arquitetura e Urbanismo da Universidade de São Paulo e da Universidade de Brasília. É responsável pelo o escritório PPMS Arquitetos Associados s/c Ltda. em São Paulo, capital. Possui a maioria de seus projetos construídos em Florianópolis e Brasília e destaca-se por edificações para funções administrativas.

Júlio Neves dirige um escritório também em São Paulo, produzindo obras de grande porte como, por exemplo, a ampliação do *Shopping* Iguatemi em Campinas.

Comentário do memorial descritivo

Em entrevista concedida á autora em agosto de 2000, Pedro Paulo de Melo Saraiva utilizou o livro *História de Brasília* de Ernesto Silva (1971), diretor da NO-VACAP, para tecer alguns comentários sobre o concurso.

"Entre os vinte e seis concorrentes já havia o nome de arquitetos conceituados como Vilanova Artigas, Rino Levi, Lúcio Costa, os irmãos Roberto e João Kahir que era uma figura meio folclórica no Rio de Janeiro. Houve a participação de três rapazes jovens – um deles veio a falecer em seguida – João Henrique Rocha, Boruch Milmann e Ney Gonçalves. Jorge Wilheim também era recém-formado na época. Algumas empresas participaram, como a Construtécnica, que tirou o 5° lugar, mas na realidade quem realizou o projeto foi Milton Ghiraldini, e a Duchen. Oswaldo Corrêa Gonçalves, também conhecido, foi presidente várias vezes do IAB. (Instituto dos Arquitetos do Brasil). Enfim era um grupo muito heterogêneo".

Em relação à escolha do júri comenta:

"O resultado está aqui: o 1° lugar foi de Lúcio Costa, o 2° foi dessa equipe de jovens arquitetos, Henrique Rocha, Boruch Milmann e Ney Gonçalves, um projeto que não tinha nada de extraordinário, mas o júri considerou que o tratamento que eles deram às penínsulas foi muito importante. Depois, em 3° lugar, empatados ficaram os irmãos Roberto e Rino Levi. Quando eu fui projetar a Praça Maior da Universidade de Brasília eu fiz muito contato com Oscar Niemeyer e num desses encontros ele me perguntou: – Quem teria executado o projeto de Rino Levi? – dizendo que até ficou surpreso com a excelência do plano. Ele achava o projeto mais bonito, mas era inviável porque se tratava de uma capital que no final se resumia a 18 edifícios, respeitando o arranjo que o Rino tinha feito. O projeto dos Roberto era feito de núcleos fechados numas soluções específicas, com um pouco de romantismo meio exarcebado, se não me engano, seis ou sete núcleos constituindo cidades hexagonais. Eu acho esse projeto do Rino muito interessante, vamos dizer assim, uma contribuição grande em matéria de conceito de edifício vertical, que hoje em dia está bastante difundido, apesar de já haver projetos de megaestruturas naquela época. O projeto de Lúcio teve o grande mérito de trazer uma contribuição muito importante como a superquadra. Acho esse elemento o mais significativo de seu plano piloto: o conceito de habitação. Eu já morei na superquadra 114 bloco J e vi o que é morar num local como esse: minhas filhas novas estudavam na superquadra mesmo, ninguém andava de carro ou de ônibus, diferente de nossa vida aqui em São Paulo. Eu achei muito interessante a vida que se leva na super-quadra. O brasiliense tem um grande orgulho da cidade, bem mais do que o nosso paulistano com muito pouco compromisso com São Paulo".

Ao comentar o significado do concurso e da construção de Brasília, relatou:

> "O que Brasília mostrou efetivamente, foi a possibilidade que se tinha, em termos de desenvolvimento, de construir uma cida-de com uma nova perspectiva que de certa maneira está hoje esvaecendo. De qualquer maneira, o concurso, através de lutas, trouxe algumas experiências que me parecem muito positivas na história do urbanismo".

Sobre as referências teóricas que nortevam os arquitetos da época não pôde deixar de mencionar a presença de Le Corbusier:

"Basicamente, o que se tinha como modelo, na maioria dos casos, era o pro-jeto de Chandigarh de Le Corbusier. Nossa referência era aquela teoria das sete vias do Le Corbusier cuja expressão se deu efetivamente lá em Chandigarh. A ideia da Praça dos Três Poderes também existe em nosso projeto. O zoneamento de 'subúrbio', separado; a hierarquização da vida urbana, o que é central, o que é bairro; isso tudo estava em Chandigarh, está no nosso projeto, está na maioria dos projetos concorrentes".

Sobre o plano piloto de Lúcio Costa comenta:

"O projeto que efetivamente inovou pela simplicidade foi o de Lúcio Costa. A questão das escalas, que também estava presente em muitos dos autores, estava marcada de uma maneira muito forte no plano de Lúcio: o aspecto rodoviário do eixo principal e o aspecto monumental do eixo onde estavam colocados todos os edifícios de maior expressão. Lúcio começa o relatório colocando essa questão claramente, uma coisa era a *civitas*, outra a *urbs*. Essa questão é central no projeto dele. No entanto, nem tudo saiu como planejado: o cruzamento dos dois eixos nas palavras dele seria uma mistura, em termos adequados, de *Circus* e *Times Square*, isso não ocorreu. O centro de Brasília está muito pulverizado e não existe uma condição de centralidade na cidade. Há alguns centros esparsos como o comercial Gilberto Salomão ou algumas superquadras com certo desenvolvimento maior que o do comércio local. Durante muito tempo aliás, esse é um ponto importante a destacar na cidade de Brasília, a universidade reprimiu o desenvolvimento da asa norte porque, na sua fundação, Darcy Ribeiro conseguiu o equivalente a 16 superquadras, praticamente um terço da Asa Norte, bem no meio dela, para a implantação da Universidade e os serviços a ela relacionados. Dessas superquadras, somente uma foi utilizada para a execução da chamada quadra do Itamaraty. Tínhamos uma Asa Sul habitada e uma Asa Norte vazia, o que não gerava condição para construir o centro. Então nasceu o centro Gilberto Salomão e a ligação com Taguatinga, que assumiu de pronto uma condição paralela, principalmente no que diz respeito aos serviços, criando um desiquilíbrio. Ainda não sei como hoje Brasília está configurada. Acontece que o plano piloto é aquilo que se chama de asa, o avião, mais o eixo rodoviário e o eixo monumental. Isso vai ficar, não se perderá. Como qualquer cidade no mundo inteiro, o plano sofre ação do tempo, mas consolida, mesmo que seja como paisagem, aquilo que Lúcio Costa coloca de forma super clara".

Essas considerações feitas por Pedro Paulo garantem uma introdução esclarecedora para a análise da proposta de sua equipe.

O memorial descritivo do plano piloto parte de duas justificativas, consideradas principais, para endossar a mudança da capital: a falta de desenvolvimento do sertão brasileiro e a desorganização do, então, distrito federal. Consideram a premissa de que morariam na cidade os funcionários públicos e seus familiares, procedendo assim estudos, inclusive de comparação com as capitais Belo Horizonte e Florianópolis, para estabelecer um plano para 500.000 habitantes, de acordo com a sugestão da NOVACAP.

Em relação à natureza geográfica do local, foi priorizada a localização da cidade entre os dois maiores braços da represa, abrangendo sua margem quando necessário. Levou-se em consideração o domínio leste dos ventos para poupar fumaças e odores prejudiciais às zonas residenciais. Para determinar a implantação das zonas industriais, do comércio atacadista, da estação, tomaram por base a indicação natural dos acessos das rodovias e da ferrovia, e o aeroporto.

A influência de Le Corbusier era evidente. Ao apontar as diretrizes gerais do projeto, os idealizadores expõem no início do memorial descritivo: *O partido adotado para o nosso plano piloto constitui, em essência, à aplicação dos princípios consagrados na Carta de Atenas* (Saraiva, Neves, 1957, p. 22).

É importante observar que, assim como Lúcio Costa, autor do projeto vencedor, a equipe de Pedro Paulo Saraiva, permitiu o remanejamento do plano, de acordo com as necessidades futuras da cidade.

Localizaram a cidade entre os dois maiores braços da represa. Longitudinalmente, qual uma espinha dorsal, posicionaram uma larga faixa de jardins e bosques, partindo da margem da lagoa, onde estariam os edifícios da administração federal, e chegando até a zona industrial no extremo oposto, em cujo vértice se acharia a estação rodoferroviária. A área central da chamada espinha dorsal foi destinada aos centros cívico e comercial (alocados face a face). Nessa faixa verde distribuíram os edifícios de habitações coletivas, entremeados pelas habitações individuais, que se estendiam também ao longo da represa, numa relação direta com as atividades recreativas e esportivas que aí se encontravam.

A cidade foi proporcionalmente organizada com as seguintes repartições, cujas extensões podem ser conferidas no memorial descritivo: zona de habitação, zona da administração, zona do centro, zona do centro comercial, zona do verde público e zona de indústria e comercio atacadista.

As habitações repetem um padrão que pode ser observado na grande maioria dos projetos: lotes com frente para ruas *cul-de-sac* e fundo para uma via de pedestres desembocando num grande jardim – elo da comunidade e local dos equipamentos de serviços coletivos como escolas, igrejas, quadras esportivas, teatros, bibliotecas e outros. Em suas extremidades, junto às vias de maior trânsito, encontrar-se-ia o comércio local.

A zona onde estariam os edifícios administrativos, à margem da represa, foi destacada e em frente delas foi estabelecida uma faixa destinada às legações estrangeiras e residências oficiais, que estabeleceriam o elo de ligação entre a zona da administração e as zonas residenciais.

No centro da cidade, dentro do "verde público", localizaram, frente a frente, o centro comercial e o centro cívico. Neste último estavam propostos uma biblioteca, teatros, hotéis, restaurantes e casas de diversão. Ainda dentro do "verde público", na parte que avança sobre a represa, estaria a residência presidencial.

Reservada para a indústria de consumo local, a zona industrial foi deixada num dos extremos da cidade, isolada por uma faixa verde de mais de 100 metros. Os lotes residenciais dessa área estariam de frente para as ruas e teriam ao fundo os desvios ferroviários.

Apropriando-se das categorias viárias sistematizadas por Le Corbusier separaram a circulação de automóveis e pedestres e estabeleceram cinco tipos de vias: a) via de trânsito livre: uma via central que atravessaria diametralmente a cidade, sem qualquer cruzamento em nível, permitindo velocidade fluente; b) vias de trânsito rápido: permitiria velocidade e segurança, com trevos e passagens em nível nos principais cruzamentos; seriam elas: a marginal da represa, a via que liga o aeroporto aos centros cívico e comercial e os prolongamentos dos acessos rodoviários que limitam a zona industrial; c) vias de distribuição: vias de menor importância que limitam as unidades de vizinhança e ligam as ruas de trânsito local às de trânsito rápido ou livre; d) vias de trânsito local: são os chamados *cul de sac* que dão acesso a todas as edificações da cidade; e) via lacustre: prevista com fins turísticos e recreativos, através da represa.

Os transportes urbanos foram idealizados para que cada habitante pudesse atingir seu local de trabalho sem utilizar condução, evitando assim "o problema da movimentação de grandes massas humanas". Propuseram um sistema de superfície em ônibus ou eletrobus, de onde, com uma caminhada menor que 750 metros, poder-se-ia atingir qualquer condução que levasse aos principais pontos de interesse da cidade.

Na tentativa de garantir que o desenvolvimento do plano fosse gradual e harmônico, os autores sugeriram um esquema gerador que possibilitaria um desenvolvimento dirigido, em torno de normas pré-estabelecidas. Esse programa consistiria em priorizar o desenvolvimento de núcleos que conteriam o embrião da cidade. Seriam eles: a) o centro do governo federal, com o Palácio do Governo, o Congresso e a Corte da Justiça; b) a zona industrial; c) o centro comercial e o cívico; d) a avenida central, que se tornaria a principal artéria do sistema viário. Quanto à expansão do plano, afirmam que seria temerário, atendendo a realidade brasileira, não prever uma expansão para este novo núcleo urbano. Assim sendo, projetaram uma perspectiva de desenvolvimento para o dobro da população prevista, ou seja, 1.000.000 de habitantes.

Em relação ao abastecimento de água propuseram a adução de água da própria represa e um conveniente tratamento por meio da instalação de uma estação de bombeamento num de seus braços. No ponto mais alto da cidade também seria estabelecida uma completa estação de tratamento. Para a distribuição estariam previstas duas adutoras que dividiriam a cidade em dois setores geográficos, limitados pela avenida principal, e uma terceira adutora exclusiva para a zona industrial. As ramificações atravessariam internamente as vias destinadas a pedestres e jardins internos, para facilitar a manutenção. A zona industrial, contaria também, junto com os centros cívico e comercial, com um sistema independente para os casos de incêndio.

Para o abastecimento de luz calcularam cerca de 100.000 kW, que seriam tirados de aproveitamentos dos mananciais da região e, principalmente, da cachoeira do Paranoá. Para o futuro poderia se obter fontes mais consistentes de suprimento, como a Usina de Três Marias, cuja construção já havia se iniciado na época. A distribuição, do mesmo modo que a rede hidráulica, seria subterrânea.

O sistema de esgotos acompanharia as peculiaridades topográficas do local. Nos prédios e residências o recebimento de esgotos seria feito através das vias de pedestres, para facilitar a manutenção. Seu lançamento dar-se-ia por meio do bombeamento pela represa até à cachoeira de Paranoá. O tratamento seria dispensado em função do pequeno volume do efluente em relação à vazão da água corrente abaixo do ponto de lançamento. A prioridade seria evitar o lançamento à represa, devido a importância dela para a cidade. O sistema estabelecido para as águas pluviais seria inteiramente autônomo, feito por galerias, dirigido diretamente para a represa.

Iconografia

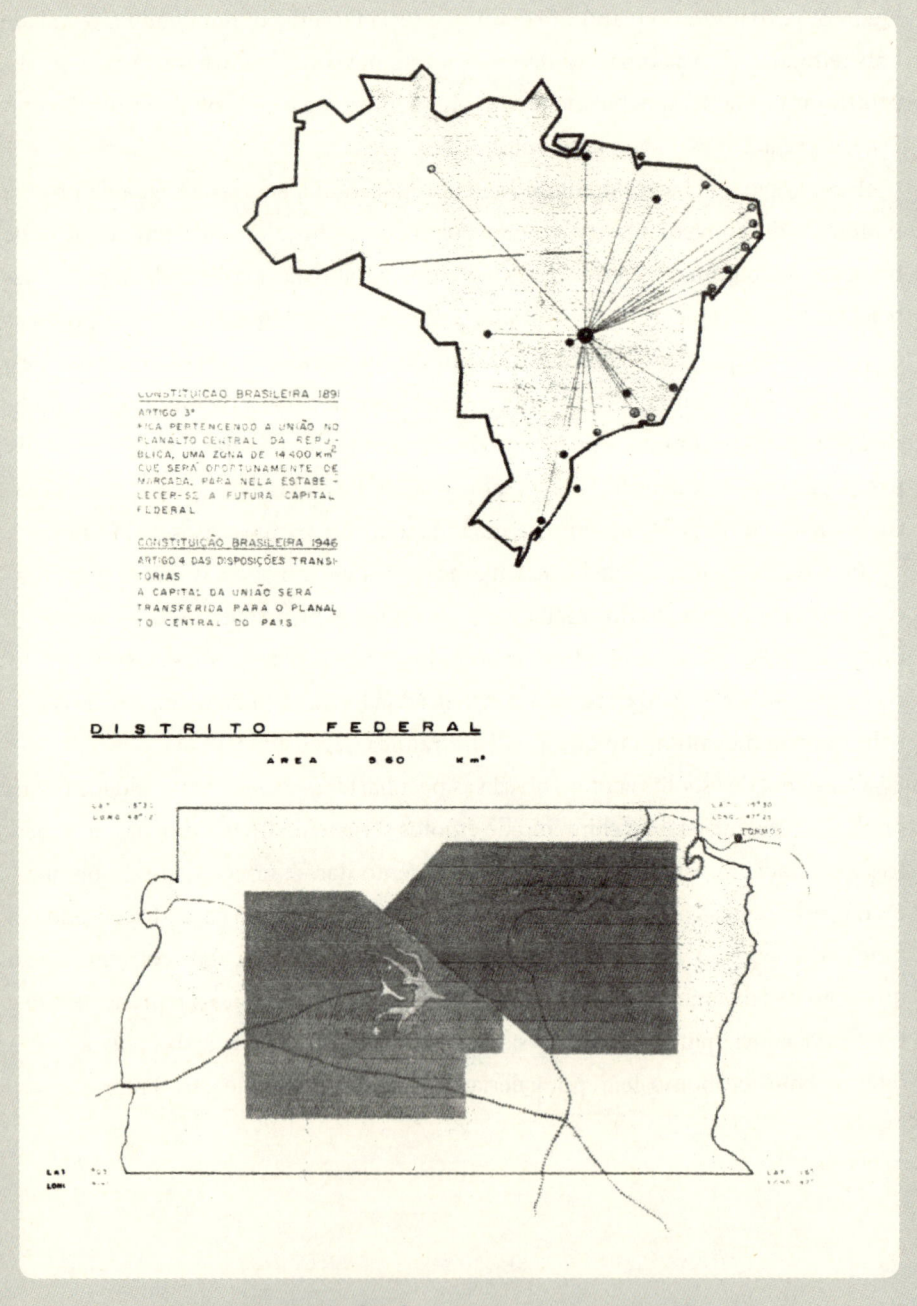

Saraiva e Neves – Distrito Federal

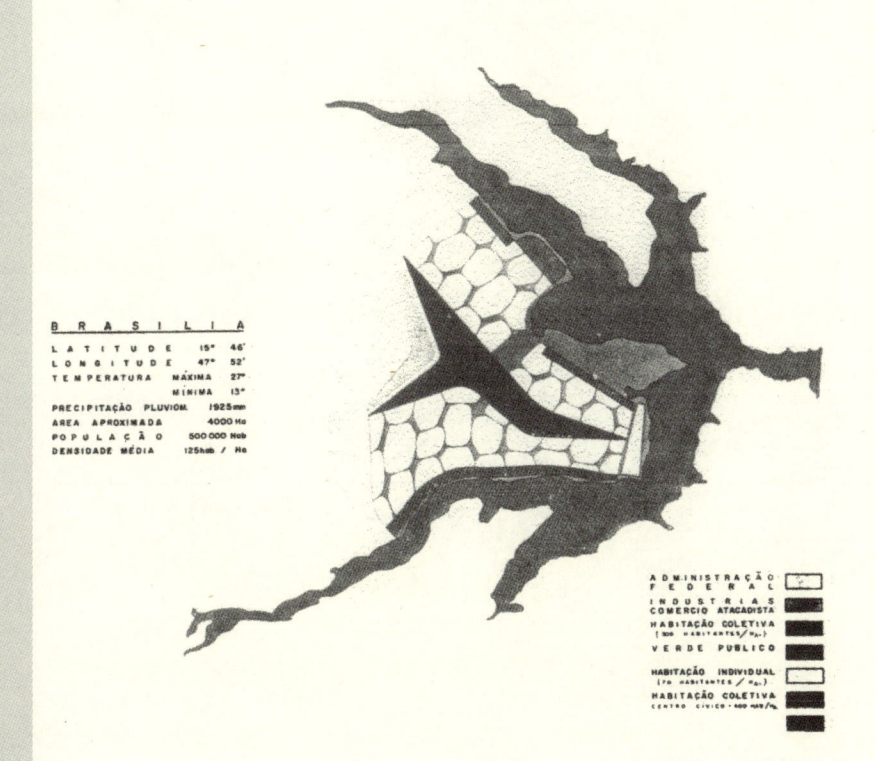

Saraiva e Neves – Plano Piloto: introdução

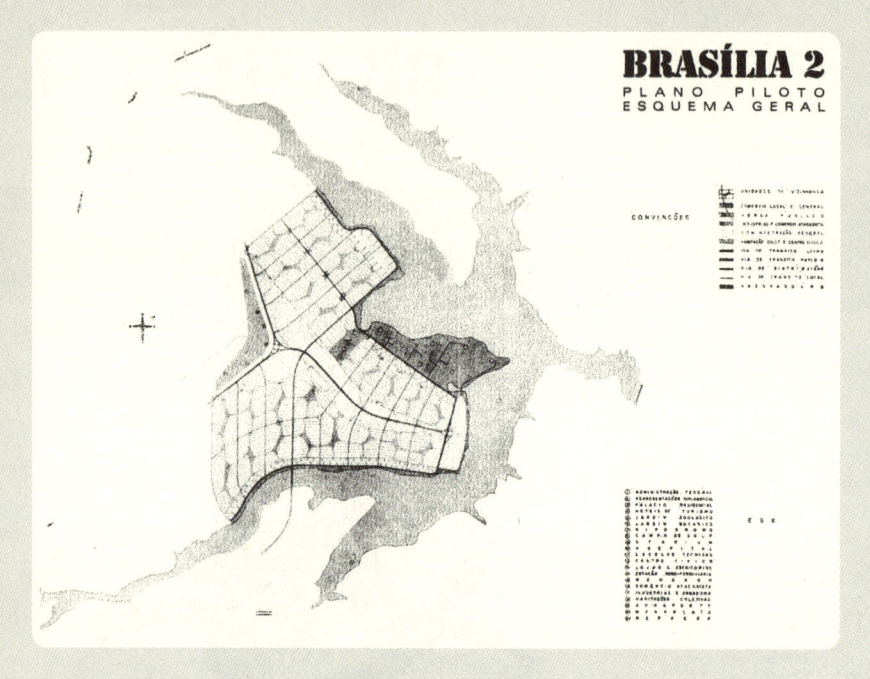

Saraiva e Neves – Plano Piloto: Esquema geral

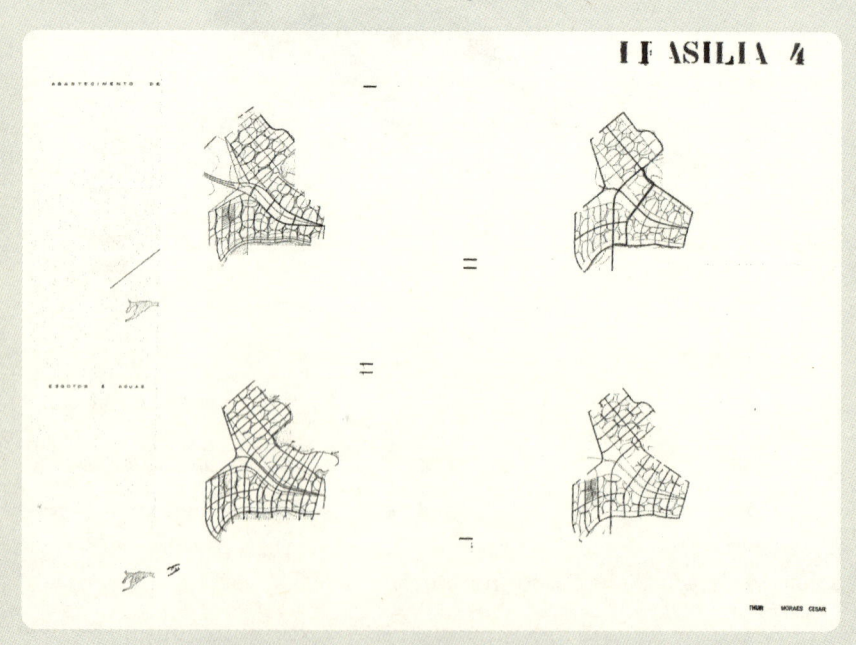

Saraiva e Neves -Abastecimento de esgotos e águas

Saraiva e Neves – Croqui: Vista do setro federal

Plano n° 17

Rino Levi
Roberto Cerqueira César
Luiz Roberto de Carvalho Franco

Identificação
Plano inscrito no Concurso do Plano Piloto da Nova Capital do Brasil sob o número17.

Classificação
3° lugar.

Equipe
Arquitetos Rino Levi, Roberto Cerqueira César e Luíz Roberto Carvalho Franco. Engenheiro Paulo Fragoso, responsável pelo projeto estrutural.

Documentos:

O fato de apresentar uma proposta inusitada e de grande plasticidade fez do plano do escritório de Rino Levo o 2° mais documentado, perdendo apenas para o vencedor de Lúcio Costa. Tal circunstância facilitou o nosso acesso ao material relativo ao Concurso. O memorial descritivo aqui transcrito foi baseado na separata da revista *Habitat* número 40/41. As imagens reproduzidas foram localizadas no acervo da PUC-Campinas, um dos mais completos e práticos que encontramos, pois possui grande parte das imagens da obra de Rino Levi digitalizadas. Mais à frente indicaremos outras referências bibliográficas onde o plano piloto, ou parte dele, pode ser encontrado.

Iconografia:

No acervo da PUC-Campinas localizamos as seguintes imagens:

— Plano Piloto

— Vista aérea do projeto (colorida e em preto e branco).

— As funções humanas: habitar, trabalhar, cultivar o corpo e o espírito e circular (colorida e em preto e branco).

— Organização dos conjuntos de habitação (colorida e em preto e branco).

— Foto da maquete: superbloco.

— Foto da maquete: conjunto de três superblocos.

— Foto da maquete: detalhe do projeto do superbloco.

— Detalhes do superbloco: andar neutro, rua interna, habitação, térreo e garagem.

— Foto da maquete: centro urbano

De acordo com a separata da revista *Habitat* nº 40-41, acrescentamos os demais elementos:

— Dados técnicos do superbloco.

— Foto da maquete: perspectiva da cidade.

— Foto da maquete: perspectiva geral.

Introdução

Sobre a Equipe

Rino Levi naceu em 1901 e faleceu em 1965, devido a um ataque cardíaco, durante uma viagem ao interior da Bahia. Filho de imigrantes italianos, estudou na Escola Alemã e no instituto Médio Dante Alighiere em São Paulo, completando sua formação na Escola Preparatória e de Aplicação para Arquitetos Civis em Milão, Itália, que frequentou de 1921 a 1923. Nessa época, apesar do conservadorismo de seus professores, Rino Levi e seus colegas de turma transpuseram os limites do ambiente acadêmico desenvolvendo propostas associadas ao racionalismo italiano. Em 1924, tranferiu-se para a Escola Superior de Arquitetura de Roma. A escola romana propunha formar um "arquiteto integral", aliando o ensino acadêmico à rigorosa formação técnico-científica, introduzindo a cidade como objeto do estudo da arquitetura. Lá, tomou contatato com as obras de Le Corbusier, Walter Gropius, Mies Van Der Rohe, Erich Mendelshon e outros representantes da arquitetura moderna, mas não os adota como referência de imediato. Estagiou com Piacentini.

Ao confrontar as propostas modernas com as especificidades brasileiras, Rino procurou, posteriormente, desenvolver uma arquitetura contextualizada ao clima, vegetação e costumes do Brasil, ideia evidente em seu texto enviado para o jornal *O Estado de São Paulo*, publicado em 15 de outubro de 1925 com o título *Arquitetura e Estética das Cidades*: "É preciso estudar o que se fez e o que se está fazendo no exterior e resolver os casos sobre estética da cidade com alma brasileira. Pelo clima, pela nossa natureza e costumes, as nossas cidades devem ter um caráter diferente das da Europa." (Leme, 1999, p. 498).

Ao retornar ao Brasil em 1926, ocupou o lugar de Gregori Warchavchik na companhia Construtora de Santos durante um ano e no ano seguinte seguiu para uma carreira independente. Entre o final de 1929 e início de 1930, iniciou seus projetos modernos, no entanto, sua primeira construção desse caráter só foi realizada em 1931: o pavilhão da L. de Queiroz na Feira de Amostras do Parque da Água Branca. A conclusão dos edifícios Schiesser e Colombus, em 1934, iniciou uma longa série de projetos de apartamentos. Em 1938, quando o escritório alcançou certa estabilidade, Levi tornou associado o suíço Franz Andrea Pestalozzi, sociedade que pemaneceu até 1946 (cf. Anelli, 2001, p. 25-35).

Uma das primeiras obras de maior repercussão de Rino Levi foi a Faculdade de Filosofia, Ciências e Letras *Sedes Sapientiae* da Pontifícia Universidade Católica de São Paulo (1940), que revelou ser de concepção moderna tanto na técnica quanto na estética. Outro exemplo é o prédio de apartamento Prudência (1944), edifício que obteve grande flexibilidade na disposição interna dos cômodos. Elaborado em 2 blocos de 14 andares ligados no centro por um corpo transversal que abriga os serviços comuns e os elevadores, foram erguidos sobre uma plataforma-jardim sob a qual se estabeleceram dois níveis de lojas. No subsolo existe uma garagem (cf. Bruand, 1991, p. 249-255).

Em 1945, associa-se a Roberto Cerqueira César e, em 1951, a Luiz Roberto Carvalho Franco.

Confinado a projetos pontuais e sem possibilidades de desenvolvimento de suas ideias urbanísticas, Rino Levi procurou, em diversas ocasiões, transbordar os limites de suas intervenções e abordar as dimensões urbanas dos programas propostos. A primeira ocasião, onde manifestou explicitamente tal intenção foi durante o concurso para o novo viaduto do Chá, em 1935. Levi não se limitou ao projeto da estrutura e desenvolveu na proposta, *Sugestões para ligar as duas colinas separadas pelo vale do Anhangabaú*, um anel de ligação internamente paralelo ao perímetro de irradiação proposto por Prestes Maia, composto por vias de circulação na superfície e subterrâneas (cf. Leme, 1999, p. 497-500).

Em fevereiro de 1945, Levi tornou-se membro do CIAM (Congresso Internacional de Arquitetura Moderna) e ingressou no Conselho diretor do IAB/SP (Instituto de Arquitetos do Brasil) como tesoureiro, chegando à presidência em 1952, cargo que ocupou até 1955. Ainda no IAB/SP Roberto Cerqueira César ocupou a vice-presidência (1950-1951) e foi membro do Conselho Superior e Fiscal por várias gestões. Carvalho Franco foi primeiro-secretário de 1957-1958 e diretor nos anos de 1959 até 1961.

A proximidade com as artes plásticas levaram Rino Levi a participar da criação do museu de Arte moderna de São Paulo, de onde se tornaria presidente em 1949 (cf. Anelli, 2001, p. 25-35).

Foi nos anos 50 que Levi teve as maiores oportunidades de atuação em projetos urbanísticos. No conjunto habitacional para operários da Tecelagem Parayba

(1952, não construído), Levi experimentou a generalização da espacialidade desenvolvida nos seus projetos de casas "intimistas". O não desenvolvimento do plano impediu o amadurecimento da proposta. Nas anotações manuscritas para uma conferência denominada *Concepção da Cidade Moderna*, realizada em Curitiba em 1963, Levi citava os projetos para a Cidade Universitária da Universidade de São Paulo e sua proposta para o concurso de Brasília como seus principais projetos urbanísticos, exemplares de uma concepção de cidade polinuclear.

Para o Plano Piloto da Nova Capital Federal ele trabalhou o tema dos enormes edifícios laminares, com os núcleos habitacionais dispostos verticalmente, em megaestruturas de 300 m de altura, 400 m de largura e 18 de profundidade. Um sofisticado esquema de circulação vertical pretendia dar as três ruas elevadas o mesmo estatuto das ruas de bairro, procurando algumas qualidades da vida nas cidades pequenas. Na época do concurso, era professor da Faculdade de Arquitetura e Urbanismo da Universidade de São Paulo. Seus projetos refletiam estudos sobre a inserção das obras no tecido urbano, o crescimento desordenado das cidades e o controle urbano através do zoneamento das áreas (cf. Leme, 1999, p. 497-500).

Foi presidente do Instituto Brasileiro de Acústica entre 1958-1960.

A atuação profissional de Rino Levi obteve destaque dentro da arquitetura moderna e do urbanismo brasileiro. Alcançou reconhecimento através de seus projetos hospitalares como, por exemplo, a Maternidade Universitária, chegando a participar, em 1956, da Comissão de Saúde Pública da União Internacional dos Arquitetos, presenciando reuniões em Moscou (1960) e Israel (1962). Entre 1959 e 1960 esteve grande parte do tempo em Caracas, coordenando uma equipe de arquitetos locais no projeto de oito hospitais. No entanto, o país que recebeu maior atenção foi a Venezuela, onde atuou em programas de interesse públicos, oportunidade não oferecida a ele no Brasil (cf. Anelli, 2001, p. 25-35).

Rino Levi e Roberto Cerqueira César construíram para si uma sólida reputação internacional graças a seus projetos de Hospitais extremamente bem sucedidos no plano funcional. Entre eles estão o Instituto Central do Câncer (Hospital Antônio Cândido de Camargo – 1947 a 1954), e o Hospital Albert Einstein (1958), no Morumbi, ambos em São Paulo.

Rino Levi foi partidário decidido de uma renovação arquitetônica, jamais admitiu uma concepção puramente mecânica de sua profissão e não se deixou influenciar pela tese que via na arquitetura uma arte social; defendeu vigorosamente seu valor plástico e seu caráter individual, mas isso não o impediu de erigir em princípio o apelo a múltiplos colaboradores; não consultou apenas engenheiros: levou em consideração, mais do que qualquer outro, a opinião dos especialistas na elaboração dos programas, de uma certa maneira reservando para a arquitetura a síntese final e a conformação definitiva do projeto. Revelou ser menos sensível à influência de Le Corbusier do que a maioria de seus colegas brasileiros, devido a sua profunda vinculação a um país europeu de alta tradição cultural.

O último projeto em que Rino participou foi a Paço Municipal de Santo André (1965), onde podemos identificar uma tendência para pesquisas plásticas mais extensas.

> Os sucessos mais nítidos de Rino Levi e seus colaboradores foram alcançados quando a qualidade plástica resultava da simples exploração racional dos materiais, escolhidos e utilizados em função da melhor adaptação possível a cada programa tratado. Assim, não é de se espantar que a arquitetura industrial apareça como um desses setores onde eles se impuseram de modo mais brilhante (Bruand, 1991, p. 253).

Como exemplo temos a fábrica "Arno" em São Paulo (1950-1951), os hangares (1951-1955) e a "Leiteria Parayba" (1963-1965) em São Jose dos Campos.

Em relação às suas obras residenciais podemos indentificar um modelo de continuidade priorizando a intimidade sem romper o contato com a natureza, como é o exemplo da casa do arquiteto (1944-1946); da casa Milton Gupper (1951-1953); da casa Paulo Hess (1953-1955), ganhadora do apelido de pequeno bosque provando que a finalidade procurada foi atingida plenamente; da casa Castor Delgado Perez (1958-1959), que oferece a síntese mais perfeita das tentativas anteriores e, finalmente, da casa Olívio Gomes (1950-1953), com uma composição totalmente diferente das demais por tratar-se de uma residência rica, isolada, em pleno campo e, consequentemente, não submetida às limitações de toda a ordem das obras urbanas (cf. *idem, ibidem*, p. 273-281).

A parceria com Robero Cerqueira César e Luiz Roberto Carvalho Franco tornou-se tão sólida que mesmo após a morte de Rino Levi a sociedade continuou sob o nome de Rino Levi – Arquitetos Asociados s/c. Segundo Anelli (2001), sem Rino Levi a equipe manteve o rigor metodológico explícito no uso solicitado e na clareza construtiva, mas ganhou sensibilidade nas proporções da forma, menos dependentes dos parâmetros clássicos que formaram Levi.

Nessa fase, em relação ao urbanismo, o destaque veio através do trabalho de Cerqueira César que participou ativamente da gestão urbanística da cidade de São Paulo durante o regime militar. Tornou-se o primeiro coordenador da Cogep (Coordenadoria Geral de Planejamento), entre 1971 e 1972, quando foram definidos os dois pilares da gestão municipal daqueles anos: a Lei de Zoneamento e o Plano de Vias Expressas. Em seguida participou da criação da Emurb (Empresa Municipal de Urbanização), tornando-se seu primeiro presidente entre 1972 e 1973; logo após, em 1974, foi o primeiro Secretário de Negócios Metropolitanos do Governo do Estado.

Tal trajetória reivindica o modelo de gestão e planejamento urbano de Rino Levi, apesar da individualidade de Cerqueira César em seus trabalhos. Podemos encontrar semelhanças, guardadas as exigências surgidas como consequência da diferenciação de contexto, entre a proposta viária para a área central de São Paulo no exercício *Problema do estacionameto*, de Levi e seus alunos, e o *Plano de Vias Expressas* desenvolvido na Cogep por César (cf. Anelli, 2001, p. 25-35).

Roberto Cerqueira César, paulista da capital, nasceu em 1917 e formou-se em Arquitetura pela Escola Politécnica da Universidade de São Paulo, em 1940. Pertenceu ao corpo docente da Faculdade de Arquitetura e Urbanismo da USP como professor assistente, de 1954 a 1957, lecionando durante 1958 a 1966. Em 1962, dirigiu a comissão encarregada da elaboração do novo regulamento da escola e, em 1963, foi chefe do Departamento de Projeto. Era sócio do IAB-SP, do qual foi vice-presidente, de 1950 a 1952. Foi, também, um dos fundadores do Museu de Arte Moderna de São Paulo.

Luiz Roberto Carvalho Franco, paulista de Araras, nasceu em 1926. Formado arquiteto pela Universidade Mackenzie (SP), em 1951, e pós-graduado em *Metadesign* pela Faculdade de Arquitetura e Urbanismo da Universidade de São Paulo, em 1965. Foi diretor do escritório Rino Levi desde 1965.

Em 1972, o arquiteto Paulo Júlio Valentino Bruna passa a fazer parte do escritório, ampliando, nessa época, o campo de atuação no projeto de indústrias. Em 1986, o arquiteto Antônio Carlos Sant'Anna Jr. tornou-se o quarto sócio do Escritório de Rino Levi.

Em 1991, a sociedade sofre as dissidências de Cerqueira César e Paulo Bruna, que passam a atuar numa nova sociedade. Após o falecimento de Carvalho Franco em 2001, o escritório passa a ser conduzido apenas por Sant'Anna (cf. *idem, ibidem,* p. 275-285).

Teorias urbanas: relações com o Edital e os demais planos

Para analisarmos o plano piloto de Rino Levi seria adequado, ainda que suscintamente, voltarmos a atenção às suas teorias urbanas de algumas décadas anteriores:

> Em fins da década de 40, escrevendo sobre arte e arquitetura, Levi volta ao urbanismo acusando "os errôneos preconceitos estéticos" que levam a imitar uma tradição mal compreendida, tornando-se um entrave ainda maior para a "reorganizaçao da cidade" do que os "interesses dos particulares". Dizendo ser inaceitável uma situação em que a preocupação maior é imitar os bulevares de Paris, da época de Napoleão e definindo o urbanismo como um procedimento mais abrangente do que as redutoras preocupações com o embelezamento ou com o sistema viário de circulação, Levi propõe uma intervenção urbanística que incorpore questões de distribuição demográfica e "de habitação, de ensino, de saúde, de trabalho, de recreio e de transporte", ultrapassando largamente os pressupostos urbanísticos em voga (*idem, ibidem*, p. 222).

Tais iniciativas podem ser percebidas em seu projeto para um edifício de garagens próximo ao largo São Francisco (1955), tema discutido em suas aulas na FAU/USP, onde se torna evidente sua preocupação com a limitação da atividade de arquiteto, orientada pela especulação imobiliária. Nele existe uma crítica à administração pública, incapaz de adptar o traçado viário a um "planejamento orgânico" e à avenida perimetral que não estava cumprindo a função para a qual foi designada: desviar do centro o tráfego de passagem.

> O problema se agrava com o aumento surpreendente dos veículos e o aumento indiscriminado e desordenado da densidade demográfica de várias zonas da cidade devido às falhas de uma legislação que permite o uso excessivo do terreno. O adensamento acelerado e descontrolado gera sobrecarga nos serviços públicos existentes e uma situação de congestionamento permanente. Levi alerta que a cidade já manifesta sintomas de asfixia. Antecipa o abandono e a degradação das áreas centrais ao afirmar que, em alguns anos, a continuidade do processo levará a uma realidade em que zonas altamente valorizadas, mais atingidas por essa situação, irão sendo evacuadas, dando origem a *slums*. A tão desejada metrópole já manifestava sua condição urbana autodestrutiva (*idem, ibidem*, p. 222).

Como solução, Levi aponta para a necessidade da elaboração de um plano diretor que abrangesse, inclusive, a periferia da cidade, ação que levaria anos, em consequência dos problemas políticos e burocrático atrelados a ela. Nessa época, então, surge a oportunidade de implantar seus ideais através do concurso de Brasília, projeto para o qual desenvolveu uma cidade polinuclear.

> A concepção de cidade polinuclear, já presente nas aulas de *Edilizia Cittadina*, recebia o alento das reflexões sobre a expansão de São Paulo. Em seu depoimento, Roberto Cerqueira César

relembra que essa ideia de um urbanismo polinuclear veio do Padre Lebret, que constatou que a cidacle de São Paulo estava se polinuclearizando, pois havia atingido um tamanho no qual um núcleo único já não atendia mais às demandas, e começou a desenvolver espontaneamente núcleos secundários. Acrescenta, ainda, que essa era uma ideia mais ou menos universal, não era só nossa aqui no Brasil. Antes de Lebret, Anhaia Melo já defendia uma posição semelhante, ainda tendo como objetivo a limitação da expansão metropolitana (*idem, ibidem*, p. 223).

Na época do Concurso, a ideia visionária do projeto de Rino Levi surpreendeu os críticos e o público em geral. "Trata-se de uma concepção ambiciosa, de alcance plástico surpreendente, cuja presença no concurso, serviu para demonstrar mais uma vez a capacidade de nossos profissionais e sua constante evolução no rumo de novas e corajosas soluções" (*in: Brasília*, 1957, p. 10).

No entanto, sua ousadia foi considerada tamanha que julgavam duvidosa a intenção dos autores de implantar o seu plano piloto. Críticos como Evenson (1973) e Bruand (1991) trataram esse projeto como um exercício teórico do que poderia vir a ser uma cidade do futuro, ou ainda, como estudo para situações onde o congestionamento populacional criasse uma alta demanda de terra, a exemplo dos japoneses conteporâneos. Segundo Evenson (1973), o desenho de Rino Levi parece ter intensões de resolver problemas improváveis de existir na nova capital. Braga (1999) nos relata que, apesar das especulações que tramitavam no concurso, o grupo pretendia levar a cabo suas concepções, visto que elaboraram um detalhamento estrutural bastante convincente. Segundo depoimento de Paulo Bruna:

> Os arquitetos definiram o seu projeto convictos de que o Concurso teria sido preparado para a vitória de Lúcio Costa, mas que durante a fase de desenvolvimento dos trabalhos passaram a acreditar na possibilidade de serem os vencedores, em razão de uma suposta mobilização da indústria siderúrgica nacional em seu favor, interessada em difundir o uso do aço na construção civil brasileira.

Essa talvez tenha sido a razão para que apresentasse um projeto com tamanho arrojo e desprendimento das soluções ortodoxas (Braga, 1999, p. 154).

O plano piloto transpôs a malha horizontal da cidade para um sistema vertical. Organizaram os centros cívico, cultural e comercial, numa zona de construção baixa, na parte central e, ao redor deste, dispuseram superblocos com 300 metros de altura (tamanho similar ao da torre Eiffel) organizados de três em três. Esses edifícios elevados alojariam as habitações e serviços de uso comunitário como creches, comércio local e praças, numa interpretação vertical das superquadras. Em contrapartida, havia um relativo isolamento do Governo Federal, situado em posição periférica ao lado da margem do lago. Em constraste ao edifício padrão da maioria das cidades, nas quais o centro comercial ocupa construções elevadas e as habitações são geralmente de baixa densidade, Levi criou um esquema no qual o centro comercial foge do convencional, ocupa baixas densidades e está encoberto pela sombra das unidades habitacionais de 300 metros da altura. Os princípios da cidade vertical já haviam sido discutidos por Le Corbusier, mas no caso do projeto de Levi e seus associados foram interpretados de uma maneira inédita.

O superbloco desenvolvido pela equipe de Rino Levi potencializa os princípios de habitação intensiva, expressos nas *unités d'habitation,* de Le Corbusier, de que derivam até mesmo os grandes corredores concebidos como ruas elevadas. Como já observou Nestor Goulart Reis Filho, para reproduzir nos grandes corredores elevados a intensidade do uso urbano, o esquema de circulação era associado à instalação de serviços, para torná-los pontos de permanêcia dos usuários, procurando transpor para a vertical, apenas para uso de pedestres, as antigas malhas viárias horizontais das pequenas cidades e dos velhos bairros. A cuidadosa definição dos fluxogramas de circulação e dos organogramas de distribuição dos usos era fundamental para favorecer uma estrutura urbana capaz de criar condições de sociabilidade derivada das encontadas nas cidades tradicionais (Anelli, 2001, p. 224).

Sistematizando o conceito de cidade centralizada em oposição ao descentralismo do Movimento da Cidade Jardim, Le Corbusier estabeleceu o que ele chamou de "cidade jardim vertical", na qual apartamentos elevados teriam incluídos um número de elementos coletivos. Sua visonária cidade Radiosa projetada em 1930 incorporou a unidade de vizinhança de 2.700 pessoas. Depois da Segunda Guerra Mundial, Le Corbusier criou um esquema de apartamento que ele chamou de "unidade de habitação", primeira realização de um quarteirão de apartamento construído em Marselha, que tentou prover a 1.600 habitantes as facilidades do dia-a-dia. A concepção de ruas comerciais internas foi incorporada nesse edifício. Mas com sucesso econômico limitado (Holston, 1993) .

Segundo Evenson (1973), o fenômemo do crescimento populacional massivo da contemporaneidade urbana leva os urbanistas a realizarem duelos de concepções em termo da concentração massiva de pessoas em altas estruturas ou em colônias sobre as águas. Considerado como um desenho visionário, o plano de Levi refletia a "loucura" da imagem contemporânea do futuro da cidade. Dentro do contexto de Brasília o desenho teria pequena aplicatibilidade. Considerando a rapidez da construção da capital num local isolado do Brasil, isso dificultaria a construção por sua "extravagância". Rino argumentou corretamente que seu projeto era tecnicamente possível de ser construído, mas estava longe dos recursos existentes no Brasil (cf. *idem, ibidem*, p. 125-128). "O que parece ter seduzido Rino Levi e equipe foi o desfrute de uma escala espacial nova, até certo ponto latente nas metrópoles contemporâneas, a ser construída pelas máquinas nos percursos horizontais e verticais" (Braga, 1999, p. 156).

Com a construção de edifícios elevados existiria uma concentração da população numa menor espaço, tendo como consequência a redução das distâncias até o centro, local de encontro, designado para oferecer as vantagens da cidade grande:

A fusão das formas modernas e princípios de sociabilidade tradicionais vinha ocorrendo já há alguns anos no âmbito dos CIAMS.

A valorização da noção de *core* – um centro urbano como coração simbólico da cidade – no VIII CIAM, em 1951, era apenas
um dos passos que levariam às críticas mais incisivas do Team X.
Distanciava-se de uma concepção urbanística como a de Ludwig
Hilberseimer, em que o anonimato do espaço urbano metropolitano significava o reconhecimento da metrópole como o de um
sistema que reduz o homem ao valor de sua força de trabalho,
sendo seu caráter abstrato à expressão dessa condição. Nada mais
distante das intenções da proposta de Levi e seus associados para
o concurso de Brasília, ainda que a forma laminar dos superblocos apresente certas semelhanças com algumas propostas urbanísticas de Hilberseime (Anelli, 2001, p. 225).

A mais dramática concepção de Levi foi a casa em altura. Justificando sua escolha
de uma cidade vertical, Rino Levi relatou no memorial descritivo: "Pode impressio-
nar com um para quê? a altura dos edifícios, dos superblocos. O planejamento é dirigido exatamente para condicionantes resolutivas prévias dos problemas da cidade-
comum, da cidade obsoleta" (Levi, *in: Habitat* nº 40/41, 1957, p. 7).

A cidade era compacta e todos os habitantes deveriam percorrer no máximo
um km até o centro (distância percorrida a pé). Segundo Levi, essa estrutura foi
concebida de acordo com as necessidades físicas, espirituais e sociais da população, tendo em vista o desenvolvimento da consciência de grupo e um senso de
determinação própria e espírito cívico.

O plano parece alcançar o objetivo da integração do cotidiano urbano e os
imensos edifícios propostos. As distâncias são reduzidas e o terreno é transformado em um grande jardim. Segundo os autores, o projeto para Brasília pretendia mesclar os benefícios da cidade pequena, alcançados através dos núcleos dos
superblocos, com as vantagens da cidade grande, trazidas pelo centro comum. "A
ênfase da equipe de Levi se concentrava na criação de uma nova *urbs* e não de uma
civitas, versão antípoda da abordagem de Lúcio Costa, para quem Brasília deveria
se apresentar não apenas como *urbs,* mas como *civitas,* possuidora dos atributos
inerentes a uma capital" (Anelli, 2001, p. 225).

A estrutura laminar dos superblocos garantiria um equilíbrio entre o interior e o exterior através de uma boa visibilidade da paisagem, valorizando, sempre que possível, a visão panorâmica:

> A alteração da paisagem natural é o espetáculo que a Brasília de Levi oferece. A disposição regular das enormes lâminas verticais contrasta com a horizontalidade do cerrado, de maneira análoga à oposição da gigantesca horizontal do projeto corbusiano de 1929, frente à verticalidade das montanhas cariocas. Em ambos, Levi e Le Corbusier, temos uma arquitetura que desafia a natureza e inaugura uma paisagem. A utilização, na carta-artigo de Levi de 1925, da expressão "cidade com alma brasileira", certamente remete à frase "alma da cidade" adotada por Le Corbusier para se referir ao caráter poético da cidade, diferenciando-o de sua dimensão funcional, a "mecânica da cidade". Um dos principais temas do "olhar corbusiano" é a observação do relacionamento da cidade com o território. A Brasília de Levi seria sua proposta de "cidade com alma brasileira". A sucessão das gigantescas lâminas, planas e diáfanas, quase transparentes, dispostas em rigorosa alternância às margens do lago e instituindo uma verticalidade contraposta à horizontalidade do cerrado, é o espetáculo poético que tem seu habitante como principal espectador (*idem, ibidem,* p. 222-226).

Ou ainda:

> A concentração dos superblocos residenciais em torno do centro principal, implantados em áreas essencialmente livres e ajardinadas, parece mais próxima de realizar os ideais modernos de vida num ambiente urbano avantajado em sol, ar, vistas, presença da natureza e onde a circulação de pessoas se desse predominantemente a pé, do que as extensas zonas organizadas em superquadras, de

feição mais ou menos suburbanas, apresentadas em várias outras propostas do Concurso (Braga, 1999, p. 156).

O projeto de Levi previa a possiblidade de um aumento populacional acima dos 500.000 habitantes indicados no edital:

> O crescimento seria solucionado com a construção de mais três conjuntos de habitação intensiva e outros de habitação extensiva. Esta eventualidade não desvirtuaria os sadios princípios observados no projeto nem prejudicaria espaços verdes. Com sua organização polinuclear o projeto de Levi caracteriza-se por notável flexibilidade, sobremaneira útil às etapas sucessivas na construção de Brasília. Com muito bom senso, porém, o projeto recomendava a instituição de leis adequadas à limitação do crescimento da cidade e seus vários setores (*Brasília*, 1957, p. 10).

Rino Levi e equipe parecem ter sido movidos pela especulação sobre as possibilidades da nova feição que as cidades poderiam assumir no mundo moderno, com capacidades tecnológicas e, sobretudo, mecânicas, inéditas na história.

> O resultado de suas proposições é tecnicamente e plasticamente muito atraente, como reconheceu o júri, e sugestivo do ponto de vista do seu funcionamento físico-espacial, ainda que duvidoso, pois não existiam exemplos paralelos concretos que possam auxiliar na sua avaliação (Braga, 1999, p. 153-154).

Os comentários do júri foram os seguintes:

Plano Piloto nº 17
Autores: Rino Levi

Roberto Cerqueira César

L. R. Carvalho

Suposições:

288.000 pessoas em blocos de 300 metros de altura + %, isto é,

16.000 em cada bloco x 3 = setor

150.000 pessoas nos blocos de densidade alongada ou média (100 – 200 p./hect.).

70.000 pessoas em extensões fora do plano.

Críticas:

1. Não há centro de transporte.

2. Altura desnecessária; resistência aos ventos; troca de elevadores; concentração desaconselhável.

3. Pistas de alta velocidade através dos edifícios.

4. Mercado central inacessível, embora previstos mercados locais.

5. Do ponto de vista plástico, são os edifícios de apartamentos que dão feição à capital – não os edifícios governamentais.

Vantagens:

Boa aparência e orientação (Módulo, nº 8, jun., 1957, p. 332).

Comentário do Memorial Descritivo

A cidade localizar-se-ia junto ao lago que a envolveria por três lados. Tratava-se de um plano piloto polinuclear, onde Levi e seus associados transpuseram a malha urbana horizontal para um sistema vertical. Uma fileira de edifícios com a altura da torre Eiffel (300 metros) dominaria Brasília.

Para acomodar as habitações o escritório propôs a construção de moradias extensivas e intensivas. As primeiras estariam nas zonas periféricas e serviriam para residências individuais e apartamentos ditos "semi-intensivos", com baixos índices de ocupação. As segundas, representadas pelos sistemas verticais das torres, estariam dispostas em 6 conjuntos de 3 superblocos cada, recurso que permitiria concentrar parte considerável da população em área reduzida (48.000 habitantes em cada conjunto), simplificando o esquema da cidade e seus serviços e mantendo os terrenos livres.

Cada um desses superblocos conjugaria 32 edifícios de 20 andares, divididos em 4 grupos de 8 unidades. Tais edifícios, colocados lado a lado, seriam ligados por ruas internas que atravessariam toda a extensão do conjunto e teriam praças no seu itinerário; passagens obrigatórias dos moradores, concentrariam os estabelecimentos comerciais e teriam nas duas extremidades o jardim de infância, creche, centro de saúde e áreas destinadas aos recreios sob céu aberto (cf. *Brasília*, 1957, p. 10-11).

A orientação dos superblocos garantiria excelentes condições de insolação. Uma separação de 15 metros entre os edifícios possibilitaria uma boa ventilação transversal, além de quebrar a continuidade de superfície e imprimir uma agradável impressão de leveza e transparência aos superblocos.

Dois sistemas de elevadores responderiam pela circulação vertical, sendo um geral e o outro local, ambos ligados pelas ruas internas. O primeiro deles não pararia entre as ruas locais dos 20 andares, papel designado ao segundo.

A estrutura principal dos edifícios seria formada de quadros rígidos, múltiplos, constituídos de pilares em formato celular e vigas treliçadas longitudinais, vigamento que receberia a carga dos andares através de tirantes. Este sistema emprestava completa autonomia arquitetônica a cada edifício e suprimia os pilares nas ruas internas.

A utilização do aço, atendendo à grandeza dos esforços nos pilares principais, agilizaria a execução e reduziria o peso próprio da estrututra. Consideraram a ação do vento e previram o uso de 60.000 toneladas de aço comum ST 37 para cada superbloco.

Devido à simplicidade e flexibilidade, a independência estrutural de cada edifício possibilitaria soluções variadas de plantas, circulação vertical e instalações, até mesmo variantes na concepção dos superblocos. Dessa maneira, cada conjunto teria a sua fisionomia própria, as suas características particulares. Para os andares neutros, produto dos vigamentos treliçados, os autores atribuíram funções variadas: máquinas de elevadores, reservatórios de água, tubulações etc (cf. *idem, ibidem,* p. 10-11).

O setor de habitação intensiva se localizaria em torno do centro urbano, abrangendo a maior parte da futura população. Tal organização ofereceria consideráveis vantagens: ligações mais curtas (percorridas a pé); ausência de cruzamento com as vias de tráfego motorizado; redução no número e volume das obras para construção dos sistemas viários, de eletricidade e hidráulica; redução do equipamento e pessoal necessário à conservação dessas obras; redução do custo de todos os serviços públicos; maior possibilidade material na execução das obras da cidade dentro de um alto padrão técnico; possibilidade de transferência da capital dentro de prazo curto, consoante com a política governamental (cf. *idem, ibidem*, p. 10-11).

O acesso dos veículos aos conjuntos far-se-ia por vias elevadas expressas, em *cul de sac*, ligadas ao tronco viário N/S. Os ônibus parariam nos andares em pilotis dos superblocos.

Já os setores de habitação extensiva estariam divididos em conjuntos de 15.000 habitantes, subdivididos em unidades de 5.000 habitantes. Aqui, teríamos as residências individuais e os apartamentos ditos "semi-intensivos", com índices de 100 a 200 habitantes por hectare. Estes conjuntos ocupariam as zonas periféricas, nos extremos das vias de acesso, e disporiam de serviços de apoio como os dos blocos de habitação intensiva.

O setor industrial visaria somente atender às necessidades imediatas de alimentação, construção e outras de emergência. Abrangeria espaços para entrepostos, garagens e depósitos. Localizar-se-ia junto à estrada de ferro e autoestrada, ligando-se à cidade pela via expressa e separando-se do setor residencial por espessa área verde.

No centro urbano seriam localizados os ministérios, bem como as atividades centrais de Brasilia: administração, comércio, cultura e diversão. Um tronco viário tangenciaria esse centro com ligação direta para as estradas. Localizado próximo ao lago, estaria rodeado pelas torres de habitação intensiva. Os Poderes Executivo, Legislativo e Judiciário, estariam separados do centro urbano, num local isolado, próximo à área já estipulada pelo edital para a casa do presidente. Os principais órgãos do Governo Federal ocupariam posição de destaque, cercados por um soberbo parque, à margem do lago. Uma grande avenida de acesso serviria como palco para desfile e manifestações cívico-militares. Ministérios, autarquias e órgãos que exigem contactos rápidos e fáceis, seriam erguidos no centro urbano. Como a maioria da população ocuparia um terreno situado num raio de pouco mais de um quilômetro o acesso à maior parte desses edifícios públicos seria feito a pé, sem problemas de condução e sem cruzamentos com as vias de tráfego motorizado (cf. *idem, ibidem*, p. 10-11).

O projeto da cidade Universitária estaria no extremo sul do tronco viário N/S, com várias faculdades, setores residenciais, clubes, campos de esporte, centros de saúde e demais instalações anexas à Universidade.

Para o equilíbrio das áreas verdes, o grupo sugeriu a conservação das melhores áreas das matas a fim de preservar os cursos d'água que deveriam alimentar o lago. O projeto condenava o uso dessas áreas para a agricultura.

Quatro tipos de vias garantiriam o sucesso do sistema de transporte direcionado a automóveis e ônibus: vias expressas elevadas, as maiores artérias, formadoras de um eixo norte-sul e três eixos leste-oeste, serviriam os conjuntos de habitação intensiva; vias expressas sobre o solo, fora das zonas habitadas, ligariam as vias elevadas a autoestrada, estação ferroviária, aeroporto e resto da cidade; vias internas dos setores (em *cul de sac),* com as indispensáveis áreas de estacionamento e, finalmente, as vias para os pedestres, sem cruzamentos com as expressas.

Embora não houvesse projeção de cidades-satélites, Levi sugeriu que o crescimento da cidade fosse controlado através de regimentos legais.

Iconografia

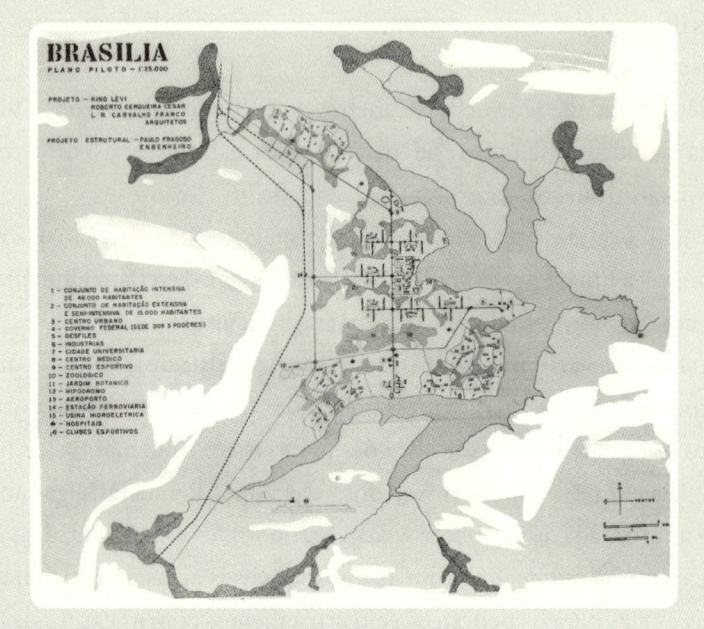

Rino Levi e Equipe – Plano Piloto

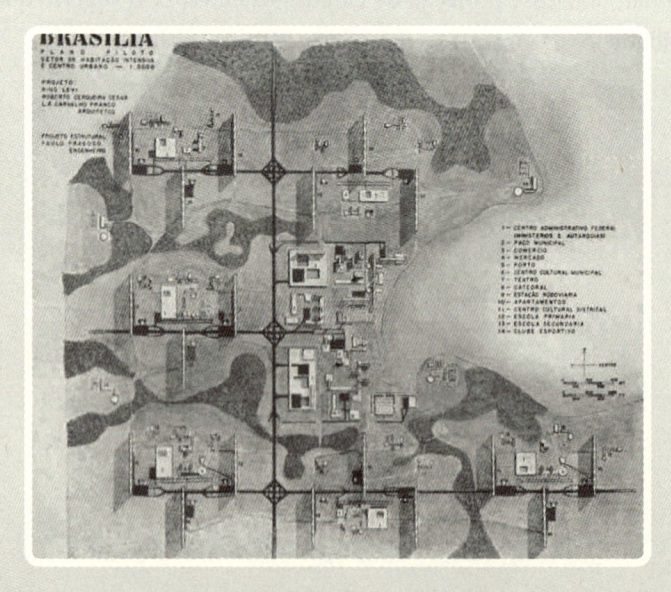

Rino Levi e Equipe – Vista aérea do projeto (colorido) setor de habitação intensiva e centro urbano

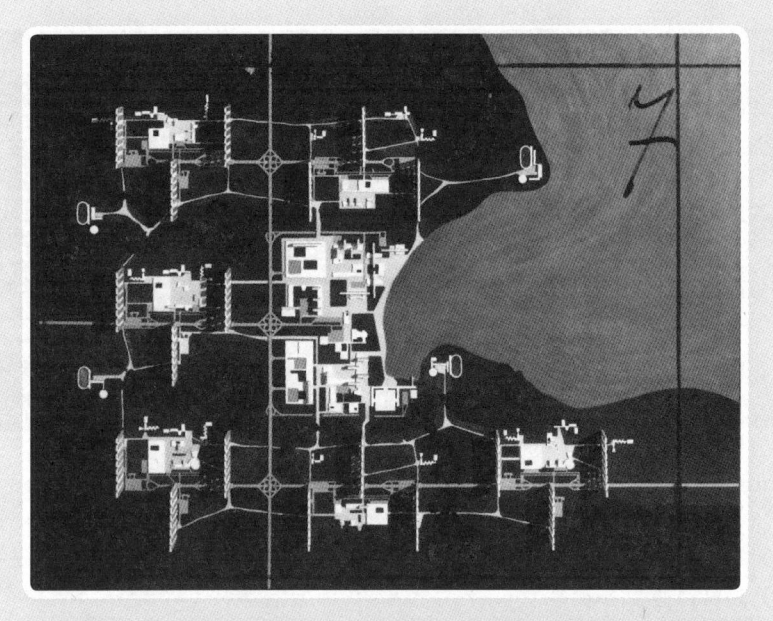

Rino Levi e Equipe – Vista aéreado projeto (fundo preto)

Rino Levi e Equipe – Foto da maquete: Perspectiva da cidade

Rino Levi e Equipe – Foto da maquete: Perspectiva da ampliação possível

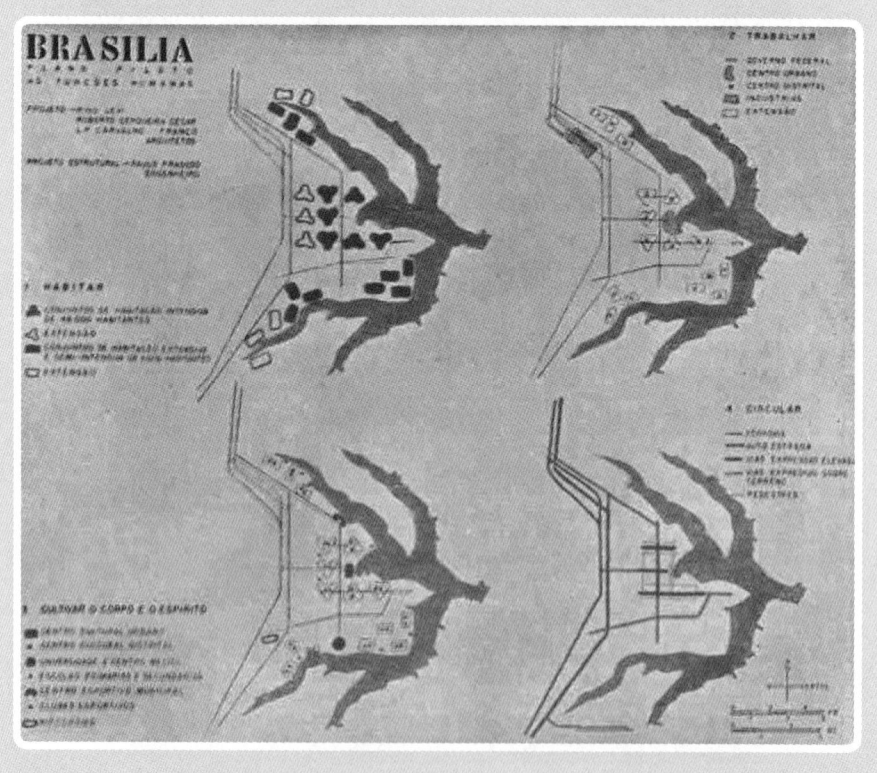

Rino Levi e Equipe – As funções humanas: Habitar, trabalhar, cultivar o corpo, o espírito e circular (colorido)

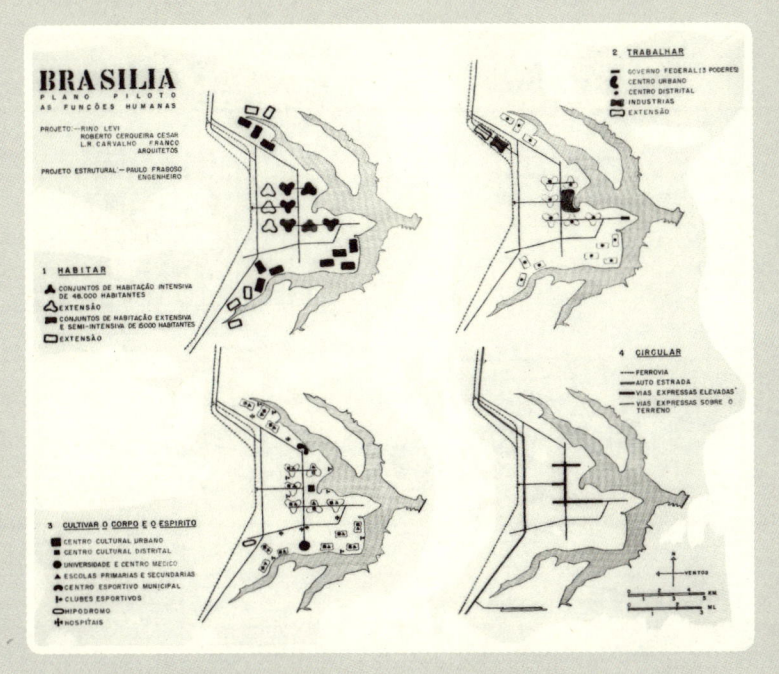

Rino Levi e Equipe – As funções humanas: Habitar, trabalhar, cultivar o corpo, o espírito e circular (preto e branco)

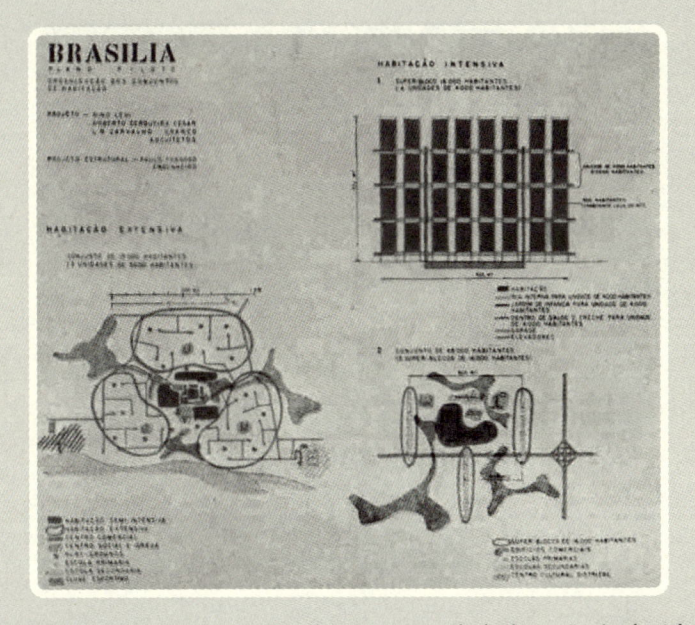

Rino Levi e Equipe – Organização dos projetos de habitação (colorido)

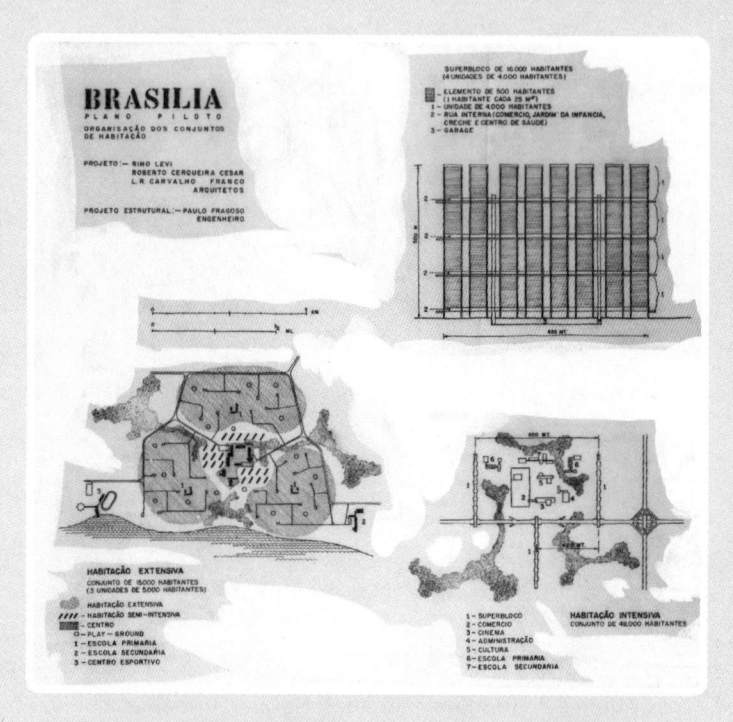

Rino Levi e Equipe – Organização dos projetos de habitação

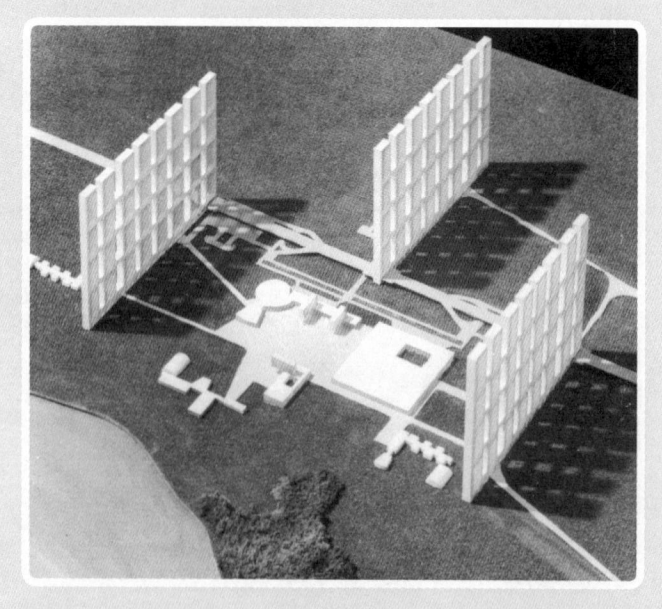

Rino Levi e Equipe – Foto da maquete: conjunto de três superblocos

Rino Levi e Equipe – Foto da maquete: superbloco (perspectiva)

Rino Levi e Equipe – Foto da maquete: superbloco (frontal)

Rino Levi e Equipe – Foto da maquete: Detalhe do proejto do superbloco

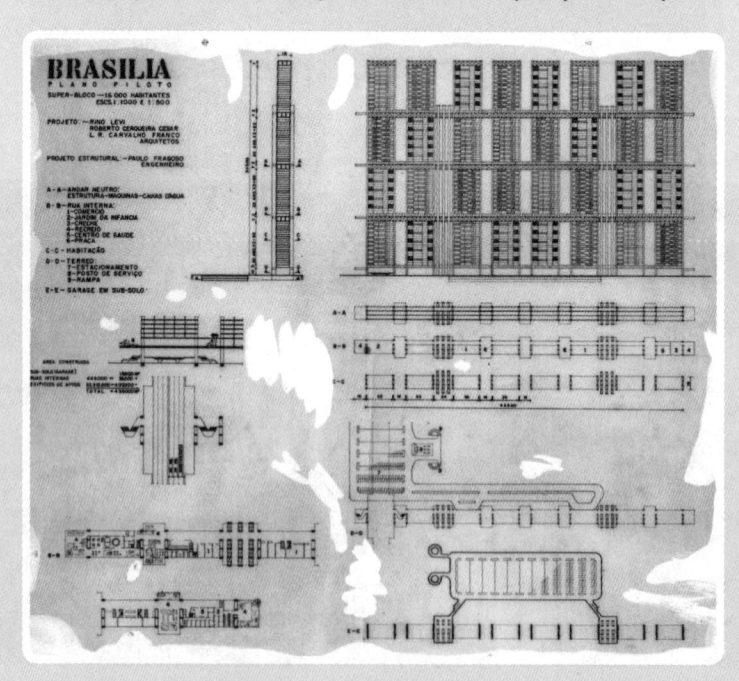

Rino Levi e Equipe – Detalhes do superbloco: Andar neutro, rua interna, habilitação térrea e garagem

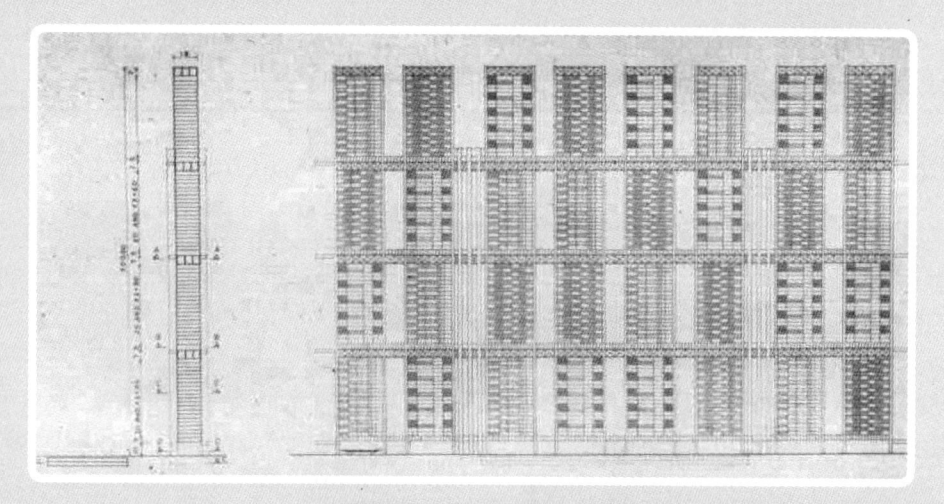

Rino Levi e Equipe – Detalhes do superbloco: Andar neutro, rua interna, habitação térrea e garagem (1)

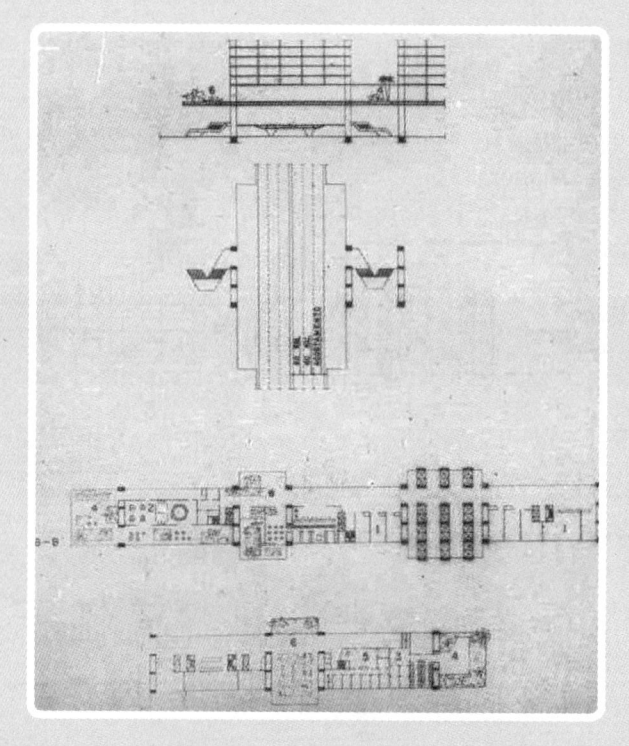

Rino Levi e Equipe – Detalhes do superbloco: Andar neutro, rua interna, habitação térrea e garagem (2)

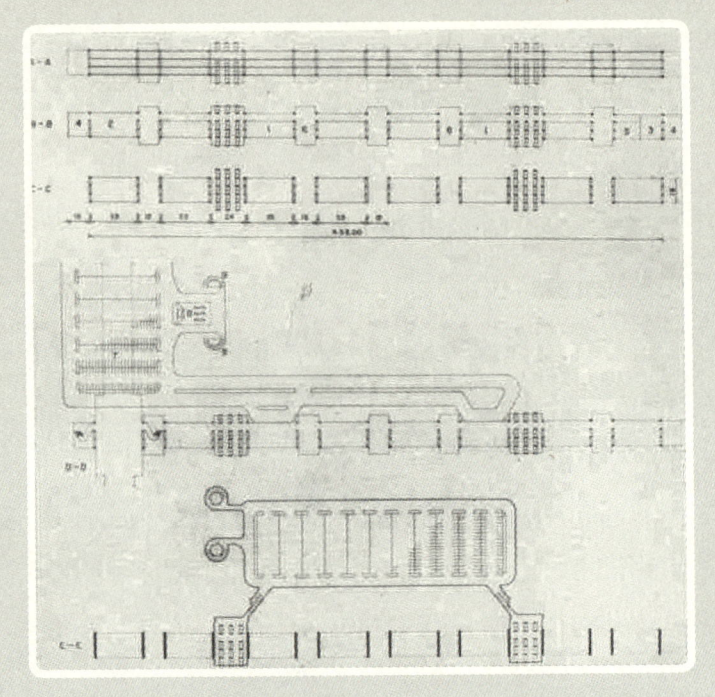

Rino Levi e Equipe – Detalhes do superbloco: Andar neutro, rua interna, habitação térrea e garagem (3)

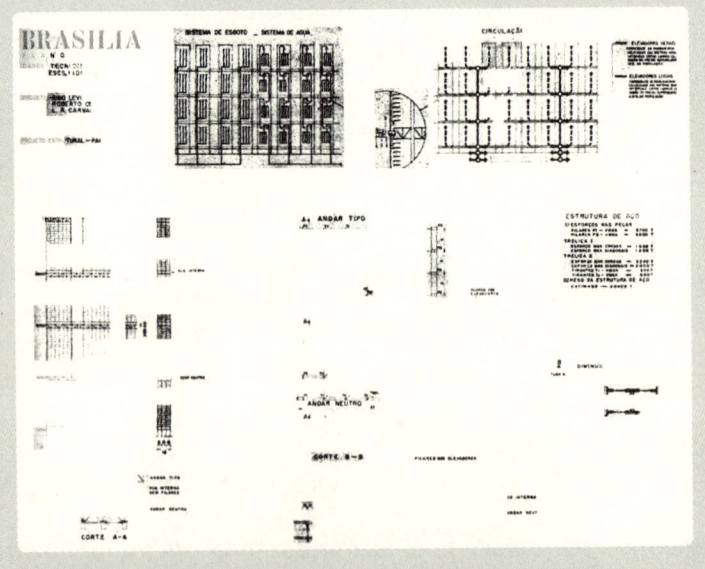

Rino Levi e Equipe – Dados técnicos do superbloco

Rino Levi e Equipe – Foto da maquete centro urbano

Rino Levi e Equipe – Foto da maquete centro urbano (detalhe)

Plano nº 18

João Kahir

Identificação

Plano inscrito no Concurso do Plano Piloto da Nova Capital do Brasil sob o número 18.

Classificação

Não esteve classificado entre os finalistas.

Equipe

João Kahir.

Documentos:

O contato com parte do plano piloto de Brasília de João Kahir veio por intermédio de seu sobrinho, Marco Khair, através de uma entrevista concedida à autora em março de 2000. Marco Khair é arquiteto e trabalha atualmente como diretor presidente do *Buffet* Quinta do Bosque. Ele tornou-se o responsável pelo antigo escritório de João Kahir e, portanto, ainda conserva um pequeno acervo sobre os projetos desse arquiteto. Marco, cordialmente, nos concedeu permissão para reproduzir aqui todo o material que dispunha sobre o plano da nova capital federal e nos relatou sua presença, ainda menino, na elaboração do mesmo. Diante dessa circunstância, ele se dispôs, seguindo nosso pedido, a traçar algumas linhas que pudessem nos remeter ao desenho do plano geral de João Kahir, visto que, o material que encontramos revelava informações apenas de fragmentos do projeto. Esse traçado foi anexado à nossa documentação iconográfica. Nenhuma outra referência foi localizada nos acervos e publicações sobre o concurso aos quais tivemos acesso. Alertamos para o detalhe de que todas as identificações do arquiteto nas listas de concorrentes traziam o nome de João Kahir, enquanto, segundo a informação concedida por Marco Khair, a maneira correta de escrever seria João Khair.

Iconografia:

De acordo com o material fornecido por Marco Khair, as imagens encontradas foram:

— Foto da maquete (1): imagem de uma área habitacional, com moradias coletivas verticais e moradias individuais horizontais.

— Foto da maquete (2): detalhe de uma superquadra

— Foto da maquete (3): detalhe de uma superquadra

— Foto da maquete (4): detalhe de uma superquadra

Introdução

Sobre a equipe:

João Khair foi o responsável pela elaboração do projeto do Estádio Rei Pelé, conhecido popularmente como "Trapichão", construído em Maceió e inaugurado em 25 de outubro de 1970. Em um artigo de José Sebastião Bastos podemos notar o que significou essa obra para a sua época: "Tratava-se, à época, do mais belo templo de futebol do Brasil, numa arquitetura das mais arrojadas, – Projeto de João Khair – entregue ao povo alagoano, de modo especial, ao amante do esporte bretão, justamente após a conquista pelo Brasil do Tricampeonato Mundial de Futebol, feito magnífico alcançado na Cidade do México".

"O mais moderno", "o mais bonito da América Latina", "orgulho do povo alagoano", foram algumas denominações criadas por narradores esportivos ao longo dos trinta anos de sua existência. João Kahir passou a ser substituído pelo seu sobrinho Marcos Khair, também arquiteto, a partir de 1968. Nesse ano, o projeto sofreu alterações e ganhou uma arquibancada reta, ligada à Ferradura por passagens de pedestres e com vestiários no subsolo, tal modificação aumentou a capacidade de espectadores para 50 mil pessoas (cf. Nobre, 2000, p. 1-10).

Pedro Paulo de Melo Saraiva fez uma menção a respeito de João Khair na entrevista que nos concedeu em agosto de 2000:

> "Entre os vinte e seis concorrentes já havia o nome de arquitetos
> conceituados como Vilanova Artigas, Rino Levi, Lúcio Costa, os

irmãos Roberto. João Kahir que era uma figura meio folclórica no Rio de Janeiro. Houve a participação de três rapazes jovens – um deles veio a falecer em seguida – João Henrique Rocha, Boruch Milmann e Ney Gonçalves. Jorge Wilheim também era recém-formado na época. Algumas empresas participaram, como a Construtécnica, que tirou o 5° lugar, mas na realidade quem realizou o projeto foi Milton Ghiraldini, e a Duchen. Oswaldo Corrêa Gonçalves, também conhecido, foi presidente várias vezes do IAB. (Instituto dos Arquitetos do Brasil). Enfim era um grupo muito heterogêneo".

Teorias urbanas: relações com o Edital e os demais planos

As quatro localizadas registram três maquetes sem nenhum tipo de legenda ou indicação de uso. A primeira remete-se claramente a uma área residencial mesclada por moradias individuais e edifícios mais altos para habitações coletivas. As moradias organizavam-se em lotes ortogonais, com frente para ruas locais e fundos para uma faixa de jardim. Outros equipamentos, entre eles uma quadra poliesportiva, ladeavam os edifícios altos. A estrutura viária explicita uma hierarquia que passa por avenidas maiores ao redor de todo o conjunto, intermediárias entre cada grupo de lotes, além de ruas locais e passeios para pedestres.

A segunda maquete configura 12 edifícios elevados entremeados por prédios baixos, distribuídos em um retângulo com acesso para veículos apenas em sua extremidade. A concepção arquitetônica é predominantemente monótona e a atribuição do uso pode ser feita tanto para uma zona habitacional quanto para um centro administrativo.

A última maquete repete o padrão da anterior diferenciando-se apenas por tratar-se de dois conjuntos divididos ao meio por uma avenida. Cada conjunto reunia cinco edifícios elevados localizados na área central da quadra e construções menores margeando a avenida. Em seguida, encontravam-se os espaços para estacionamento. Tais elementos contribuíram para a atribuição de caráter de centro comercial e de negócios para essa área (Costa, 2002).

Iconografia

Khair – Foto da maquete 1: imagem de uma área habitacional com moradias coletivas verticais e moradias individuais horizontais

Khair – Foto da maquete 2: Detalhe de uma superquadra

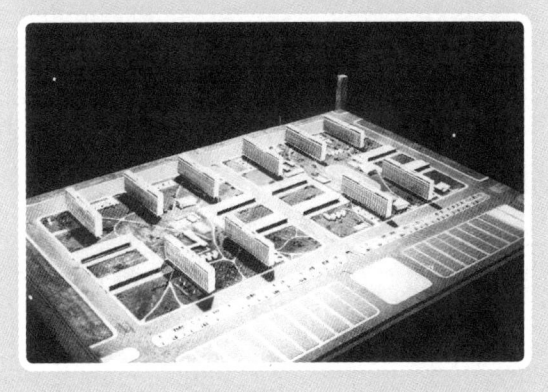

Khair – Foto da maquete 3: Detalhe de uma superquadra

Khair – Foto da maquete 4: Detalhe de uma superquadra

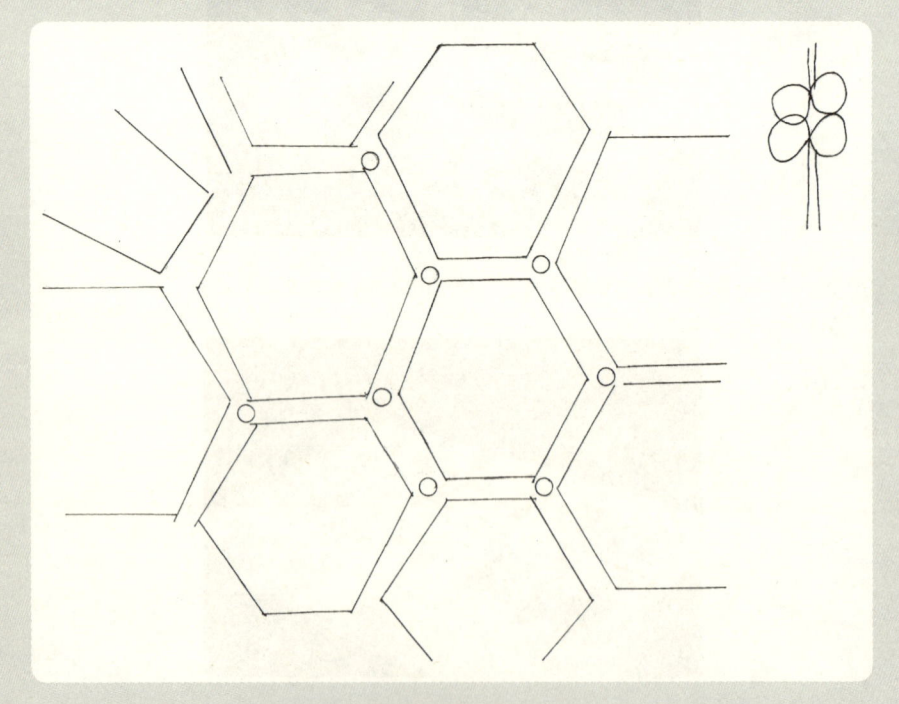

Khair – Traçado realizado por Marcos Khair

Plano n° 19
Edgar Rocha Souza

Identificação

Plano inscrito no Concurso do Plano Piloto da Nova Capital do Brasil sob o número 19.

Classificação

Não esteve classificado entre os finalistas.

Equipe

Edgar Rocha Souza.

Documentos:

A ausência de referências bibliográficas e iconográficas sobre o plano piloto de Brasília de Edgar Rocha Souza nos acervos e publicações aos quais tivemos acesso, nos deixou, como opção, a busca pelo engenheiro ou seus familiares. Localizamos Edgar Rocha Souza em sua residência no Rio de Janeiro e ele gentilmente nos concedeu uma entrevista e colocou à nossa disposição todo o material que possuía sobre o seu projeto para Brasília. Infelizmente, o desinteresse geral das instituições envolvidas na construção da nova capital federal em preservar o material do concurso, fez com que Edgar Rocha Souza mantivesse sob seu domínio apenas as fotos das pranchas apresentadas em seu projeto. Ainda que tal material nos forneça um conjunto abrangente de informações, o memorial descritivo não foi encontrado. É importante mencionar a atuação essencial de Raul da Silva Vieitas, já falecido, na elaboração desse plano piloto, nome lembrado por Edgar Souza com muita frequência e respeito. Atualmente Edgar Rocha Souza faz parte do escritório "Otimiza Engenharia Ltda.", ao lado de seus dois filhos.

Iconografia:

De acordo com o material fornecido por Edgar Rocha Souza, as imagens encontradas foram:

— Foto da prancha 1: População.

— Foto da prancha 2: Comunicações.

— Foto da prancha 3: Distrito Federal.

— Foto da prancha 4: Plano Diretor.

— Foto da prancha 5: Centro Administrativo.

— Foto da prancha 6: Transporte Subterrâneo.

— Foto da prancha 7: Tapete Verde.

— Foto da prancha 8: Zona Comercial.

— Foto da prancha 9: Zona Residencial dos Funcionários.

— Foto da prancha 10: Serviços Ancilares.

— Foto da prancha 11: Vias Públicas.

— Foto da prancha 12: Serviços de Utilidade Pública.

— Foto da prancha 13: Serviços de Utilidade Pública.

Introdução

Comentário sobre o Plano Piloto

Para resgatar o plano piloto apresentado por Edgar Rocha Souza foi de grande valia sua explicação, prancha a prancha, dos princípios adotados na sua concepção urbanística. Edgar Rocha Souza retomou as fotos dos desenhos entregues ao júri e as descreveu.

O traçado peculiar desse projeto trazia ao centro, em formato de bumerangue, uma área ajardinada – "tapete verde" – seguida por duas grandes avenidas circulares que se irradiavam em ruas tangenciais, responsáveis pela distribuição da população em seis áreas residenciais.

A primeira prancha tratava o assunto populacional. Através da comparação de inúmeras estatísticas baseadas nas densidades populacionais de locais como Europa, Índia e Paquistão, China, Austrália, Japão e, com maior destaque, Estados Unidos, concluíram que o Brasil atingiria uma população de 300.000.000 habitantes em 100 anos e Brasília deveria ser projetada para administrar um país desse porte.

A prancha de número 2 apontava as comunicações rodoviárias e ferroviárias como papel importante na formação da ossatura da cidade. A terceira prancha trazia estudos do Distrito Federal e a proposta de uma zona de abastecimento e de indústrias leves localizada no seu centro geométrico para drenar toda a sua produção. Essa área seria adequadamente servida por rodovias e ferrovias de traçado econômico e eficiente.

A quarta prancha mostrava o zoneamento da cidade através de um plano diretor. A parte central, em formato de bumerangue, destinada a uma área verde, assemelha-se grandemente ao plano piloto de Pedro Paulo de Melo Saraiva. A prancha de número 5 apresentava o desenho do centro administrativo, onde estariam concentrados e centralizados os edifícios públicos e sua relativa zona residencial, organizada para acomodar os funcionários encarregados desse setor. A proximidade de ambos buscava eliminar o problema da condução. Com essa disposição intencionavam tornar a administração pública mais econômica e eficiente.

A sexta prancha propunha um traçado para um transporte subterrâneo e mostrava as vantagens da existência desse meio de circulação. Na sétima prancha encontramos o desenho do "Tapete Verde", uma área de jardim localizada na parte central, em formato de "bumerangue", que viria a complementar o caráter de "cidade jardim" planejado para a capital. Nele estariam monumentos representativos da História do Brasil garantindo, segundo o autor, uma originalidade semelhante à da torre Eiffel em Paris.

A zona comercial, dividida em quateirões de comércio e quarteirões alternativos, estava representada na prancha 8. Ela serviria comodamente toda a população. A zona residencial dos funcionários, na prancha 9, refletia a preocupação dos autores em garantir uma vida amena aos trabalhadores, com distâncias curtas até seu local de trabalho.

A décima prancha mostrava os serviços ancilares, ou de apoio, considerados antiestéticos, camuflados por meio de uma circulação específica, às vezes subterrânea. As vias públicas estavam traçadas na prancha de número 11, representadas pelas artérias, acessadas por alamedas secundárias onde desembocariam as pequenas transversais. Aí, também identificamos o padrão das calçadas.

Nas décima segunda e décima terceira pranchas concluíam sua apresentação com os serviços de utilidade pública como distribuição de energia elétrica, transporte coletivo e água e esgoto, garantindo a viabilidade técnica e econômica da construção de seu plano piloto.

A participação de Edgar no Concurso deu-se, em grande parte, devido à insistência de seu parceiro, Raul da Silva Vieitas, um agrônomo interessado por problemas urbanos, com o qual adquiriu bastante experiência. Para ambos, o senso prático e funcional da organização da cidade foi o primordial, fato ao qual Edgar acrescenta: "O falecimento precoce de meu pai, me colocou no mundo do trabalho cedo. Em Brasília, não estávamos apenas preocupados com embasamentos teóricos, mas buscávamos criar um espaço que acomodasse eficientemente as relações geradas pela cidade. Pensávamos de maneira prática, baseados na nossa experiência. Foi uma surpresa a escolha do projeto de Lúcio Costa. Primeiro, porque consta a entrega do seu plano, devido a pedidos insistentes, num período posterior ao prazo estabelecido no edital. E depois, suas relações com Niemeyer eram amplas demais para que o julgamento fosse imparcial. Conta a "lenda" que um dos responsáveis pela guarda dos projetos enquanto eles estavam expostos, viu Oscar Niemeyer entrar com Juscelino na sala, dirigir-se direto ao plano de Lúcio Costa e sair em seguida, sem voltar-se para qualquer outro projeto. O plano vencedor era bonito, e isso satisfazia o critério do júri e do "construtor" da nova capital Federal".

Iconografia

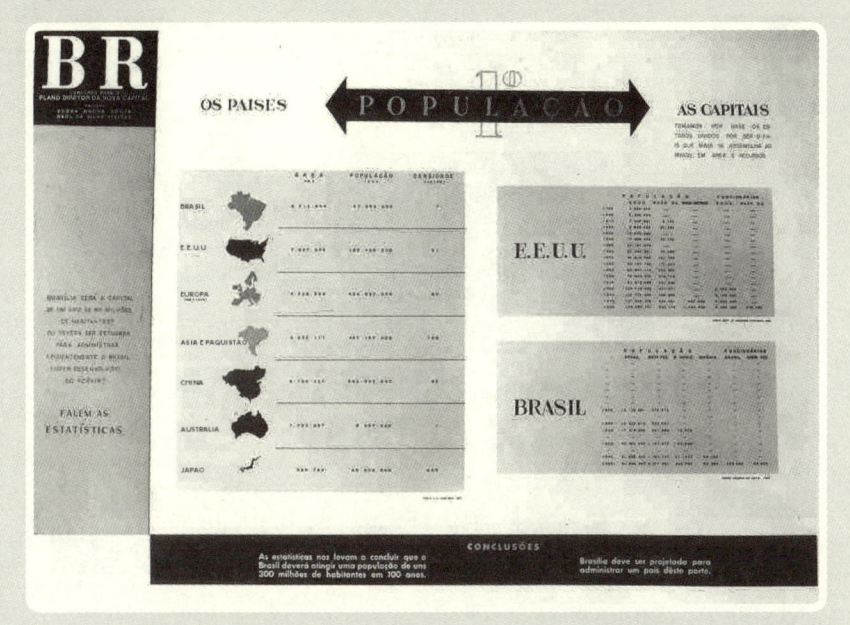

Rocha Souza – Foto da prancha 1: População

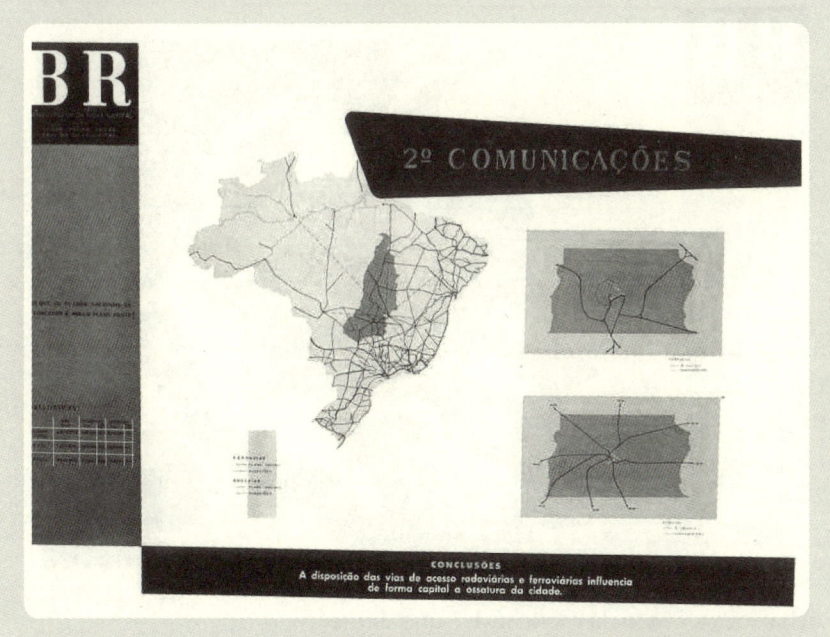

Rocha Souza – Foto da prancha 2: Comunicações

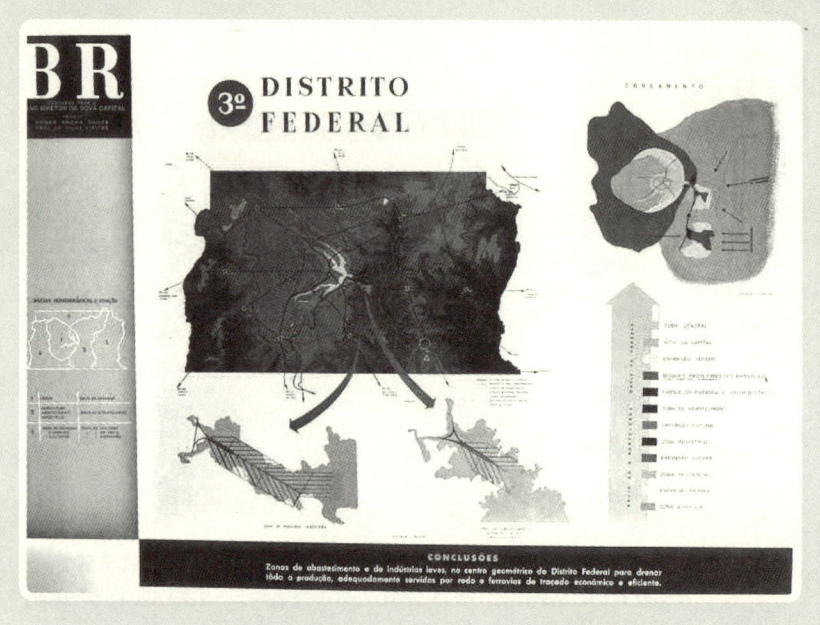

Rocha Souza 3: Distrito Federal

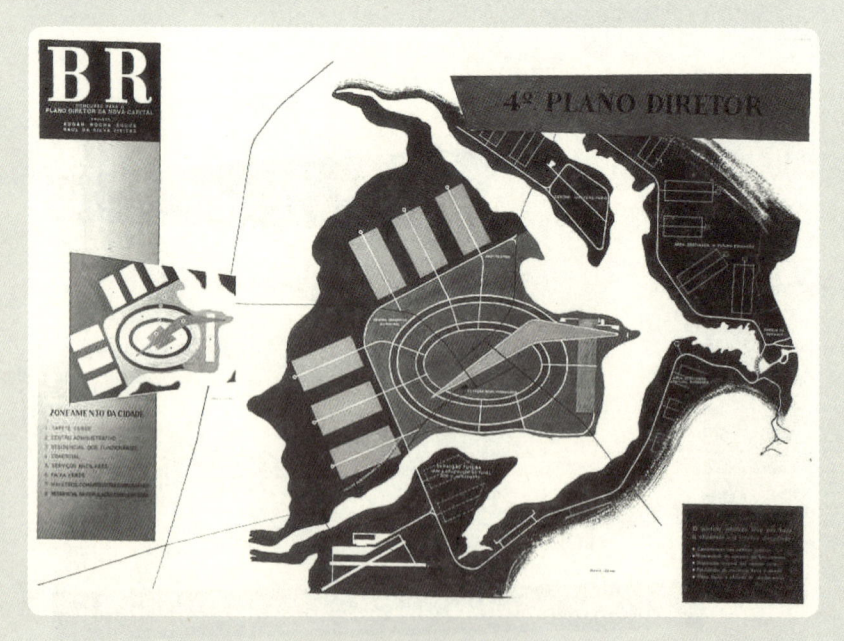

Rocha Souza – Foto da prancha 4: Plano diretor

Rocha Souza – Foto da prancha 5: Plano diretor

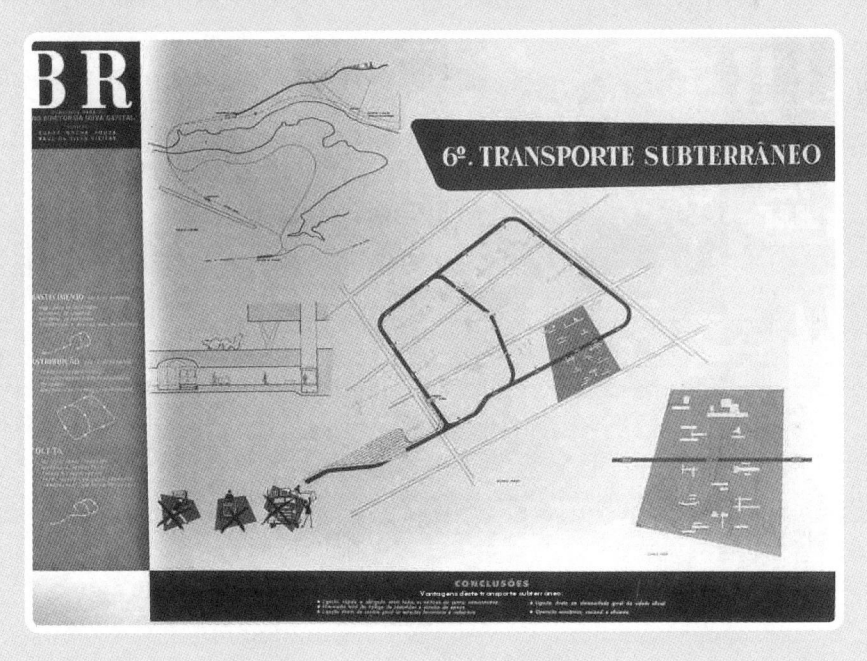

Rocha Souza – Foto da prancha 6: Plano diretor

Rocha Souza – Foto da prancha 7: Plano diretor

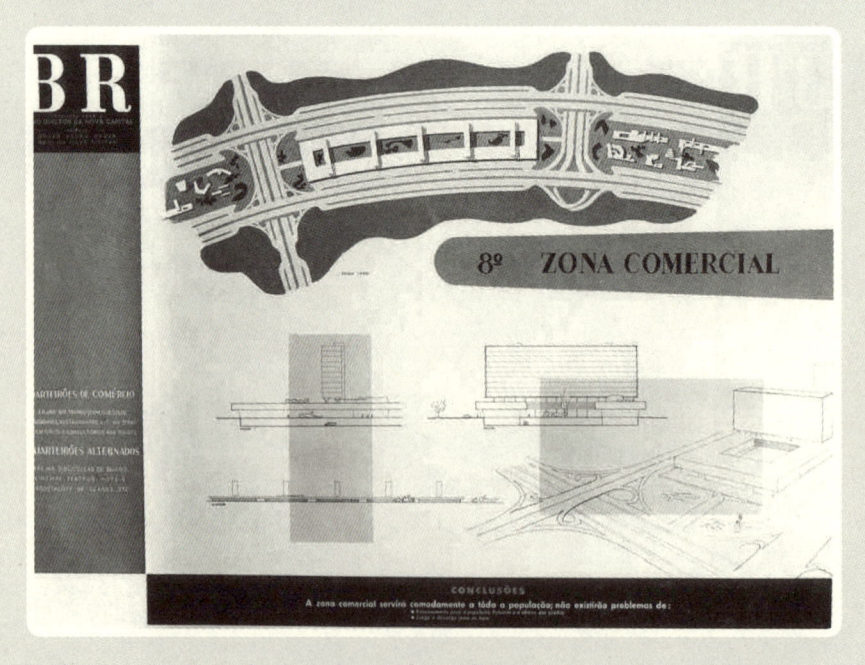

Rocha Souza – Foto da prancha 8: Plano diretor

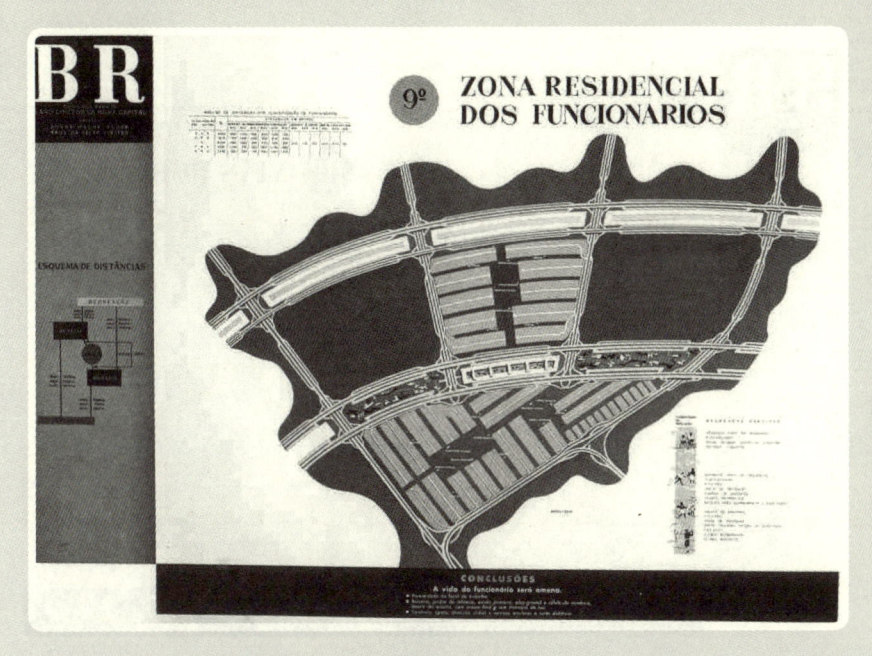

Rocha Souza – Foto da prancha 9: Plano diretor

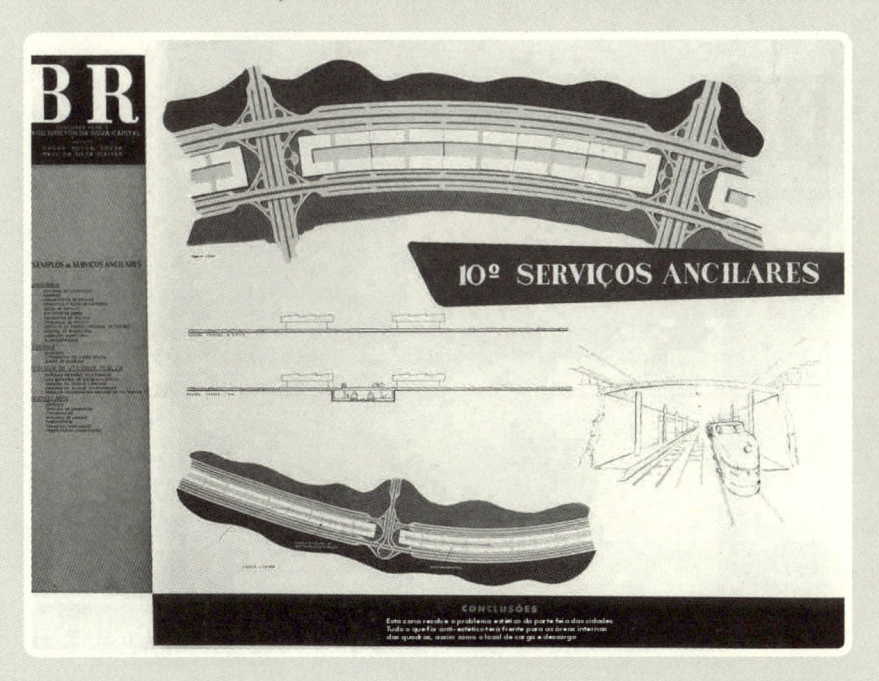

Rocha Souza – Foto da prancha 10: Plano diretor

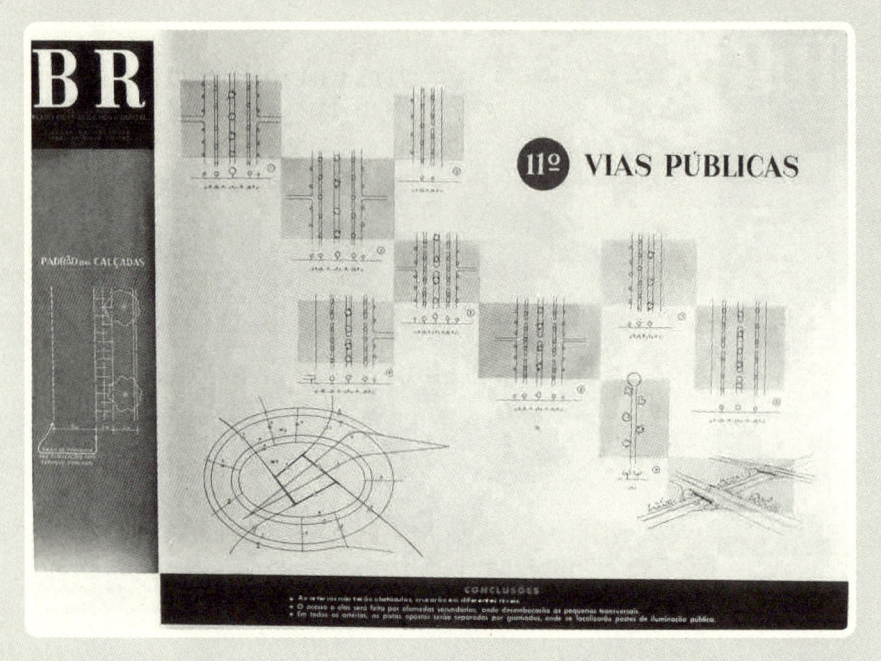

Rocha Souza – Foto da prancha 11: Plano diretor

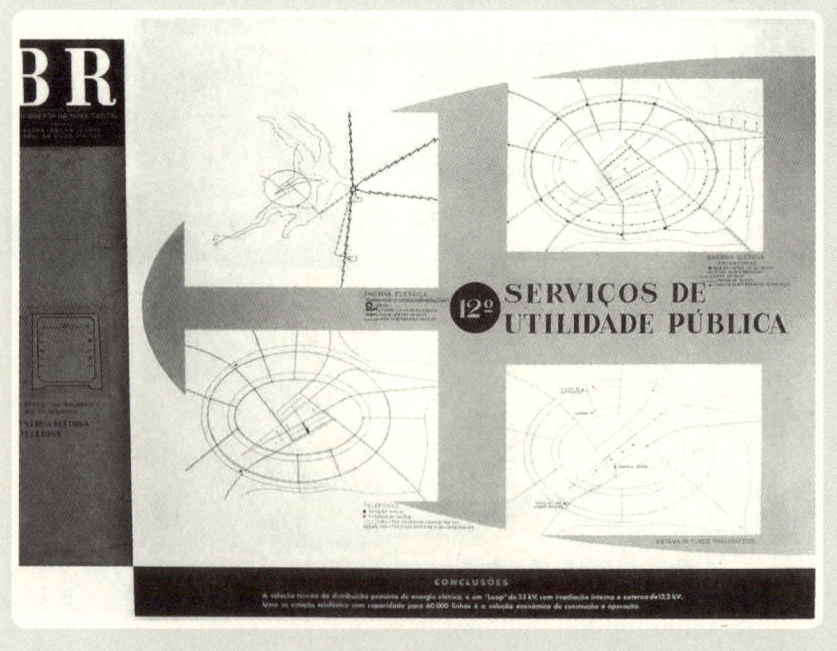

Rocha Souza – Foto da prancha 12: Plano diretor

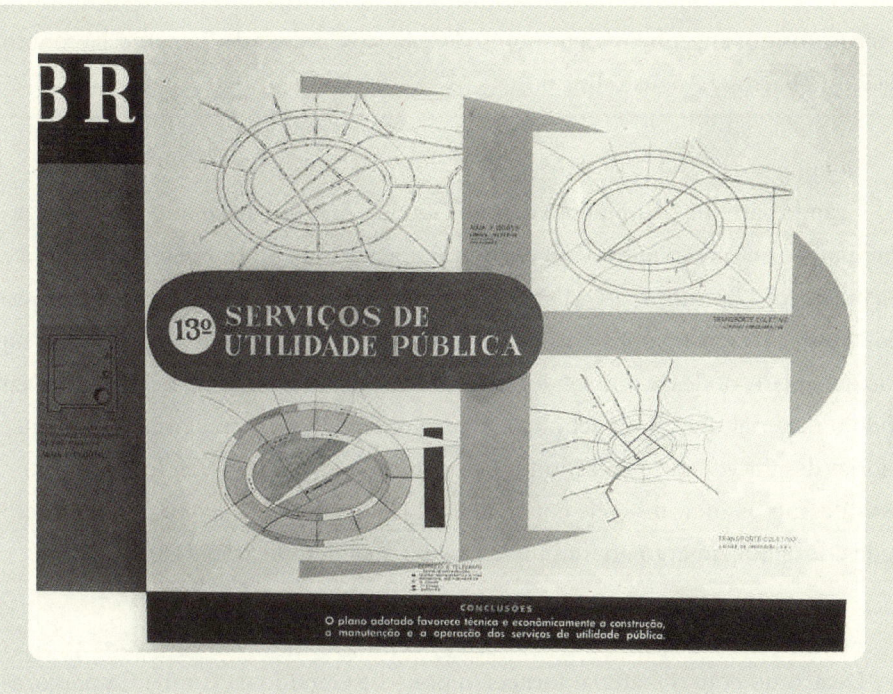

Rocha Souza – Foto da prancha 12: Plano diretor

Plano n° 20

José Geraldo Cunha Camargo

Identificação

Plano inscrito no Concurso do Plano Piloto da Nova Capital do Brasil sob o número 20.

Classificação

Não esteve classificado entre os finalistas.

Equipe

Arquiteto José Geraldo da Cunha Camargo. Colaboradores: os arquitetos Wilson Chebar e Elio A. P. Pugnaloni; os engenheiros Nestor de Oliveira e Arthur

275

Leão Feitosa; os engenheiros agrônomos Felisberto Cardoso de Camargo, Herodoto da Costa Barros e Augusto Imazio.

Documentos:

Grande parte do plano piloto de José Geraldo da Cunha Camargo foi localizada junto ao autor, sendo possível encontrar apenas uma única referência sobre ele na publicação *Brasília Trilha Aberta* (1986) entre os acervos e materiais pesquisados. Fomos recebidos por José Geraldo da Cunha Camargo em seu escritório no Rio de Janeiro, onde ele nos concedeu uma entrevista e cordialmente nos forneceu todo o material que ainda detinha sob seus cuidados. O comentário sobre o memorial descritivo aqui realizado foi baseado no texto original cedido pelo autor, assim como, as imagens a ele concernentes. Os documentos iconográficos foram reduzidos por Camargo no intuito de facilitar sua identificação e compreensão.

Iconografia:

De acordo com o material fornecido por José Geraldo da Cunha Camargo, as imagens encontradas foram:

— Prancha 1: fase final do desenvolvimento da cidade.

— Foto da prancha 1: plano piloto.

— Foto da prancha 5: avenida central – parte do centro comercial; hotéis e Prefeitura do DF.

— Foto da prancha 6: Praça dos Poderes; Praça Cívica, Religiosa e Cultural; Parque das Embaixadas e o Palácio do Ministério das Relações exteriores.

A imagem publicada em *Brasília Trilha Aberta* (1986) é:

— Prancha 5: avenida central – parte do centro comercial; hotéis e Prefeitura do DF.

Temos conhecimento, devido à lista final encontrada em anexo ao memorial descritivo, que a apresentação gráfica foi realizada em 7 pranchas. Foram elas:

— Prancha 1 – Fase final do desenvolvimento da cidade.

— Prancha 2 – Primeira fase do desenvolvimento da cidade.

— Prancha 3 – Detalhe de uma unidade ministerial

— Prancha 4 – Avenida central praça dos poderes: praça cívica, religiosa e cultural; parque das embaixadas; bairro do ministério das relações exteriores

— Prancha 5 – Perspectiva aérea da avenida central: parte do centro comercial, hotéis e prefeitura.

— Prancha 6 – Perspectiva aérea do conjunto: praça dos poderes; praça cívica, religiosa e cultural; parque das embaixadas.

— Prancha 7 – Esquema geral do abastecimento de água e traçado dos esgotos sanitário e fluvial.

Introdução

Sobre a equipe

José Geraldo da Cunha Camargo é carioca, nascido em 1925. Formou-se em Arquitetura pela antiga Universidade do Brasil, atual Universidade Federal do Rio de Janeiro, no ano de 1953. Mais tarde, em 1961, adquiriu o título de Urbanista pela mesma Universidade.

Exerce, desde 1955, a função de Arquiteto e Urbanista do Instituto Nacional de Colonização e Reforma Agrária (INCRA), onde tem se dedicado a projeto de vilas rurais e, a partir de 1965, o cargo de Professor do "Curso de Urbanismo" da Universidade Federal do Rio de Janeiro – Guanabara, onde, em 1976, recebeu o título de Professor Livre Docente.

Grande parte de sua trajetória profissional esteve voltada ao estudo e realização de projetos de urbanismo rural. Tal ênfase pode ser observada pelas suas opções nos cursos de pós-graduação: Metodologia do Planejamento Regional e Local – F.N.A. – Universidade do Brasil – 1961 e Curso de Fotointerpretação – Universidade do Estado da Guanabara – Rio de Janeiro, 1966.

Seus principais projetos no setor particular foram:

- Anteprojeto para 4 Agrovilas – Satélites da cidade de Januária, situada à margem do Rio São Francisco (MG) – 1960.

- Estudo visando o desenvolvimento urbano-rural da Baixada Fluminense, na zona proxima à cidade do Rio de Janeiro.

- Projeto para remodelação da zona central e criação de dois bairros para cidade de Uberlândia (MG) – 1967.

Desenvolveu uma carreira próspera no Serviço Público (INIC – SUPRA – INDA – IBRA e INCRA) chefiando seções relacionadas ao Serviço do Patrimônio (1955-1966); chegando a Assistente Técnico da Chefia dos Serviços Gerais de Planejamento e Coordenação (1966-1967), depois Chefe do Serviço de Planos e Projetos (1967-1969) e atualmente participando do Grupo de Trabalho para a Amazônia (GT-PLAN) da Secretaria de Planejamento e Coordenação do INCRA.

Tal trajetória possibilitou a realização de vários projetos no âmbito público. Como por exemplo:

- Projeto de Agrovilas: para o Núcleo Colonial "Bernardo Sayão" – Estado de Goiás – 1964; para o Núcleo Colonial "Barra do Corda" – Estado do Maranhão – 1964; na margem da rodovia Cuiabá-Santarém, a 80 km da cidade de Santarém – 1971; para a rodovia Transamazônica – 1971 a 1973 (40 agrovilas).

- Projeto de Agrópolis: para o Núcleo Colonial Sidney Girão, em Rondônia, na margem do rio Madeira, limítrofe com a Bolívia – 1972; para a rodovia Transamazônica – 1971 a 1973; para a Colônia Agrícola Militar de Tabatinga, às margens do Rio Solimões (Rio Amazonas), na divisa do Brasil com a Colômbia. Estado do Amazonas – 1973.

A convite do Instituto Interamericano de Ciências Agrícolas (JICA – OEA), visitou os trabalhos de Colonização e Reforma Agrária do Peru, Equador, Colômbia e Venezuela (06 a 24 de maio de 1973, tendo proferido naqueles países, palestras sobre *Urbanismo Rural e sua aplicação na Colonização e Reforma Agrária*" – Maio de 1973.

Teorias urbanas: relações com o Edital e os demais planos

O plano piloto de José Geraldo da Cunha Camargo representou um dos traçados menos ortogonais do concuso de Brasília. Seu centro comercial tornou-se referência para o autor, que o reproduziu posteriormente, guardadas as diferenças de contexto, em vários de seus projetos para unidades urbano-rurais. Podemos notar também uma semelhança com o centro comercial do plano piloto de Pedro Paulino Guimarães.

No entanto, para melhor apreciarmos o trabalho de Camargo para Brasília, seria adequado entendermos quais são as prioridades do autor ao conceber a cidade, suas teorias e influências. Segundo ele em entrevista concedida à autora em outubro de 2000, sua disposição em lutar pela localização da capital para o interior do país antecede sua participação no concurso. Enquanto alguns políticos e colegas de profissão tentavam impedir tal acontecimento, Camargo, através de uma carta, incita uma série de manifestações a favor da mudança da capital: "Uma carta do arquiteto José Geraldo da Cunha Camargo, endereçada ao Vice-Presidente do Senado, Senador Nereu Ramos com uma cópia enviada ao Senador Coimbra Bueno, marcou o princípio de mais uma auspiciosa campanha da classe estudantil" (Fernandes, s/d, p. 12).

Nessa carta o arquiteto apela para que seja adiado o concurso do anteprojeto para a construção da nova sede do Senado, até que seja ela definitivamente localizada na futura capital, a qual seria construída no planalto central. Os estudantes de arquitetura e urbanismo vieram a manifestar sua opinião favorável a respeito da interiorização imediata da capital e contrária à construção do novo Senado na, então, capital da República, Rio de Janeiro. Segundo eles, fariam de tudo para impedir tal acontecimento. Camargo relembra ainda que Juscelino Kubitschek, nessa época, não era a favor de tal mudança, mas sim Ademar Dutra, que afirmava: "Eu transfiro a sede do Banco Central para o Planalto Central e assim volto a atenção do Brasil todo para lá". (*idem, ibidem,* p. 12).

Dentre os trabalhos urbanos de Camargo, seu texto *Urbanismo Rural* (1973), publicado pelo INCRA, indica algumas teorias urbanas semelhantes às apresentadas por ele no seu plano piloto para Brasília. No intuito de sintetizar o problema da distribuição desordenada da população do século XX, Camargo elenca as principais características dessa desarmonia. A primeira delas diz respeito às áreas urbanas superpovoadas (megalópolis) e os problemas relativos a esse excesso populacional como poluição, congestionamento de trânsito, alto índice de criminalidade, dificuldades com a moradia e saneamento básico, entre outros. O segundo tópico, aponta para as zonas rurais densamente povoadas, com tensões sociais geradas por minifúndios antieconômicos. Ao contrário disso, o último item mostra o problema das zonas rurais pouco povoadas, sem infraestrutura socioeconômica adequada.

Como solução, o autor aponta para a necessidade do Planejamento racional de distribuição demográfica, incluindo: planejamento urbano para a reformulação das grandes cidades e sua respectiva legislação; planjamento para o crescimento ordenado das cidades e sua respectiva legislação; planejamento urbano-rural, ou urbanismo rural, e sua respectiva legislação. Como especialista na área de planejamento urbano-rural, Camargo trabalha esse item mostrando a necessidade de um planejamento físico-espacial, sócio-cultural e econômico para o desenvolvimento integrado do meio rural, além da funcionalidade advinda da hierarquização dos núcleos urbanos no meio rural (cf. Camargo, 1973 p. 2-52).

Para atingir esse objetivo seria imprescindível levar em consideração os recursos humanos:

> "É preciso, portanto, dotar o meio rural dos implementos sociais e culturais inerentes à fixação do homem civilizado. Para que o homem do campo não fuja para a cidade, devemos "trazer" a "cidade" para o campo, criando núcleos urbano-rurais. Num plano de colonização é preciso que haja, pelo menos, condições de "opção" para que o colono (ou parceiro) possa escolher, conforme seu grau cultural, se quer morar em comunidade, numa "urbs" onde encontrará condições condignas para seus familiares, desfrutando de água potável, sistema sanitário, luz e força, escolas (primaria, secundária, técnica etc.), assistência médico-dentária, social e religiosa, comércio etc." (*idem*, *ibidem*, p. 5).

A definição de urbanismo rural, segundo Camargo seria:

> "Urbanismo Rural ou Planejamento Urbano-Rural, (Ruralismo ou Ruralística) é o planejamento social, econômico e físico do meio rural, determinando o zoneamento, o uso e o dimensionamento das áreas rurais, tendo em vista os Recursos Naturais e a distribuição racional e seletiva dos Recursos Humanos necessários para criar e promover o desenvolvimento social, cultural e econômico das comunidades rurais" (*idem, ibidem*, p. 5).

É importante notar que o urbanista não se dinvinculou da ideia sistematizada por Le Corbusier de associar a distribuição racional da população ao percurso casa-trabalho ou, ainda, casa-escola. A distância seria avaliada em tempo e segundo seu modo de locomoção, ou seja, quanto tempo a criança levaria para chegar à escola a pé.

Após um levantamento e análise dos recursos humanos necessários, determinar-se-ia o tipo e o número de comunidades urbanas. Camargo propõe três tipos de *urbs* rurais: a agrovila, a agrópolis e a rurópolis, formando uma hierarquia urbanística segundo uma infraestrutura social, cultural e econômica e tendo cada qual sua função específica.

> "A agrovila é um pequeno centro urbano destinado à moradia dos que se dedicam a atividades agrícolas ou pastoris e tem por finalidade a integração social dos habitantes do meio rural, oferecendo-lhes condições de vida em moldes civilizados. É um verdadeiro "bairro-rural", com um parque central, onde ficam localizados a escola (primária ou correspondente e se possível, jardim de infância e creche), pequena Sede Administrativa, Centro Social e Posto de Saúde, pequeno templo ecumênico e, para atender a parte recreativa, *play-grounds*, praça de esportes para adolescentes, coretos para sessões musicais etc." (*idem, ibidem*, p. 10).

A definição de agrópolis vem logo em seguida:

> "A agrópolis é um pequeno centro urbano agroindustrial, cultu-
> ral e administrativo destinado a dar apoio à integração social no
> meio rural. Exerce influência sócio-economica, cultural e admi-
> nistrativa numa área ideal de mais ou menos 10 km de raio, na
> qual podem estar situadas de 8 a 12 Agrovilas, que são comuni-
> dades menores e dela dependentes. (...) A populacão é composta
> de famílias de agricultores ou pecuaristas, de trabalhadores ru-
> rais e daqueles que trabalham em atividades próprias do meio
> urbano (comércio, indústria, assistênca médico-social, ensino
> primário, de nível médio etc.). Possui maiores implementos so-
> cioeconômicos e culturais que a Agrovila" (*idem*, *ibidem*, p. 10).

Finalmente, a rurópolis completaria a integração entre o rural e o urbano, ser-
vindo de apoio ao desenvolvimento socioeconômico da região:

> "A rurópolis é um pequeno polo de desenvolvimento, o cen-
> tro principal de uma grande comunidade rural constituída por
> Agrópolis e Agrovilas, distribuídas num raio teórico de ação de
> cerca de 70 a 140 quilômetros. (...) A Rurópolis é um núcleo
> urbano-rural diversificado nas atividades públicas e privadas,
> possuindo comércio, indústria, serviços sociais, culturais, reli-
> giosos, médico-odontológicos e administrativos, não apenas de
> interesse local mas sobretudo para servir a sua área de influên-
> cia." (*idem*, *ibidem*, p. 10).

Sobre a especulação imobiliária, o autor alerta para o fato de que um módulo
urbano só deverá ser implantado quando o módulo anterior tiver 70% dos seus
lotes ocupados. Os outros 30% permaneceriam sob o domínio público:

> "Isto é importante para não acontecer como em muitas cidades projetadas (Belo Horizonte, Goiânia e Brasília), onde foram vendidos todos os lotes urbanos quase que de uma só vez, criando problemas de difícil solução em decorrência da construção dispersa de prédios e casas, encarecendo a implantação da infraestrutura urbana e favorecendo a especulação imobiliária desenfreada, com prejuízos enormes para a coletividade" (*idem, ibidem*, p. 16).

Para os projetos de transamazônica, Camargo ressalta a relação da comunidade e a floresta:

> "Idealizamos neste esquema elaborar um tipo de planejamento urbano-rural capaz de permitir a coexistência da civilização moderna e da floresta virgem, sem romper o complexo equilíbrio das comunidades bióticas, já que as reservas florestais poderão ser exploradas tecnicamente, através da cooperativa dos colonos ou parceiros" (*idem, ibidem*, p. 16).

Outro trabalho de José Geraldo da Cunha Carmargo, *Urbanização Celular*, desenvolve uma questão já discutida anteriormente em *Urbanismo Rural*: o polinucleamento urbano. Camargo defendia que o planejamento deveria ser feito de forma hierárquica, corroborando estudos anteriores, oferecendo aos setores residenciais equipamentos comunitários adequados às exigêncas das várias fases de desenvolvimento do homem. Esse estudo iria favorecer a organização das células ou núcleos urbanos.

Para embasar sua pesquisa o autor elabora uma síntese histórica dos estudos principais sobre células urbanas e enfatiza a necessidade da internacionalização dos principais termos utilizados no urbanismo como, por exemplo, conjunto habitacional, comunidade e outros.

"1 – Thomas More (1516) – Propôs a divisão das cidades de sua época em quatro setores. No centro de cada setor ficaria a praça do mercado com lojas e armazéns.

2 – Arturo Soria y Mata (1882) – Com sua famosa cidade linear nas proximidades de Madri, iniciou um esboço de células urbanas moduladas sendo, talvez, a primeira proposta de integração de células urbanas conjugadas a um sistema de transporte.

3 – Ebenezer Howard (1898) – Lançou a ideia da "Cidade Jardim" com 30.000 habitantes em uma superfície aproximada de 405 hectares.

4 – Raymond Unwin e Barry Parker (1903) – *Associación de la Ciudad Jardin* – Planejaram a primeira cidade jardim (Letchworth) aproximadamente a 55 km de Londres, com 35.000 habitantes e uma superfície de mais ou menos 1.212 hectares.

5 – Clarence A. Perry (1910) – Colaborando com as ideias do *Comunity Center Movement*, sugeriu para centro de reuniões de uma conunidade a própria Escola.

6 – C.J. Bushnell (1920) – Definiu as funções de uma Unidade de Vizinhança como: manutenção, aprendizagem, controle e jogos (recreação).

7 – Clarence Stein e Henry Wright (1924-1928) – No projeto da Comunidade de Sunnyside nos Estados Unidos formulam pequenas células urbanas denominadas "quadras", mas a população dessas células não permitiu a localização dos equipamentos comunitários mínimos necessários.

8 – Clarence A. Perry (1929) – Procurou desenvolver um estudo mais detalhado sobre "Unidades de Vizinhança" formadas por superquadras irregulares e também dimensionar área, população e equipamentos comunitários. Propôs para uma "Unidade de Vizinhança": população de 5.000 ou 6.000 hab.; população infantil = 20% (1.000 a 1.200 alunos); densidade = 20 famílias/ha ou 100 hab./ha; área = 65 ha; raio de influência dos equipamentos

comunitários = 800 m; equipamentos comunitários: a) escola primária com centro comunitário; b) pequeno comércio; c) igreja; d) biblioteca.

9 – Clarence A. Perry e Henry Wright (1929-1930) – No planejamento da cidade de Radburn, aproximadamente a 26 km de *New York*, idealizaram três unidades de vizinhança. No centro de cada uma havia uma escola primária com comércio local próximo. O raio de influência desse centro era de ½ milha (804,5 m). As três unidades de vizinhança formavam outra unidade urbana (no caso, a própria cidade), com escola secundária e maior comércio. O centro dessa comunidade tinha um raio de influência de 1 milha (1.609 m).

10 – Plano de Chicago (1942) – Propunha uma Unidade de Vizinhança com 4.000 a 12.000 habitantes, dotada dos equipamentos comunitários necessários.

11 – N. L. Engelhard Jr. (1943) – Planejou a unidade de vizinhança com uma subdivisão em duas células urbanas menores. Propôs, ainda, que duas unidades de vizinhança formariam outra célula urbana maior chamada Comunidade" (*idem*, 1977, p. 2-6).

Após essa síntese, o autor elenca alguns termos e sua poposta para definição deles. Como exemplo citamos: " comunidade: A) população = 6.800 famílias (3,53 pes/fam) ou 24.000 habitantes B) equipamento comunitário: escola preparatória, centro comercial, parque, área de recreação. C) raio de influência do centro da comunidade = 2000 metros" (*idem*, 1977, p. 6). Após os estudo de células urbanas surgiram as cidades nucleadas de forma hierarquizada. Para exemplificar esses estudos o autor cita, entre outros:

"1 – Goderitz – Reiner – Hoffmann – Estruturaram quatro Unidades de Vizinhança tendo cada qual três ou quatro unidades residenciais.

2 – Le Corbusier (1950 e 1951) – No projeto da cidade de Chandigarh utilizou nucleamento urbano. (…)

4 – Na Bélgica utilizou-se esse sistema na região de Campine (Canal Alberto).

5 – O esquema da nova cidade de Harlow (E.Gibberd) para a zona de influência da "Grande Londres" também foi baseado em núcleos urbanos. (…)

7 – O plano de Lúcio Costa para Brasília apresentava quatro superquadras para cada Unidade de Vizinhança. Outros anteprojetos para o plano piloto da nova capital, que concorreram ao Concurso com essa finalidade, também adotaram o sistema de células urbanas.

8 – O Plano urbano-rural adotado na ocupação da Transamazônica em 1971 (projeto de J.G.Camargo) utiliza nucleamento urbano hierarquizado: Agrovila, Agrópolis e Rurópolis. As Agrópolis e Rurópolis são lineares, moduladas e dinâmicas, com áreas previstas ao crescimento urbano.

9 – Os projetos da cidade de Islamabad para nova capital do Paquistão e a parte nova de Bagdá (Iraque), planejadas pelo urbanista Constantino A. Doxiades apresentam plano urbano nucleado, linear e dinâmico, com crescimento previsto de forma direcional. Doxiades deu o nome de Dinápolis a esse sistema de cidades" (*idem*, 1977, p. 7-8).

Concluindo essa pesquisa, como sugestão ao programa de trabalho para o período de 01 a 05/08/1977, o autor classificou as etapas de desenvolvimento do homem e suas atividade e propôs uma estrutura urbana de acordo com esses períodos. Para o primeiro período, de formação, do nascimento até os 6 anos, sugeriu uma unidade habitacional, a menor unidade urbana, com os devidos equipamentos e funções. Da mesma maneira para o 2° período, de instrução básica, que vai dos 7 aos 14 anos, propôs uma unidade vicinal. Para o terceiro período, o de instrução preparatória e profissionalizante, correspondente ao nível médio, existiriam as unidades comunais. Finalmente, para o 4º período, de iniciação do ensino científico e de produtividade, correspondendo ao ensino superior, existiria o módulo urbano.

Comentário do Memorial Descritivo

A trajetória de Camargo remete às influências que permearam seu projeto para Brasília. Em entrevita à autora (2000) comentando sobre seu plano piloto ele destacou sua preocupação com o abastecimento de água, com o zoneamento organizado de acordo com as curvas de nível e com os aspectos essencialmente funcionais da cidade, causas pelas quais considera não ter sido o vencedor. Vigoravam nessa época as ideias do urbanismo funcional, como já apresentamos no início do trabalho e, segundo Camargo, ele mesmo foi uma vítima dessas influências racionais. Para ele, todos os arquitetos de vanguarda diziam compartilhar desses ideais modernos, no entanto, no momento de colocá-los em prática não se mostravam fiéis a eles: "Prova disso foi o resultado do Concurso de Brasília. Lúcio Costa não pensou em algo funcional, mas belo. Seu plano piloto era poético, mas tinha problemas quanto ao zoneamento e à distribuição de água. Acredito que o projeto já havia sido escolhido antes mesmo da finalização do júri. A opção por Lúcio garantia a Oscar Niemeyer amplas possibilidades de trabalho em Brasília, visto que hoje, cerca de 85% dos edifícios importantes construídos em Brasília são projetos dele".

No memorial descritivo ao qual tivemos acesso encontramos alguns anexos inseridos pelo arquiteto José Geraldo da Cunha Camargo e observações referentes à redução do tamanho das plantas, no intuito de facilitar a leitura do texto e sua Identificação gráfica.

Já na introdução o arquiteto diferenciou a elaboração do seu plano diretor da cidade de um projeto, ou anteprojeto, da mesma. Segundo ele, preocupou-se essencialmente com o traçado urbano e a "alma da metrópole". Levou em consideração as aspirações democráticas, o profundo sentimento religoso e as tradições históricas do povo brasileiro. Enfatizou os problemas do percurso casa-trabalho da população e a liberdade de criação dos arquitetos.

Ao descrever o traçado da cidade, falou-nos sobre a importância das unidades ministeriais: unidades urbanas de aproximadamente 550 hectares. Tais unidades seriam circundadas por uma faixa verde que se estenderia até o lago, onde estariam equipamentos como o jardim botânico, a cidade universitária e ainda o palácio residencial do Presidente da República. As vias que separavam as unidades ministeriais seriam de tamanho proporcional ao tráfego, com faixas arborizadas onde se alojariam os postos de gasolina e lubrificação.

O plano de José Geraldo da Cunha Camargo previa a existência de uma avenida perimetral e a localização, nas suas proximidades, de uma zona de indústria leve, um centro de recreação, uma área residencial e seu suporte imediato como, por exemplo, oficinas gráficas, comércio atacadista e outros. Perto dessa zona proletária, o arquiteto acomodou as atividades que, segundo ele, seriam concernentes aos seus moradores, o jardim zoológico, a praça dos esportes e a feira de amostras permanentes: "espetáculo que, afinal de contas, fala diretamente às almas simples e às crianças" (Camargo, 1957, p. 4). Na área externa à avenida perimetral e próxima ao lago, seria acomodada ainda cidade universitária.

Uma avenida ligaria os dois pontos de maior interesse da cidade: a Praça dos Três Poderes e o Cruzeiro Monumental. Os três poderes estariam num parque no ponto mais alto da cidade. Nesse local também estariam as embaixadas e os ministérios das Relações Exteriores. Enfatizando sempre a perspectiva, sobretudo em relação ao Cruzeiro, o arquiteto localizou a catedral, rodeada por prédios de caráter monumental como, por exemplo, o Museu Histórico Nacional, a Biblioteca Nacional, uma Concha Acústica e outros.

O grande centro comercial foi localizado na parte central da avenida principal, junto com as estações ferroviárias e rodoviárias e suas oficinas de reparo. Aí também estariam os hotéis.

O quartel e o corpo de bombeiros estariam no principal entroncamento viário da cidade.

Dois princípios básicos foram adotados para o plano diretor da capital federal. O primeiro deles seria a descentralização dos setores de trabalho pela divisão da cidade em unidades ministeriais. A cidade seria organizada em 10 unidades ministeriais, cada qual com uma população de 43.000 habitantes e com seu próprio centro cívico e comercial, onde estariam também os ministérios. Atingiriam, numa área aproximada de 390.000 m², uma densidade bruta de 78 hab/ha. Cada unidade ministerial seria dividida em 2 bairros (21.500 habitantes em cada) e cada bairro em 5 freguesias (4.300 habitantes em cada). A freguesia teria um parque central com creche, escola maternal, igreja etc.. Os lotes mínimos seriam de 15x30 metros e teriam uma ocupação máxima de 50%, com recuo de 2,5 metros. Seriam diferenciados para a habitação coletiva: ocupação máxima de 30% e 10 metros de recuo.

O segundo item, visava garantir liberdade máxima às soluções arquitetônicas. Para isso limitou-se a definir os lotes da área, a densidade demográfica e um recuo mínimo. Esse princípio seria implantado nas zonas de comércio central, hotéis de luxo e nas áreas para habitações coletivas.

No total, a cidade teria 10.964 hectares e uma população de 450.000 habitantes e a densidade bruta de 41,33 hab/ha.

A circulação dos veículos coletivos seria feita através de uma linha com 2 sentidos, percorrendo a avenida perimetral e ligando as unidades ministeriais às outras partes da cidade.

Na primeira etapa da evolução da capital, as prioridades objetivaram a construção do parque dos três poderes; das embaixadas; das vias principais: perimetral, avenida de interligação das unidades ministeriais e as ruas que separam essas unidades; dos centros das unidades ministeriais e de uma freguesia.

Finalizando a primeira etapa de seu memorial, José Geraldo da Cunha Camago informava que, em anexo a este relatório, existiriam outros referentes a setores especializados. O autor inseriu a data, 11 de março de 1957, e assinou.

O segundo relatório tratava sobre o abastecimento de água e os esgotos sanitário e pluvial da futura capital da República dos Estados Unidos do Brasil.

Dentre os vários mananciais selecionados pela firma norte americana Belcher, a pedido do governo da República, o grupo enfatizou o Córrego Torto. Tal manancial poderia ser trabalhado através do represamento a montante, empregando-se adutora externa ou pela elevação mecânica.

A estação de tratamento de água, como reservatório principal da cidade, deveria ter posição central, e não contígua, para facilitar o melhor aproveitamento futuro dos diversos mananciais. A parte mais elevada da cidade seria abastecida por uma estação pneumática, a 1ª do país, mas já em funcionamento em cidades dos Estados Unidos da América do Norte.

Para que houvesse maior facilidade em organizar o escoamento pluvial, optaram por um desenho urbano que não se desassociasse da topografia, procedimento baseado nos ensinamentos de Saturnino de Brito. As principais ruas foram traçadas pelos vales e talvegues. O contorno do lago foi redefinido e o sistema de esgotamento faria com que a precipitação pluvial escoasse livremente pelas sarjetas, em caminho mais curto até o lago, que faria o papel de uma grande calha receptora.

Indicaram o tratamento do esgoto sanitário na margem da cidade, com posterior lançamento no lago. Acreditavam ser a hipótese mais flexível, pois não impossibilitaria uma futura passagem para o outro lado da margem.

Esse relatório é assinado por Nestor de Oliveira Júnior.

O terceiro memorial oferecia sugestões para o abastecimento de Brasília. Usando como base de estudo o relatório dos técnicos da firma Belcher e suas análises sobre os tipos de solos da região e seu potencial agrícola, propuseram programas para o abastecimento do novo Distrito Federal. A produção do gênero alimentício nos municípios circunvizinhos a Brasília, como Uberlândia, Ceres e Anápolis, deveria ser incentivada e orientada, além de visitada por especialistas, imprimindo cunho novo à agricultura. Dentro do Distrito Federal, sob a orientação do técnico do Serviço Nacional de Pesquisas Agronômicas, Herodoto da Costa Barros, sugeriam a criação prioritária do Instituto Agronômico, com as seguintes funções:

– realizar ensaios experimentais com culturas regionais como batata, arroz, milho e outros;

– realizar ensaios experimentais visando o levantamento da fertilidade do solo;

– realizar florestamento das áreas de litosolo;

– realizar ensaios com gramíneas (visando a pecuária);

– organizar serviços de ciência do solo;

– organizar seção de compra e venda de material e máquinas agrícolas;

– criação de patrulhas moto-mecanizadas;

– criação de serviço de genética;

– criar um setor de fomento;

– instalar serviço especial de irrigação, acrescentando o relatório do doutor Augusto Imazio (doutor em Ciências Agrárias especialista em irrigação);

– organização de uma setor de defesa sanitária, animal e vegetal.

Aqui se finalizou este relatório parcial e foi assinado por Filisberto C. de Camargo.

O quarto relatório avaliava o potencial agrícola ds solos da Futura Capital Federal. Para isso três fatores foram primordiais: as carcterísticas do solo, o clima e a utilização do solo.

Sobre o primeiro, baseados no Relatório Técnico sobre a Nova Capital da República, classificaram 40% dos solos da nova capital como latosolo húmico, segundo o conceito de M. Cline, o que poderia significar um solo rico em máterias orgânicas. Entretanto, após comparação de dados químicos detalhados, concluíram que a fertilidade natural destes solos era extremamente pequena, apesar de suas condições físicas favoráveis. Fato explícito na análise de sua vegetação, formada por gramíneas e árvores de pequeno porte.

Os solos de 2ª superfície, encontrados nas encostas de vales e rios, apesar de apresentarem deficiências, teriam um potencial agrícola bem mais elevado que o anterior. Já os da 3ª superfície, apenas 5% da área total, seriam comparáveis às "terras roxas" de São Paulo, tanto pela cor quanto pela produtividade. Ocupando 50% da área da futura capital apareceriam os Litisolos, solo castanho, de textura argilosa, presentes nas encostas de declive acentuado. Não arável, poderia ser utilizado para pastagem.

Quanto ao clima, segundo o atlas pluviométrico do Brasil (1948) do Departamento Nacional de Produção Mineral, seria favorável para o cultivo da maioria das plantas, levando-se em consideração um período de seca de 5 meses, que limitaria culturas extensivas sem irrigação.

Sobre a utilização do solo, identificaram três situações:

1º nível de cultivo – lavrador pioneiro que derruba a mata, explora o solo por 2 ou 3 anos e abandona a área para realizar nova derrubada. Nesse caso, apenas os solos florestados poderiam ser usados para cultivo, caso contrário serviriam para pastagens.

2º nível de cultivo – uso de máquinas agrícolas e busca de lucro, gerando a procura de intermediários (geralmente o governo) para orientação técnica e obtenção de melhores sementes. Para essas circunstâncias, os solos florestados proporcionariam boas safras por longo tempo.

3° nível de cultivo – uso de conhecimentos científicos no trato da terra, cooperação com setores de pesquisa e produção. Essa seria a melhor condição encontrada, proporcionando nos solos florestados obtenção de ótimas safras imediatamente.

Após um pequeno resumo de tais dados, assinou Herodoto da Costa Barros – Engenheiro Agrônomo.

O quinto relatório apontava sugestões sobre a possibilidade de uso agrícola dos solos da área da futura capital federal, com vistas ao abastecimento da mesma. Indicavam duas alternativas:

1. Para a primeira superfície, de litosolo e latosolo húmicos seria adequado o melhoramento das pastagens através da adição de fertilizantes no solo e um estudo sobre a aplicação de cal de modo a diminuir a acidez do mesmo. Também fariam uso de pastagens mistas de leguminosas e gramíneas.

2. Florestamento de áreas selecionadas para a obtenção de diversos serviços aos primeiros habitantes, podendo ser utilizadas como parque de recreação.

Em seguida, relacionavam os principais elementos produzidos em Goiás a serem tomados como referência para a agricultura da nova capital, assim como para auxílio no seu abastecimento. Esse relatório foi assinado por Herodoto da Costa Barros e seguido de uma pequena bibliografia.

Para finalizar, elaboraram considerações preliminares para o planejamento de serviços de irrigação em Brasília. Alegando poucos dados metereológicos, apontavam uma distribuição irregular de chuva, aconselhando uma irrigação de socorro para os períodos críticos. Essa irrigação teria sucesso se alguns estudos fossem realizados. Assinou o relatório Augusto Fransio. Em nota, o autor do plano piloto, José Geraldo da Cunha Camargo, fez restrições a esta alínea, tanto que não localizou as áres citadas na planta geral, prancha n° 1.

Iconografia

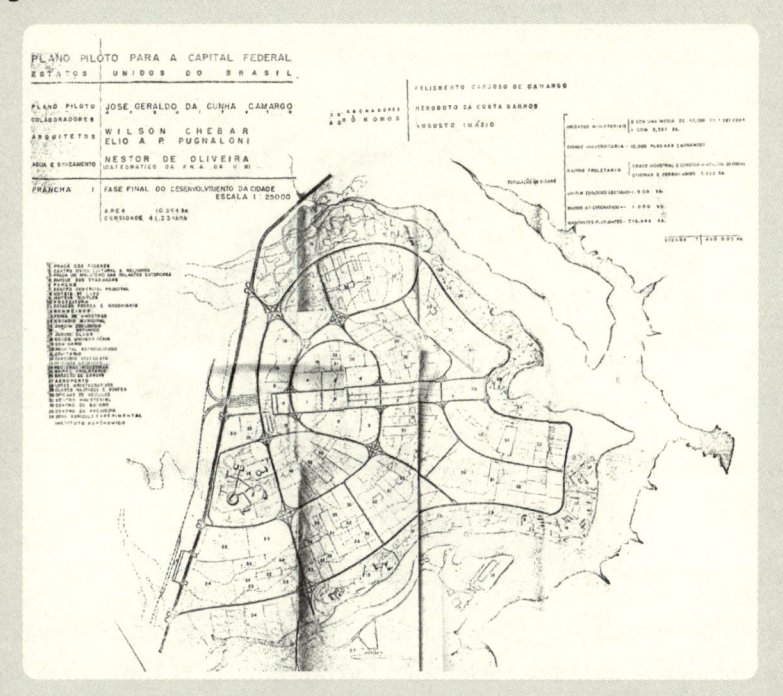

Camargo – Prancha 1: Fase final do desenvolvimento da cidade

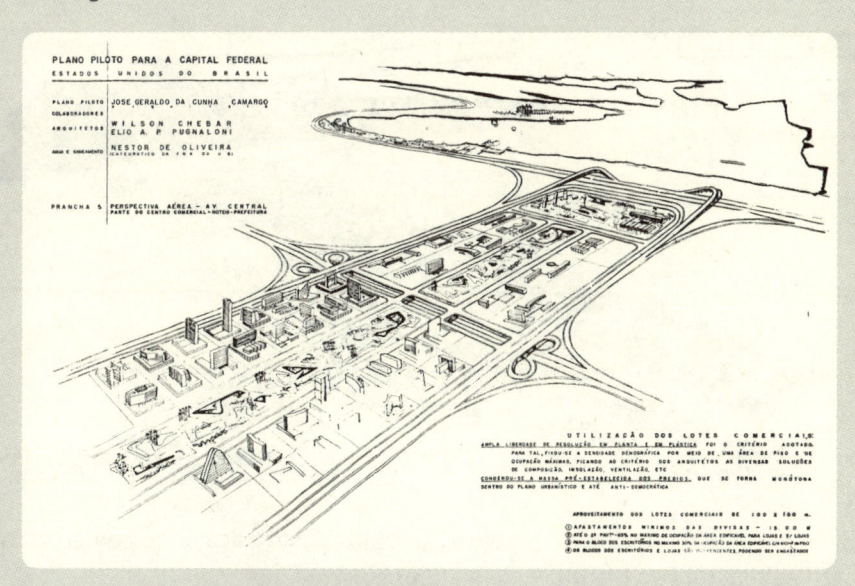

Camargo – Foto da prancha 1: Plano Piloto

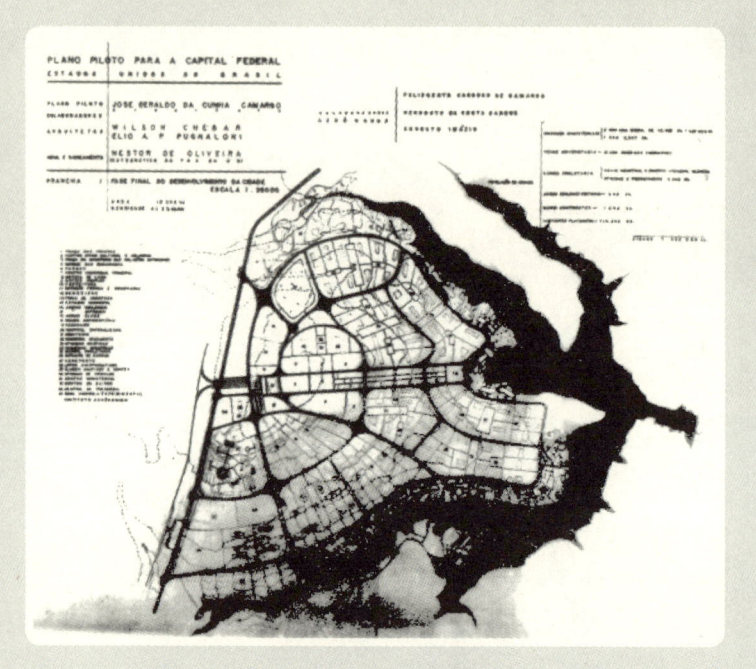

Camargo – Foto da prancha 5: Avenida central – Parte do centro comercial; hotéis e prefeitura do Distrito Federal (fundo branco)

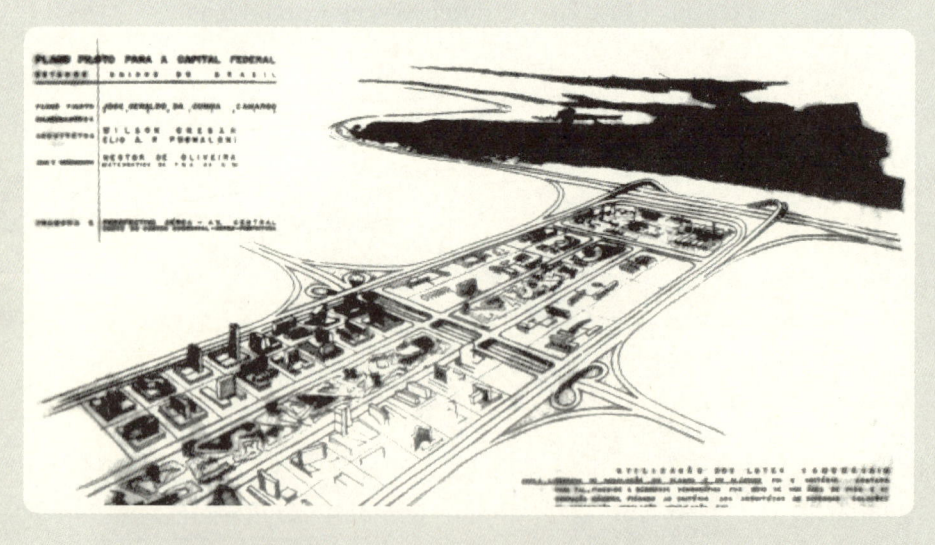

Camargo – Foto da prancha 5: Avenida central – Parte do centro comercial; hotéis e prefeitura do Distrito Federal (fundo preto)

Camargo – Foto da prancha 6: Praça dos poderes; praça cívica, religiosa e cultural: Parque das Embaixadas e o Palácio do ministério das relações exteriores

Plano nº 21
Pedro Paulino Guimarães

Identificação
Plano inscrito no Concurso do Plano Piloto da Nova Capital do Brasil sob o número 21.

Classificação
Não esteve classificado entre os finalistas.

Equipe
Arquiteto Pedro Paulino Guimarães. Colaboradores: Luiz Mário Sarmento Brandão, José Lambert de Mattos Dodibei, Theodore Ding-Wen Wu, Carlos Enrique Virviescas Pinzón, Róger Solorzano Marin, Luiz Mariano Paes de Carvalho

Documentos:

Assim como o projeto de número 5 e o de número 9, o fato de não ter sido classificado prejudicou a documentação do plano piloto de Pedro Paulino Guimarães, pois os periódios da época preocuparam-se em publicar apenas os finalistas. No entanto, *Brasília Trilha Aberta* (1986) traz uma imagem do centro comercial do projeto que serviu de base para nossas avaliaçãoes.

Iconografia:

Em *Brasília Trilha Aberta*, sem página, encontra-se a ilustração única do plano: a vista geral da zona comercial.

Introdução

Sobre a Equipe:

Segundo a publicação *Brasília: Trilha Aberta* (1986), Pedro Paulino Guimarães é carioca, nascido em 1931. Em 1955, formou-se em Arquitetura pela Universidade Federal do Rio de Janeiro, tendo concluído mestrado em Desenho Urbano pela Universidade de Harvard, em 1961. Sua maior experiência concentra-se na elaboração e gerenciamento de projetos multidisciplinares na área de urbanismo havendo sido coautor também de projetos nos Estados Unidos. Foi professor de arquitetura e planejamento urbano no Brasil e nos Estados Unidos e lecionou urbanismo no Instituto Militar de Engenharia. Pedro Paulino é autor de monografias em assuntos específicos de urbanismo.

Iconografia

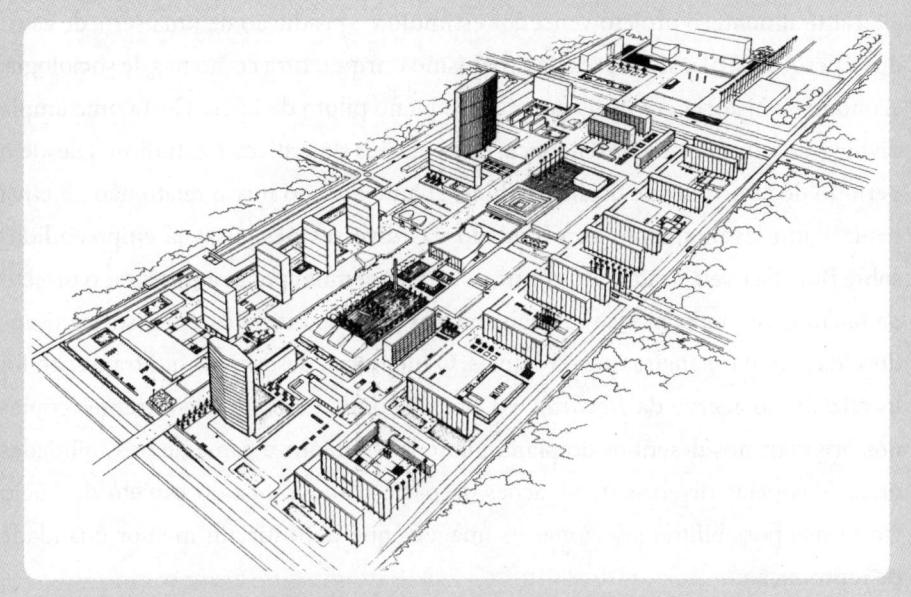

Guimarães – Vista geral da zona

Plano n° 22
Lúcio Costa

Identificação
Plano inscrito no Concurso do Plano Piloto da Nova Capital do Brasil sob o número 22.

Classificação
1° lugar.

Equipe
Arquiteto Lúcio Costa.

Documentos:

Naturalmente, o projeto vencedor estimulou a produção de uma série de estudos e pesquisas, não só na área de urbanismo e arquitetura como nas de sociologia, economia e história. A vitória garantiu ao plano piloto de Lúcio Costa uma ampla divulgação nos periódicos da época, comentários de críticos e estudiosos desde o período do concurso até os dias de hoje. Diante disso, o nosso relato não objetiva realizar um levantamento aprofundado das diversas pesquisas já empreendidas sobre Brasília e seu criador. Ao contrário, pretendemos apenas apresentar o projeto de Lúcio Costa na condição de mais um dos participantes do concurso, analisando-o da mesma maneira que os demais. O memorial descritivo aqui transcrito foi localizado no acervo da *Novacap* em Brasília, onde também encontramos cópias dos originais dos desenhos do plano piloto. No entanto, a gama de possibilidades oferecidas pelas diversas divulgações da parte iconográfica do projeto de Lúcio Costa nos possibilitou selecionar as imagens que permitiriam melhor qualidade de reprodução.

Iconografia:

Do livro *Lúcio Costa, inventor da cidade de Brasília* (Buchmann, 2002), publicação em comemoração ao centenário do nascimento de Costa, selecionamos os desenhos explicativos, sem títulos, de vários elementos do plano piloto:

– Desenho 1: cruzamento de dois eixos.

– Desenho 2: adaptação dos eixos à topografia local.

– Desenho 3: vias de circulação rápida.

– Desenho 4: entroncamentos viários.

– Desenho 5: traçado viário para o nível superior da plataforma central.

– Desenho 6: traçado viário para o nível inferior da plataforma central.

– Desenho 7: a inserção de três trevos completos em cada ramo do eixo rodoviário.

– Desenho 8: setor comercial e setor de diversões; setor residencial e setor dos ministérios (desenhos com títulos).

– Desenho 9: planta e perspectiva da Praça dos Três Poderes e perspectiva do eixo monumental. Anotação de Lúcio Costa: Fórum de palmeiras imperiais proposto em 1936 por Le Corbusier.

– Desenho 10: esplanada dos ministérios.

– Desenho 11: conjunto da torre rádio-emissora.

– Desenho 12: torre rádio-emissora.

– Desenho 13: detalhe da superquadra

– Desenho 14: perspectiva da superquadra

– Desenho 15: rodovia para automóveis e ônibus (desenho com título).

Do livro Lúcio Costa, de Wisnik (2001), reproduzimos a imagem:

– Plano Piloto de Brasília.

Da publicação *Brasília Trilha Aberta* extraímos o seguinte desenho:

– Vista geral da cidade (perspectiva).

Para concluir, selecionamos três imagens do plano modificado por Lúcio Costa após a vitória do concurso, a primeira delas de Gorovitz (1985), a segunda da revista *Arquitetura Panamericana* (maio/1996) e a terceira da revista *Acrópole* (nº 256-257, 1960):

– Lúcio Costa: plano piloto de Brasília.

– Brasília: plano piloto.

– Plano piloto

Introdução

Sobre a equipe

Lúcio Costa nasceu em 27 de fevereiro de 1902 em Toulon na França, sendo registrado na embaixada brasileira. Filho de pais brasileiros, Joaquim Ribeiro da Costa, engenheiro naval, e Alma Ferreira da Costa, passou grande parte de sua infância morando em diferentes países da Europa em virtude da profissão do pai. Seus primeiros estudos foram feitos na *Royal Grammar School* em Newcastle,

Inglaterra, e no *Collège National*, em Montreux, na Suíça, entre 1910 e 1916. Em Newcastle teve suas primeiras aulas de desenho, demonstrando grande prazer e habilidade em desenhar. Em 1916, a família retornou ao Brasil, estabelecendo-se definitivamente no Rio de Janeiro (cf. Mello, 2001, p. 122-126).

> Como passei muito tempo fora do Brasil, passei a gostar mais do meu país. Eu havia nascido em Toulon, vim bebê para o Rio e, em 1910, meus pais voltaram para a Europa. Só voltei ao Rio em 1916. Meu pai era engenheiro naval. Fiquei sete anos seguidos na Europa, quatro deles na Inglaterra. Depois, meu pai teve um dissentimento com o ministro da Marinha e pediu reforma. Da Inglaterra, fomos para Paris e, no começo de 1914, para a Suíça, onde a Primeira Guerra nos pegou. No fim de 1916 é que nós voltamos, às escuras, com medo dos submarinos, que já tinham afundado vários navios, inclusive brasileiros. O navio viajava às escuras, uma viagem um pouco penosa. Só conheci o Rio de Janeiro de verdade quando tinha meus 14, 15 anos. Por ter vivido muito fora do Brasil é que eu sou mais brasileiro do que qualquer brasileiro (Costa *apud* Carvalho, 1995, p. 1-2).

Em 1917, o pai de Lúcio Costa matriculou-o na Escola Nacional de Belas-Artes (ENBA), no Rio de Janeiro. Durante o curso, inicialmente dedicado à pintura, Lúcio Costa descobriu a arquitetura, formando-se em 1924 no Curso Especial de Arquitetura: "Meu pai sempre quis ter um filho artista e me matriculou. Engraçado, ele, como engenheiro naval, queria que eu fosse pintor ou escultor. Meus irmãos mais velhos foram para a engenharia elétrica. Eletricidade estava na moda (*idem, ibidem*, p. 2).

Entre 1919 e 1921, trabalhou como desenhista na Firma Rebecchi e no escritório técnico Heitor de Mello, dirigido por Archimedes Memória. Lúcio Costa participou do projeto para o Pavilhão das Grandes Indústrias, construído em estilo neocolonial. Nessa época, o jovem estudante envolveu-se, inspirado em grande medida por seu professor e líder do movimento neocolonial, José Mariano Filho, no movimento pela criação de uma arquitetura nacional, inspirada nas construções do colonial brasileiro.

Formou-se em 1922, ganhou na loteria em 1926 e passou um ano na Europa com o dinheiro. De volta ao Brasil em 1927, ficou três meses nas cidades históricas de Minas Gerais, Diamantina, Sabará, Ouro Preto e Mariana, viagem onde, apesar de aprofundar seus estudos sobre a arte colonial, desenvolveu um espírito crítico em relação à arte neocolonial. A tentaviva de voltar ao passado passou a ser considerada extravagância pelo arquiteto. Dessa viagem recordou posteriormente: "(…) No último dia, já tarde, subi ao campanário para me despedir da cidade (Diamantina) – e lá fiquei, olhando os telhados, até escurecer. E mal sabia que, 30 anos depois, iria projetar nossa capital para um rapaz da minha idade nascido ali" (Costa, 1995).

A transição da mentalidade neocolonial para a moderna iniciou-se por meio do conhecimento da obra do arquiteto Gregori Warchavchik, em 1928.

Em 1929, casou-se com Julieta Modesto Guimarães, Leleta.

Em 1930, assumiu a direção da Escola Nacional de Belas Artes (ENBA), convidado por Rodrigo Melo Franco de Andrade, consciente da necessidade de reformulação do ensino do país.

> O arquiteto surpreende a todos ao romper publicamente com o movimento neocolonial na primeira entrevista concedida como diretor, intitulada *A situação do ensino das belas-artes*. Então, afasta alguns dos antigos professores, substituindo-os por arquitetos e artistas alinhados ao incipiente movimento moderno, como Warchavchik, Affonso Eduardo Reidy, Alexander Buddeus e Leo Putz. A reação acadêmica foi rápida. Enquanto José Mariano Filho trava na imprensa uma verdadeira batalha com Lúcio Costa, os professores afastados da ENBA se organizam e, em setembro de 1931, o arquiteto é exonerado do cargo, ainda que sob os protestos e a greve organizada pelos estudantes (cf. Mello, 2001, p. 123).

Ainda na direção da ENBA, Lúcio Costa organiza a Exposição de Belas-Artes, em 1931, ou *Salão Revolucionário*, com ampla participação de artistas e arquitetos modernos, como Guignard, Portinari, Anita Malfatti, Di Cavalcanti, Tarsila do Amaral, Cícero Dias, Flávio de Carvalho, Warchavchik, Reidy e o próprio Lúcio Costa, dando grande visibilidade e legitimidade ao movimento artístico iniciado com a Semana de Arte Moderna de 1922. Esse pouco tempo como diretor da escola foi o suficiente para Le Corusier renovar a linguagem e o pensamento artístico e arquitetônico do Brasil

Entre 1931 e 1933, Lúcio Costa associou-se a Warchavchik, construindo seus primeiros projetos de orientação moderna, como o Conjunto Residencial para Operários da Gamboa e a casa Alfredo Schwartz, de 1932. Por intermédio do arquiteto russo e de Carlos Leão, seu sócio entre 1933-1936, entra em contato com as ideias de Gropius, Mies van der Rohe e Le Corbusier, convertendo-se definitivamente ao ideário e às proposições do movimento moderno, à luz das ideias do arquiteto franco-suíço (cf. *idem, ibidem*, p. 122-126).

> Aí fui estudar. Eu estava já casado, morando com meu sogro no Leme. Foi um período de pobreza, mas tive vários anos de estudo apaixonado da arquitetura nova. Fui me informando sobre Gropius, Le Corbusier, Mies van der Rohe, me apaixonei pela renovação e larguei totalmente a arquitetura acadêmica. Ninguém conhecia essa literatura no Brasil. Levei muitos anos sem trabalho, com dificuldades, porque ninguém aceitava a renovação. Os projetos eram rejeitados. A clientela era muito apegada à tradição, no mau sentido. Foram três, quatro anos de crise intelectual (Lúcio Costa *apud* Carvalho, 1995, p. 2-3).

Nesse período (1934), escreve o texto *Razões da nova arquitetura* (Costa, 1995), reconhecido até hoje como um importante manifesto da arquitetura moderna brasileira. Costa nunca foi favorável ao termo modernista. Para ele:

Moderno é o certo. Modernista tem um ar pernóstico e um sentido suspeito. Parece que está se opondo ao que se fazia antes, à tradição, para fazer uma coisa obcecadamente moderna. Eu não via diferença. A verdadeira arquitetura moderna não promove uma ruptura com o passado, só a falsa. Isso acontece por causa da má formação de pseudo-arquitetos (*idem, ibidem*, p. 7).

Em 1935, o arquiteto Archimedes Memória vence o concurso de anteprojetos para a nova sede do Ministério da Educação e Saúde Pública, com um projeto em estilo marajoara. Insatisfeito com o resultado do concurso, o ministro Gustavo Capanema encomenda a Lúcio Costa a realização de um outro projeto. O arquiteto então decide convidar para auxiliá-lo os arquitetos Affonso Eduardo Reidy, Carlos Leão e Jorge Machado Moreira que haviam participado do concurso com projetos modernos, incluindo posteriormente Ernani Vasconcellos e Oscar Niemeyer. Em 1936, finalizando o primeiro projeto para o Ministério da Educação e Saúde Pública, os arquitetos no entanto, decidem submetê-lo à avaliação de Le Corbusier, cuja viagem ao Brasil tinha sido articulada pelo próprio Lúcio Costa (cf. Melo, 2001, p. 122-126).

Em uma entrevista concedida a Mário César Carvalho (1985) do jornal *Folha de São Paulo*, Lúcio comenta o projeto do MESP:

> Folha – Não dá para entender como o governo Vargas convida em 1935 um arquiteto fascista, o Piacentini, para fazer o projeto de uma cidade universitária e, no ano seguinte, chama Le Corbusier, que era tido como um arquiteto de esquerda. Costa – Piacentini não era propriamente fascista. Todo italiano era considerado fascista. Era um movimento unânime. Por causa do Piacentini, o Gustavo Capanema (ministro da Educação) dizia que era impossível propor ao Vargas a vinda de outro estrangeiro. Insisti tanto, que ele disse o seguinte: "Eu levo você ao Vargas, e você explica. Eu não tenho condições de propor isso. O projeto que vocês fizeram está agradando". Fui e tive um diálogo muito

303

curioso com o Vargas. Ele disse: "O ministro está muito satisfeito com o projeto que você fez. Por que eu vou chamar um estrangeiro"? Argumentei, apaixonado, sobre a vinda de Le Corbusier, tão apaixonado que senti que estavam puxando meu paletó atrás, para eu parar. Era o Capanema, chamando a atenção de que eu estava exorbitando, ao falar com o presidente daquela maneira. Folha – O que o sr. falou para o presidente Vargas? Costa – Disse que era uma oportunidade excepcional, que não podia se perder, que essas coisas só acontecem uma vez. O Vargas disse: "Então, chamem o homem". Foi como o avô que cede ao neto por causa de um capricho. Ele veio no zepelim, de madrugada. Ficou um mês aqui. Deu conferências, opinou sobre o ministério e a cidade universitária. Na época, não havia no mundo prédios de arquitetura moderna com o porte do Ministério da Educação. Só havia coisas mais modestas. A responsabilidade e a dificuldade eram enormes. Por isso chamamos Le Corbusier. Folha – O que ele sugeriu para o prédio? Costa – O Le Corbusier não teve nenhuma participação. O grupo que fez o projeto era apaixonado por Le Corbusier e procurou fazer o que o Corbusier gostasse. Ele fez um risco para um ministério, um projeto alongado. Ele sugeria que não fosse feito ali onde seria construído, mas num terreno à beira-mar. Dizia que o ministério ficaria cercado de prédios vulgares. Ele estava certo. Mas o Capanema não aceitou. O governo tinha pressa, não tinha tempo para buscar outro terreno (cf. Carvalho, 1985).

O edifício do Ministério, cuja construção se prolongaria até 1943 em consequência principalmente das dificuldades econômicas causadas pela Segunda Guerra Mundial, abre caminho, ao lado do Pavilhão Brasileiro para a Feira Mundial de Nova York (1939) projetado em parceria com Oscar Niemeyer, para o reconhecimento internacional e nacional da arquitetura moderna brasileira. Em 1943, essa arquitetura é afirmada na mostra mais importante do período, a exposição retrospectiva *Brazil Builds*, realizada no Museu de Arte Moderna de Nova York (cf, Mello, 2001, p. 122-126).

O contato com Le Corbusier iria aguçar o interesse de Lúcio Costa pelo urbanismo. Segundo ele: "O Corbusier tratava o urbanismo como coisa fundamental e a arquitetura como coisa complementar. Foi com ele que me apaixonei por urbanismo. Não dá para separar a arquitetura do urbanismo" (Costa *apud*. Carvalho, 1985). Respondendo, certa vez, a uma questão sobre quem seria o gênio do século XX, Le Corbusier, Frank Lloyd Wright ou Mies van der Rohe, Costa não demosntra dúvida: "O Corbusier. Era artista, filósofo e técnico. Desde o primeiro livro dele, *A caminho de uma arquitetura*, ele tinha umas páginas impressionantemente atuais, proféticas. Os outros eram talentosos, mas não tinham essa visão global" (*idem, ibidem*, p. 12).

Em 1937, participando ainda da elaboração do projeto do MESP, Lúcio Costa passa a trabalhar como diretor da Divisão de Estudos e Tombamentos do SPHAN (Serviço do Patrimônio Histórico e Artístico Nacional). Por essas intervenções, podemos considerar Costa como uma espécie de elo entre a arquitetura acadêmica e a moderna no Brasil.

Dentre os projetos de destaque de sua carreira de arquiteto e urbanista estão, entre outros, a Cidade Universitária da Ilha do Fundão (1936); o Park Hotel São Clemente (1944), o plano de urbanização para o Parque Guinle (1948), os edifícios Nova Cintra (1948) e Bristol (1950), a Casa do Brasil, Cidade Universitária, Paris (1950); o edifício do Banco Aliança (1956) e a Sede do Jockey Club do Brasil (1956), um dos maiores projetos a que se dedicou o arquiteto. Posteriormente, organizou o plano piloto da Baixada de Jacarepaguá e da Barra da Tijuca no Rio (1969), cuja implantação sofreria um série de modificações.

Além disso, Lúcio Costa foi autor de textos de grande importância para a arquitetura e o urbanismo modernos, como por exemplo, *Considerações sobre a arte contemporânea* escrito nos anos 40, mas publicado somente em 1952, *Depoimento de um arquiteto carioca*, 1951; *O arquiteto e a sociedade contemporânea*, 1952, apresentado na Conferência da Unesco em Veneza e *Desencontro* (1953).

No ano de 1954, uma tragédia pessoal marca profundamente a vida de Lúcio Costa: a perda de sua mulher, Leleta, em um acidente fatal de automóvel. Ainda tentando se recuperar do abalo emocional, Costa participou do Concurso para o plano piloto de Brasília, do qual saiu vencedor.

> Brasília, projetada em 1957 e inaugurada três anos depois, é um divisor na obra do arquiteto e urbanista, mas é também seu tormento. A grandiosidade da empreitada de se criar uma nova capital para o país fez sombra em quase todos os seus outros trabalhos. Contribuiu aí também certo recato de Costa. Ao contrário de outros artistas modernos, para os quais a autopropaganda é, às vezes, tão importante quanto a obra, Costa fez uma revolução quase silenciosa. Ou, como diz Caetano Veloso num vídeo sobre o arquiteto: "Ele tem a marca do modernizador que não agride o fluxo natural da vida. Para mim, é uma lição (Carvalho, 1985, p. 1).

A partir de Brasília, o arquiteto desenvolve uma série de propostas urbanísticas para diferentes escalas e locais, como, por exemplo, o projeto para a Região dos Alagados, em Salvador (1972), o Plano para a Nova Capital da Nigéria (1976) e o Novo Polo Urbano de São Luís do Maranhão (1980). O arquiteto recebeu uma série de homenagens e títulos que confirmam sua importância não apenas no Brasil, como a Grande Medalha de Ouro da Academia de Arquitetura da França (1982) e o prêmio do UIA por sua atuação na área de urbanismo e planejamento (1984), entre outros. No entanto, o reconhecimento nacional e internacional veio com o tombamento oficial do edifício do Park Hotel São Clemente, do Conjunto Residencial do Parque Guinle e do Conjunto Urbanístico de Brasília em 1985, 1986 e 1990 respectivamente, sendo que o último deles passou a fazer parte da Lista do Patrimônio Mundial, Cultural e Natural da Unesco, em 1987. A postura do arquiteto foi sempre discreta, mesmo enquanto seu trabalho era reconhecido: "Nunca tive essa ambição, de querer estar em evidência. Se tive alguma evidência, é apesar de mim e não por culpa minha" (*idem, ibidem*, p. 15). Costa escreveu apenas um livro, autobiográfico, *Lúcio Costa: registro de uma vivência*, publicado em 1995. No dia 13 de junho de 1998, faleceu no Rio de Janeiro, aos 96 anos (cf, Mello, 2001, p. 122-126).

Teorias urbanas: relações com o Edital e os demais planos

Em entrevista dada a Mário César Camargo (1985), Lúcio Costa contou que relutou em participar do concurso para o projeto de Brasília. Após uma viagem aos Estados Unidos, convidado pela *Parsons School of Design*, dois meses antes do encerramento das inscrições, decidiu participar. Seu projeto foi entregue no final da tarde do último dia das inscrições, 11 de março de 1957, por suas duas filhas, Helena e Maria Elisa.

> "O retraído e compenetrado Lúcio logo dá asas à imaginação. Voo largo, acelerado, contra o relógio. Parecia que tinha tudo pronto na cabeça. O Plano Piloto sai ao apagar das luzes. Tudo muito criativo e ordenado. Mas quase nenhum detalhamento. Uma planta grande, croquis e um texto elegante, preciso, claro, enxuto. Seu corpo é alado. Um avião. Ou um grande pássaro em voo" (Couto, 2001, p. 121).

Enquanto isso, o júri já avaliava os projetos do outro lado do guichê:

> "A Comissão Julgadora já tinha verificado preliminarmente alguns projetos. Até ali, numa primeira vista, nada empolgara. Não estavam se sentindo seguros e satisfeitos com nenhum deles. Isso aumentou a curiosidade e a expectativa com relação ao de Lúcio. Assim que chegou, examinaram avidamente. Perplexidade. Ninguém entendeu absolutamente nada. O desenho do avião, a simplicidade surpreendente, a apresentação singela. Difícil de compreender imediatamente antes da existência de Brasília" (cf. *idem, ibidem*, p. 122).

Enfim, selecionaram o plano piloto de Lúcio Costa como vencedor. No resumo das apreciações do júri anotaram:

Plano nº 22

Autor: Lúcio Costa

Suposição:

Uma : "civitas", não uma "urbs".

Críticas:

1. Demasiada quantidade indiscriminada de terra entre o centro governamental e o lago.

2. O Aeroporto talvez tenha que ser mais afastado.

3. A parte mais longínqua do lago e as penínsulas não são utilizadas para habitações (V. nº 2).

4. Não especificação do tipo de estradas regionais, especialmente com relação a possíveis cidades satélites.

Vantagens:

1. O único plano para uma capital administrativa do Brasil.

2. Seus elementos podem prontamente ser apreendidos: o plano é claro, direto e fundamentalmente simples – como, por exemplo, o de Pompeia, o de Nancy, o de Londres feito por Wren e o de Paris de Louis xv.

3. O plano estará concluído em dez anos, embora a cidade continue a crescer.

4. O tamanho da cidade é limitado: seu crescimento após 20 anos se fará (a) pelas penínsulas e (b) por cidades satélites.

5. Um centro conduz a outro, de modo que o plano pode ser facilmente compreendido.

6. Tem o espírito do século xx: é novo; é livre e aberto; é disciplinado sem ser rígido.

7. O método de crescimento – por arborização, alguns caminhos e a artéria principal – é o mais prático de todos.

8. As embaixadas estão bem situadas, dentro de um cenário variável.

A praça dos Três Poderes dá para a cidade, de um lado, e para o parque, do outro.

Devemos partir do geral para o particular – e não de modo contrário. O que é geral pode ser expresso de maneira simples e breve; mas
é mais fácil escrever uma carta longa do que uma curta. Inúmeros
projetos apresentados poderiam ser descritos como demasiadamente desenvolvidos; o de nº 22, ao contrário, parece sumário. Na realidade, porém, explica tudo o que é preciso saber nesta fase; e omite
tudo o que é sem propósito (*Módulo*, nº 8, 1957).

Sempre que mencionava a Comissão Julgadora dos planos pilotos de Brasília,
Costa referia-se à presença de William Holford como imprescindível para a seleção de seu projeto:

Era personalidade muito considerada em seu país tanto que, depois, foi feito "sir", tornando-se em seguida membro da Câmara
dos *Lords*. Muito culto, falando correntemente italiano e francês
e ainda um pouco de espanhol, ele me disse ter lido a Memória
Descritiva do plano piloto três vezes: na primeira não entendera
suficientemente, na segunda entendera, e na terceira – *I enjoyed
it* (cf. Buchmann, 2002, p. 40).

Ana Luiza Nobre (1997) perguntou a Lúcio se ele planejaria outra Brasília, o
arquiteto respondeu: "Nunca mais. São coisas muito raras que acontecem uma vez
na vida, e olhe lá. Tive a sorte de estar algumas vezes no lugar certo, no momento
certo. Foram circunstâncias favoráveis que me deram a oportunidade de realizar
Brasília. Outra Brasília nunca mais."

Outro fator positivo foi a ênfase dada pelo júri à descrição verbal de seu relatório, artifício que expôs toda a complexidade de sua ideia, não evidenciada em
seu desenho esquemático. Lúcio Costa apresentou um plano claro, relativamente
simples, com uma cidade que poderia ser apreendida em sua totalidade, ou seja, a
imagem construída para Brasília não tratava de uma série de fragmentos, mas de
uma cidade toda.

Lúcio Costa não pensou em salvar as pequenas comunidades com fórmulas revolucionárias, nem em princípios transformadores do espaço urbano tradicional. Não separou as cidades em zonas isoladas ou subordinadas a uma malha geral, onde fossem aplicados os princípios mais atuais do urbanismo. Pensou, *desarmado de preconceitos e tabus urbanísticos e imbuído da dignidade implícita do programa* (…) reportando-se, para isso, à experiência histórica dos estabelecimentos humanos e às técnicas de então do urbanismo (cf. Braga, 1999, p. 159).

Tais princípios, no entanto, não o impediram de gerar uma solução inovadora em alguns aspectos: "Os colegas concorrentes do Lúcio, alguns deles eminentes na sua especialidade, perderam-se nos pormenores. Partiram das partes para o todo, enquanto ele fez a *démarche* inversa. É que nele o pensador venceu o técnico" (Pedrosa *apud. idem, ibidem*, p. 158).

Lúcio Costa mesclou os aspectos monumentais de uma capital federal, com locais intimistas para a vida cotidiana dos moradores, além de espaços densos, com serviços e atividades culturais e, finalmente, os lugares bucólicos, com feição naturalista. Os principais pontos de encontro e convívio social foram convenientemente colocados entre o eixo monumental e as avenidas que dão acesso às superquadras residenciais, com o intuito de criar a articulação entre essas duas escalas: a monumental e a intimista. Outra integração foi realizada, desta vez, entre as áreas residenciais e o contexto metropolitano, união garantida com o auxílio dos diversos equipamentos localizados nas superquadras, acessados facilmente tanto pelas vias locais quanto pelas grandes avenidas (cf. Gorovitz, 1985, p. 30-41).

(…) Excluídos os jardins de infância e a escola primária, os demais equipamentos se situam e são acessíveis diretamente pelas vias de interligação setorial, ou seja, sem renunciar ao caráter local, favorecem sua utilização por todos os usuários da cidade. Podemos afirmar que o modo como estes equipamentos são articulados à cidade, promove um intercâmbio capaz de transcender

as relações da vizinhança, criando, pelo compromisso com a trama urbana e com o sistema viário, espaços de mediação entre o
domínio do morador e o domínio do cidadão (Gorovitz *apud.*
Braga, 1999, p. 159).

Lúcio Costa abriu mão da diferenciação entre o que seria temporário e o que
seria permanente; fator positivo que garantiria à cidade uma margem flexível para
as transformações naturais desse processo urbano, no entanto, sem perder a característica da proposta inicial da organização espacial, o caráter definitivo da cidade.
Isso se tornou possível graças a uma definição clara das obras infraestruturais e
da ocupação das diversas áreas com seus usos, gabaritos e densidades. Os edifícios formalmente temporários não foram determinados. Segundo o julgamento de
Holford: "Uma ideia que pode desencadear outras subsequentes é o que existe de
mais valioso na civilização" (Holford *apud.* Braga, 1999, p. 161).

Várias vezes Lúcio Costa foi obrigado a responder às incontáveis críticas feitas
a Brasília. Embora afirmasse que a cidade poderia ter algo de negativo, não tinha
pudores ao avaliar que não era a pessoa mais indicada para falar sobre isso: "Sou
apegado à Brasília" (Costa *apud.* Carvalho, 1985, p. 17).

À acusação de cidade autoritária respondeu:

A cidade é a mais democrática possível. É um cacoete chamarem
a cidade de autoritária. Não tem justificativa. A cidade tem um
espírito aberto. Eu já disse que a Praça dos Três Poderes era a
Versalhes do povo. (...) Embora eu não me considere socialista,
no fundo a minha abordagem tinha sempre um lastro socialista.
Mas foi sem querer. Nunca pensei em conotações políticas. Eu
sempre fui muito liberal. Na página final do livro, escrevo que
não sou socialista nem capitalista e vou explicando o que sou.
Brasília saiu daquele jeito porque eu já estava imbuído do interesse social, sem estar consciente disso (*idem, ibidem*, p. 16).

Sobre o uso do urbanismo moderno para o serviço do governo tanto liberal quanto autoritário, complementou:

> É um bom sinal o urbanismo funcionar bem num governo de direita ou de esquerda. O bom urbanismo está acima das ideologias. Pode ocorrer tanto num sistema político autoritário quanto num liberal. Tudo depende dos profissionais responsáveis. Se eles são submissos a caprichos políticos, então são irresponsáveis. O verdadeiro urbanista está acima da direita e da esquerda (*idem, ibidem*, p. 14).

À crítica de cidade artificial argumentou: "Todas as cidades projetadas são artificiais. Mas artificial não no sentido pejorativo, mas como uma invenção pessoal. Partiu de uma cabeça e um criador" (*idem, ibidem*, p. 15). Sobre a ausência das esquinas, Costa corrigiu:

> Isso é uma bobagem, porque cada entrada de conjunto de quatro superquadras é uma esquina. As superquadras vão-se arrumando ao longo do eixo rodoviário e, de quatro em quatro, elas formam uma esquina. Toda entrada de superquadra é uma esquina. Tem restaurante, café, aquelas coisas características de esquina. Não tenho nada contra a esquina. As pessoas não percebem as esquinas de Brasília porque estão habituadas a esquinas muito primárias. Lá, esquina é uma coisa mais urbana (*idem, ibidem*, p. 16).

Sua defesa por Brasília sempre foi emocionada, às vezes contudente, ora modesta, mas inerente às transformações e críticas pelas quais a cidade e seu autor passaram: "Apesar de todas as críticas e restrições, preconceituosas ou não, entendo que Brasília valeu a pena e com o tempo ganhará cada vez mais conteúdo humano e consistência, afirmando-se como legítima capital democrática do país" (Costa *apud*. Buchmann, 2002, p. 52). E ainda: "Brasília está em funcionamento e vai funcionar cada vez mais. Na verdade, o sonho foi menor que a realidade. A realidade foi maior, mais bela. Eu fiquei satisfeito, me senti orgulhoso de ter contribuído" (Costa *apud*. Braga, 1999, p. 162). Em um seminário no Senado em 1974, demonstrou sua emoção: "É estranho o fato: esta sensação, ver aquilo que foi uma simples ideia na minha cabeça transformado nessa cidade enorme, densa, imensa, viva, que é a Brasilia de hoje. Os senhores me deem um pouco de tempo porque estou emocionado (Costa *apud*. Buchmann, 2002, p. 55). Cansado de justificar sua criação, Costa sugere aos críticos: "Não vale a pena sair de seus cuidados para visitar Brasilia se vocês já têm opinião formada e ideias civilizadas preconcebidas. Fiquem onde estão" (*idem, ibidem* p. 45).

Na Conferência de Críticos de Arte em 1960, o autor relatou os aspectos da nova capital que o comoviam:

> Várias coisas me agradam nesta cidade que em dois anos apenas se impôs no coração do Brasil: a singeleza da concepção e o seu caráter diferente, a um tempo rodoviário e urbano, a sua escala, digna do país e da nossa ambição, e o modo como essa escala monumental se entrosa na escala humana das quadras residenciais, sem quebra da unidade do conjunto, e me comove particularmente o partido adotado de localizar a sede dos três poderes fundamentais não no núcleo urbano, mas na sua extremidade, sobre um plano triangular, como palma de mão que se abrisse além do traço estendido da esplanada onde se alinham os ministérios, porque, assim, sobrelevados e tratados com apuro arquitetônico em contraste com a natureza circunvizinha, eles se oferecem simbolicamente ao povo (*idem, ibidem* p. 64).

Ainda na mesma conferência, Costa relatou o envolvimento do povo brasileiro – trabalhadores, industriais, governantes e outros – com a construção dessa nova capital, fato que refletia um momento histórico para o país:

Fruto embora de um ato deliberado de vontade e comando, Brasília não é um gesto gratuito de vaidade pessoal ou política, à moda da Renascença, mas o coroamento de um esforço coletivo em vista ao desenvolvimento nacional – siderurgia, petróleo, barragens, autoestradas, indústria automobilística, construção naval; corresponde assim à chave de uma abóbada e, pela singularidade da sua concepção urbanística e da sua expressão arquitetônica, testemunha a maturidade intelectual do povo que a concebeu, povo então empenhado na construção de um novo Brasil, voltado para o futuro e já senhor do seu destino. (...) Discuti, discordai à vontade. Sois críticos, a insatisfação é o vosso clima. Mas de uma coisa estou certo – e a vossa presença aqui é testemunho disto – com Brasilía se comprova o que vem ocorrendo em vários setores das nossas atividades: já não exportamos apenas café, açúcar, cacau, damos também um pouco de comer à cultura universal (*idem*, *ibidem* p. 64).

E, ainda, em declaração na revista *Manchete*:

Digam o que quiserem, Brasília é um milagre. Quando lá fui pela primeira vez, aquilo tudo era deserto a perder de vista. Havia apenas uma trilha vermelha e reta descendo do alto do cruzeiro até o Alvorada, que começava a aflorar das fundações, perdido na distância. Apenas o cerrado, o céu imenso, e uma ideia saída da minha cabeça. O céu continua, mas a ideia brotou do chão como por encanto e a cidade agora se espraia e adensa. E pensar que tudo aquilo, apesar da maquinária empregada, foi feito com as mãos – infraestrutura, gramados, vias, viadutos, edificações, tudo a mão. Mãos brancas, mãos pretas, mãos pardas; mãos dessa massa sofrida, mas não ressentida, que é o baldrame desta nação (*idem*, *ibidem* p. 69).

É verdade que a implantação do plano foi fiel às ideias originais de Lúcio Costa, apesar do deslocamento de toda a cidade na direção do lago, seguindo a recomendação do júri, e do aumento da capacidade dos setores residenciais de 500.000 para 700.000 habitantes, com a criação das superquadras 400, dos setores de habitações geminadas e da ocupação das penínsulas do lago com as casas isoladas em lotes. No entanto, alguns elementos, previstos inicialmente, não foram concluídos. Como por exemplo: a arborização das áreas não edificadas, principalmente nas superquadras; o centro de diversões, sendo que o atual não corresponde à concepção do memorial descritivo; o desaparecimento das plataformas arrimadas de pedras (cf. Braga, 1999, p. 165-170).

Em alguns aspectos, a ideia de Lúcio Costa tornou-se diferente da realidade urbana da cidade. Ao contrário do que acreditavam os planejadores dos anos 50, a planificação não pôde originar a cidade ideal da utopia modernista, pois os problemas não são decorrentes apenas de variáveis físicas, mas também de variáveis econômicas, políticas, sociais e institucionais, entre outras (cf. Nobre, 1997, p. 64-67).

> Propunha o Plano Piloto – esta era a sua característica mais importante do ponto de vista social – reunir em cada uma destas áreas de vizinhança, as várias categorias econômicas que constituem, no regime vigente, a sociedade, a fim de evitar a estratificação da cidade em bairros ricos e bairros pobres. Lamentavelmente, este aspecto fundamental da concepção urbanística de Brasília não pôde ser realizado. De uma parte, o 'falso realismo' da mentalidade imobiliária insistiu em vender todas as quadras a pretexto de tornar o empreendimento autofinanciável; de outra parte, a abstração utópica só admitia um mesmo padrão de apartamentos, como se a sociedade atual já fosse sem classes. E assim, a oportunidade de uma solução verdadeiramente racional e humana, para a época, se perdeu (Costa *apud*. Buchmann, 2002, p. 23).

Segundo Wisnik (2201), grande parte do incômodo e da fascinação que a cidade de Brasília até hoje provoca refere-se ao fato de ela ser tão acintosamente diferente do Brasil. Como um corpo estranho vivendo em seu interior, desafia o país, "perguntando por sua transformação iminente". O modelo modernizador e irradiador de uma civilização implantada no deserto contrapõe-se ao modo orgânico da colonização litorânea, que gerou cidades semeadas, espontâneas. O conceito de urbanização utilizado no plano piloto de Lúcio Costa era bastante diferente da maioria dos demais projetos apresentados no concurso. Alguns deles, como por exemplo, o plano de Artigas, Wilheim e dos irmãos Roberto, estudaram todo o planejamento regional, concebendo a cidade em função das condições oferecidas pelo local e seu contexto histórico. Lúcio Costa, ao contrário, define Brasília e a partir dela organiza os demais elementos (cf, Wisnik, 2001, p. 61-62).

> "Normalmente, urbanizar consiste em criar condições para que a cidade aconteça, com o tempo e o elemento surpresa intervindo; ao passo que em Brasília tratava-se de tomar posse do lugar e de lhe impor – à maneira dos conquistadores ou de Luis XIV – uma estrutura urbana capaz de permitir, num curto lapso de tempo, a instalação de uma Capital. Ao contrário das cidades que se conformam e se ajustam à paisagem, no cerrado deserto e de encontro a um céu imenso, como em pleno mar, a cidade criou a paisagem" (Costa *apud*. Buchmann, 2002, p. 56).

A cidade planejada para 500.000 habitantes abriga hoje em seu plano piloto e em suas 16 cidades satélites mais de 1,8 milhão de pessoas. No dia 29 de julho de 1988, o diretor-geral da Unesco, Federico Mayor, chegou a Brasília a fim de entregar ao governo do Distrito Federal o marco comemorativo da inclusão da cidade no Patrimônio Cultural da Humanidade, na Praça dos Três Poderes. Sobre a lâmina de metal a inscrição abaixo:

> "Este marco se destina a assinalar que Brasília, soberba afirmação do gênio criador brasileiro, idealizada e construída no governo do Presidente Juscelino Kubitschek de Oliveira,

com plano de Lúcio Costa e realização arquitetônica de Oscar
Niemeyer; foi o primeiro monumento da época contemporânea
incluído pela Unesco no Patrimônio Cultural da Humanidade,
a 07 de dezembro de 1987, como notável testemunho da concepção urbanística do século xx, sendo Presidente da República
José Sarney, Governador de Brasília José Aparecido de Oliveira,
embaixador do Brasil junto à Unesco Josué Montello. A inscrição nesta lista consagra o valor excepcional e universal de
Brasília, a fim de que seja protegida em benefício da humanidade". Brasília, julho de 1988, Federico Mayor, Diretor-Geral da
Unesco" (Buchmann, 2002, p. 51).

Comentário do memorial descritivo

Lúcio Costa iniciou o relatório mostrando sua posição de descomprometimen-
to com o concurso, no entanto, seguindo os parâmetros apontados pelo mesmo.
Propõe uma solução clara, coerente, sem exaustivos gráficos e estudos paralelos,
para a qual se justifica irônicamente: "Não terei perdido o meu tempo, nem tomado o tempo de ninguém". Sua preocupação primordial foi garantir que a concepção
urbanística fosse a causa do planejamento regional e não a consequência dele.

Lúcio Costa fez críticas à excessiva abertura e abrangência do concurso, onde,
segundo ele, a presença do urbanista deveria ser fator principal. Questionou como,
no entender de cada corrente, tal cidade deveria ser concebida, e para isso respondeu: "não como simples organismo, capaz de preencher satisfatoriamente as funções vitais de uma cidade moderna, não como *urbs* mas como *civitas* possuidora
dos atributos inerentes à uma capital".

Desde o início Lúcio Costa demonstrou sua preocupação com o caráter monumental, não para ostentação, mas como uma expressão palpável da capital.
Acreditava que o trabalho ordenado e eficiente garantiria ao centro administrativo
do governo o caráter de cidade viva e aprazível, com intensa especulação intelectual, tornando-se foco de cultura.

O relatório desenvolve-se organizado numericamente, apontando suas principais diretrizes:

1. "Nasceu do gesto primário de quem assinala um lugar ou dele toma posse: há eixos cruzando-se em qualquer reta. Que seja o próprio sinal da cruz".

2. Foram prioridades a adaptação à topografia e ao escoamento de água, e também a triangulação da área urbanizada.

3. Adotou os "princípios francos da técnica rodoviária": – um eixo principal, arqueado, sem cruzamentos; – pistas centrais de velocidade e laterais com tráfego local; – ruas dos setores residenciais.

4. No eixo transversal foram dispostas as atividades culturais, administrativas, pequenas indústrias, quartéis, que formariam o eixo monumental do sistema. Na interseção dos eixos, estaria o setor bancário, comercial, de empresas, escritórios e profissionais liberais.

5. O cruzamento dos eixos seria em diferentes níveis, possibilitando a criação de uma plataforma para desafogar o tráfego onde estaria o centro de diversões com cinema, teatro, restaurante, entre outros.

6. Da parte superior da plataforma rodoviária, sairiam pistas de maior velocidade, em declive até o nivelamento com a esplanada do setor dos ministérios.

7. A circulação do sistema principal seria sem cruzamentos. O sistema secundário, autônomo, com cruzamentos sinalizados e sem interferência com o outro sistema.

8. Fixada a rede geral do tráfego, foram estabelecidas as tramas para locais de trânsito dos pedestres. Nessa rede se mostra a importância do livre uso do chão e de uma separação não brusca dos automóveis. "Não se pode esquecer que o automóvel hoje em dia, deixou de ser o inimigo inconciliável do homem, domesticou-se, já faz, por assim dizer, parte da família". Separação, mas em certos casos, coexistência.

9. A articulação dos vários setores (nessa trama de circulação) destacaria os edifícios dos três poderes, localizados num triângulo equilátero, "vinculados à arquitetura da mais remota antiguidade, a forma elementar apropriada para

contê-los". Esse triângulo organizaria os edifícios nas praças dos três poderes, com frente para a esplanada dos ministérios. Existiu uma ênfase nos terraplenos (técnica oriental milenar), assegurando a coesão do conjunto e garantindo uma ênfase monumental "imprevista". "Ao longo da Esplanada, extensos gramados para os pedestres, paradas e desfiles", segundo Lúcio Costa, isso seria uma referência do *mall* dos ingleses. O ministério de Relações Exteriores e da Justiça organizar-se-iam numa praça com os edifícios do Congresso e os outros em sequência (todos com estacionamento privativo). A catedral foi colocada separadamente, tendo em vista a separação igreja e estado e também o caráter monumental, desimpedindo a perspectiva da esplanada desde a plataforma.

10. Na plataforma, onde o tráfego seria local, situou-se o centro de diversões, uma mistura de *Piccadilly Circus, Times Square e Champ Elysées*. A face da plataforma voltada para os ministérios não seria edificada, exceto por uma casa de chá e uma Ópera. Na fronteira localizar-se-iam os cinemas e teatros, num conjunto arquitetônico baixo com calçadas e varandas e com a fachada livre para a instalação de painéis luminosos. As várias casas estariam ligadas por travessas de gêneros tradicionais, o que segundo Costa, gerariam um ambiente adequado ao convívio e à expansão: "Como a rua do Ouvidor e as vilas venezianas, as galerias cobertas com pequenos pátios com bares e cafés, e lojas na parte do fundo, com vista para o parque. O pavimento térreo seria vazado em todas as extensões; os pavimentos superiores envidraçados para a esplanada dos ministérios e para o prolongamento do eixo monumental, onde se localizariam os hotéis e a torre das estações radioemissoras de TV (tratada como elemento plástico). Na parte central, a estação rodoviária. O sistema de mão única obrigaria os ônibus a dar uma volta fora da plataforma, garantindo uma visão do eixo monumental, "despedida psicologicamente desejável". Além de estacionamento, nessa plataforma também se encontrariam praças para os pedestres, mostrando a preocupação com o trânsito dos mesmos.

11. Paralelo ao setor de diversões estariam dois núcleos destinados ao comércio: o setor bancário-comercial (acesso fácil para os pedestres) e o setor dos escritórios para profissionais liberais, Banco do Brasil, correios e telégrafos (acesso direto das pistas para automóveis e, aos pedestres, de calçadas sem

cruzamento). Os edifícios seriam blocos altos para os escritórios e baixos para os bancos, todos ligados por lojas, cafés, agências, entre outros.

12. O setor esportivo teria uma extensa área para estacionamento entre a torre rádio-transmissora e a praça da municipalidade. De um lado o estádio e o jardim botânico, do outro o hipódromo e o jardim zoológico, duas áreas verdes dispostas simetricamente ao eixo monumental.

13. Na Praça Municipal instalaram-se a Prefeitura, a Polícia Central, o Corpo de Bombeiros e a Assistência Pública. Ainda nesse setor, porém mais afastados, estariam a penitenciária e o hospício.

14. Acima do setor municipal foram dispostas garagens, quartéis, pequenas indústrias e residências autônomas.

15. A justificação pela escolha de um eixo monumental seria o fato de que ele não excluiria a variedade dos organismos plasticamente autônomos. Essa autonomia criaria espaços adequados à escala do homem e permitiria o diálogo monumental, localizado sem prejuízo do desempenho arquitetônico de cada setor na harmoniosa integração urbanística do todo.

16. Para as residências, grandes quadras (duplas ou não) localizar-se-iam ao redor da faixa rodoviária e seriam emolduradas por cintas arborizadas para garantir privacidade. Dessa maneira, Lúcio Costa buscava a preservação urbanística, o controle da densidade, do padrão e qualidade das construções, além de oferecer faixas para lazer e passeios independentes das áreas livres previstas no interior das superquadras. A disposição dos prédios seria variada desde que os edifícios obedecessem ao gabarito de seis pavimentos, o uso de *pilotis* e a separação de veículos e pedestres. As superquadras teriam:

– Vias de serviços ao fundo;

– Faixa para pomar, horta;

– Igreja, escola secundária, cinema e varejo (mercados, vendas, quitandas) dispostos conforme a classe e a natureza;

– Postos de serviços (combustível);

– Lojas com vitrines e passeios cobertos;

– Estacionamento (face interna).

Na confluência de quatro superquadras: a igreja e as escolas. Próximas a rodovia e aos cinemas: faixas intermediárias, campos de jogos e recreios.

17. As quadras, próximas às rodovias provavelmente seriam mais valorizadas que as internas, mas o agrupamento (de 4 em 4) propiciaria certo grau de coexistência social, evitando a indesejável estratificação. As diferenças de uma quadra para outra, previstas apenas no grau de intensidade e no acabamento dos edifícios, seriam amenizadas pelo agenciamento urbanístico. A acomodação econômica para a população caberia à companhia urbanizadora.

18. Seriam criados setores ilhados para o loteamento de casas individuais.

19. Os cemitérios estariam ao longo dos eixos rodoviários, sem ostentação, à maneira inglesa, chão de grama.

20. Ao redor da lagoa, localizar-se-iam os bosques e campos, clubes e balneários (sem casas para preservar inata a lagoa). Existiria também um Clube de golfe a Leste e o Iate Clube ao lado.

21. O eixo monumental serviria como referência, dividindo a cidade em parte Norte e parte Sul. As quadras seriam assinaladas por números e os blocos residenciais por letras.

22. As quadras não seriam loteadas, mas estariam acessíveis ao capital particular através da venda de quotas do terreno. Da mesma forma os setores de comércio e bancários.

23. Segundo Costa, sua solução era de fácil apreciação, pois se caracterizava pela simplicidade. "Sendo monumental, também cômoda, eficiente, acolhedora e íntima. É ao mesmo tempo derramada e consisa, bucólica e urbana, lírica e funcional (...). De uma parte técnica rodoviária, de outra, técnica paisagística de parques e jardins. Brasília, capital aérea e rodoviária, cidade parque, sonho arquisecular do patriarca".

Iconografia

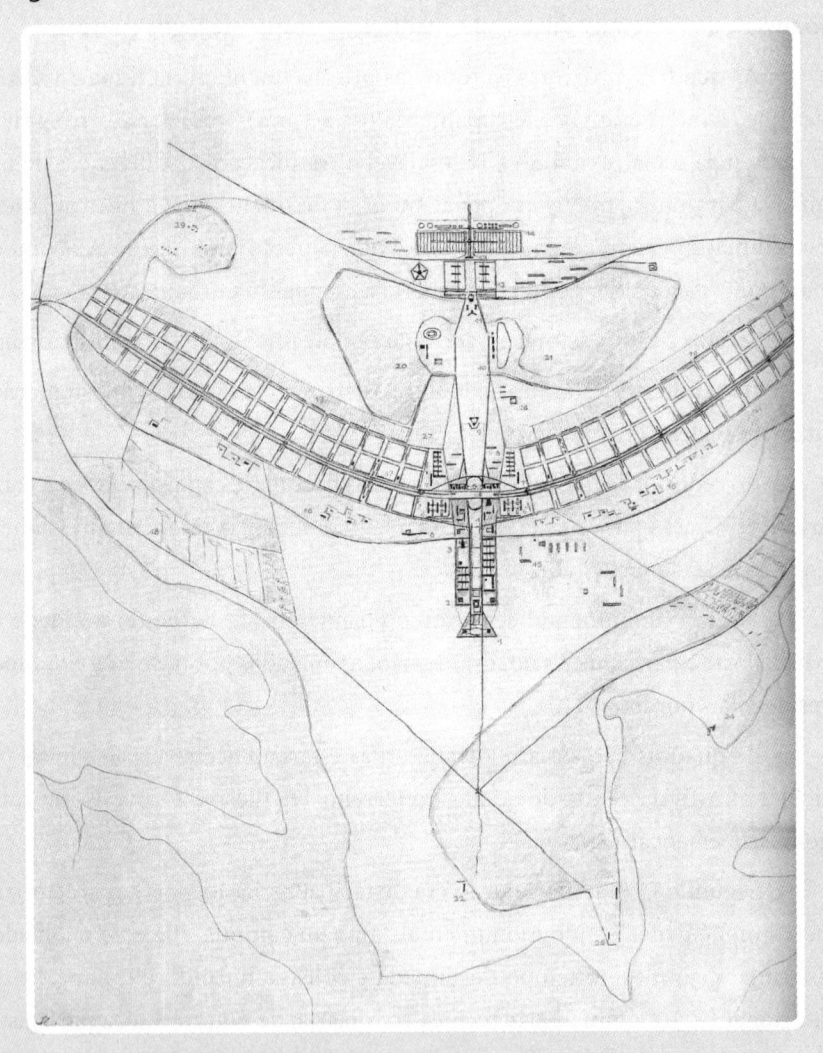

Costa – Plano Piloto de Brasília

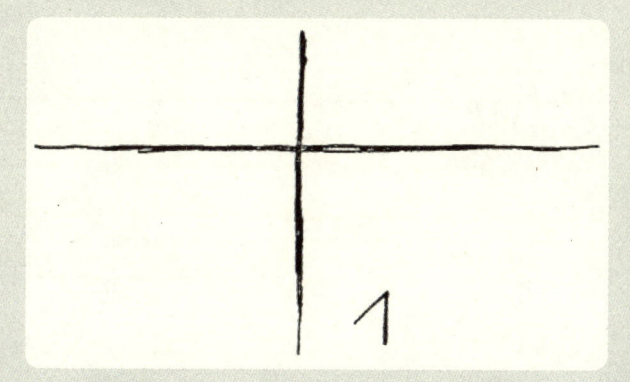

Costa – Desenho 1: Cruzamento de dois eixos

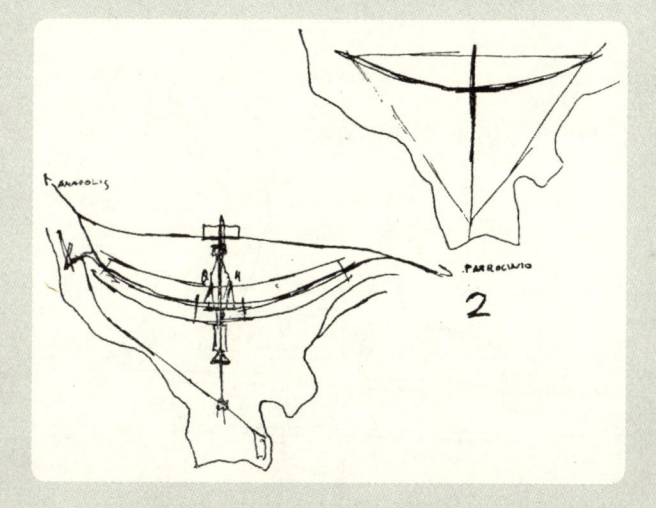

Costa – Desenho 2 Adaptação dos eixos a topografia local

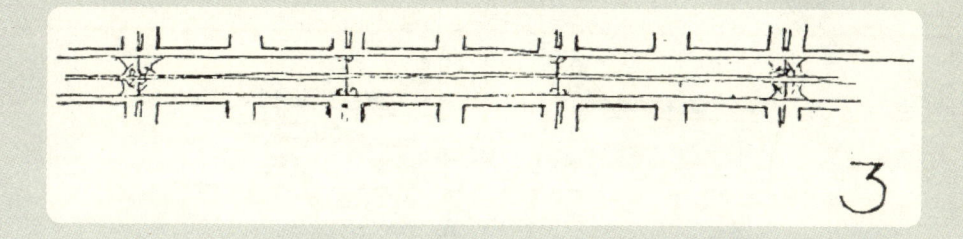

Costa – Desenho 4: Vias de circulação rápida

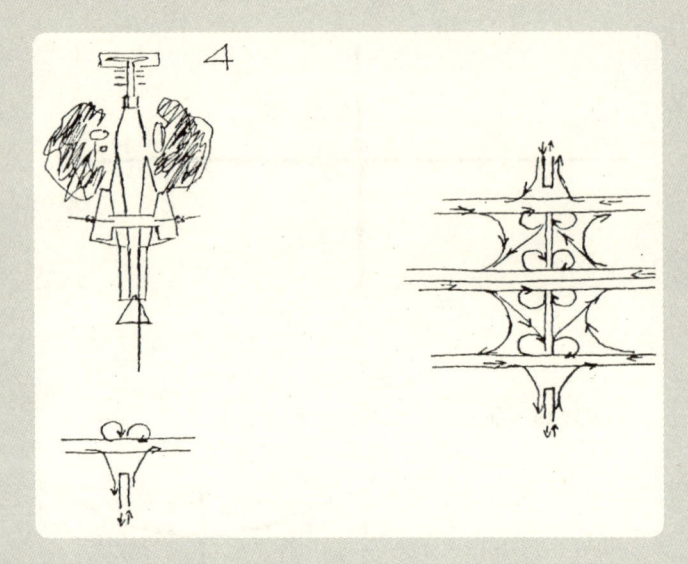

Costa – Desenho 4: Estrocamentos viários

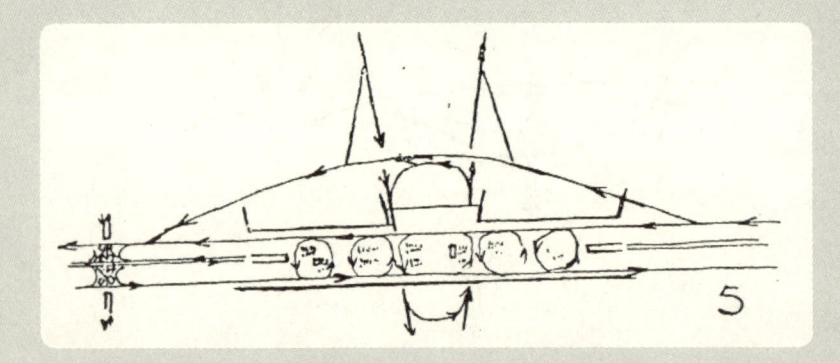

Costa – Desenho 5: Traçado viário para o nível superior da plataforma central

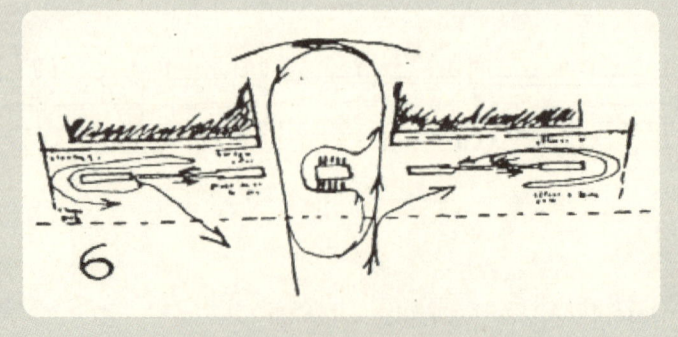

Costa – Desenho 6: Traçado viário para o nível inferior da plataforma central

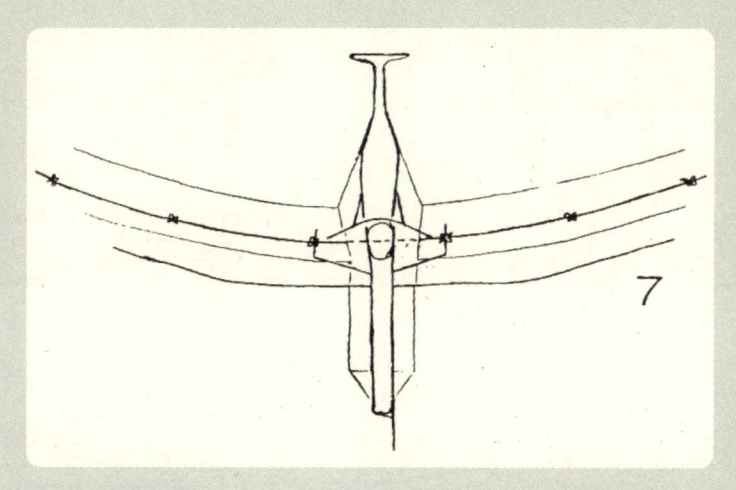

Costa – Desenho 7: A inserção de três trevos completos em cada rumo do eixo rodoviário

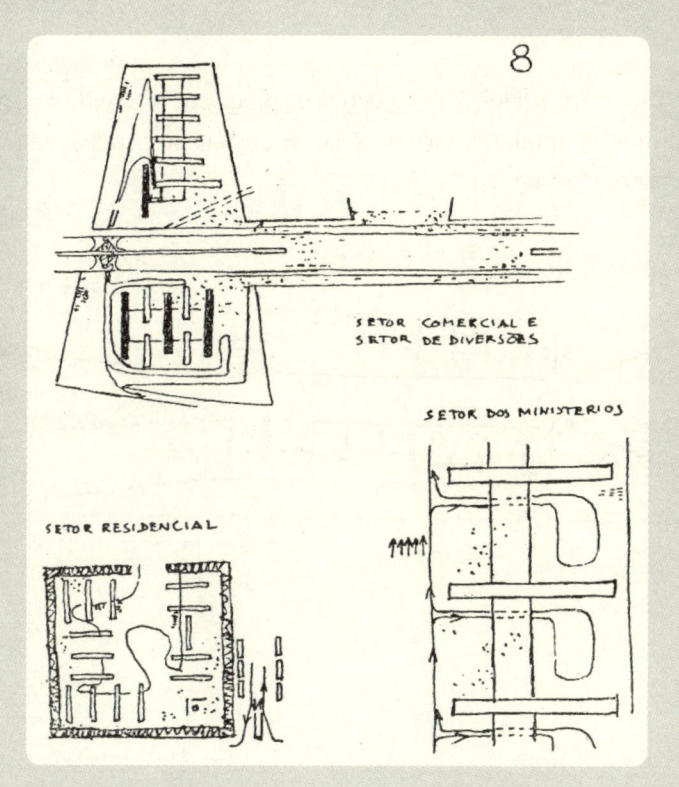

Costa – Desenho 8: Setor comercial e setor de diversões; setor residencial dos ministérios

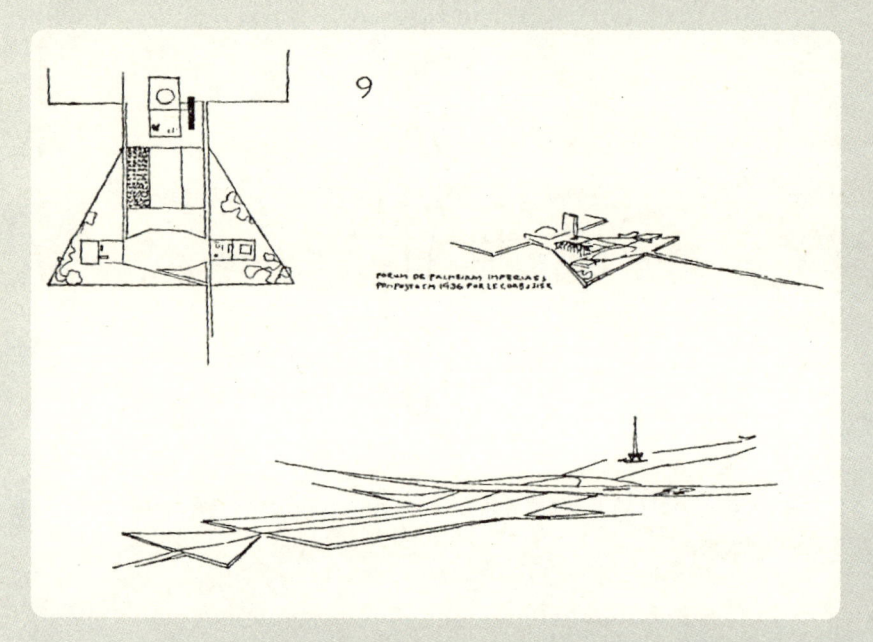

Costa – Desenho 9: Planta e perspectiva da praça dos três poderes e perspectiva do eixo monumental. Anotações de Lúcio Costa: Fotos de Palmeiras imperiais proposta em 1936 por Le Corbusier

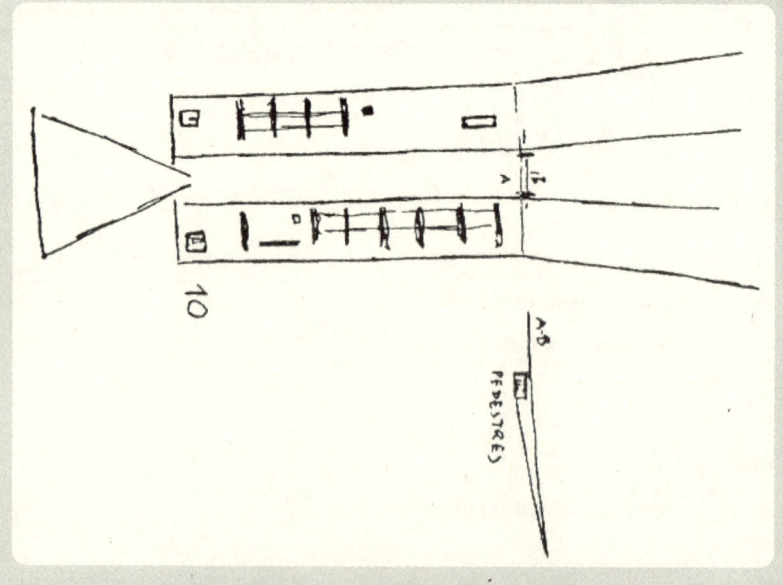

Costa – Desenho 10: Esplanada dos ministérios

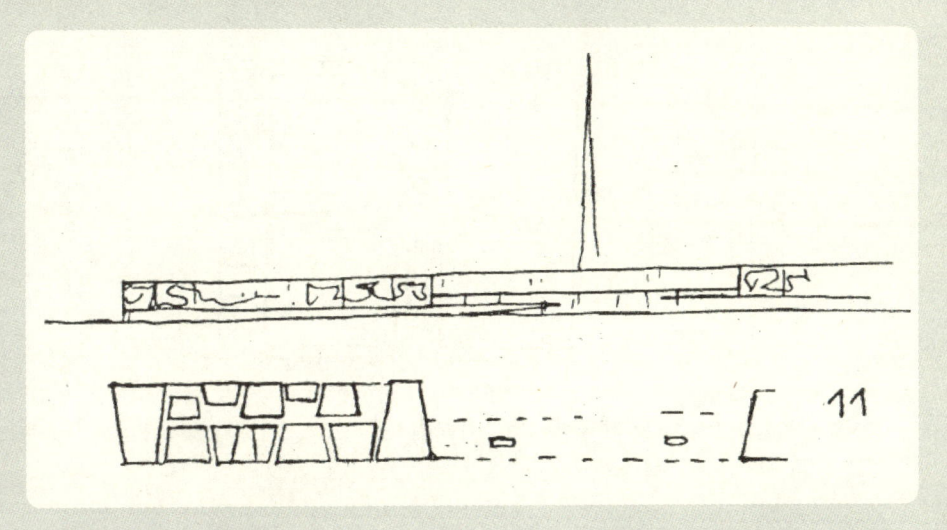

Costa – Desenho 11: Conjunto da torre rádio emissora

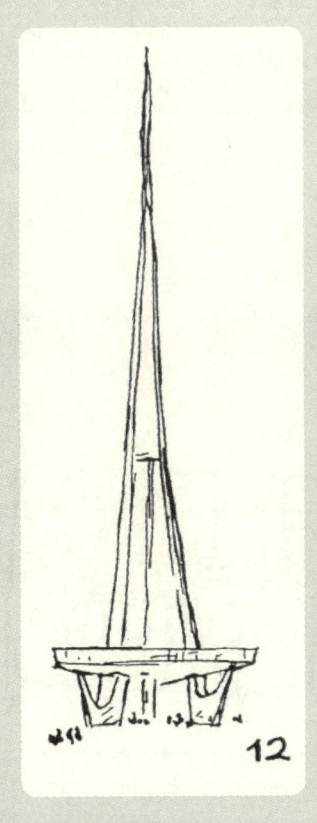

Costa – Desenho 12: Torre rádio emissora

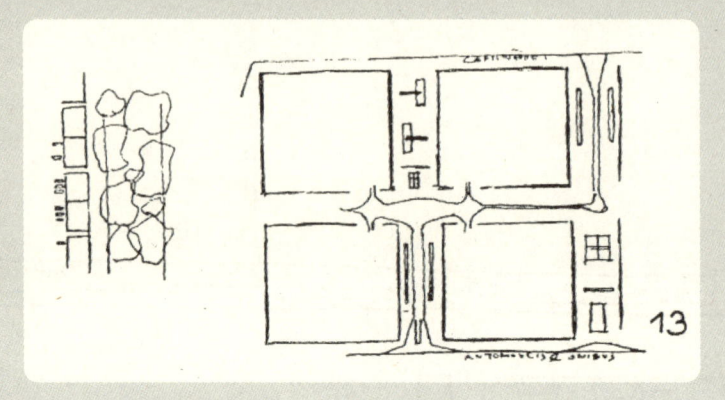

Costa – Desenho 13: Detalhe da superquadra

Costa – Desenho 14: Perspectiva da superquadra

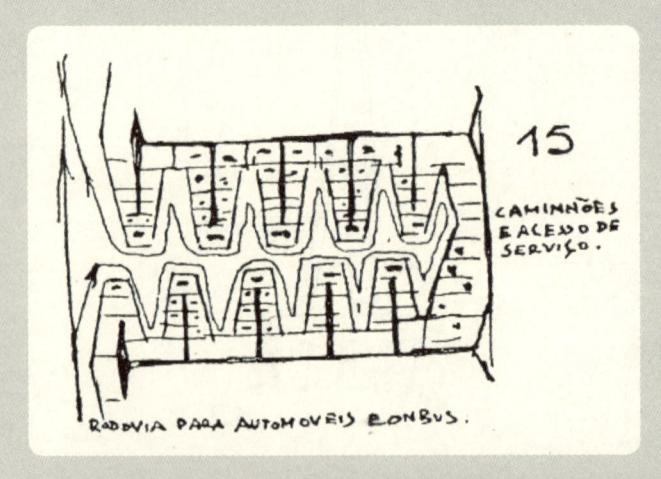

Costa – Desenho 15: Rodovia para automáveis e ônibus

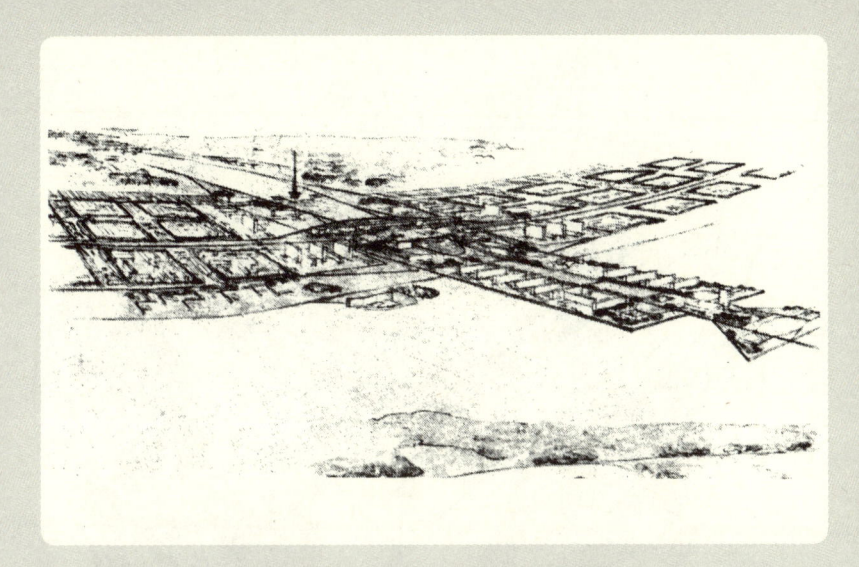

Costa – Vista geral da cidade (perspectiva)

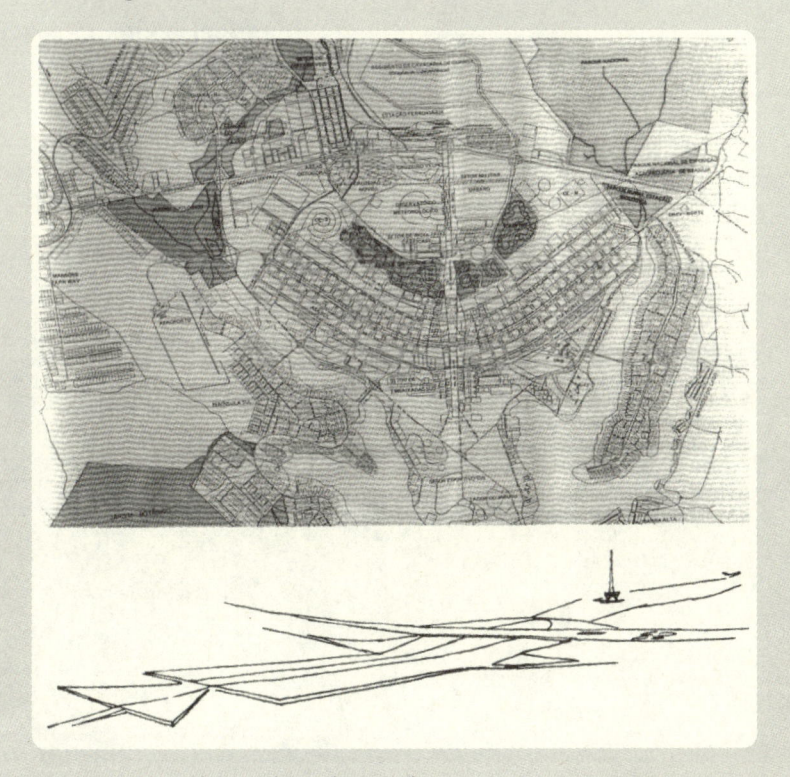

Costa Lúcio Costa: Plano Piloto da Brasília

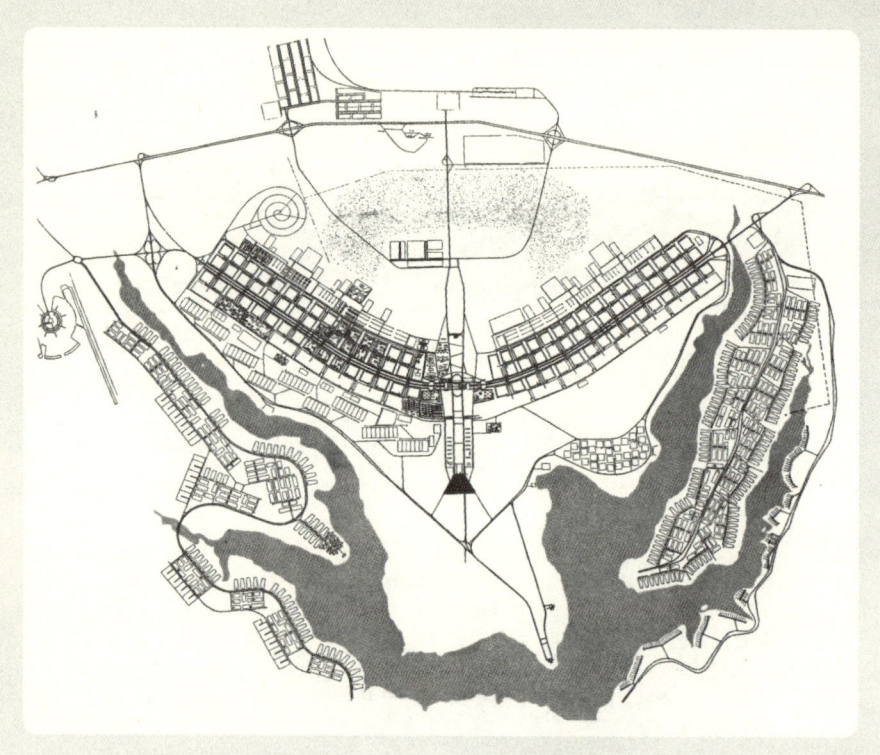

Costa – Brasília: Plano Piloto

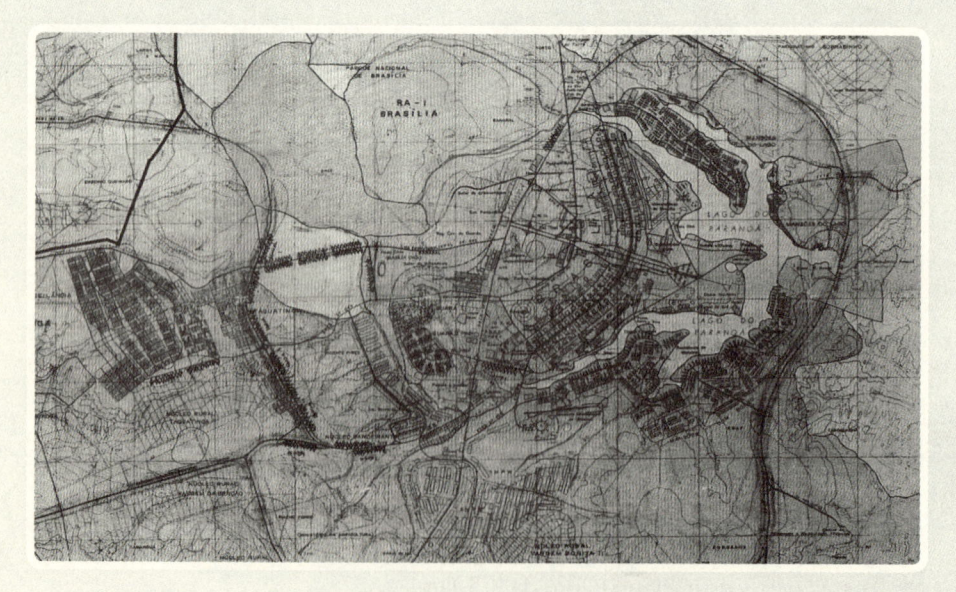

Costa – Piloto pós concurso

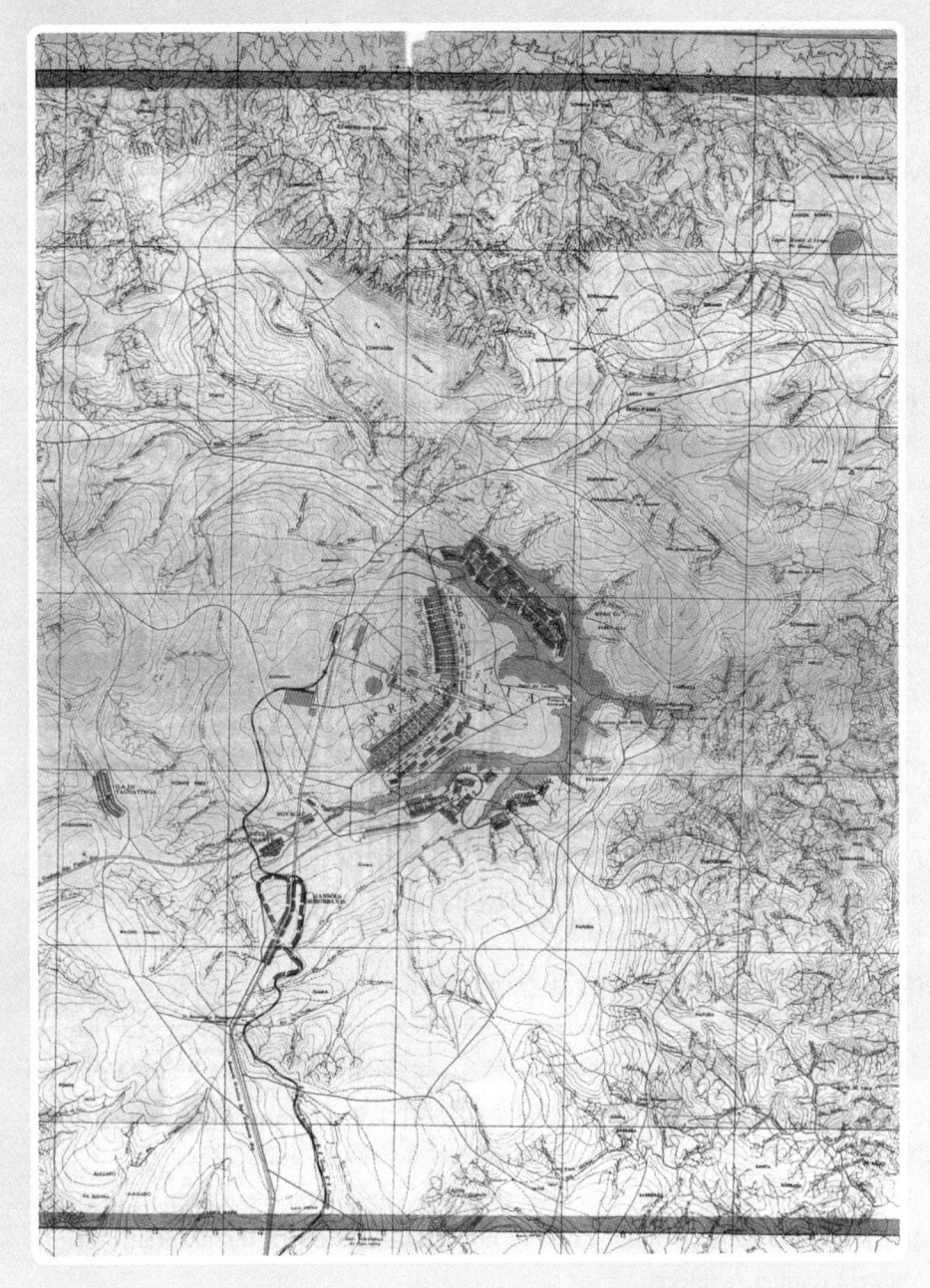

Costa – Brasília, 1985

Plano n° 23

Marcelo Rangel Pestana
Hérman Ocampo Landa
Vigor Artesi

Identificação

Plano inscrito no Concurso do Plano Piloto da Nova Capital do Brasil sob o número 23.

Classificação

Não esteve classificado entre os finalistas.

Equipe

Engenheiro Marcelo Rangel Pestana e arquitetos Hérman Ocampo Landa e Vigor Artesi.

Documentos:

Realizamos uma entrevista com o arquiteto Hérman Ocampo Landa que nos relatou seu desconhecimento sobre a existência de qualquer material sobre o plano piloto de sua equipe. Infelizmente, o desinteresse geral das instituições envolvidas na construção da nova capital federal em preservar o material do concurso fez com que nenhum dos integrantes do grupo se preocupasse em conservar as pranchas ou o memorial descritivo do projeto que apresentaram. Diante dessa circunstância, Hérman Ocampo Landa cordialmente se dispôs, atendendo nosso pedido, a traçar algumas linhas que pudessem nos remeter ao desenho de seu plano geral para Brasília. Esse traçado foi anexado à nossa documentação iconográfica. Nenhuma outra referência foi localizada nos acervos e publicações sobre o concurso aos quais tivemos acesso. Estabelecemos contato também com Vigor Artesi que, por motivos de saúde, não pode nos atender. O outro integrante do grupo, Marcelo Rangel, já faleceu.

Iconografia:

Desenho realizado por Hérman Ocampo Landa de parte da estrutura urbana de seu projeto para Brasília.

Iconografia

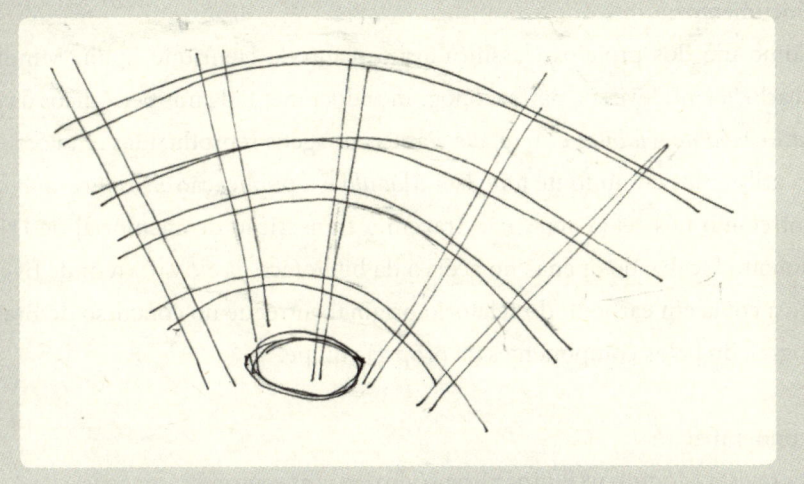

Pestana, Landa e Artesi – Desenho realizado por Hérman Ocampo Landa de parte da estrutura de seu projeto para Brasília

Plano n° 24

Henrique Ephin Mindlin
Giancarlo Palanti

Identificação

Plano inscrito no Concurso do Plano Piloto da Nova Capital do Brasil sob o número 24.

Classificação

5° lugar.

Equipe

Arquitetos Henrique Ephin Mindlin e Giancarlo Palanti. Arquitetos associados Walmyr Lima Amaral, Marc Demetre Foundoukas, Anny Sirakoff, Olga Verjovsky, Gilson Mendes Lages e André Gonçalves.

Documentos:

Como um dos projetos classificados, o plano de Henrique Ephin Mindlin e Giancarlo Palanti teve sua parte iconográfica documentada nos periódicos da época como *Módulo*, *Habitat* e *Acrópole*. Para as imagens reproduzidas em nosso trabalho utilizamos como fonte a revista *Módulo* e a publicação *Brasília trilha aberta*. Entretanto tais referências não trazem a transcrição do memorial descritivo, documento localizado apenas no acervo da biblioteca da NOVACAP, onde tivemos acesso à cópia em carbono do relatório original entregue no concurso de Brasília, datilografado pelos componentes da própria equipe.

Iconografia:

Da revista Módulo nº 8 (1957) reproduzimos as seguintes imagens:
– Plano geral.
– Exemplo de núcleos residenciais
– Capitólio e o setor dos ministérios.
– Centro cívico e comercial
– Vias de comunicação.

Da publicação *Brasília trilha aberta*, extraímos a única imagem representante do plano piloto de Mindlin e Palanti:

– Plano Piloto.

Introdução

Sobre a equipe

Henrique Ephin Mindlin nasceu em 1911, em São Paulo. Filho de russos estabelecidos no Brasil no início do século, cresceu entre intelectuais e artistas e teve formação sólida em letras e artes. Seu pai era um odontologista bem-sucedido e proporcionou um ambiente favorável à criação do filho.

Henrique Mindlin formou-se como engenheiro-arquiteto, em 1932, pela Escola de Engenharia da Universidade Mackenzie de São Paulo. Em 1933, montou escritório próprio na mesma cidade. Suas primeiras obras foram pequenas residências, localizadas nos bairros Jardim América e Pacaembú, e o prédio de habitações coletivas Edifício Santarém (cf. Nobre, 2000, p. 77-81).

Em 1942, obteve o primeiro lugar no concurso para o anexo do Palácio do Itamaraty e transferiu seu escritório para o Rio de Janeiro. Para esse projeto criou um conjunto composto por lâminas de vidro em diversas alturas e preservou o antigo palácio do século XIX. Com a decisão de mudar a capital para Brasília, o projeto ficou irrealizado. Em 1951, ganhou o prêmio de melhor habitação individual na 1ª *Bienal de São Paulo* pela casa de George Hime.

Casou-se com Vera Mindlin com quem teve duas filhas: Kátia e Tatiana Mindlin.

Henrique Midlin dedicou parte considerável de seu tempo à regulamentação da profissão de arquiteto e uma remuneração condizente com as exigências e custos de um trabalho profissional. Seu espírito de liderança levou-o a presidir o Instituto de Arquitetos do Brasil (IAB), até 1971. Foi fundador e diretor do Museu de Arte Moderna do Rio de Janeiro e responsável pela vinda de Gropius ao Brasil. Estagiou com Frank Lloyd Wright (cf. Cavalcanti, 2000, p. 11-16).

Um de seus projetos de maior destaque foi a urbanização da praia de Pernanbuco (1953), no Guarujá em São Paulo. O projeto procurou preservar o caráter nativo do lugar. Foram criadas duas áreas principais em função da rodovia estadual que atravessa o terreno paralelamente à praia. A primeira, mais próxima ao oceano, onde estão os hotéis, clubes, prédios de apartamentos e casas individuais, ficou restrita ao tráfego de pedestres. Ruas sem saída servem aos lotes residenciais agrupados nos cinco grandes quarteirões que se abrem para grandes jardins comuns dando para o oceano. Cinco prédios de 10 andares, com 80 apartamentos cada, adjacentes à rodovia, abrem-se também para o jardim e têm vista para o mar. O outro lado da rodovia é usado para os lotes individuais, voltados para jardins comuns com as árvores da floresta original devidamente preservadas, também livres de tráfego de automóveis. O projeto inclui ainda um clube de tiro, um campo de polo, clubes de golfe, equitação e tênis e dois parques para os prédios residenciais, um ao norte e outro ao sul. A extrema esquerda, uma zona foi reservada para habitações populares. As atividades comerciais foram concentradas no extremo esquerdo da planta, vestígio de um plano mais velho para o lugar e que, por dificuldades legais, não pôde ser reprojetado (cf. Mindlin, 2000, p. 256).

A partir de 1955, Henrique Mindlin formalizou sociedade com Giancarlo Palanti, que passou a representar o escritório em São Paulo. Em 1964, fundou o primeiro escritório de arquitetura no país constituído juridicamente como uma empresa: "Henrique Mindlin, Giancarlo Palanti e Arquitetos Associados". A firma contava com os arquitetos Walmyr Lima Amaral, Walter Lawson Morrison e Marc Demetre Foundoukas. Amaral é o atual responsável pelo escritório que ainda conserva o mesmo nome.

Chegaram a trabalhar com mais de 60 pessoas, época em que desenvolveram normas de representação gráfica, abrangendo desde padrão de caligrafia até símbolos personalizados para corte, cotas, e outros.

Outros projetos bastante conhecidos são o Edifício da Avenida Central no Rio de Janeiro (1957), onde identificamos as influências das torres americanas da década de 50 como, por exemplo, o *Lake Shore Drive* e o *Seagram Building* de Mies Van der Rohe; a sede do *First Nacional City Bank*, em Recife (1957); o *Bank London* em São Paulo (1959); o Pavilhão do Brasil na Bienal de Veneza (1963) e o edifício-sede do banco do Estado da Guanabara (1963).

Henrique Mindlin escreveu o livro *Arquitetura Moderna no Brasil*, em 1956, em versões simultâneas em três línguas: inglês, francês e alemão. A versão em português só foi publicada em 2000. Dono de um belo projeto gráfico, continha fotografias de edifícios representantes da arquitetura moderna brasileira inseridas num roteiro arquitetônico estabelecido e comentado por Mindlin. O livro foi concebido como suplemento do *Brazil Builds*, de Philip Goodwin e Kidder Smith, publicado pelo Museu de Arte Moderna de Nova Yorque em 1943. Contudo, segundo Cavalcanti (2000), Mindlin parece ter ampliado o conteúdo em relação aos seus predecessores. Siegfried Giedon anunciou a publicação como "uma contribuição valiosa, que abre os olhos do mundo exterior para a arquitetura contemporânea feita no Brasil" (cf. Nobre, 2000, p. 77-81).

Mindlin e Palanti participaram do concurso do plano piloto de Brasília em 1957, recebendo o prêmio do 5° lugar. Em 1966, Mindlin dedicou um texto à Brasília, feito sob encomenda da embaixada do Brasil na Itália: *Architettura Brasiliana: Barroca d'oltromare, Architettura Internazionale nei tropici, Brasilia: sogno o realtà?* (cf. Cavalcanti, 2000, p. 11-16).

Henrique Mindlin foi professor Livre Docente na antiga Faculdade Nacional de Arquitetura da Universidade do Brasil, mais tarde professor titular (1969). Recebeu o título de Membro Honorário do *American Institute of Architects* e da *Nacional Society of Interior Designers*. Apesar do seu falecimento prematuro em 1971, seus sócios conservaram a razão social do escritório e mantiveram os projetos em andamento, incluíndo posteriormente um novo membro – Luiz Carlos Rodrigues Machado. Esse novo grupo foi responsável pela construção de complexos hoteleiros em Brasília, Curitiba, Mangaratiba, Cabo Frio e São Paulo, e pela recente reforma de adaptação do Museu de Arte Moderna do Rio.

Teorias urbanas: relações com o Edital e os demais planos

Segundo Braga (1999, p. 151) o projeto da equipe de Mindlin e Palanti constituíu-se como variante da cidade preconizada pela *Carta de Atenas*, com todos os seus princípios presentes nas configurações usuais das zonas urbanas, das superquadras, das unidades de vizinhanças, entre outras.

A configuração geral do plano, com dois eixos principais e o centro governamental no extremo oposto do lago, parece retomar o desenho da Cidade Radiosa de Le Corbusier (1930), na qual também se trabalha um eixo central ladeado por superquadras residenciais, isolando um complexo de edifícios de escritórios como "cabeça" do outro lado da cidade. Nesse sentido podemos notar a semelhança entre o plano piloto de Mindlin e Palanti e o de Chandigarh, capital do Punjab, Índia, desenhado também por Le Corbusier (1951). Chandigarh é cortada por um eixo no qual está inserido um centro comercial. A partir desse centro uma rua monumental foi traçada para focalizar o complexo do capitólio, isolado do outro lado da cidade (cf. Evenson, 1973, p. 134-137).

Assim como o plano de Lúcio Costa, a cidade foi construída baseada, em parte, num eixo axial, sendo um eixo leste-oeste monumental, e outro norte-sul residencial. A função governamental prologar-se-ia através da avenida, ao invés de centralizar-se em um único pátio. Segundo Evenson (1973, p. 134-137), o esquema de Mindlin e Palanti parece localizar a melhor ênfase visual da cidade como uma capital monumental, mais do que os outros fizeram. Não deram uma ênfase arquitetônica à função distrital, postura coerente se considerarmos o aspecto temporário desse elemento. O complexo monumental seria, então, uma praça penetrada ao meio por uma via axial. O foco simbólico do eixo cívico valorizou o Poder Executivo, começando com a residência presidencial e finalizando no gabinete presidencial.

O plano de Mindlin e Palanti caracterizou-se por setores urbanos isolados por amplas áreas verdes, sem contato físico algum, ligados apenas pelas tramas de circulação. Tal isolamento, proposital, parece ser uma decisão duvidosa em virtude da desarticulação que traria para o conjunto urbano. Parece improvável que as grandes distâncias florestadas fossem correntemente percorridas a pé pelos habitantes da cidade, participando assim do cotidiano e espaços urbanos, como pressupunha essa equipe. Mindlin e Palanti consideraram a possibilidade da edificação dessas áreas, mas isso seria contraditório com a separação desejada pelo grupo (cf. Braga, 1999, p. 151-153).

A avaliação do júri, apesar de classificar o projeto em 5° lugar, descreveu uma série de críticas ao plano e também uma vantagem:

Plano n° 24

Autores Henrique E. Mindlin e Giancarlo Palanti

Críticas:

1. As moradias de operários, a indústria e os entrepostos estão segregados (por classe) a oeste da ferrovia.

2. As embaixadas são agrupadas numa extremidade da artéria central e os ministérios na outra. Não parece haver qualquer lógica de desenvolvimento do plano de leste para oeste.

3. As unidades de habitação resultariam disformes na prática, e não se acomodam muito bem no local; mas o sistema rodoviário é bastante simples e direto.

4. A disposição arquitetônica detalhada dos Ministérios, assim como as embaixadas dando para a artéria central, não são tão interessantes como em outros projetos.

Vantagens:

1. O projeto parece estar certo quanto ao tamanho e densidade, e econômico quanto ao uso da terra, pontes etc. (Módulo, n.8, p. 16).

Comentário do memorial descritivo

Mindlin e Palanti iniciaram o relatório falando sobre as críticas que cercaram a construção da nova capital do Brasil e o próprio concurso nacional do Plano Piloto. Apontaram o problema da salientação de assuntos periféricos no Edital, a qual acreditavam ter provocado a diluição das questões de maior importância. Já na introdução ao texto há menção sobre a intenção de criar uma cidade compatível a uma nação moderna, objetivo que expressa o direcionamento teórico tomado, embasado nas concepções da elaboração de uma cidade modernista.

Existe no relatório uma crítica ao jogo de interesses em questão na época, reflexo da distância entre o modelo teórico e a verdadeira implantação da cidade:

> Nem um bom plano piloto – ou mais tarde, um bom Plano Diretor – nem a sua utilização sistemática e constante, pela Companhia Urbanizadora da Nova Capital, poderão assegurar por si, o êxito nesse empreendimento. Esse depende, mais que de qualquer outro fator, da política geral de desenvolvimento do país, de uma política que dê o sentido econômico à nova capital (Mindlin, 1957, p. 6).

Antes da elaboração do plano piloto, Mindlin e Palanti realizaram um estudo dos possíveis moradores da nova capital e suas prováveis atividades. Concluíram que dos 500.000 habitantes, 35% (175.000) teriam vínculos empregatícios, sendo

40% funcionários públicos, 10% ocupando cargos nas indústrias, 30% no comércio, e 20% nos transportes e agricultura. Dever-se-ia contar ainda, uma considerável população itinerante de milhares de visitantes diários.

A população máxima (500.000 hab.) indicada aos concorrentes no edital foi aumentada levando-se em consideração as taxas de crescimento populacional do Brasil e o exemplo da capital administrativa dos Estados Unidos da América: Washington. Como consequência, os autores calcularam uma razoável margem de expansão no seu projeto.

A proposta urbana visava imergir a cidade nas áreas verdes, sistematizar suas vias e dispor naturalmente os setores, aproveitando a conformação do terreno. O traçado do plano piloto acompanharia o delineamento da represa e desenvolver-se-ia em torno de dois eixos: o primeiro, Leste-Oeste, ligando a Casa Presidencial ao "Capitólio" (sede dos três poderes), onde estariam distribuídas as embaixadas e os serviços a elas correspondentes; o segundo, Norte-Sul, estruturaria o centro cívico e o centro comercial, ligando duas zonas residenciais. Dessa maneira, o centro governamental estaria no extremo oposto da represa.

A área destinada ao Capitólio seria isolada da ferrovia e das rodovias por um amplo parque florestal. Próximas a essas estradas estariam a zona industrial e sua respectiva área residencial. De lá partiria uma via para o centro da cidade, facilitando assim o abastecimento urbano de gêneros alimentícios e de outras mercadorias. Usou-se novamente o exemplo de Washington para mostrar que uma capital administrativa não deveria significar a ausência de indústrias.

Na periferia, próximas à represa, estariam as zonas hospitalares e universitárias e, no lado oposto, o centro de esportes náuticos. Mais afastados encontraríamos o cemitério e a zona militar.

A cidade seria rodeada por um cinturão verde que impediria a sua descaracterização e o crescimento desordenado. A zona residencial também teria espaços verdes próprios, onde se localizariam dispositivos coletivos como, por exemplo, escolas, centros de saúde, parques, comércios, igrejas, cinemas, entre outros, todos proporcionais ao número de habitantes.

As habitações foram organizadas de acordo com a densidade. Em faixas paralelas ao sentido Leste-Oeste, os autores concentraram blocos de 10 pavimentos, com o objetivo de uma maior liberação do solo e da redução dos custos dos equipamentos públicos e dos serviços mecânicos, como por exemplo, os elevadores. Esses edifícios foram agrupados cabendo inúmeras variações quanto ao uso das quadras, sem prejuízo das condições de insolação e ventilação. Próxima à represa previram uma área para as residências de maior porte.

O centro cívico, comercial e administrativo foi dimensionado para atender a população itinerante de outras partes do país e do exterior atraída para a capital.

A circulação foi dividida em vias de tráfego rápido, local e lento. O aparente excesso de trevos devia-se à tentativa de facilitar o trânsito, evitando "de vez" o *subway* (metrô). Foram propostas, em pranchas de desenho, as linhas de trânsito coletivo. Apresentaram também um quadro com os melhoramentos públicos indispensáveis ao plano. Entre eles estavam 20.000.000 m² de parque, 86.000 m² de passagens elevadas e 3.450.000 m² de passeios.

A superfície do plano, com 20.000 ha, decompor-se-ia em: superfície urbana (6.300 ha), superfície para desenvolvimento futuro (4.462 ha), zonas suburbanas (5.500ha) – aeroportos, centros esportivos, universitários, vila militar e balneários – e zonas verdes para a agricultura (3.720 ha). Na área urbana localizar-se-iam o Capitólio (60 ha), a zona dos ministérios (270 ha), parques (2.720 ha), zonas residenciais (2.550 ha) e a zona industrial (270 ha).

Num estudo das etapas de desenvolvimento da cidade acreditavam atingir numa 1ª etapa 57.500 habitantes, numa 2ª etapa 143.000 habitantes, numa 3ª etapa 280.000 habitantes e, finalmente, numa 4ª etapa 480.000 habitantes.

Em relação à legislação, os autores apontaram a ineficiência das leis estrangeiras, baseadas num urbanismo europeu, caracterizadas pelas necessidades do pósguerra de reconstrução ou desenvolvimento das cidades e de parques industriais. No caso do Brasil a baixa densidade demográfica e o regime político-social da época dispensariam restrições no direito de propriedade privada. Fazendo referência à *Carta dos Andes*, propunham para a propriedade da terra a criação de um sistema de venda de terrenos vinculado ao uso legislativo, incluindo a venda de quotas em condomínios com direito à prioridade de escolha pelo comprador. Para esse último caso, sugeriram um exemplo de como adotar a quadra como unidade edificável em lugar do lote.

Iconografia

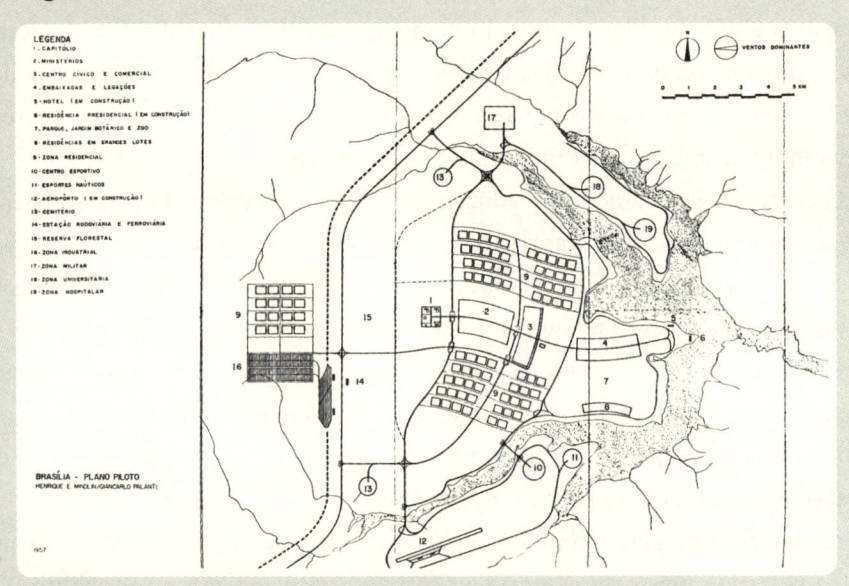

Mindlin – Plano Piloto (fundo branco)

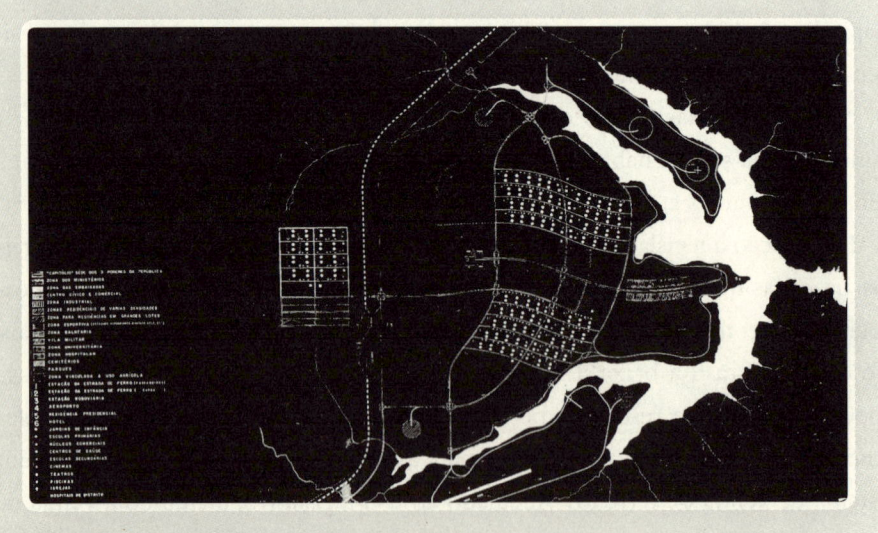

Mindlin – Plano geral

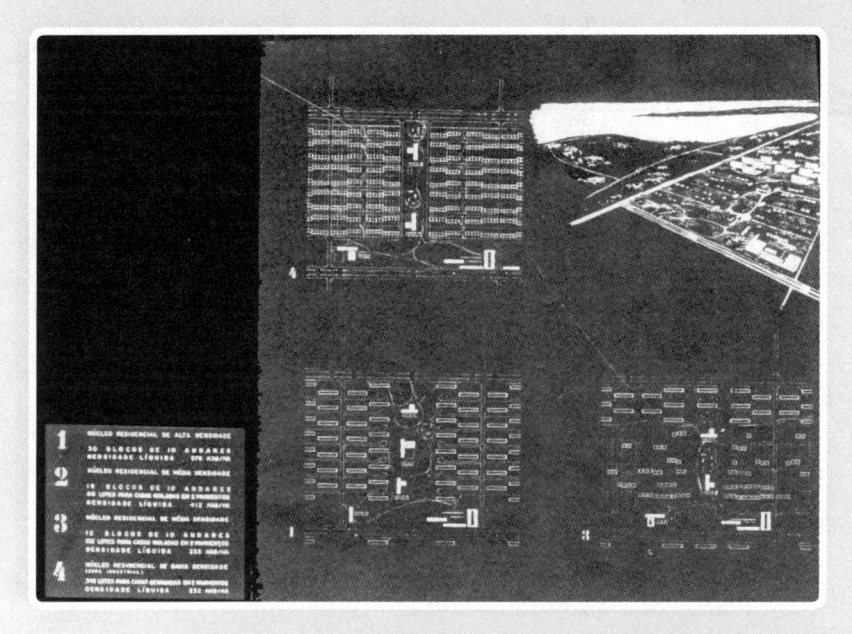

Mindlin – Exemplo de núcleos residenciais

Mindlin – Capitólio e o setor dos ministérios

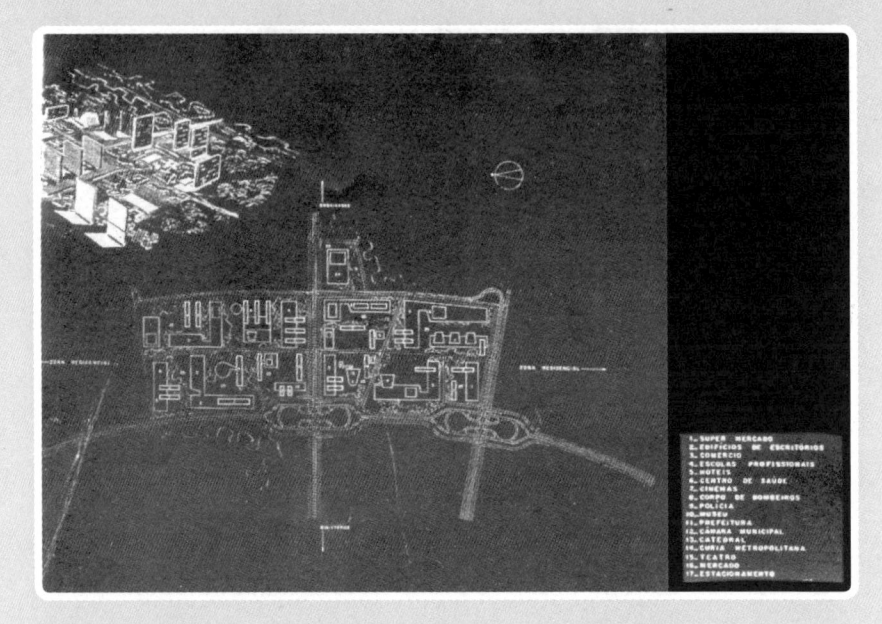

Mindlin – Centro cívico e comercial

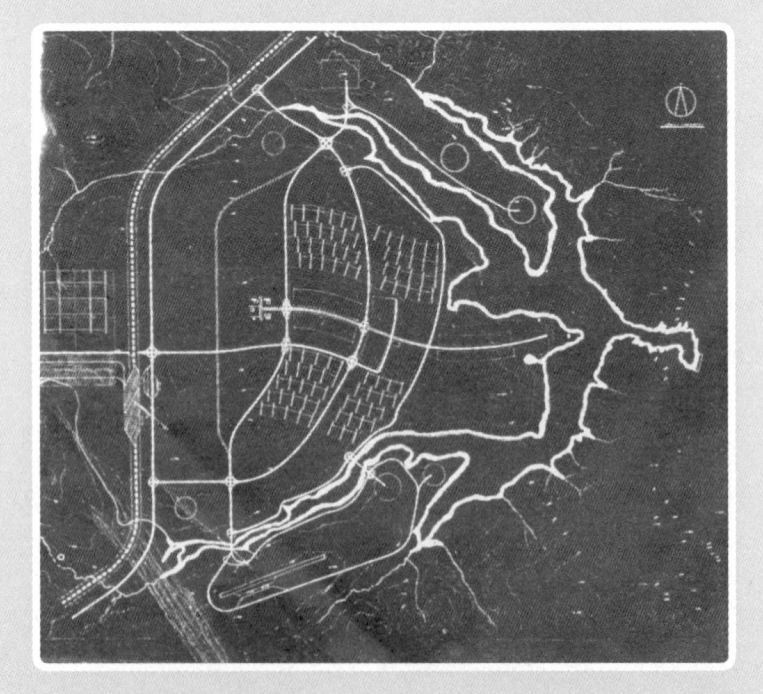

Mindlin – Vias de comunicação

Mindlin – Etapas de crescimento

Plano n° 25

José Marques Sarabanda

Justificativa

Localizamos uma sobrinha do arquiteto José Marques Sarabanda, Suely Sarabanda, no Rio de Janeiro. Segundo ela, José Sarabanda, já falecido, permaneceu solteiro toda a vida e dedicou-se por completo à carreira profissional, fato que lhe custou um grande afastamento de seus familiares: "Isso justifica meu total desconhecimento das obras e das atividades profissionais do meu tio" – acrescentou Suely. Ela recordou-se da introspectividade do arquiteto e contou-nos sobre um vínculo de amizade resumido a um colega de profissão, o qual desconhecia o nome. A morte do amigo acentuou o isolamento em que vivia José Sarabanda. Sem filhos e sem amigos, sua herança profissional extinguiu-se com o seu falecimento. Suely lembrou-se de ter visto o tio pela última vez ainda criança. A ausência de informações sobre o arquiteto José Marques Sarabanda dificultou o processo de localização de seu projeto para Brasília. Nenhuma outra referência foi encontrada nos acervos e publicações aos quais tivemos acesso.

Em 1955, na revista Acrópole, foi publicado um estudo de remodelação urbana de Campo Grande, elaborado por alunos do curso de Urbanismo da Faculdade Nacional de Arquitetura da Universidade de Brasil, baseado no método moderno de levantamento e análise de informações. Entre os alunos estava José Marques Sarabanda, autor do plano nº 25 para a Brasília.

Principais referências Bibliograficas:

ACRÓPOLE. Campo Grande. São Paulo, nº 208, fev., 1956.

Plano nº 26
Milton C. Ghiraldini
(Construtécnica S.A. Comercial E Construtora)

Identificação
Plano inscrito no Concurso do Plano Piloto da Nova Capital do Brasil sob o número 26.

Classificação
5° lugar.

Equipe
Arquiteto Milton C. Ghiraldini. Como colaboradores, os arquitetos Clóvis Felippe Olga, Nestor Lindenberg, Manoel da S. Machado e Wilson Maia Fina, e os engenheiros Milton A. Peixoto e Rubens Gennari.

Documentos:

O fato de estar entre os sete projetos classificados facilitou o nosso acesso ao plano piloto do arquiteto Milton Ghiraldini, pois as revistas *Arquitetura e Engenharia*, *Habitat* e *Módulo*, documentaram sua proposta através da reprodução das pranchas, ou parte delas, apresentadas no concurso. Diante disso as imagens encontradas aqui foram extraídas da revista *Módulo* e da publicação *Brasília trilha aberta*. O memorial descritivo foi localizado no acervo da Faculdade de Arquitetura da PUC-Campinas, numa publicação exclusivamente do relatório: CONSTRUTÉCNICA S.A. *Brasília: plano piloto – relatório justificativo*. São Paulo: *mimeo.*, 1957.

Iconografia:

Da revista *Módulo* nº 8 (1957) reproduzimos as seguintes imagens:

- Vista aérea do esquema básico.

- Traçado básico.

- Zona central.

- Vistas aéreas do centro urbano.

- Unidade de vizinhança.

- Vias principais e o sistema de recreio.

- Equipamento material e social.

- Perspectiva da praça cívica.

- Perspectiva do centro comercial.

- Perspectiva do parque interior da unidade de vizinhança.

- Transportes coletivos.

- Estágios de desenvolvimento.

- Planta final da cidade – 5º estágio.

- Jazidas minerais e parques regionais.

- Maquete do centro cooperativo rural.

Da publicação *Brasília trilha aberta*, extraímos a única imagem representante do plano piloto de Ghiraldini:

– Plano geral da cidade

Introdução

Sobre a equipe

Além da equipe identificada anteriormente, o plano piloto da Construtécnica contou com a colaboração dos desenhistas Cid Affonso Rodrigues, Wanda de Barros Brisolla, Tanaka Kumiko, Hélio Chiossi e Cláudio Cianciarullo. E, ainda, com a montagem de Domingos Boaventura Borghese.

Clóvis Felippe Olga foi Diretor-Presidente da firma no período de 1949 a 1963. Havendo dirigido outras construtoras, atualmente é Diretor da Integral Engenheiros e Arquitetos s/c Ltda., de São Paulo. Nasceu em 1924 na capital paulista, formou-se em Engenharia Civil pela Escola de Engenharia da Universidade Mackenzie (SP), em 1949. Mais tarde, em 1956, concluiu o curso de Arquitetura pela mesma Universidade. Tem atuado como arquiteto e engenheiro responsável por obras que vão desde residências unifamiliares a edifícios industriais, pontes e viadutos. Os arquitetos responsáveis pela equipe Milton C. Ghiraldini e Wilson Maia Fina são hoje falecidos.

Teorias urbanas: relações com o Edital e os demais planos

Segundo Braga (1999, p. 152-154), do mesmo modo que as equipes de Milmann, de Mindlin e Cascaldi, a equipe de Ghiraldini constituiu-se como variante da cidade preconizada pela *Carta de Atenas*. No entanto, a organização do plano piloto de Ghiraldini foi a mais simples de todas as demais concepções classificadas: quatro grandes zonas residenciais iguais em funcionamento e equivalentes em tamanho seriam desenvolvidas em torno do centro urbano, localizado com destaque no ponto culminante da topografia. Para Braga (*ibidem*, p. 152-154), essa simplicidade apresentou-se mais como um simplismo ao não assumir uma radicalidade capaz de transformar-se num caráter da nova capital e ao ser geradora de um conjunto urbano demasiado indiferente. Sua solução residencial, de uma só tipologia para toda a cidade, ressalvando-se o pequeno núcleo de residências em altura do centro, parece inadequada para acomodar uma população que certamente teria hábitos e preferências variadas.

De acordo com Evenson (1973, p. 138-140), os princípios do plano da equipe de Ghiraldini foram baseados na teoria da cidade-jardim elaborada por Radburn, da unidade de vizinhança, dos cinturões verdes centrais e da *Carta de Atenas* de Le Corbusier. Estudaram e desenvolveram ao máximo, o planejamento regional e sua orientação segundo os valores humanos. Embasados na *Carta de Atenas*, elaboraram uma distribuição orgânica das diferentes zonas da cidade e determinaram quatro setores agrupados em torno de uma zona central. Para a região rural criaram centros de cooperativa rural. No entanto, os centros comercial e governamental apresentaram-se sem diferenciações.

O júri avaliou o projeto da seguinte maneira:

> Plano nº 26
> Autor: Construtécnica S. A.
> *Críticas*:
> 1. Enorme extensão de estradas além da trama central; difíceis, porém, as ligações cruzadas no centro.
> 2. Dezoito e meio quilômetros do Palácio Presidencial à estrada.
> 3. Simplificação exagerada das zonas, sendo três centrais e as restantes todas do mesmo tipo de baixa densidade de habitação.
> 4. Não tem o caráter de uma capital.
> 5. Má penetração da ferrovia na cidade.
> *Vantagens*:
> 1. Bonito modelo de aldeia agrícola (*Módulo*, 1957, p. 16).

Apesar das críticas, a equipe da Construtécnica elaborou o memorial descritivo com o maior número de citações e referências bibliográficas. Entre eles estava Patrick Abercombrie, nascido em Londres (1879-1957). Abercombrie enfatizava o valor da relação entre a cidade e a região onde ela estava inserida. Concebeu o plano urbanístico de Dublin, colocando o município dentro do contexto regional, e também os projetos de Doncaster (1920-1922) e da Lista de Kent (1925) – região carbonífera. Propôs oito pequenas cidades dentro de um cinturão verde contínuo que serviram posteriormente de referência para a elaboração do plano da grande Londres. Tinha a intenção inicial de limitar o alastramento suburbano. No entanto, a implementação foi um fracasso porque dependiam da cooperação das autoridades distritais, com a qual não puderam contar (cf. Hall, 1988, p. 354-376).

Podemos considerar Abercombrie como um dos defensores pioneiros dos conceitos de cidade-jardim. Segundo ele, os objetivos dessas cidades eram:

> Não só a construção de novas cidades em distritos rurais segundo princípios devidamente estudados, mas também a criação de subúrbios jardins assentados em princípios similares que desafogassem de imediato as cidades existentes assim como a construção de aldeias-jardim que alojassem adequadamente as classes trabalhadoras perto de seus empregos (*idem*, *ibidem*, p. 354-355).

Como, por exemplo, Herlfordshire, em Letchworth e Welwyn Garden City.

Abercombrie acreditava que para a implantação desse novo conceito de cidade seriam necessários uma estrutura nacional de planejamento, rigorosos controles sobre a área de implantação das indústrias e poderes para implantar os planos regionais. Sua experiência de maior repercussão foi o Plano para o Condado de Londres, em 1944.

As obras do biólogo escocês Patrick Geddes, também se tornaram referência para os estudos urbanos de Ghiraldini. Para Gueddes, toda a intervenção urbana deveria ser precedida de uma pesquisa topográfica e histórica da área, mapeando a situação da população, seu nível cultural-econômico etc. Dessa maneira, o resultado conduziria a um planejamento real, realizável, que teria um local apropriado para sua implantação.

Outra fonte utilizada pela Construtécnica foi o livro *The Culture of Cities* (1938) de Lewis Mumford (Mumford, 1961). Ele enfatizou a questão biológica e social dos espaços. Recebeu influências de Raymond Unwin, Clarence Stein e Henry Wright, mas sua principal referência foi Patrick Geddes. Discípulo de Geddes, Munford direcionou parte de sua análise urbana para a integração da cidade e dos espaços livres. Para ele, as áreas livres deveriam estar próximas às residências, independente de sua classe social, para se tornarem mais íntimas, de fácil acesso e, portanto, mais utilizadas. Antes, o parque representava um refúgio para a fuga do caos urbano, agora passava a se inserir cotidianamente na vida da população. "Não se trata de proceder a um simples aumento quantitativo de parques disponíveis, mas a uma mudança qualitativa de toda a estrutura de vida, o que permitiria que realmente puséssemos em prática a função social dos espaços livres" (*idem, ibidem*, p. 367-369). Para Munford era necessário estimular a criação de áreas livres para agricultura e lazer no centro da cidade, além de cinturões verdes ao redor dos vários setores. Ele preconizou o polinucleísmo e o regionalismo, e deu continuidade ao planejamento sob os signos histórico, social, psicológico e geográfico, originados por Gueddes.

Lewis Mumford criticou as dimensões arbitrárias dos planos de Le Corbusier. Em sua opinião os urbanistas contemporâneos cometiam um grande equívoco, organizavam planos onde a exigência da máquina era suprida em detrimento das aspirações humanas e criavam cidades que exigiriam o máximo de veículos particulares. Munford colocou em evidência aspectos de tecnolatria dos urbanistas progressistas, como: a ruptura com as continuidades culturais, a desnaturalização das zonas rurais, a servidão do homem à máquina.

Comentário do memorial descritivo

Iniciam o relatório com uma epígrafe de Carol Aronovici, do livro *Community Buildings*, referindo-se sobre a função do urbanismo e do planejador urbano. Em seguida citam o edital para justificar o conteúdo do seu trabalho: a) traçado básico da cidade; b) relatório justificativo.

O texto segue com explicações sobre o urbanismo, caracterizando sua função de ordenação do espaço coletivo e a necessidade de um plano de coordenação territorial. O município, por sua vez, deveria englobar o ambiente urbano – metrópole, mundo cosmopolita; rural – ambiente campestre, do povoado, da vila; e primevo – mundo natural, a mata, o céu, o sol.

Para organizar um plano apontaram a necessidade de duas categorias disciplinares: "a reunião, análise e interpretação dos fatos, para fixar os objetivos; e a translação desses objetivos em resultados práticos". Elaboraram um diagnostico da situação problemática da cidade e seguiram apontando o que seria preciso entender a respeito. Essa estrutura textual foi a mesma utilizada por Le Corbusier em *A Carta de Atenas*, onde havia a *observação*, seguida por *é preciso exigir*. Realizaram uma distinção da filosofia da vida comunal e da arte técnica do planejamento, uma diferenciação de finalidade e método, para se extinguirem as suspeitas de que o tecnicamente possível era humanamente desejável.

Ghiraldini e sua equipe procuraram sempre embasar teoricamente seus preceitos e exemplos. Citaram Patrick Abercombrie no preâmbulo de seu plano para Hull e a necessidade de pesquisa nacional, regional e local, antecedendo o plano, pois isso influenciaria no tamanho e ordenação da área. Em segundo lugar, o distrito, o município ou a cidade faziam parte da região e seria um erro considerá-los isolados no tempo e no espaço. Para justificar tais afirmações, os autores reportaram à *Carta de Atenas*: "A cidade não é senão uma das partes do conjunto econômico, social e político, que constitui a região".

Mencionaram as preocupações de ordem coletiva e individual e usaram terminologias comuns a Gueddes e Munford, como *ordem neotécnica* ou *meso biotécnica*, para exemplificar que os extremos se tocavam: a região e o lar; o urbanismo regional e a arquitetura, grandes planos regionais e pequenos planos de vizinhança.

O conceito de Le Corbusier foi novamente utilizado. "Quatro mundos e quatro funções: habitar, trabalhar, recrear e circular. Quatro mundos e dois ritmos: o ritmo humano (…), o ritmo mecânico".

Ao proporem o conceito de urbanismo enfatizaram que a sociedade moderna democrática deveria priorizar a igualdade de condições a todos os cidadãos. No relatório afirmaram que abrir grandes avenidas sem a preocupação com as classes mais desfavorecidas da fortuna não demonstraria coerência no plano. O ideal seria, como definiu Le Corbusier, "urbanistas harmonizadores". Segundo Miles Colean, em *Reviewing our Cities*: "A era da *city beautiful* já passou, passou também a era da *city-on-wheels*, da cidade circulatória; hoje, o objetivo é social, o maior bem do maior número".

A equipe de Ghiraldini sugeriu etapas para a ordenação de um planejamento:

1. Fixação dos objetivos.

2. Inquéritos e análises.

3. Organização de um pré-plano ou plano piloto, como antecipação do plano diretor.

4. Organização dos planos executivos.

5. *Mies-au-point* (ideia de conscientização urbana extensiva ao povo).

Segundo os ideais urbanos tomados por referência, o crescimento desmesurado e descontrolado era um câncer a ser combatido nas cidades. Para embasar ainda mais tais argumentos elencaram os estágios de desenvolvimento urbano esboçados por Gueddes:

– Eópolis – comunidade aldeã com ênfase coletiva que resiste às várias transformações: raiz essencial da vida urbana.

– Polis – associação de aldeias para a defesa comum. Melhores oportunidades para educação e cultura do corpo e do espírito, simbolizada na catedral e na casa municipal.

– Metrópolis – cidade emergente em situação estratégica que se torna cidade-mãe. A manufatura suplanta o artesanato. Há lutas, cortiços, congestionamento.

– Megalópolis – crescimento contínuo. Início do declínio da qualidade de vida. A vida humana subordinada à riqueza. Exploração das massas, conflitos e tensões permanentes.

– Tiranópolis – giganterismo e cesarismo. A ordem só pode ser mantida pela violência e por meio da ditadura.

– Necrópolis – o fim do ciclo. A vida social desaparece.

"É preciso, pois, impedir, por todos os meios, que o processo de acumulação de pessoas e atividades pseudo-urbanas, desenvolva-se na fase descendente, combatendo em tempo a economia metropolitana" (Construtécnica, 1957, p. 5). Essa frase dava início a uma série de outras, organizadas de uma maneira tão enfática que deixam claro uma tendência modernista voltada para o controle do dimensionamento das cidades. Tal procedimento era frequente, como podemos observar, na maioria dos projetos apresentados. No entanto, o grupo de Ghiraldini foi um dos poucos que classificou a quantidade de habitantes indicada no memorial como superior à adequada à boa qualidade de vida. Os outros planos apontaram o crescimento das cidades brasileiras da época e basearam-se neles para propor métodos visando um futuro desenvolvimento populacional, diferente do previsto no edital.

Condenaram a metrópole de tamanho ilimitado, onde a cidade se aglomera, na periferia, de vilas, cortiços e favelas. Para Brasília, alertaram: "Fixada a população de 500.000 habitantes é preciso tomar medidas que impeçam, no caso de população maior, esse crescimento caótico e desordenado. (...) A cidade, polis, com tamanho e população limitados, funcional e que se enquadra na paisagem regional (...) é a nossa concepção". Explicaram que a população de 500.000 em sua concepção seria excessiva e deveria estar em 80.000 e 150.000, no máximo 200.000. No entanto, obedeceriam ao edital, apesar de não estar de acordo com ele.

Para conceitos básicos na orientação do planejamento urbano citaram:

1. A cidade-jardim (a cinta verde).

2. A ideia de Radburn (a superquadra).

3. A *neighborhood unit* (unidade de vizinhança).

Apontaram dois exemplos considerados genuínos: Letchworth (1903), 32.000 habitantes e Welwyn (1920), 40.000 habitantes. Mostraram que esses planos favoreciam a descentralização.

Para elucidar a sistematização dos princípios da cidade-jardim, utilizaram as teorias de Ebenezer Howard alertando para o desconhecimento geral de seu texto clássico *Garden Cities of tomorrow*, apesar das inúmeras citações que lhe eram referidas. Segundo Howard:

1. Cidade-jardim era a cidade de tamanho definido e definitivo. Não se tratava de um bairro-jardim ou subúrbio dormitório e deveria ser totalmente pla-

nejada e estar em equilíbrio com as 4 funções urbanas: residência, trabalho, recreio e habitação.

2. Seria necessário aproximar a residência do local de trabalho.

3. O tamanho plausível de uma cidade seria aquele que garantiria a ela uma vida social plena, estimado entre 35.000 e 80.000 pessoas, distribuídas em unidades de vizinhança de 6.000 a 1.000 habitantes cada.

4. O crescimento desmesurado seria impedido por um cinturão verde (muralha verde) com, no mínimo, 5 km de largura formado de terrenos rurais. Lá estariam algumas indústrias e serviços de abastecimento. "Ficam assim integradas a economia rural e urbana, com mútuo proveito".

5. Para impedir que a especulação imobiliária colocasse o privado acima do coletivo, afirmaram: "O dispositivo fundamental é que a terra seja mantida como propriedade pública".

A superquadra garantiria uma vida pacífica entre a cidade e o automóvel. Ao contrário do xadrez, base tradicional dos planos urbanos, que tornavam as cidades obsoletas como muralhas. Para alcançar uma relação harmoniosa com o automóvel, delimitaram uma superquadra de 150 a 200 m^2; equivalente a 15 ou 20 das quadras comuns, com acessos locais e parques internos para os quais estariam voltadas as habitações. Em consequência, as ruas seriam traçadas para uso especializado com uma devida separação entre pedestre e automóvel. Finalmente uma espinha dorsal formada por um *park walks* finalizaria a estruturação das superquadras.

A unidade de vizinhança possibilitaria o restabelecimento de relações nos círculos primários o que a confusão congestionada das metrópoles costumava impedir. Nelas ocorreriam os contatos mais íntimos e de maior afeição, enquanto a cidade seria o ambiente social dos contatos secundários.

Iconografia

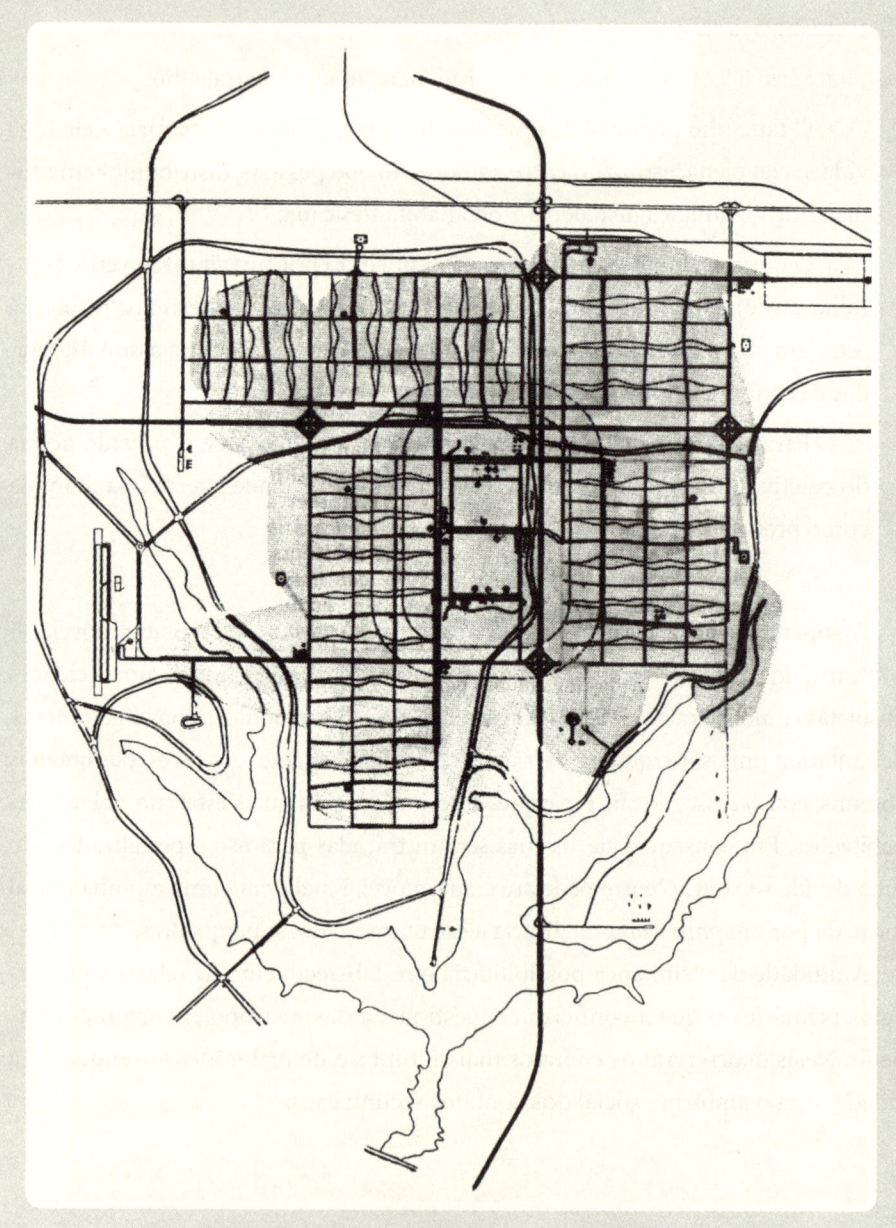

Construtécnica – s.a.– Plano geral da cidade

Construtécnica s.a. – Vista aérea do esquema básico

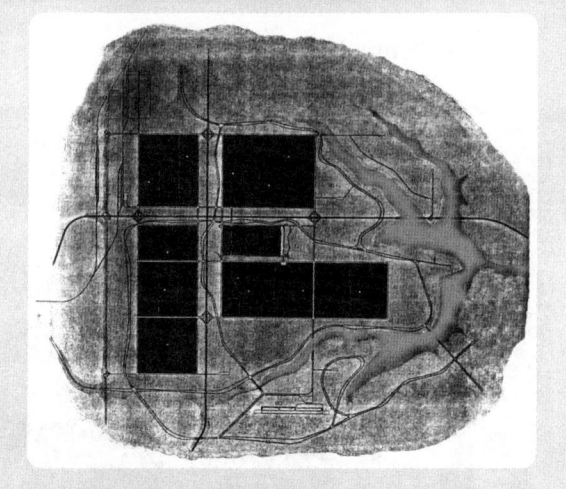

Construtécnica s.a – Traçado básico

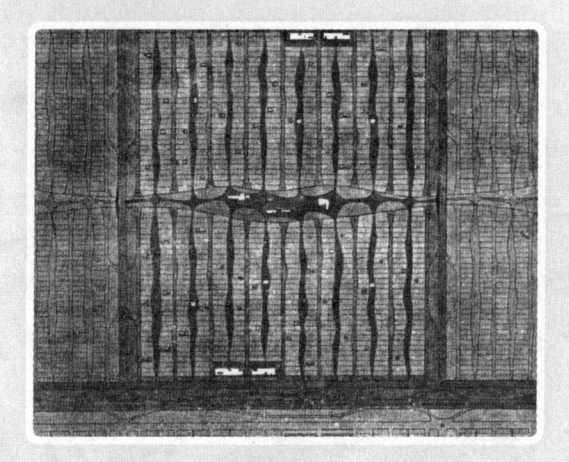

Construtécnica s.a – Unidade de vizinhança

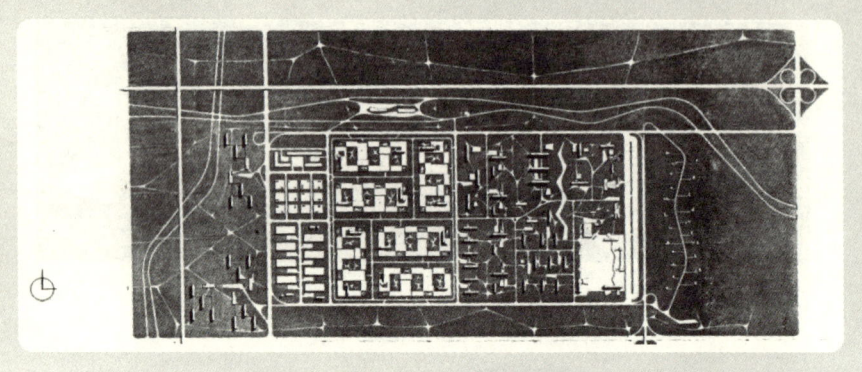

Construtécnica s.a – Zona central

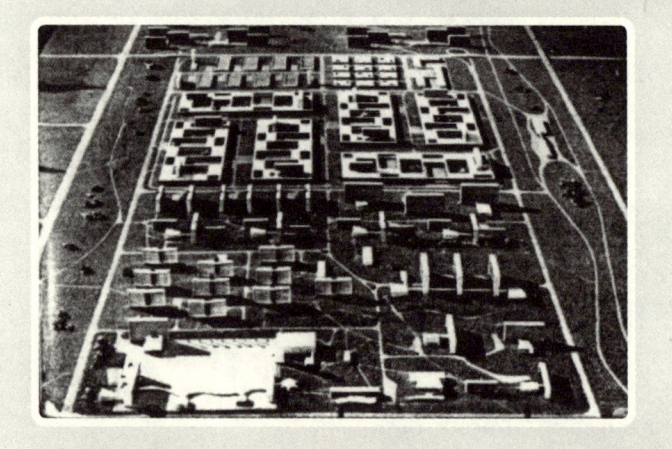

Construtécnica s.a – Vista aérea do centro urbano 1

Construtécnica s.a – Vista aérea do centro urbano 2

Construtécnica S.A – Perspectiva do centro comercial

Construtécnica S.A – Perspectiva do parque interior da unidade de vizinhança

Construtécnica S.A – Perspectiva da praça cívica

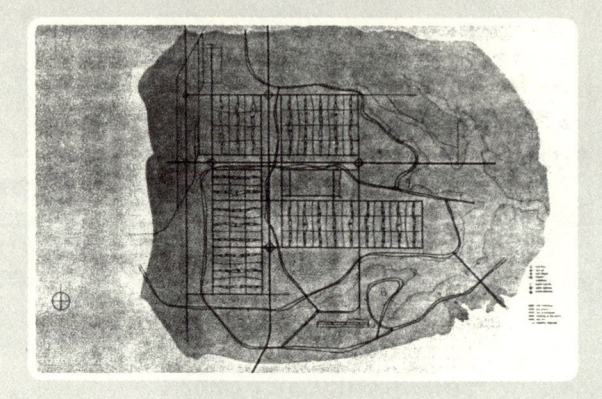

Construtécnica s.a – Vias principais e o sistema de recreio

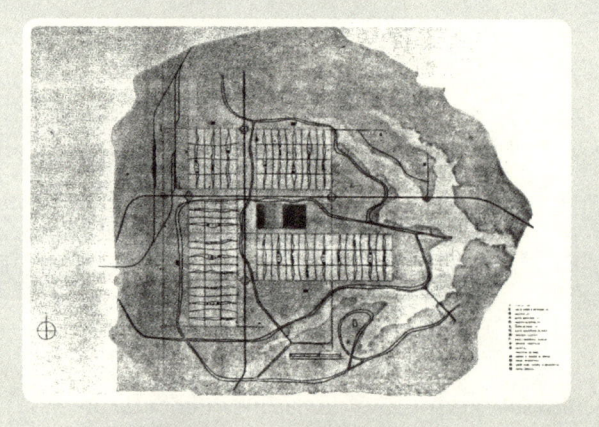

Construtécnica s.a – Equipamento material e social

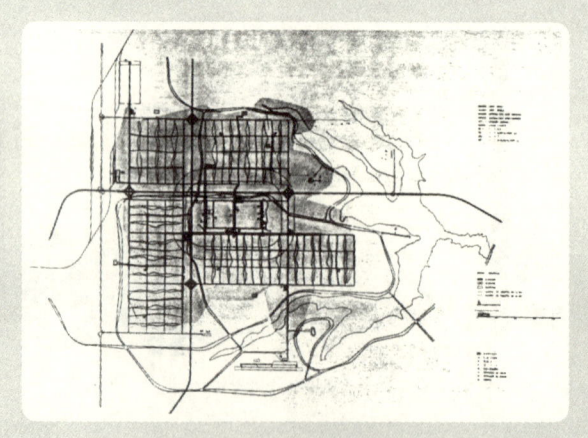

Construtécnica s.a – Transportes coletivos

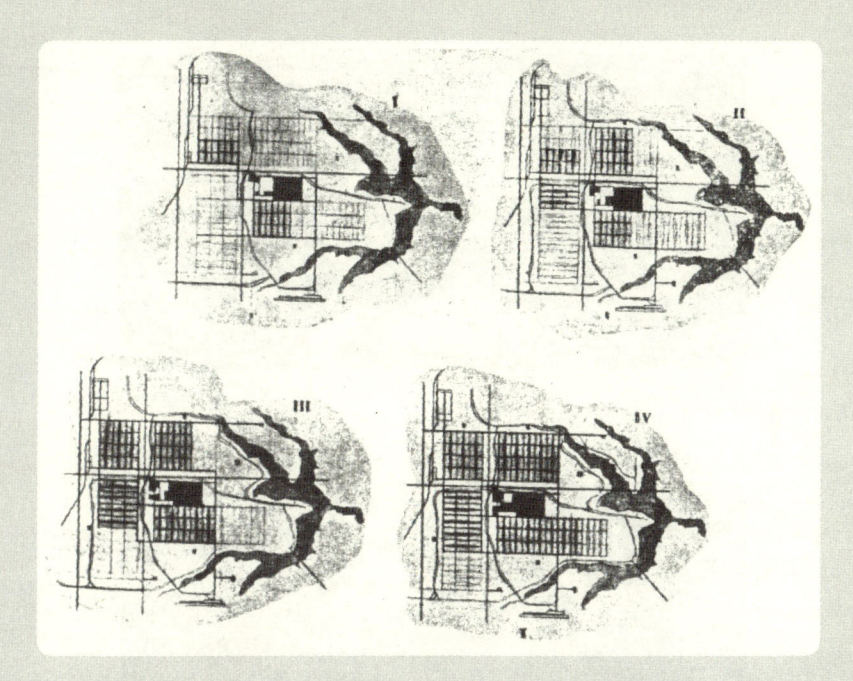

Construtécnica s.a – Estágios de desenvolvimento

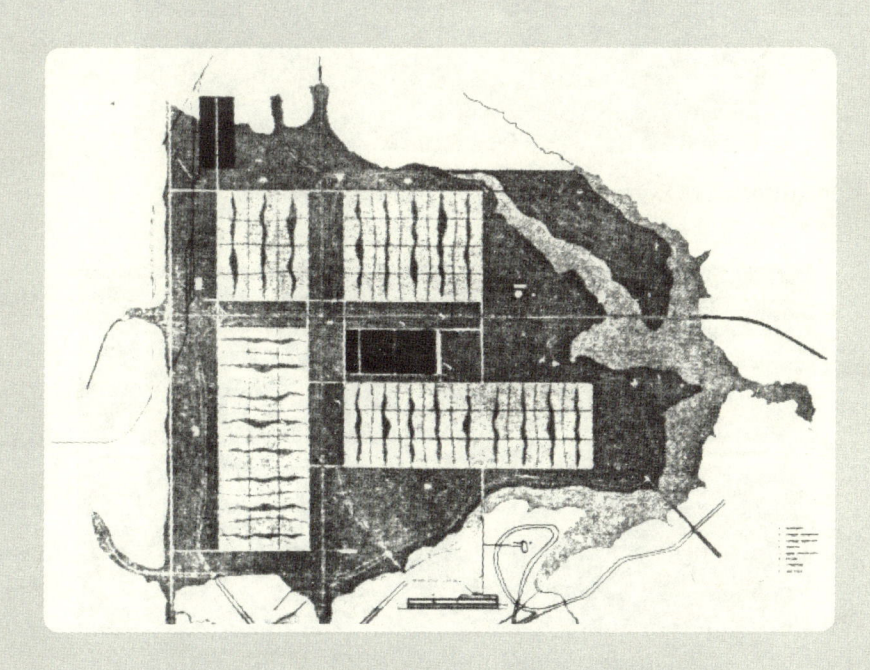

Construtécnica s.a – Planta final da cidade – 5º estágio

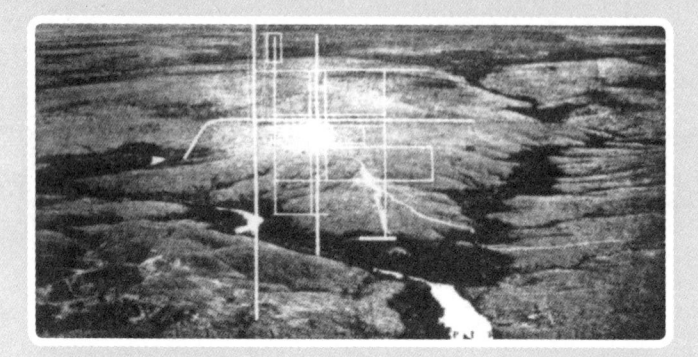

Construtécnica S.A – Prancha nº 1

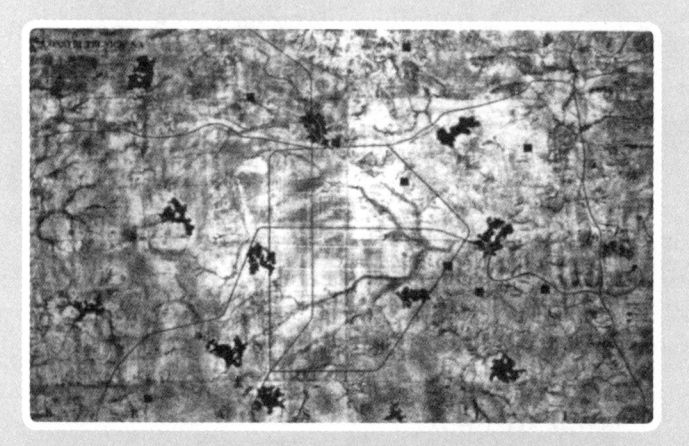

Construtécnica S.A – Jazidas minerais e parques regionais

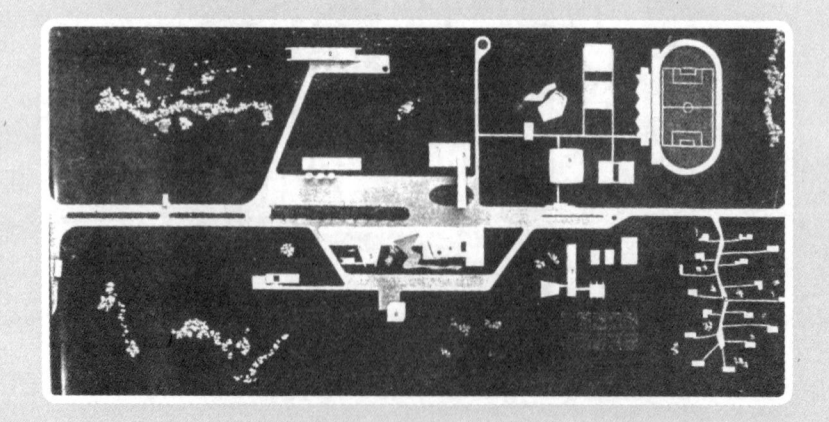

Construtécnica S.A – Maquete do centro cooperativo rural

ANEXOS

Edital para o concurso nacional do Plano Piloto da Nova Capital do Brasil:

A Comissão de Planejamento da Construção e da Mudança da Capital Federal, com sede na Avenida Presidente Wilson, 210, salas 306 e 307, nesta Capital, torna público a abertura do concurso nacional do Plano Piloto da Nova Capital do Brasil, sob as normas e condições estabelecidas no presente Edital.

I – Inscrição

1. Poderão participar do concurso as pessoas físicas ou jurídicas domiciliadas no país, regularmente habilitadas para o exercício da engenharia, da arquitetura e do urbanismo.

2. As inscrições dos concorrentes estarão abertas dentro de 10 (dez) dias a partir da data da publicação do presente Edital no Diário Oficial da União e serão feitas mediante requerimento dirigido ao Presidente da Comissão, pelo prazo de 15 dias, contado da abertura das inscrições.

3. O Plano Piloto deverá abranger:

a) traçado básico da cidade, indicando a disposição dos principais elementos da estrutura urbana, a localização e interligação dos diversos setores, centros, instalações e serviços, distribuição dos espaços livres e vias de comunicação (escala 1:25.000);

b) relatório justificativo.

4. Os concorrentes poderão apresentar, dentro de suas possibilidades, os elementos que serviram de base ou que comprovem as razões fundamentais de seus planos, como sejam:

a) esquema cartográfico da utilização prevista para a área do Distrito Federal, com a localização aproximada das zonas de produção agrícola, urbana, industrial, de preservação dos recursos naturais – inclusive florestas, caça e pesca, controle de erosão e proteção de mananciais – e das rédea de comunicação (escala 1:50.000);

b) cálculo do abastecimento de energia elétrica, de água e de transporte, necessários à vida da população urbana;

c) esquema do programa de desenvolvimento da cidade, indicando a progressão por etapas e a duração provável de cada uma;

d) elementos técnicos para serem utilizados na elaboração de uma lei reguladora da utilização da terra e dos recursos naturais da região;

e) previsão do abastecimento de energia elétrica, de água, de transporte e dos demais elementos essenciais à vida da população urbana;

f) equilíbrio e estabilidade econômica da região, sendo previstas oportunidades de trabalho para toda a população e remuneração para os investimentos planejados;

g) previsão de um desenvolvimento progressivo equilibrado, assegurando a aplicação dos investimentos no mais breve espaço de tempo e a existência dos abastecimentos e serviços necessários à população em cada etapa do programa;

h) distribuição conveniente da população nas aglomerações urbanas e nas zonas de produção agrícola, de modo a criar condições adequadas de convivência social.

5. Só poderão participar deste concurso equipes dirigidas por arquitetos, engenheiros ou urbanistas, domiciliados no país e devidamente registrados no Conselho Federal de Engenharia e Arquitetura.

6. O Plano Piloto deverá ser executado a tinta, cópia heliográfica ou fotostática, sobre fundo branco e trazer a assinatura dos seus autores, sendo vedada a apresentação de variantes, podendo, entretanto, o candidato apresentar mais de um projeto.

Os relatórios devem ser apresentados em sete vias.

8. O Júri, presidido pelo Presidente da Cia. Urbanizadora da Nova Capital do Brasil, compor-se-à de: dois representantes da Cia. Urbanizadora da Nova Capital do Brasil, um do Instituto de Arquitetos do Brasil, um do Clube de Engenharia e dois urbanistas estrangeiros.

9. Os trabalhos deverão ser entregues dentro de 120 dias, a partir da data de abertura das inscrições.

10. O Júri iniciará seu trabalho dentro de cinco dias a contar da data do encerramento do concurso e o resultado será publicado logo após a conclusão do julgamento.

11. Os concorrentes, quando convocados, farão defesa oral de seus respectivos projetos perante o Júri.

12. A decisão do Júri será fundamentada, não cabendo dela qualquer recurso.

13. Após a publicação do resultado do julgamento, a Cia. Urbanizadora da Nova Capital do Brasil poderá expor os trabalhos em lugar acessível ao público.

14. Os autores do Plano Piloto, classificados em primeiro, segundo, terceiro, quarto e quinto lugares, receberão os prêmios de Cr$ 1.000. 000,00 (um milhão de cruzeiros), Cr$ 500.000,00 (quinhentos mil cruzeiros), Cr$ 400.000,00 (quatrocentos mil cruzeiros), Cr$ 300.000,00 (trezentos mil cruzeiros) e Cr.$ 200.000,00 (duzentos mil cruzeiros), respectivamente.

15. Desde que haja perfeito acordo entre os autores classificados em primeiro lugar e a Cia. Urbanizadora da Nova Capital do Brasil, terão aqueles a preferência para o desenvolvimento do projeto.

16. O Júri não será obrigado a classificar os cinco melhores trabalhos e consequentemente a designar concorrentes que devam ser premiados, se, a seu juízo, não houver trabalhos merecedores de todos ou de alguns dos prêmios estipulados.

17. Todo trabalho premiado passará a ser propriedade da Cia. Urbanizadora da Nova Capital do Brasil, após o pagamento do prêmio estipulado, podendo dele fazer o uso que achar conveniente.

18. A Comissão de Planejamento da Construção e da Mudança da Capital Federal colocou, à disposição dos concorrentes, para consulta, os seguintes elementos:

a) mosaico aerofotográfico, na escala de 1:50.000, com curvas de forma de 20 em 20 metros (apoiados em pontos de altura determinados no terreno por altímetro de precisão Wallace & Tieman) de todo o Distrito Federal;

b) mapas de drenagem de todo o Distrito Federal;

c) mapas de geologia de todo o Distrito Federal;

d) mapas de solos para obras de engenharia de todo o Distrito Federal;

e) mapas de solos para agricultura de todo o Distrito Federal;

f) mapas de utilização atual da terra de todo o Distrito Federal;

g) mapa do conjunto, indicando locais para penetração de poços, exploração de pedreiras, instalações de usinas hidroelétricas, áreas para cultura, áreas para criação de gado, áreas para recreação, locais para aeroportos etc., etc.;

h) mapa topográfico regular, na escala de 1:25.000, com curvas de nível de 5 em 5 metros, executado por aerofotogrametria, cobrindo todo o sítio da Capital (cerca de 1.000 km²) e mais uma área de 1.000 km² a leste do sítio da Capital, abrangendo a cidade de Planaltina e grande parte do vale do Rio São Bartolomeu;

i) ampliação fotográfica dos mapas do sítio da Capital (200 km²) para a escala de 1:5.000, com curvas de nível de 5 em 5 metros;

j) mapas detalhados de drenagem, geologia, solos para engenharia, solos para agricultora, e utilização da terra, do sitio da cidade (1.000 km²) e mais 1.000 km² a leste desse sítio;

k) mapas topográficos regulares, na escala de 1:2.000, com curvas de nível de metro em metro e de dois em dois metros, da área de 150 km², indicada como ideal para a localização da zona urbana da Capital Federal.

l) relatório minucioso relativo aos estudos do uso do subsolo, do macro clima e do micro clima, das águas superficiais e subterrâneas, das possibilidades agrícolas e pecuárias etc., etc.

19. Caberá aos concorrentes providenciar as cópias heliográficas, fotográficas etc., que julgarem indispensáveis à elaboração dos projetos, sendo que, para esse fim, serão fornecidos os seguintes elementos:

a) mapas topográficos regulares de 1:25.000, com curvas de 5 em 5 metros, do sítio da Capital.

b) mapas ampliados para a escala de 1:5.000, de 200 km² do sítio da Capital.

c) mapas topográficos regulares, na escala de 1:2.000, com curvas de nível de metro em metro e de dois em dois metros, da área de 150 km², indicada como ideal para a localização da zona urbana da Capital Federal.

20. A Comissão de Planejamento da Construção e da Mudança da Capital Federal facilitará aos concorrentes visita ao local da futura Capital, para melhor conhecimento da região.

21. Qualquer consulta ou pedido de esclarecimento sobre o presente concurso deverá ser feito por escrito, sendo que as respostas respectivas serão remetidas a todos os demais concorrentes.

22. As publicações relativas ao concurso serão insertas no Diário Oficial da União e em outros jornais de grande circulação no Distrito Federal e nas principais Capitais Estaduais.

23. A Comissão de Planejamento da construção e da Mudança da Capital Federal, considerando que o planejamento dos edifícios escapa ao âmbito deste concurso, decidiu que os projetos dos futuros edifícios públicos serão objeto de deliberações posteriores, a critério desta Comissão.

24. A participação nesse concurso importa, da parte dos concorrentes, em integral concordância com os termos deste Edital.

Rio de Janeiro, 19 de setembro de 1956.

Ernesto Silva, Presidente (*Módulo*, 1957, p. 9-11).

Aline Moraes Costa Braga

Termos complementares: publicados em resposta aos questionamentos surgidos.

Rio de Janeiro, 16 de outubro, de 1956.

Sr. Presidente:
Em complemento à exposição que tive oportunidade de fazer aos Diretores e Representantes do Instituto de Arquitetos do Brasil, esclareço, pelo presente, alguns pontos do Edital do Concurso Nacional do Plano Piloto da Nova Capital do Brasil, os quais suscitaram dúvidas na sua interpretação.

Assim, o artigo 15 deverá ser assim entendido:
"Os autores classificados em primeiro lugar ficarão encarregados do desenvovimento do projeto, desde que haja perfeito acordo com a Companhia Urbanizadora da Nova Capital do Brasil sobre as condições para a execução desse trabalho".

Comunico-lhe, ainda, que determinei seja o prazo de 120 dias para a entrega do Plano Piloto, contando a partir da data do encerramento das inscrições, e que sejam fornecidas aos concorrentes, cópias de relatório Belcher, nas partes que lhes possam interessar.

Reitero os meus protestos de elevado apreço.
Israel Pinheiro, Presidente" (*ibidem*, p. 11).

Ao Sr. Dr. Ary Garcia Roza
DD. Presidente do Instituto de Arquitetos do Brasil

O Departamento de Arquitetura e urbanismo da Companhia Urbanizadora responde às consultas formuladas, até esta data, pelos concorrentes ao Plano Piloto da Nova Capital:

1 – ventos dominantes
predominam os ventos leste.

2 – Estrada de Ferro
uma estrada de ferro deverá ligar Anápolis ou Vianópolis à Nova Capital.

3 – Estrada de rodagem
deverá ser projetada de Anápolis a Brasília.

4 – Represa, Hotel, Palácio Residencial e Aeroporto
A represa (cujo nível corresponderá à cota 997), o hotel e o palácio residencial ficarão situados de acordo com a planta já fixada e à disposição dos concorrentes. Palácio do Governo projetado aguardará fixação do Plano Piloto. Nessa planta se acha também localizado o aeroporto definitivo, já em construção.

5 – Ministérios
Para os estudos do Plano Piloto permanece a atual organização ministerial, acrescida de três ministérios. Somente cerca de 30% dos funcionários serão transferidos.

6 – Indústria e agricultura
Deverá prever-se um desenvolvimento limitado, em vista do caráter politico-administrativo da Nova Capital.

7 – Loteamento e tipo de propriedade
O assunto aguardará sugestões do Plano Piloto.

8 – Densidade
Provisão para 500.000 habitantes, no máximo.

9 – Construções em andamento

Estão sendo iniciadas as obras de um hotel e de um palácio residencial para o Presidente da República. Além dessas obras, estão em construção, em caráter provisório, as instalações necessárias ao funcionamento da Companhia Urbanizadora e dos serviços que ali se iniciam.

10 – Relatório
Foi enviada cópia do relatório ao Instituto de Arquitetos do Brasil e à Faculdade de Arquitetura de São Paulo.

11 – Apresentação dos trabalhos
Os concorrentes terão plena liberdade na apresentação de seus projetos, inclusive no uso de cores etc.

12 – Escala
A escala para o Plano Piloto permanecerá de 1:25.000, entretanto será permitido aos concorrentes apresentar detalhes do referido plano nas escala que desejarem.

13 – Colaboradores
O arquiteto inscrito no concuro para o Plano Piloto de Brasília terá plena liberdade na escolha de seus colaboradores, que poderão assinar as plantas apresentadas.

14 – Defesa oral
Na defesa oral, os arquitetos poderão ter a assistência de seus colaboradores.
Oscar Niemeyer, Diretor Dep. U. A. (*ibidem*, p. 11-12).

Atas da comissão julgadora do Plano Piloto de Brasília

Ata da sessão de instalação da Comissão Julgadora do Plano Piloto da Nova Capital do Brasil, sob a presidência do Dr. Israel Pinheiro da Silva.

Aos doze dias do mês de março do ano de mil novecentos e cinquenta e sete, nesta cidade do Rio de Janeiro, no edifício sede do Ministério da Educação e Cultura, às dezesseis horas, reuniu-se, em sessão de instalação, a Comissão Julgadora do Plano Piloto da Nova Capital do Brasil, sob a presidência do Dr. Israel Pinheiro da Silva e com a presença dos seus membros: Sir William Holford, André Sive, Stamo Papadaki, Hildebrando Horta Barbosa, Paulo Antunes Ribeiro e Oscar Niemeyer. Abrindo os trabalhos, o Senhor Presidente declarou instalada a Comissão, dando as boas-vindas aos Senhores Sír William Holford, André Sive e Stamo Papadaki, afirmando que a presença desses ilustres arquitetos, pela sua competência e alto conceito firmado na arquitetura mundial, constituia para a Companhia Urbanizadora da Nova Capital motivo de grande satisfação. Em seguida o Senhor Presidente solicitou à Comissão que se manifestasse sobre a ordem e critérios a seguir nos trabalhos. O Senhor André Sive propôs então que os trabalhos se iniciassem diariamente às onze horas, destinando-se a primeira parte da manhã ao exame e revisão, por cada membro, dos trabalhos diários. Usando da palavra, Sir William Holford propôs que a Comissão fizesse, de primeiro, uma pré-seleção dos trabalhos apresentados, os quais mereceriam então estudos mais apurados. Sobre esta proposta manifestou-se o Doutor Paulo Antunes Ribeiro, declarando que a seu ver não deveria ser feita uma pré-seleção, mas um longo estudo de cada projeto. O Senhor Oscar Niemeyer pediu então que as propostas fossem postas em votação. Usando a palavra o Senhor Presidente declarou que iria apresentar um substitutivo: – A Comissão faria a pré-seleção dos trabalhos, desde que essa escolha fosse feita pela unanimidade dos membros da Comissão. Se porém houvesse, pelo menos, um voto divergente seria dado um prazo de vinte e quatro horas ao membro divergente para estudo e apresentação de suas razões, após o que a Comissão decidiria. Essa proposta foi aceita unanimemente. Declarando assim instalados os trabalhos, o Senhor Presidente informou que aguardava o Relatório Técnico de Classificação dos Concorrentes, e que estaria diariamente às onze horas à disposição dos Senhores membros da Comissão a fim de decidir qualquer questão surgida no andamento dos trabalhos e que dependessem de reunião formal da Comissão. Nada mais havendo a tratar, o Senhor Presidente encerrou a sessão, declarando que aguardaria o parecer técnico da Comissão para nova sessão se outra não fosse convocada por qualquer de seus membros. Para constar, eu, Erasmo Martins Pedro, Secretário *ad doc* da Comissão, lavrei a presente Ata que vai assinada por todos os presentes: Israel Pinheiro da Silva – Paulo Antunes Ribeiro – Hildebrando Horta Barbosa – William Holford – André Sive – Stamo Papadaki – Oscar Niemeyer – Erasmo Martins Pedro, Secretário.

Ata da segunda sessão da Comissão Julgadora do Plano Piloto da Nova Capital do Brasil, sob a presidência do Dr. Israel Pinheiro da Silva.

Aos dezesseis dias do mês de março do ano de mil novecentos e cinquenta e sete, nesta cidade do Rio de Janeiro, às vinte e uma horas, à Rua Assis Brasil, cento e quarenta e seis, reuniu-se a Comissão Julgadora do Plano Piloto da Nova Capital do Brasil, sob a presidência do Dr. Israel Pinheiro da Silva, e com a presença dos seguintes membros: Sir William Holford, Stamo Papadaki, Luiz Hildebrando Horta Barbosa, Paulo Antunes Ribeiro e Oscar Niemeyer. Dada a palavra ao Senhor Oscar Niemeyer, por este foi feito um relatório das atividades do Júri, desde a data de sua instalação, e que foram as seguintes: de acordo com o estabelecido na sessão de instalação, dos vinte e seis trabalhos apresentados, dez (10) foram selecionados por decisão unânime. Passou, então, o júri a examinar esses dez trabalhos, por proposta do Dr. Luiz Hildebrando Horta Barbosa; o Júri decidiu unanimemente, e antes da segunda seleção, solicitar aos três arquitetos estrangeiros, Sir William Holford, André Sive e Stamo Papadaki, que se reunissem isoladamente durante as manhãs que fossem necessárias para estudar esses dez trabalhos, após o que o Júri continuaria seus estudos em conjunto. Ainda, por proposta do arquiteto Paulo Antunes Ribeiro, decidiu o júri que o dia 14 (quatorze), quinta-feira, fosse dedicado por cada membro para seus estudos isolados, reiniciando-se os trabalhos em conjunto no dia seguinte, pela manhã. Os arquitetos estrangeiros, de suas observações e exames fizeram estudos sob forma de "croquis" comparativos dos trabalhos que consideraram principais, acompanhados de apreciações críticas sintéticas de cada um dos projetos, bem como de seus valores essenciais, sendo igualmente elaborado um relatório para ser apreciado pela Comissão em conjunto. Retomando a palavra o Senhor Presidente solicitou aos Membros da Comissão que, se tivessem qualquer retificação sobre esse relato das atividades do júri, se manifestassem. Não havendo quem o fizesse, o Sr. Presidente passou à leitura do Relatório vazado nos seguintes termos: "Relatório do Júri para a escolha do Plano Piloto da Nova Capital. O Júri realizou diversas reuniões a fim de escolher entre os vinte e seis projetos apresentados, o que melhor serve para a base da Nova Capital Federal. Inicialmente procurou o Júri definir as suas atribuições. De um lado, considerou-se que uma Capital Federal, destinada a expressar a grandeza de uma vontade nacional, deverá ser diferente de qualquer cidade de 500.000 (quinhentos mil) habitantes. A Capital, cidade funcional, deverá além disso ter expressão arquitetural própria. Sua principal característica é a função governamental. Em torno dela se agrupam todas as outras funções, e para ela tudo converge. As unidades de habitação, os locais de trabalho, os centros de comércio e de descanso se integram, em todas as cidades, de uma maneira racional entre eles mesmos. Numa capital tais elementos devem orientar-se "além disso, no sentido do próprio destino da cidade: a função governamental". O Júri procurou examinar os projetos, inicialmente, sob o plano funcional, e, em seguida, do ponto de vista da síntese arquitetônica. A) Os elementos funcionais são: 1 (um) a consideração dos dados topográficos; 2 (dois) a extensão da cidade projetada em relação com a densidade de habitação (escala humana); 3 (três) o grau de integração, ou seja as relações dos elementos entre si; 4 (quatro) ligação orgânica entre a cidade e os arredores (plano regional). B) A síntese arquitetural compreende: 1 (um) composição geral; 2 (dois) expressão específica da sede do Governo. Levando em consideração o que vem a ser enunciado, o júri selecionou quatro projetos, que até certo ponto preenchem os critérios enumerados: nº 2 (dois de Boruch Milmann, João Henrique Rocha e Ney Fontes Gonçalves; nº 8 (oito) – de M. M M. Roberto; nº 17 (dezessete) – de Rino Levi, Roberto Cerqueira César e L. R. Carvalho Franco; e nº 22 (vinte e dois) – de Lúcio Costa. O Júri se

deparou com uma tarefa difícil, ao tentar estabelecer uma classificação dos projetos segundo os aspectos funcional e plástico. Realmente, desde logo foi constatada
uma contradição. É que, enquanto certos projetos podiam ser escolhidos tendo em
vista determinadas qualidades de ordem funcional, ou mesmo pelo conjunto de
dados funcionais, se encarados em seu aspecto plástico não se mostravam igualmente satisfatórios. Outros projetos, preferíveis sob o ângulo arquitetural, deixavam a desejar quanto ao lado funcional. O júri procurou encontrar uma concepção que apresentasse unidade e conferisse grandeza à cidade, pela clareza e
hierarquia dos elementos. Na opinião de seus membros, o projeto que melhor in-
tegra os elementos monumentais na vida cotidiana da cidade, como Capital
Federal, apresentando uma composição coerente, racional, de essência urbana –
uma obra de arte – é o Projeto nº 22 (vinte e dois) do Senhor Lúcio Costa; o Júri
propõe seja o primeiro prêmio conferido ao projeto de Lúcio Costa; para o segundo, prêmio, propõe o Projeto de nº 2 (dois) de Boruch Milmann e outros, que
apresenta uma densidade conveniente, agrupando de maneira feliz as habitações
na beira do lago. Propõe, em seguida, sejam resumidos o terceiro e quarto prêmios,
e atribuídos aos Projetos de nº 17 (dezessete) por apresentar uma alta qualidade
plástica em harmonia com uma grande competência técnica, e o de nº 8 (oito) por
sua ampla pesquisa de desenvolvimento regional e seus estudos aprofundados dos
problemas econômicos e administrativos. O Júri propõe, finalmente, seja concedi-
do o quinto prêmio aos seguintes projetos: nº 24 (vinte e quatro), de Henrique E.
Mindlin e Giancarlo Palanti; nº 26 (vinte e seis), de Construtécnica s.a., e nº 1
(um), de Carlos Cascaldi, João Vilanova Artigas, Mário Wagner Vieira e Paulo
Camargo e Almeida. Em anexo, um resumo das apreciações que serviram de base
à seleção dos projetos premiados. Rio de Janeiro, 15 de março de 1957 (Assinados):
William Holford, Stamo Papadaki, André Sive, Oscar Niemyer e Luiz Hildebrando
Horta Barbosa. Pediu, então a palavra o arquiteto Paulo Antunes Ribeiro, para,
antes de ser o relatório submetido a votos, fazer a seguinte proposta: "Sugiro que os
dez (10) trabalhos separados no primeiro dia, acrescidos do número 11 (onze), na
numeração a giz, fossem constituídos como a equipe vencedora do concurso, sem
classificação, organizando-se desta forma uma grande Comissão, encarregada de
desenvolver o plano de Brasília. O Senhor Presidente submeteu a proposta à

Comissão, pedindo a manifestação de seus membros. O Dr. Luiz Hildebrando Horta Barbosa declarou que votava pela classificação dos projetos e, consequentemente, contra a proposta, por não considerar todos os trabalhos num mesmo nível, não podendo equipará-los. Em seguida, votou, Sir William Holfor, declarando: – se se tratasse de um concurso de outra natureza, como por exemplo um concurso de estética, talvez fosse possível a adoção desse critério. Mas em se tratando da escolha de um plano para a construção da Capital de um grande país, que seria examinado, comentado e criticado no mundo inteiro, como técnico e com a responsabilidade de seu nome teria que dar sua opinião sobre os trabalhos, pelo que votava contra a proposta e a favor da classificação. No mesmo sentido manifestou-se o Senhor Stamo, dizendo que os projetos apresentados não são da mesma qualidade, e que alguns até são contraditórios, pelo que não podia equipará-los. Pela classificação votou ainda o Sr. Oscar Niemeyer, pelo que o Senhor Presidente declarou rejeitada a proposta e submeteu a votos o relatório com a classificação ali constante. Posto em votação, foi o relatório ali aprovado, passando assim a Constituir o Relatório da Comissão, tendo o arquiteto Paulo Antunes Ribeiro dado o seu voto em separado, assim redigido, e que passou a ser lido para conhecimento da Comissão: "Comissão Julgadora dos Trabalhos de Brasília. Voto do arquiteto Paulo Antunes Ribeiro. Apesar de ter enviado uma carta ao Dr. Israel Pinheiro, declarando que, como representante do IAB., me retirava do Júri para julgamento do concurso para o Plano Piloto de Brasília, em virtude de não concordar com o critério adotado na escolha dos trabalhos, fui convidado a apresentar o meu voto em separado, digo, relatório em separado, incorporando à Ata que será feita, o que eu achasse deveria fazê-lo, como meu voto. Como não me acho em condições de opinar tecnicamente, apresento como meu voto apenas o relato do que se passou nos dois dias e meio em que foram estudados e julgados os vinte e seis trabalhos apresentados pelos concorrentes. 1 (um) No dia imediato do encerramento do prazo para a apresentação dos projetos, isto é, no dia 22 (vinte e dois), terça-feira, foi aberta, às quatro horas da tarde, a exposição dos trabalhos apresentados, a ela comparecendo os membros do Júri e os representates da Companhia Urbanizadora. 2 (dois) Logo após a visita oficial, que durou aproximadamente quarenta minutos, o Dr. Israel Pinheiro convocou os Membros do Júri, solicitando-lhes começassem os trabalhos que ele esperava fossem concluídos em uma semana. Nessa ocasião, sugeri que fossem distribuídos aos membros do júri os relatórios dos vinte e seis projetos apresentados, cuja leitura deveria ser o primeiro passo para o seu conhecimento. Logo após, começariam então os trabalhos de exame e comparação. 3 (três) Objetou o Sr. Dr. Israel Pinheiro que esse processo tomaria um tempo precioso, o que levou o representante francês a informar que tendo recebido e arrumado os trabalhos sabia que uma parte deles não resistiria a um simples exame, sugerindo que fizéssemos uma volta pelo salão, para verificar a exatidão de sua afirmativa, finda a qual a decidirmos como prosseguir. 4 (quatro) A sugestão foi aceita e o Júri com todos os seus membros, percorreu toda a exposição durante mais ou menos 1 (uma) hora, procedendo a um exame sumário dos projetos, daí resultando a seleção de dez (10) trabalhos. 5 (cinco) Com esse resultado, procurou o Júri deliberar sobre como prosseguir. Solicitei então, novamente que fossem distribuídos os dez (10) relatórios a cada um dos membros do Júri, dando-se-lhe um prazo para o seu estudo e posterior reunião para deliberação. Mais uma vez o fator tempo interveio. A reunião deveria ser no dia seguinte, declarando eu, então, mesmo que para isso precisasse de toda ela. Foi o que fiz. É claro que li apenas, sem fazer o estudo que deveria ser feito e que demandaria muito mais tempo. 6 (seis) Continuamos ainda, na terça-feira, e ao término dessa reunião foi marcada uma outra para as duas e meia horas do dia seguinte, quarta-feira. 7 (sete) Na quarta-feira, às duas horas e meia, compareci com os 10 (dez) relatórios lidos, somente, é claro. Começada reunião procurei saber do representante inglês qual um critério a adotar para o exame dos dez trabalhos que estavam sendo estudados. Depois de debatido o assunto, venceu a ideia do representante da França, de que os trabalhos deveriam ser apreciados em função de: a – topografia; b – densidade; c – integração; d – plástica. 8 (oito) Percorremos então, novamente, a exposição, examinando cada trabalho, oferecendo cada membro do Júri sua opinião sumária sobre cada um deles, o que era anotado em folha de bloco pelo representante americano (folha esta que guardou em seu poder). 9 (nove) Ao finalizar esse exame voltamos a deliberar, declarando o representante inglês que, tendo sido feita uma apreciação rápida demais, seria interessante que nos detivéssemos para aprofundar um pouco mais. Sugeri, então, que o dia seguinte, – quinta-feita – fosse deixado livre para pensar e reexaminar o assunto e que, sexta-feira, nos reuníssemos as 10 (dez) horas para trocar ideias, antes da chegada do Sr. Dr. Israel Pinheiro, marcada para as onze e meia horas. 10 (dez) Quinta-feira passei o dia todo na sala da exposição, copiando trabalho por trabalho, para compará-los melhor à noite, em minha casa, procurando chegar a alguma conclusão: ao mesmo tempo, repassei os trabalhos deixados para mais tarde, verificando que deveríamos rever mais um projeto, cujo exame seria aconselhável. 11 (onze) Como combinado, sexta-feira às 10 (dez) horas, cheguei ao local dos trabalhos para trocar ideias, pretendendo sugerir o exame do projeto que encontrei no repasse, ai ficando até quinze para as onze horas, quando chegou Oscar Niemeyer acompanhado dos três representantes estrangeiros. Niemeyer, dirigindo-se a mim, entretregou-me um pequeno relatório, dizendo-me que era o resultado do trabalho dos três arquitetos estrangeiros, na quinta-feira. Ao ler o documento, verifiquei, com surpresa, que os meus três colegas não só tinham escolhido os cinco projetos finais, mas também os tinham classificado, estando portando concluído o julgamento dos projetos no tempo recorde de dois dias e meio. Contra três votos e mais um de Oscar Niemeyer, não me poderia restar nenhuma veleidade de opinar mesmo que estivesse em condições de fazê-lo, o que não estava, motivo pelo qual, para salvar a responsabilidade do IAB., não concordando com o critério adotado para o julgamento, apresento meu voto em separado. De acordo com as bases conhecidas de todos os associados do IAB., em virtude dos dados arbitrários fornecidos, caberia julgar objetivando a escolha da equipe de real valor e alto padão técnico, que demonstrasse sua capacidade para desenvolver o projeto Nova Capital do Brasil. Para finalizar, no intuito de colaborar construtivamente para solução da questão, sugiro, entretanto, que os dez trabalhos separados no primeiro dia, acrescidos de mais um, o de número 11 (onze) na numeração a giz, fossem constituídos como a equipe vencedora do concurso, sem classificação, organizando-se dessa forma, uma grande comissão encarregada de desenvolver o plano de Brasília. Neste caso o assunto estaria resolvido com justiça e a contribuição de todos se faria sentir. São estas as declarações que posso oferecer como meu voto e que serão levadas ao conhecimento do Conselho Diretor do IAB. (Assinado) Paulo Antunes Ribeiro. Após a leitura solicitou a palavra o Dr. Luiz Horta Barbosa, para declarar haver-se equivocado o Dr. Paulo Antunes Ribeiro, quando afirma que o julgamento foi feito em dois dias e meio, pois, iniciando-se os trabalhos na terça-feira, ainda nesta data e a esta hora, sábado, às 22 (vinte e duas) horas, prosseguiam os trabalhos. Também Sir William Holford declarou que ainda prosseguiam os trabalhos e que ele, mesmo antes de instalado o Júri, já estava realizando estudos dos projetos apresentados. O Senhor Presidente, igualmente, disse que desejava fazer uma retificação quanto às considerações do voto do arquiteto Paulo Antunes Ribeiro, no seu item 11 (onze) quando afirma que ao receber de Oscar Niemeyer o relatório dos arquitetos estrangeiros já estava concluído o julgamento dos projetos em tempo recorde de dois dias e meio e que nada mais lhe cabia fazer. Não houve julgamento, tendo apenas os três membros estrangeiros emitido seu parecer sobre os projetos, já que para isso se julgaram devidamente habilitados. A escolha e o julgamento dependeriam da Comissão plena, sob a sua presidência, a qual decidiria como ora estava fazendo. O parecer ou a opinião de qualquer membro, na reunião da Comissão, seria objeto de apreciação e poderia ser aceito ou rejeitado, não sendo por conseguinte, um julgamento. Ressalvado, ainda, que sendo o julgamento realizado em ato coletivo, não em votação secreta, porém mediante debate, discutindo-se pontos de vista, não importava ser conhecida, *a priori*, a decisão ou parecer de qualquer dos membros. Até pelo contrário, sendo ele conhecido com antecedência, colocaria os demais membros com opinião contrária, em melhores condições para analisá-los e debatê-los, e até por forças de argumento modificar as opiniões já emitidas. Após essas considerações o Senhor Presidente declarou vencedores do concurso os seguinte projetos: Primeiro lugar: número vinte e dois, do Senhor Lúcio Costa; segundo lugar: número dois de autoria de Boruch Milmann, João Henrique Rocha e Ney Fontes Gonçalves; terceiro e quarto lugares, em conjunto: os projetos, dezessete e oito, respectivamente, Rino Levi, Roberto Cerqueira Cezar e L. R. de Carvalho Franco, o primeiro e de M. M. M. Roberto, o segundo; quinto lugar, em conjunto, os projetos vinte e quatro, vinte e seis, e um, respectivamente, de: Henrique E. Mindlin e Giancarlo Palanti; da Construtécnica S. A. e o de Carlos Cascaldi, João Vilanova Artigas, Mário Wagner Vieira e Paulo Camargo de Almeida. Em seguida, pediu a palavra Sir. William Holford para declarar que se sentia muito honrado em ter participado de uma missão tão elevada, como seja a de colaborar com a escolha de um projeto destinado à construção da Nova Capital do Brasil, e muito satisfeito por verificar o grande desenvolvimento que há no Brasil, da arquitetura, e que essa afirmativa mais se comprova nessa atividade pela representação que teve no concurso. O Senhor Presidente, Dr. Israel Pinheiro, declarou então que ao se encerrarem os trabalhos da Comissão Julgadora do Plano Piloto da Nova Capital do Brasil, queria, em nome da Companhia Urbanizadora e do Governo Brasileiro, agradecer a todos os praticipantes da Comissão, e especialmente aos representantes inglês, francês e norte-americamo, os serviços que prestaram ao grandioso empreendimento que é a mudança da Capital do Brasil, ressaltando o sucesso, sem precedente, do Concurso, quer pela quantidade, quer pela qualidade dos trabalhos apresentados. Nada mais havendo a tratar, o Senhor presidente encerrou a sessão, da qual para constar, eu Erasmo Martins Pedro secretário *ad doc* da Comissão lavrei a presente Ata, que vai assinada por todos os membros presentes: Israel Pinheiro da Silva – Oscar Niemeyer Filho – William Holford – Stamo Papadaki – Andre Sive – Paulo Antunes Ribeiro – Luiz Hildebrando Horta Barbosa – Erasmo Martins Pedro, Secretário (Módulo, 1957, p. 17-21).

REFERÊNCIAS BIBLIOGRÁFICAS

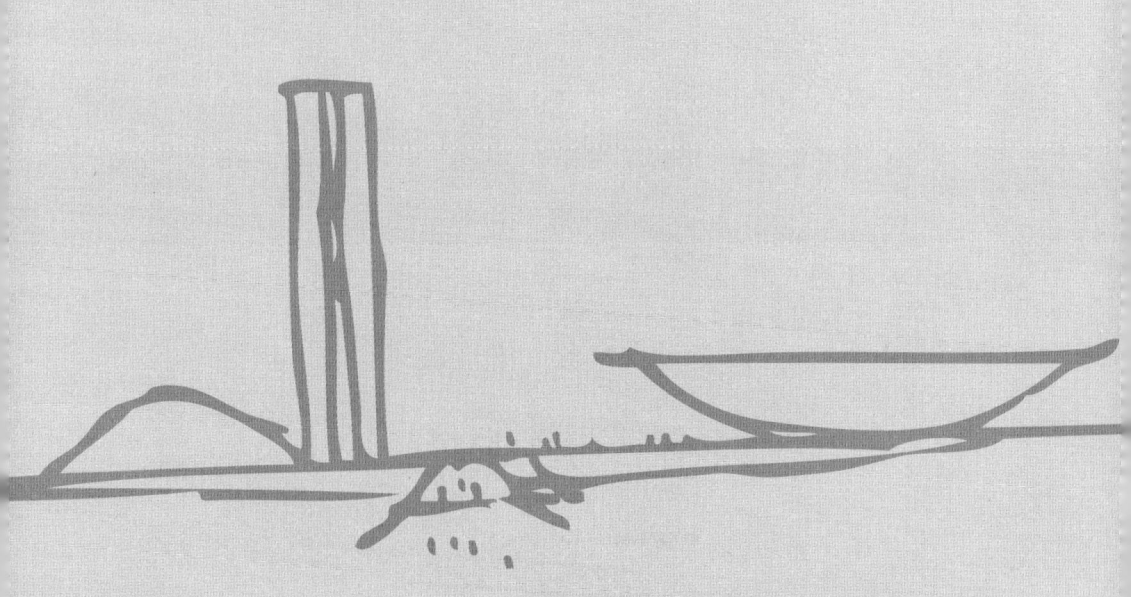

ACRÓPOLE. *O encontro de arquitetos em Varsóvia.* São Paulo, nº 192, set., 1954.

_____. *Formalismo.* São Paulo, nº 194, nov., 1954.

_____. *Uma entrevista.* São Paulo, nº 201, jun., 1955.

_____. *Campo Grande.* São Paulo, nº 208, fev., 1956.

_____. *O IAB e a nova capital.* São Paulo, nº 210, abr., 1956.

_____. *Reivindicações feitas pelo IAB. ao presidente da república relativas à nova capital federal.* São Paulo, nº 211, maio, 1956.

_____. *Número especial sobre Brasília.* São Paulo, nº 256-257, fev./mar., 1960.

_____. *Número especial sobre Brasília.* São Paulo, nº 375-376, jul./ago. 1970.

ADORNO, T. Funcionalism today. In: LEACH, N. *Rethinking architecture.* Londres e Nova York: Routledge, 1997.

ANELLI, Renato; GUERRA, Abílio; KON, Nelson. *Rino Levi: arquitetura e cidade,* São Paulo: Romano Guerra Editora, 2001, 324 p.

ARANTES, Otília. *Do universalismo moderno ao regionalismo pós-crítico.* Em CARDOSO, L. *et alli* (org.). Rediscutindo o modernismo. Salvador: UFBA, 1997.

ARGAN, Giulio Carlo. *Arte moderna,* São Paulo: Companhia das Letras, 1995, 709p.

ARQUITETURA E ENGENHARIA. Belo Horizonte, nº 42, nov./dez., 1956.

ARQUITETURA PANAMERICANA. Santiago do Chile, nº 4, maio, 1996.

ARTIGAS, J. B. Vilanova, *ett alli.* Plano piloto de Brasília. *Módulo,* nº 08, jul. 1957.

ARTIGAS, Vilanova. *Vilanova Artigas*. Série arquitetos brasileiros. São Paulo: Instituto Lina Bo Bardi e P. M. Bardi e Fundação Vilanova Artigas, 1997, 216 p.

AU (Arquitetura e Urbanismo). São Paulo, n° 74, p. 62-73, out./nov., 1997.

BANHAM, Reyner. *El brutalismo en Arquitectura*. Barcelona: Gustavo Gili, 1967.

_____. *Theory and design in the first machine age*. Londres: The Architectural Press, 1967.

BARDI, Pietro Maria. *Lembrança de Le Corbusier: Atenas, Itália, Brasil*. 1ª ed., São Paulo: Nobel, 1984.

BARONE, Ana Cláudia Castilho. *Team 10: arquitetura como crítica*. São Paulo: Annablume: Fapesp, 2002.

BENEVOLO, Leonardo. *História da arquitetura moderna*. 3ª ed., São Paulo: Perspectiva, 1998, 813 p.

BERNIER, Rosamond. Gênio da arquitetura constrói em Paris. *Jornal do Brasil*, Rio de Janeiro, 10 mar. 1957, p. 06.

BOESIGER, Willy. *Le Corbusier*. São Paulo: Martins Fontes, 1994, 257 p.

BOESIGER, W., GIRSBERGER, H. *Le Corbusier – 1910-1965*. 4ª ed., Barcelona: Gustavo Gili, [s.d].

BRAGA, Milton. *O concurso de Brasília; os sete projetos premiados*. São Paulo, 1999. 164 p. Dissertação (Mestrado) Faculdade de Arquitetura e Urbanismo da Universidade de São Paulo.

BRASIL ARQUITETURA CONTEMPORÂNEA. Concurso da nova capital: nota do júri e da companhia urbanizadora sobre o resultado do concurso. Rio de Janeiro, n° 9, p. 64-67, 1957.

BRASÍLIA. Lista dos profissionais inscritos. Brasília: NOVACAP, no.01, janeiro, 1957, p. 11.

_____. Concurso para o plano piloto. Brasília, n° 03, p. 06-12, mar., 1957.

_____. Ata da reunião do Conselho de Administração. Brasília, n° 03, p. 16-20, mar., 1957.

_____. Concurso para o plano piloto de Brasília – O Projeto Classificado em 2º Lugar. Brasília, nº 04, p. 8-9, abr., 1957.

_____. O projeto de Rino Levi – Um dos Colocados em 3º Lugar. Brasília, nº 04, p. 10-11, abr., 1957.

_____. O projeto dos M. M. M.. Roberto para o Plano Piloto de Brasília. Brasília, nº 06, jun., 1957.

_____. Brasília no Exterior. Brasília: NOVACAP, nº 08, ago. 1957.

_____. Arquitetura e urbanismo. Brasília, n.15, p. 08-10, mar., 1958.

BRUAND, Yves. *Arquitetura contemporânea no Brasil.* 2ª ed., São Paulo: Perspectiva, 1991, 398 p.

BRUNON-GUARDIA, G. Le IV congrès international d´architecture moderne. *Gazette dês Beaux-Arts,* 1, Setembro, 1933.

BUCHMANN, Armando José. *Lúcio Costa: o inventor da cidade de Brasília.* Brasília: Thesaurus, 2002, 213 p.

BULLRICH, Francisco. *New Directions in Latin-American Architecture.* Nova York, 1969.

CAMARGO, José Geraldo da Cunha. *Plano Piloto de Brasília, mimeo.,* 1957.

_____. *Urbanismo Rural.* Brasília: Ministério da Agricultura – INCRA, 1973.

_____. *Urbanização Celular.* Convênio MEC-BNH, *mimeo.,* 1977.

CAMARGO, Mônica Junqueira. *Joaquim Guedes.* São Paulo: Cosac Naify, 2000, 128 p.

CARVALHO, Mário César. O risco moderno: Lúcio Costa conta como desafiou o Brasil conservador e implantou a arquitetura nova no país. *Folha de São Paulo,* São Paulo, 23 jul. 1995. Entrevistas Históricas.

CASCALDI, Carlos. *Brasília: futura capital federal, plano piloto;* relatório apresentado à comissão julgadora do concurso para o plano piloto da nova capital federal, São Paulo, 1957.

CAVALCANTI, Lauro. Henrique Mindlin e a arquitetura moderna brasileira. In: MINDLIN. *Arquitetura Moderna no Brasil*. Rio de Janeiro: Aeroplano Editora, IPHAN, 2000, p. 11-16.

CENTRO DE ARQUITETURA E URBANISMO DO RIO DE JANEIRO. *Guia da arquitetura moderna no Rio de Janeiro*. Rio de Janeiro: Casa da Palavra, 2000, 210 p.

CENTRO INTERAMERICANO DE VIVENDA DE PLANEJAMENTO (CINVA). *A Carta dos Andes*. São Paulo: Gráfica São José, 1960.

CHOAY, Françoise. *O urbanismo. Utopias e realidades – uma antologia*. São Paulo: Perspectiva, 1997, 350p.

COMPANHIA URBANIZADORA DA NOVA CAPITAL FEDERAL. Hoje a crítica do júri aos projetos aprovados. *Jornal do Brasil*, Rio de Janeiro, 19 mar. 1957, p. 10.

CONDE, Luis Paulo; KATINSKY, Júlio; PEREIRA, Miguel Alves. *Arquitetura brasileira após Brasília*. Rio de Janeiro: Ed. do IAB, 1978.

CONSTRUTÉCNICA S.A. *Brasília: plano piloto – relatório justificativo*. São Paulo: *mimeo.*, 1957.

COSTA, Aline. *(Im)possíveis Brasílias: os projetos apresentados no concurso da nova capital federal*. Campinas, 2002. 619 p. Dissertação (Mestrado) Instituto de Filosofia e Ciências Humanas da Universidade Estadual de Campinas.

COSTA, Lúcio. *Relatório do plano piloto*. Brasília: *mimeo.*, 1957.

_____. O plano piloto de Brasília. *Arquitetura e Engenharia*, nº 44, p. 8-12, mar./ abr., 1957.

_____. Relatório do plano piloto. *Revista Brasileira dos Municípios*, nº 10, p. 41-44, 1957.

_____. Plano piloto de Brasília. *Módulo*, nº 8, p. 32-38, jul., 1957.

_____. O plano piloto de Brasília. *Acrópole*, nº 256-257, p. 55-66, fev./mar., 1960.

_____. Relatório do plano piloto de Brasília. *Módulo*, nº 18, p. 53-72, jun. 1960.

_____. O plano piloto de Brasília. *Arquitetura e Engenharia*, nº 61-63, p. 16-20, jul./dez., 1961.

_____. *Sobre arquitetura*, Porto Alegre: Centro dos Estudantes Universitário de Arquitetura, 1962.

_____. Interpretação de Brasília. *Arquitetura*, nº 76, p. 17-18, out., 1968. (Devido erros que comprometeram o verdadeiro sentido do texto, este artigo foi republicado como Brasília. *Arquitetura*, nº 78, p. 35-36. dez., 1968)

_____. Brasília. *Arquitetura*, nº 78, p. 35-36, dez., 1968. (Republicação com correções de Interpretação de Brasília, *Arquitetura*, nº 76, p. 17-18, out., 1968)

_____. Plano piloto. *Acrópole*, nº 369-370, p. 16-17, jan./fev., 1970.

_____. O urbanista defende a sua capital. *Revista do Clube de Engenharia*, nº 386, p. 12-13, mar./abr., 1970.

_____. O plano piloto de Brasília. *Revista do Clube de Engenharia*, nº 386, p. 14-22, mar./abr., 1970.

_____. O urbanista defende a sua capital. *Acrópole*, nº 375-376, p. 7-8, jul./ago., 1970.

_____. Carta à comissão do Distrito Federal. *Acrópole*, nº 385, p. 35-36, jun., 1971.

_____. Brasília revisitada 1985/1987: proposta de expansão das áreas habitacionais da capital. *Projeto*, nº 100, p. 115-122, 1989.

_____. *Brasília: cidade que inventei. Relatório do Plano Piloto*, Brasília: GDF, 1991.

_____. Entrevista. AU – Arquitetura e Urbanismo, nº 38, p. 51-52, out./nov., 1991.

_____. *Registro de uma vivência*, 2 ed., São Paulo: Empresa das Artes, 1995.

COSTA, Maria Elisa (org.). *Com a palavra, Lúcio Costa*. Rio de Janeiro: Aeroplano, 2001, 169 p.

COUTO, Ronaldo Costa. *Brasília Kubitschek de Oliveira*, Rio de janeiro: Record, 2001, 399 p.

CZAJKOWISKY, Jorge (org). *Guia da arquitetura moderna no Rio de Janeiro*. Rio de Janeiro: Casa da Palavra, 2000, 210 p.

Diário Oficial. Condições básicas da apresentação do anteprojeto no concurso nacional para o plano piloto da nova capital. 30 set., 1956.

Emílio, Battisti. *Arquitectura Ideologia y Ciencia*. Teoria y Practic. M. Blume, 1980.

Engenharia. São Paulo, nº 209, abr., 1960, 573 p.

Evenson, Norma. *Two brazilian capitals*. Londres: Yale University Press, 1973.

Faggin, Carlos. O Traço que permanece. au (Arquitetura e Urbanismo), nº 54, p. 97-104, jun./jul., 1994.

Fernandes, Américo. O planalto central receberá a capital do país. *Jornal do Brasil*, Goiânia, ano 1º, nº 34, s/d, p. 12-13.

Ferreira, J. A. Fontes. Oraganização Social das Cidades. *Habitat*, nº 28, mar., 1956.

Frampton, Kenneth. *História crítica da arquitetura moderna*. São Paulo: Martins Fontes, 1997, 470 p.

Geddes, Patrick. *Cidades em evolução*. Campinas: Papirus, 1994.

Gesehen, Neu. *Revendo Brasília*. Brasília: Instituto Goethe de Brasília, 1994.

Ghiraldini, Milton. Plano piloto de Brasília. *Arquitetura e Engenharia*, nº 46, p. 10-21, ago./out., 1957.

_____. Plano piloto de Brasília. *Habitat*, nº 40-41, p. 12-18, mar./abr., 1957.

_____. Plano piloto de Brasília. *Módulo*, nº 8, jul., 1957.

Giedion, Sigfried; Moser, Werner; Steiger, Rudolf. Technika chronika – les Annales techniques de constatations. *Technical Chamber of Greece*, Grécia, nov. 1933, p. 44-46.

Giedion, Sigfried; Leger, Fernand; Sert, Jose Luis. Nine points on monumentality. *Harvard Architecture Review IV*, p. 62-63. Mass: The mit Press,1984.

Giedion, Sigfried. *Space, time and architecture*. Cambridge: Harvard University Press, 1949.

_____. *A decade of contemporary architecture*. Zurich: Girsberger, 1954.

GONÇALVES, Ney Fontes. Plano piloto de Brasília. *Arquitetura e Engenharia*, n° 44, p. 14-23, mar./abr., 1957.

_____. Plano piloto de Brasília. *Módulo*, Rio de Janeiro, n° 08, jul 1957.

GOROVITZ, Matheus. *Brasília: uma questão de escala*. São Paulo: Projeto, 1985, 72 p.

GOULART, Ferreira. Artes plásticas. *Jornal do Brasil*, Rio de Janeiro, 10 mar. 1957, p. 20.

GROPIUS, Walter. Um plano para o ensino de arquitetura. *Acrópole*, n° 194, nov., 1954.

GUEDES, Joaquim. *Um projeto e seus caminhos*. Tese de livre docência para a faculdade de arquitetura e urbanismo da Universidade de São Paulo – FAU/USP; São Paulo, julho, 1981.

_____. Por uma nova cidade. *AU* – Arquitetura e Urbanismo, n° 2, p. 67-68, abr., 1985.

HABITAT. Atas da comissão julgadora do plano piloto de Brasília. São Paulo, n° 40-41, mar./abr., 1957, p. 2.

_____. Número especial sobre Brasília. São Paulo, n° 40-41, mar./abr., 1957, p. 1-29.

_____. São Paulo, n° 42 de maio/junho, 1957.

HALL, Peter. *Cidades do amanhã*. São Paulo: Perspectiva, 1988, 556 p.

HOLFORD, William. *O jornal*, Rio de Janeiro, 19 mar., 1957, p. 18.

HOLSTON, James. *A cidade modernista: uma crítica de Brasília e sua utopia*. São Paulo: Companhia das Letras, 1993, 362 p.

HOWARD, E. *Cidades de amanhã*. Trad. Marco Aurélio Lagonegro. São Paulo: Hucitec, 1996.

HUET, Bernard. A cidade como espaço habitável – alternativas à carta de Atenas. *Arquitetura e Urbanismo*. São Paulo, p. 82-87, dez/jan., 1986/1987.

JENCKS, Charles. *Movimientos modernos en arquitectura*. Madri: Hermann Blume, 1983.

JOEDICKE, Jurgen. *Candilis, Josic, Woods – uma década de arquitectura y urbanismo*. Barcelona: Gustavo Gili, 1968.

KAMITA, João Masau. *Vilanova Artigas*. São Paulo: Cosac Naify, 2000, 128 p.

KOPP, Anatole. *Quando o moderno não era um estilo e sim uma causa*. São Paulo: Nobel-Edusp, 1990, 253 p.

L`Architecture D´Aujourd´Hui. Número especial sobre a arquitetura moderna no Brasil. Paris, n.13-14, set, 1947.

LE CORBUSIER. Carta para Sigfried Giedion, fev, 1941.

_____. Carta para Sigfried Giedion, maio, 1941.

_____. Textos Selecionados. *A Ascoral*: Publicação do Centro de Estudos Folclóricos do Grêmio da Faculdade de Arquitetura e Urbanismo, 1950.

_____. *Entretien avec les étudiants des écoles d'architecture*. Paris: Lés Éditions de Minuit, 1957.

_____. *Maneira de pensar o urbanismo*. São Paulo: Europa-América, 1969.

_____. *Por las cuatro rutas*. Barcelona: Gustavo Gili, 1972, 207 p.

_____. *Por uma arquitetura*. São Paulo: Perspectiva/Edusp, 1973.

_____. *Precisiones: respecto a un estado actual de la arquitectura y del urbanismo*. Barcelona: Poseidon, 1978.

_____. *Cuando la scatedrales eran blancas: viaje ao pais de los timidos* 2 ed., Barcelona: Poseidon, 1979.

_____. *Os três estabelecimentos humanos*. 2 ed., São Paulo: Perspectiva, 1979, 267 p.

_____. *A proposito del urbanismo*. Barcelona: Poseidon, 1980.

_____. *La casa del hombre*. 2 ed., Barcelona: Poseidon, 1980.

_____. *Planejamento urbano*. 3 ed., São Paulo: Perspectiva, 1984, 203 p.

_____. *A carta de Atenas*. São Paulo: Edusp, 1993.

LEME, Maria Cristina da Silva (org.). *Urbanismo no Brasil 1895-1965*. São Paulo: Studio Nobel; FAUSP; FUPAM, 1999, 600p.

LEVI, Rino. Arquitetura e Estética das Cidades. *O Estado de S. Paulo*, 15 out. 1925, p. 18.

_____. Plano piloto de Brasília. *Habitat*, nº 40-41, p. 4-11, mar./abr., 1957.

_____. Plano piloto de Brasília. *Módulo*, nº 8, p. 7, jul., 1957.

_____. Plano piloto de Brasília. *Arquitetura e Engenharia*, nº 46, p. 4-9 ago./out., 1957.

LEVI, Rino e CÉSAR, Roberto C. As garagens coletivas e o problema do estacionamento, *Acrópole*, nº 199, p. 301-305, maio, 1955.

Lista de profissionais inscritos no Concurso do Plano Piloto de Brasília. Cópia do original, Brasília, NOVACAP.

LODI, C. Economia e planejamento. *Acrópole*, nº 192, set., 1954.

_____. Dia do Urbanismo – 8 de Novembro. *Acrópole*, nº 194, nov., 1954.

MELLO, Joana. Cronologia. In: WISNIK, Guilherme. *Lúcio Costa*. São Paulo: Cosac Naify, 2001, p. 122-126.

MELLO, Luiz de Anhaia. Visão do futuro e realidade do presente. *Habitat*, nº 21, p. 1-2, mar., 1955.

_____. Em defesa da cidade. *Módulo*, n.1, p. 13, mar., 1955.

_____. Apresentação. In: *Seminário de técnicos e funcionários em planejamento urbano*. Bogotá, 1958. A carta dos Andes. Tradução por Gustavo Neves da Rocha Filho. São Paulo: Bem Estar, 1960.

MILMAN, Boruch, *et alii*. PPNC, *Plano Piloto para a Nova Capital*. Brasília: *mimeo.*, 1957.

MINDLIN, Henrique E. Plano piloto de Brasília. *Arquitetura e Engenharia*, nº 44, p. 25-29, mar./abr., 1957.

_____. Plano piloto de Brasília. *Habitat*, nº 45, p. 2-5, nov./dez., 1957.

_____. Plano piloto de Brasília. *Módulo*, nº 8, jul., 1957.

_____. *Arquitetura Moderna no Brasil*. Rio de Janeiro: Aeroplano Editora, IPHAN, 2000, 286 p.

MÓDULO. Edição especial: Brasília, a nova capital do Brasil. Rio de Janeiro, nº 08, jun., 1957.

_____. Edital para o concurso nacional do plano piloto da nova capital do Brasil, nº 08, jun. 1957.

_____. Atas da comissão julgadora do plano piloto de Brasília, nº 08, jun. 1957, p. 17-21.

_____. Resumo das apreciações do júri, Rio de Janeiro, nº 0 8, jun 1957 nº 8, jun. 1957, p. 22-32.

_____. Número especial sobre Brasília. nº 32, mar., 1963.

MONTANER, Josep Maria. *Depois do movimento moderno. Arquitetura da segunda metade do século XX*. Barcelona: Gustavo Gili, 2001, 271 p.

MUMFORD, Eric. *The CIAM discourse on urbanism, 1928 -1960*. Massachusetts: MIT Press, 2002.

MUMFORD, Lewis. A cultura das cidades. Belo Horizonte: Itatiaia, 1961.

_____. *Biografie de Patrick Geddes*. Urbanistica, nº 6, out./dez., 1950, p. 53-54.

NEWNANN, O. *Ciam 59 in Otterrlo*. Londres: Alec Tiranti Ltd., 1961.

NIEMEYER, Oscar. Considerações sobre a arquitetura brasileira. *Módulo*, nº 07, 1957a.

_____. Concurso para o plano piloto de Brasília. *Módulo*, nº 08, 1957b.

_____. A cidade contemporânea. *Módulo*, nº 11, 1958b.

_____. Depoimento. *Módulo*, nº 09, 1958c.

_____. Forma e função na arquitetura. *Módulo*, nº 21, 1960.

_____. *Minha experiência em Brasília*, Rio de Janeiro, 1961.

NOBRE, Ana Luiza. Entrevista: *je suis comme je suis*. AU (Arquitetura e Urbanismo). São Paulo, n° 74, p. 62-73, out./nov., 1997.

_____. Henrique Mindlin: profissão arquiteto. AU (Arquitetura e Urbanismo), n° 90, p. 77-81, jun./jul., 2000.

OLIVEIRA, Elaine Rodrigues de. *A contribuição de Oswaldo Corrêa Gonçalves para a arquitetura moderna brasileira*. São Carlos, 2000. Dissertação (Mestrado) – Escola de Engenharia de São Carlos, EESC, 2000.

PEDROSA, Mário. Arquitetura brasileira moderna. *Jornal do Brasil*, Rio de Janeiro, 1 mar. 1957, p. 15.

_____. Lúcio Costa, vitória de uma ideia. *Jornal do Brasil*, Rio de Janeiro, 21 jul. 1957, p. 07.

PENNA, J. O. de Meira. O Brasil Constrói uma Nova Capital. *Módulo*, n° 7, fev., 1957.

PINHEIRO, Israel. Uma realidade: Brasília. Módulo, n° 8, p. 2-5, jun., 1957.

PINHEIRO, Vera, *ett alli* (org.). Brasília: trilha aberta. *Publicação da exposição em homenagem a Juscelino Kubitschek, 10° aniversário de sua morte*. Brasília: Secretaria da Cultura e Fundação Cultural do Distrito Federal, 1986.

RIBEIRO, José Octacílio de Saboya. Saneamento, extensão e embelezamento do bairro de Botafogo. *Revista Municipal de Engenharia*, jan., 1935.

_____. Evolução urbana do Brasil. *Revista Municipal de Engenharia*, nov., 1937.

_____. Introdução ao estudo do problema dos espaços livres no Rio de Janeiro. *Revista Municipal de Engenharia*, mar., 1938.

_____. Memória histórica da cidade de Fortaleza – Ceará, em 1940, remodelação da zona compreendida entre a Fonte da Saudade e o Jardim Botânico. *Revista Municipal de Engenharia*, maio, 1941.

_____. Os núcleos residenciais do futuro. *Revista Municipal de Engenharia*, out., 1943.

_____. *Plano de remodelação e extensão da cidade de Juiz de Fora*. Juiz de Fora: *mimeo.*, 1943.

_____. Urbanização da Esplanada de Santo Antonio. *Revista Municipal de Engenharia*, jan., 1944/jul., 1945.

_____. Urbanização do Rio de Janeiro e o problema do tráfego. *Revista Municipal de Engenharia*, nov., 1948.

_____. A nova Capital Federal. Brasília: *mimeo*, 1957.

_____. *Evolução urbana*. Rio de Janeiro: Tavares e Tristão, 1993, v. 1, 351 p.

_____. *Evolução urbana*. Rio de Janeiro: Tavares e Tristão, 1993, v. 2, 294 p.

ROBERTO, M. M. M. Plano piloto da nova capital do Brasil. *Arquitetura e Engenharia*, nº 45, p. 4-28, maio/jun., 1957.

_____. Plano piloto da nova capital do Brasil. *Habitat*, nº 42, p. 2-25, maio/jun., 1957.

_____. Plano piloto da nova capital do Brasil. *Módulo*, nº 8, jul. 1957.

ROBERTO, Marcelo. Sobre a nova capital. *Arquitetura e engenharia*, nº 42, nov./dez., 1956.

_____. *CORREIO DA MANHÃ*. 24 mar., 1957.

SAIA, Luís. Notas sobre a Evolução da Morada Paulista. *Acrópole*, nº 207, p. 89-91, jan., 1956.

SANTOS, Cecília, *ett alli*. *Le Corbusier e o Brasil*. São Paulo: Tessela – Projeto, 1987, 320 p.

SARAIVA, P. P. M.; NEVES, J. J. F. *Plano Piloto da Nova Capital*. Brasília: *mimeo.*, 1957.

_____. Plano Piloto da Nova Capital. *Revista de Engenharia Mackenzie*. fev./mar., 1957.

SCHERER, Rebeca. Apresentação. In: LE CORBUSIER. *A carta de Atenas*. São Paulo: Edusp, 1993.

Seminário de técnicos e funcionários em planejamento urbano. Bogotá, 1958. A carta dos Andes. Tradução por Gustavo Neves da Rocha Filho. São Paulo: Bem Estar, 1960.

SERT, Joseph Lluis. *Can our cities survive? : an ABC of urban problems, their analysis, their solutions*. Londres: Harvard University Press, 1942.

Serviço de documentação da Presidência da República. *Brasília e a opinião mundial*, Rio de Janeiro, v. 1, 1958, 63 p.

_____. *Brasília e a opinião mundial*, Rio de Janeiro, v. 2, 1958, 56 p.

_____. *Brasília e a opinião mundial*, Rio de Janeiro, v. 3, 1958, 48 p.

_____. *Brasília e a opinião mundial*, Rio de Janeiro, v. 4, 1958, 48 p.

_____. *Brasília e a opinião estrangeira*, Rio de Janeiro, 1960, 224 p.

_____. *Diário de Brasília: 1956-1957*, Rio de Janeiro, v. 1, 1960, 248 p.

_____. *Diário de Brasília: 1958*, Rio de Janeiro, v. 2, 1960, 224 p.

_____. *Diário de Brasília: 1959*, Rio de Janeiro, v. 2, 1960, 324 p.

_____. *Diário de Brasília: 1960*, Rio de Janeiro, v. 3, 1960, 324 p.

SILVA, Ernesto. *História de Brasília*. Rio de Janeiro: Editora do Brasil LTD., 1971, p. 116.

SMITHSON, Alison. *Team 10 princer*. Londres: Studio Vista, 1968, 112 p.

SOUZA, Abelardo. *Arquitetura no Brasil: depoimentos*. São Paulo: Editora da Universidade de São Paulo,1978, 130 p.

TAFURI, M. e DAL CO, F. *Architecture contemporaine*. Paris: Gallimard, 1991.

TAVARES, Jeferson C. *Projetos para Brasília e a cultura urbanística nacional*. São Carlos, 2004. Dissertação (Mestrado) Escola de Engenharia de São Carlos.

VAN DER WOUD, A. *CIAM – Housing, Town planning*. Delft: Delft university Press, 1983.

WILHEIM, Jorge. Plano piloto de Brasília. *Habitat*, nº 40-41, p. 19-29, mar./abr., 1957.

_____. Brasília 1960: uma interpretação. *Acrópole*, n° 256-257, fev./mar., 1960, p. 23-53.

_____. Brasília 1970. Um roteiro. *Acrópole*, 2 ed. aumentada, n° 256-257, p. 119-120, fev./mar., 1960.

_____. *São Paulo metrópole 65. Subsídios para o seu plano diretor*. São Paulo: Difusão Europeia do Livro, 1965, 172 p.

_____. Brasília, ano 2000. *Acrópole*, n° 375/376, p. 42-46, jul./ago. 1970.

_____. *O substantivo e o adjetivo*, São Paulo: Perspectiva, 1979, 229 p.

WISNIK, Guilherme. *Lúcio Costa*. São Paulo: Cosac Naify, 2001, 128 p.

ZEVI, Bruno. *Towards an Organic Architecture*. Londres: Faber & Faber, 1970.

Documentos Eletrônicos

ALMEIDA, Marcelina. "Espaço da morte na capital mineira: um ensaio sobre o Cemitério de Nosso Senhor do Bonfim". Disponível em: http://www.rhr,uepg. br. Acesso em 20 jun. 2002.

BASTOS, José Sebastião. "Trinta anos de Trapichão". Disponível em: http://www. clube. hpg.ig.com.br. Acesso em 02 ago. 2002.

GONZALES, Marina. "Arquitetura e educação na vida de Hélio Duarte". Disponível em: http://www.usp.br. Acesso em 09 jul. 2002.

NOBRE, Vinícius Maia. Construindo um Gigante de cimento e aço. *Gazeta de Alagoas*, 09 de jul. de 2000. Disponível em: http://www.clube. hpg.ig.com.br. Acesso em 02 ago. 2002.

"Riviera de São Lourenço". Disponível em: http://www.rivieradesaolourenco.com. Acesso em 09 jul. 2002.

AGRADECIMENTOS

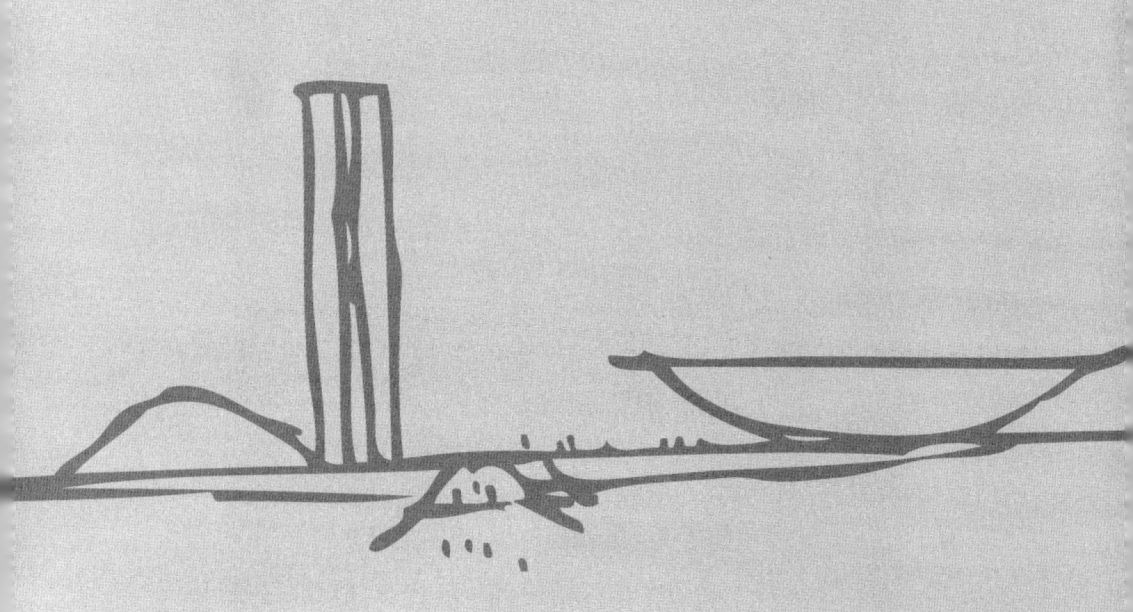

Mesmo correndo o risco de cometer alguma injustiça por intermédio do esquecimento, gostaria de reconhecer e saldar parte de minha dívida para com aqueles que me acompanharam ao longo desta caminhada.

Em primeiro lugar, agradeço ao meu orientador, prof. dr. Marcos Tognon, o estímulo intelectual e o apoio dispensado nestes anos, principalmente nessa recente transformação de dissertação em livro.

Ao prof. dr. Ricardo Marques de Azevedo, sem o qual eu não teria iniciado minha jornada investigativa, e ao prof. dr. Luciano Migliaccio, registro meu débito em relação a participação, de grande valia, em minha banca de defesa.

Ao meu companheiro Ruy, sempre presente, por me incentivar a descobrir como a pesquisa acadêmica pode ser interessante e "até virar livro". Às minhas filhas Nina e Beatriz, minhas vidas, fontes de inspiração, coragem e alegria.

À minha mãe Maria José e meu pai Valdemir, com amor, pela presença constante e pelos ensinamentos que me servem de apoio. Aos meus irmãos, Wesley, Eudson e Paula e toda a família que eles agregaram a minha vida, trazendo tanta alegria.

Aos arquitetos participantes do concurso de Brasília, e/ou seus familiares, pela recepção incomparável.

Aos amigos Joana e Haroldo, por acreditar na realização desse sonho.

Aos amigos da secretaria da pós-graduação do IFCH.

À CAPES, pela bolsa de estudos que usufruí durante dois anos, fundamental para a realização deste trabalho.

À Biblioteca da Faculdade de Arquitetura e Urbanismo da USP, por colocar á minha disposição imagens importantes.

E finalmente à FAPESP, pelo apoio à publicação do livro.

Imagens de capa

Capa (esquerda para a direita)

Figura 1
Costa – Desenho 13: Detalhe da superquadra

Figura 2
Plano nº 24
Equipe: Arquitetos Henrique Ephin Mindlin
e Giancarlo Palanti

Figura 3
Plano nº 5
Equipe: Eurípedes Santos, engenheiro
arquiteto

Figura 4
Plano nº 3
Equipe: Jorge Wilheim, arquiteto

Figura 5
Plano nº 23
Equipe: Engenheiro Marcelo Rangel Pestana
e arquitetos Hérman Ocampo Landa e Vigor
Artesi.

Figura 6
Plano nº 1
Equipe: Arquitetos Carlos Cascaldi, João
Vilanova Artigas e Paulo de Camargo e
Almeida; sociólogo Mário Wagner da Cunha.

Contracapa (da esquerda para a direita)

Figura 1
Rino Levi e Equipe – As funções humanas:
Habitar, trabalhar, cultivar o corpo, o espírito e
circular (preto e branco)

Figura 2
Rocha Souza – Foto da prancha 2: Comunicações

Figura 3
Saraiva e Neves – Plano Piloto: Esquema geral

Figura 4
Guedes – Projeto do Plano Piloto de Brasília,
1957

Figura 5
Schroeder – Plano geral da cidade

Figura 6
Plano nº 8
Arquitetos M. M M. Roberto. Antonio Dias,
arquiteto associado; Ellida Engert, arquiteta
chefe; engenheiro Paulo Novaes e o engenheiro
agrônomo Fernando Segadas Vianna, responsável pelo planejamento agrícola

Figura 7
Plano nº 7
Equipe: José Octacílio de Saboya Ribeiro

Esta obra foi impressa em Santa Catarina no outono
de 2011 pela Nova Letra Gráfica & Editora. No texto
foi utilizada a fonte Minion Pro em corpo 10,5 e
entrelinha de 16 pontos.